D1718987

El Tantra de Kalachakra
Rito de Iniciación

El Tantra de Kalachakra
Rito de Iniciación
para el Estadio de Generación.

Un comentario al texto de
Kay-drup-ge-lek-bel-sang-bo por
Tensin Guiatso el Décimocuarto Dalai Lama,
y el texto mismo.

Editado, traducido y con introducción de
Jeffrey Hopkins.

EDICIONES DHARMA

Título original: *Kalachakra Tantra Rite of Initiation*

Wisdom Publications 1985, 1989, 1991
361 Newbury Street, Boston, MA 02115, USA

© Jeffrey Hopkins 1985, 1989 con excepción del Comentario al Rito de la Iniciación, y El Guru Yoga de Kalachakra en Conexión con las Seis Sesiones en Versión Muy Fácil.
© Tenzin Gyatso, the Fourteenth Dalai Lama 1985, 1989

© De la edición en castellano
Ediciones Dharma, 1994
Aptdo 218
03660 Novelda (Alicante)
www.edicionesdharma.com

© Segunda edición, enero 2005

Traducción del inglés: Grupo de Traducción del Comite
de Kalachakra bajo la dirección de Angeles de la Torre.

Foto del Dalai Lama de la página 9: Office of Tibet, London

ISBN: 84-86615-96-8
Depósito legal: SE-296-2005 en España
Impresión: Publidisa

Contenido

Prefacio

Este libro se refiere al rito de la Iniciación del *Tantra de Kalacha-kra (Rueda del Tiempo)*, un tantra budista del Tantra del Yoga Más Elevado. Presenta la serie de iniciaciones que autorizan a la práctica del primero de los dos estadios involucrados en el tantra, el estadio de generación; es decir el período de la apariencia imaginativa como un ser ideal. También se incluye un sistema de práctica diaria obligatoria para los que han recibido la iniciación. Se exponen el proceso de preparación del discípulo para la iniciación y los estadios reales de las siete iniciaciones que autorizan a la práctica de la visualización del practicante como una deidad, o ser ideal, altruísticamente activo, en un mandala, un entorno ideal.

Esta es la primera vez que el ritual de una iniciación tántrica se ha explicado detalladamente en una lengua occidental. El ritual de la iniciación, intercalado con un comentario de Su Santidad el Dalai Lama, líder espiritual y temporal del Tíbet, se ha traducido principalmente de la ceremonia que se realizó en Wisconsin en 1981. La iniciación de Kalachakra fue ofrecida por primera vez en Occidente por Su Santidad el Dalai Lama en Julio de 1981 (año del Pájaro de Hierro) en el Parque Deer, una pequeña zona rural a las afueras de Madison, Wisconsin, en donde se encuentra un Monasterio Budista Tibetano y un templo. La iniciación fue organizada y subvencionada por los Amigos del Centro Budista del Parque Deer y dicho Centro, una organización budista bajo la dirección del Venerable Gueshe Sopa.

Durante el proceso de la iniciación, el Dalai Lama, como es costumbre, dio un comentario detallado sobre la actitud y motivación apropiadas del receptor de la misma y sobre los pasos individuales de visualización y reflexión sobre los aspectos profundos y sutiles, que constituyen el corazón del proceso de la iniciación o autorización. Las explicaciones que impartió durante la ceremonia, así como otras que me fueron dadas privadamente como preparación a ser su traductor, dan vida a la ceremonia de la iniciación básica, rica en significado y contenido. Las técnicas tántricas especiales para transformar el cuerpo, palabra, y mente en una expresión completamente altruista, se ofrecen por ello de una forma clara y accesible para los lectores interesados.

La introducción describe primero la visión general del Gran Vehículo sobre la purificación en un estado de servicio altruista, así como la práctica tántrica especial del yoga de la deidad, que se basa en la compasión y en la comprensión de la vacuidad. Después, describe el proceso de la iniciación para el estadio de generación, desarrollando y explicando las numerosas etapas del ritual. También ofrece información básica sobre la historia del *Tantra de Kalachakra* e introduce a los autores y textos.

Mi agradecimiento a Elisabeth Napper por sus abundantes consejos editoriales sobre todo el manuscrito, a Gareth Sparham por pasar a máquina la traducción del texto del ritual y a Karen Saginor y a Daniel Cozort por la corrección de las galeradas. Como se detalla en el capítulo noveno de la introducción, he intentado, consultando a lamas competentes en la tradición, que los errores de traducción e interpretación sean los mínimos; pido perdón a los lectores por aquéllos no detectados.

Jeffrey Hopkins
Charlottesville, Virginia

Nota Técnica

Los nombres de los autores tibetanos, de las escuelas y lugares se transcriben fonéticamente con vistas a facilitar su pronunciación; para la comprensión del sistema usado, ver la Nota Técnica del principio de mi *Meditation on Emptiness* páginas 19-22.

La transliteración del tibetano entre paréntesis y en el glosario se hace de acuerdo al sistema expuesto por Turrel Wyllie; ver "A Standart Sistem of Tibetan Transcription", *Harvard Journal of Asiatic Studies*, Vol. 22,1959, páginas 261-7. Para las citas en sánscrito, se transcribe, *ch, sh* y *sh* en vez de las más comunes *c, s* y *s* para una fácil pronunciación por no especialistas; se usa *chh* por *ch*.

Nota a la Edición en Castellano

Por problemas técnicos nos ha sido imposible utilizar los signos diacríticos para la transcripción de los términos en sánscrito que se emplearon en la edición inglesa. Esperamos que los estudiosos y eruditos en sánscrito toleren la libertad que nos hemos tomado al tener que decidir finalmente no emplearlos.

Introducción

por Jeffrey Hopkins

1 Purificación Altruista

En el Budismo la liberación se da siempre *desde* un estado que necesita curación, hacia un estado de curación, de liberación y mayor eficacia.[1] A Buda se le ve como un médico, los practicantes son como pacientes que toman la medicina de la doctrina de Buda para curarse de una enfermedad básica y para lograr un estado de salud necesario para un amplio y efectivo comportamiento altruista.

Según las explicaciones estándar del Budismo Tibetano[2] incluso en los sistemas filosóficos del Vehículo Inferior[3] –Escuela de la Gran Exposición[4] y la Escuela Sutra–, en los cuales se dice que el contínuo mental y físico de un ser Iluminado se interrumpe completamente a la hora de la muerte, hay un período, subsiguiente a la Iluminación, de una mayor y más efectiva interacción con otros, como fue el caso del Buda Shakiamuni. Según el sistema del Gran Vehículo –la Escuela Sólo Mente y la Escuela del Camino Medio– que sostiene que el contínuo mental nunca acaba, la meta primera de los Bodisatvas es proporcionar el bienestar a otros seres conscientes y el medio para lograrlo es su propia Iluminación, el logro de la liberación auténtica. Por consiguiente, con el logro de la Iluminación de Buda se obtiene una capacidad para ayudar efectivamente a los demás sin límite, sin fin y de manera espontánea.

Lo que distingue a cualquier ser como a un Bodisatva es el generar una intención altruista de llegar a la Iluminación, que, a través de la práctica, se ha vuelto tan espontánea que es tan intensa fuera como dentro de la meditación. A esto se llama *Bodichita*, literalmente "mente de Iluminación", o más bien "mente hacia la Iluminación", "mente dirigida hacia la Iluminación". Como dice el *"Ornament for Clear Realization"* de Maitreya *(mngon rtogs rgyan, abhisamayalamkara)*:[5]

La generación de esta mente se define como el deseo de Iluminación perfecta y completa para el beneficio de los demás.

Esto se ha formulado en una definición de *Bodichita* o como yo lo traduzco, "intención altruista de convertirse en un ser Iluminado":

Una conciencia mental principal inducida por una aspiración de proporcionar el bienestar a otros y acompañada de una aspiración a la propia Iluminación[6].

Es una actitud caracterizada por dos aspiraciones, la primera, el bienestar de los demás y la segunda, nuestra propia y más elevada Iluminación como un Buda, considerada ésta última como un medio para lograr la primera aspiración. Incluso aunque nuestra propia Iluminación deba ser lo primero a conseguir para lograr el bienestar de los demás, el servicio a los demás es lo primero en cuanto a la motivación se refiere.

La Iluminación de un Buda se ve como el medio para poder lograr el bienestar de los demás, porque un Buda, ser omnisciente, conoce todas las técnicas posibles para progresar y sabe con detalle las predisposiciones e intereses de los demás seres. Entre los dos cuerpos de un Buda, el Cuerpo de Verdad y el Cuerpo de Forma[7] (el último de los cuales incluye el Cuerpo del Gozo Completo y el Cuerpo de Emanación), los Bodisatvas buscan, en primer lugar, los Cuerpos de Forma, dado que a través de la forma física se puede lograr la felicidad de los demás, dándose esto principalmente a través de enseñar lo que se debe adoptar en la práctica y lo que debe descartarse en nuestro comportamiento. Dado que los Cuerpos de Verdad y de Forma se acompañan necesariamente el uno al otro, se obtienen a la vez, los Bodisatvas ponen el énfasis en lograr los Cuerpos de Forma para poder aparecer en miríadas de formas apropiadas a los intereses y disposiciones de los practicantes y enseñarles así adecuadamente.

La motivación de algunos Bodisatvas se describe como la de un rey, porque se ven a sí mismos como los primeros que alcanzan la Iluminación y después ayudan a los demás. La motivación de otros, se dice, es como la del barquero, ya que desean intensamente llegar a la orilla de la liberación de la Budeidad junto con todos. También se dice que la motivación de otros es como la de un pastor, puesto que antes de iluminarse ellos mismos quieren ver a los demás a salvo en la Iluminación, como un pastor que vuelve a casa detrás de su rebaño. En las tradiciones tibetanas se dice que el único modo verdadero es el primero, la motivación que es como la del rey, ya que no hay estado que supere a la Budeidad para el logro de la felicidad de los demás. Más aún, la descripción de que los Bodisatvas aplazan la Iluminación final como Budas para ser de mayor servicio a los seres conscientes, se considera una declaración exagerada que expresa la grandeza de su motivación altruista, motivación como la de un pastor.

La Budeidad, con el conocimiento y la actividad orientados hacia el altruismo, es la meta final; "final" en el sentido de que es el camino en el que no se aprende más al no haber más altos niveles de desarrollo en la comprensión ni en la compasión. Es un comienzo en el sentido de que por primera vez uno puede servir a los demás a pleno rendimiento, para siempre, sin cesar, en tanto que haya seres que necesiten ser ayudados, y esto es siempre.

Este esfuerzo heroico para hacer felices a los demás se concibe en términos de: 1) una base para esa purificación y transformación interior nuestra, 2) objetos de purificación, 3) un camino que sirve como medio de purificación, y 4) un fruto de esa purificación.

LA BASE DE PURIFICACIÓN

La base de purificación es la naturaleza de Buda, que se contempla en dos sentidos: uno es la naturaleza de luz clara de la mente, un fenómeno positivo, y otro es la vacuidad de existencia inherente de la mente, un fenómeno negativo, una mera ausencia de base inherente de la mente, lo cual es una condición previa para su transformación. Se dice que ambos aspectos se ven expresados en la famosa sentencia de Dharmakirti en su *Commentary on (Dignaga's) "Compendium (of Teachings) on valid Cognition"* (*tshad ma rnam'grel, pramanavarttika*):[8]

> La naturaleza de la mente es luz clara.
> Las contaminaciones mentales son adventicias.

"Adventicias" (*glo bur ba*) no significa aquí "no causadas", sino que las contaminaciones mentales no subsisten en la verdadera naturaleza de la mente. Dado que el deseo, el odio y la ignorancia no residen en la verdadera naturaleza de la mente –porque la naturaleza de la mente es luz clara– las contaminaciones mentales pueden eliminarse sin destruir la mente.

La naturaleza de luz clara de la mente en su primer sentido como fenómeno positivo también se subraya en el *Sublime Continuum of the Great Vehicle (rgyud bla ma, uttaratantra)* de Maitreya, pero tiene su exposición más completa en los Tantras Más Elevados tales como el *Guhyasamaja Tantra* y *El Tantra de Kalachakra*. En estos sistemas se describe como la mente innata fundamental de luz clara, fundamental en el sentido de que su continuo existe siempre, es decir, cuando está sometida a aflicciones y tras la Iluminación, cuando ya no está afligida. También se describe como todo bueno *(kun tu bzang po, samantabhadra)* y como el fundamento de todo *(kun gzhi, alaya)* y como el fundamento de todos los fenómenos de la existencia cíclica y del nirvana.[9] A primera vista, puede parecer sorprendente que un sistema como el Budismo, que pone tanto relieve en el sufrimiento, diga tener también una doctrina de bondad básica o pureza básica de la mente; pero tal fundamento es esencial para la transformación radical de la condición del sufrimiento en un estado de libertad.

La segunda manera de concebir la naturaleza de Buda es como la ausencia de existencia inherente[10] de la mente. Esto no se refiere a una no–existencia de la mente, ni tampoco es una falta de definición o de naturaleza, porque la definición de conciencia es "la que es luminosa y conoce".[11] Más bien se refiere a la no existencia de la mente por su propio poder, la mente que no es establecida por su propio carácter, la mente que no existe por sí misma, per se. Esta es la vacuidad de la mente, que es una cualidad de la mente y al mismo tiempo su naturaleza final. Por ejemplo, si se hace un análisis para determinar si una mesa *existe por sí misma*, por derecho propio, si se investiga si es idéntica a sus partes o completamente diferente de ellas (para que exista por sí misma es necesaria una de las dos opciones), no se encuentra tal mesa, sino que lo que se encuentra es un no-encontrar la mesa. Este no encontrar es la vacuidad de la mesa. Su vacuidad es una mera ausencia de la existencia de la mesa por sí misma; esta vacuidad existe y puede comprenderse primero como concepto, y de manera eventual, directamente.

En cuanto a la mente, su vacuidad puede establecerse también por medio de diferentes aproximaciones, analizando su producción por causas, su producción de efectos, su relación con el principio, medio, y fin de un momento mental, etc. Cuando a través de estas aproximaciones uno comprende la vacuidad de la existencia inherente de la mente, se puede por primera vez comprender que la mente y los demás fenómenos son falsedades, que parecen existir por sí mismos, pero que por sí mismos no existen. Se comprende el conflicto entre hechos y apariencias, se ve esta distorsión en sus dos aspectos. Uno es la apariencia falsa incluso para la percepción sensorial no conceptual de los objetos que parecen existir inherentemente; el otro es la aserción conceptual de esta apariencia falsa. Este error es endémico, no sólo lo hacemos de manera innata, sin entrenamiento alguno, concibiendo al fenómeno como existiendo por derecho propio, sino que también, en las percepciones sensoriales burdas, los fenómenos se nos aparecen con falsos aspectos debido a errores profundamente imbuidos en nuestras mentes (aunque no en la naturaleza de la mente).

Desde este punto de vista todos los fenómenos excepto la vacuidad se llaman *samvrti-satya*, "verdades para un encubridor", verdades para una conciencia que oculta, comprendida en primer lugar como la que encubre, la que oscurece. "Verdad" se especifica aquí como significando lo que existe como se presenta, y sólo una conciencia ignorante asume los objetos, tales como mesas o una mente, como existiendo de la manera que parecen existir, en la forma en que se manifiestan. Estos objetos son verdades para la ignorancia; son objetos asumidos por la ignorancia, como existiendo de la manera en que aparecen o se manifiestan.

Para un no-Buda, sólo la vacuidad existe en la forma en que aparece en su percepción directa y así la vacuidad es lo único verdadero; esto no significa que los otros fenómenos no existan. Ambos, vacuidad y todos los otros fenómenos existen, objetos de conocimiento –existentes– que son los que se dividen en dos categorías: verdades para un encubridor y verdades últimas. Las vacuidades son verdades últimas en cuanto que son objeto de una conciencia última y existen en la forma en que aparecen o se manifiestan en su percepción directa. Sin embargo, una conciencia última no es una conciencia final, una conciencia omnisciente de Buda, sino que es una "conciencia racional" no-conceptual, llamada así porque se logra al haber analizado, a través de aproximaciones tales como las mencionadas anteriormente, si un objeto existe por sí mismo, desde sí mismo, o no.

Así, la naturaleza de luz clara de la mente y la vacuidad de existencia inherente de la mente son la naturaleza de Buda, la naturaleza de la mente que permite la transformación en Budeidad. La naturaleza de Buda es, por lo tanto, la base de la purificación y de la transformación por la que los oscurecimientos mentales son eliminados.

LOS OBJETOS DE PURIFICACIÓN

Las contaminaciones que se eliminan son primordialmente las dos clases de distorsión ya mencionadas; se llaman obstrucciones aflictivas y obstrucciones a la omnisciencia. Las obstrucciones aflictivas impiden la liberación de la existencia cíclica, la impotente rueda de nacimiento repetitivo, vejez, enfermedad y muerte. La obstrucción aflictiva primaria es la ignorancia que concibe a los fenómenos –personas y demás fenómenos– como inherentemente existentes y también se incluyen las mentes insanas inducidas por tal ignorancia: deseo, odio, orgullo, enemistad, beligerancia, miseria, pereza, etc. Todo esto toma su existencia dependiendo de la ignorancia; estas mentes no pueden existir con sabiduría, ni sin ignorancia. Se llaman aflicciones *(nyon mongs, klesha)* porque afligen, distorsionan a uno mismo. La ilustración más común es la distorsión que provoca el enfado en la cara; pero no sólo el deseo y el odio son aflicciones/distorsiones: la ignorancia es la aflicción básica. Es la limitación básica, la distorsión básica. A partir de la proyección de un estatus exagerado en el fenómeno y dependiendo totalmente de él, surgen las otras distorsiones y parecen ser la auténtica fábrica de la vida aunque no lo sean en realidad.

El segundo tipo de objeto que debe ser purificado es una distorsión aún más profunda, las obstrucciones a la omnisciencia. Se describen como la *apariencia* de los objetos como si existieran inherentemente y sólo pueden ser eliminadas tras erradicar los oscurecimientos aflictivos. Siendo la principal motivación de los Bodisatvas el ayudar a los demás, quieren estos ante todo eliminar las obstrucciones a la omnisciencia, ya que son éstas las que impiden el conocimiento total de las técnicas liberadoras y el conocimiento sutil de las mentes de los demás; sin embargo deben eliminar primero los oscurecimientos aflictivos y por consiguiente pueden eliminar gradualmente la falsa apariencia básica de los fenómenos que impide, obstruye, y esconde el conocimiento de todo.

LOS MEDIOS DE PURIFICACIÓN

En base a su doble análisis de la naturaleza de la mente, el Budismo del Gran Vehículo sostiene que estos errores básicos pueden eliminarse. Sin embargo, la discusión, el diálogo y la argumentación no son suficientes para su eliminación. Aunque la discusión y demás son aspectos importantes para que muchas personas obtengan la sabiduría de la no existencia inherente de los fenómenos, no es suficiente la comprensión que surge principalmente de ello. Es necesario también una mente poderosamente concentrada. El camino para desarrollar una conciencia de sabiduría que comprenda la ausencia de la existencia inherente hasta el punto de que funcione como antídoto real de las obstrucciones aflictivas, depende del desarrollo de la concentración en un sólo punto, y posteriormente del alternar tal concentración fija en un punto con la meditación analítica, de manera que ésta, en lugar de interrumpir la meditación estabilizadora, sirve para inducir un mayor grado de estabilización meditativa, y viceversa. Se dice que la mente en calma –estabilización mental– inducida por la meditación analítica y no por la meditación estabilizadora, sobrepasa en mucho a la inducida sólo por la meditación estabilizadora.

Además, tal estabilización meditativa que es la unión de la calma mental y de la percepción especial de la naturaleza interna, tampoco es suficiente. La vacuidad de existencia inherente que es el objeto de esta conciencia de estabilización meditativa se ve a través de una imagen conceptual llamada generalidad significativa. Gradualmente, la generalidad significativa de la vacuidad se elimina, nuestra conciencia y la vacuidad de existencia inherente que es su objeto se vuelven menos y menos dualistas y finalmente se logra la percepción directa de la vacuidad en un conocimiento totalmente no dualista. Es no dualista en cinco sentidos:

1. no hay apariencia conceptual
2. no hay sentido de sujeto y objeto: sujeto y objeto son como agua fresca que se mezcla con agua fresca.
3. no hay apariencia de existencia inherente
4. no hay apariencia del fenómeno convencional, sólo aparece la vacuidad
5. no hay apariencia de diferencia: aunque aparece la vacuidad de todos los fenómenos en todos los sistemas planetarios, no parecen diferentes.[12]

Además este grado de percepción de la vacuidad sólo elimina los oscurecimientos aflictivos conseguidos artificialmente, es decir, aprehensiones de la existencia inherente logradas a través del fortalecimiento del estudio, los análisis y los sistemas filosóficos. Con todo, no es lo suficientemente poderoso para eliminar los oscurecimientos aflictivos innatos –la ignorancia, el deseo, etc...–, que incluso los animales y los niños tienen; por eso es preciso repetir una y otra vez la meditación sobre la realidad que hemos visto; uno debe volver una y otra vez a la percepción directa de la vacuidad. Muy parecido a lavar una prenda sucia, los niveles más burdos de suciedad se limpian primero, y después, gradualmente los más sutiles.

En su momento, se eliminan todos los obstáculos aflictivos, pero este proceso no es suficiente para eliminar los impedimentos a la omnisciencia, que son fundamentalmente la apariencia de los objetos como existiendo por sí mismos y las predisposiciones mentales que hacen surgir esta falsa apariencia. La propia conciencia de sabiduría debe ser suficientemente potenciada e impulsada por medio de la práctica del Bodisatva de las acciones altruistas de la generosidad, la ética y la paciencia, descritas como medios ilimitados durante períodos de tiempo ilimitados. Las actitudes altruistas y las acciones acordes que tales motivaciones inducen de alguna manera, finalmente potencian la conciencia de sabiduría y así se puede eliminar la distorsión básica, es decir, la falsa apariencia de los fenómenos. En el sistema del sutra se dice que este proceso completo dura tres períodos de incontables eones. En el Tantra del Yoga Más Elevado, dicho proceso se intensifica enormemente al utilizar niveles de conciencia más sutiles, con lo que puede lograrse la Budeidad en una vida.

LOS FRUTOS DE LA PURIFICACIÓN

Aunque se eliminen de esta manera las distorsiones del deseo, el odio, y la ignorancia que concibe a los objetos como existentes por sí mismos, el amor, la compasión, la fe, etc., no son sin embargo erradicados, porque sus existencias no dependen de la ignorancia, sin importar cuántas veces se hayan envuelto en ella, en el deseo aflictivo, etc., y por eso no quedan eliminados al eliminar la ignorancia. El amor y la compasión tienen como soporte el conocimiento lógicamente establecido, y ya que es una cualidad de la mente que una vez desarrollados tales fenómenos mentales no precisan del mismo esfuerzo para ser producidos otra vez, pueden desarrollarse ilimitadamente.[13]

Las distorsiones mentales más básicas que impiden el desarrollo total –los obstáculos a la omnisciencia que son la apariencia de los objetos como existentes por sí mismos– se eliminan cuando el altruismo y las acciones altruistas intensifican la sabiduría en la que no queda ni la menor huella de falsas apariencias. En este sentido el altruismo está al servicio de la sabiduría; pero también la sabiduría está al servicio del altruismo; y conforme a la motivación fundamental de los Bodisatvas, la Iluminación completa obtenida a través de este tipo más avanzado de sabiduría les permite manifestarse completa, espontánea y altruistamente en formas más numerosas que las arenas del Ganges para ayudar a los seres conscientes según sus intereses y disposiciones.

La Budeidad no es un estado de un no-dualismo total como era el caso de la estabilización meditativa en la vacuidad. De los cinco dualismos nombrados anteriormente, tres existen en la Budeidad. No hay apariencia conceptual, pero hay un sentido de sujeto y objeto en cuanto a comprender los fenómenos convencionales, aunque no en la perspectiva de la comprensión de la vacuidad de la conciencia omnisciente, que es totalmente no dualista. No hay apariencia de existencia inherente, sino que aparecen los fenómenos convencionales, es decir, no es que sólo aparezca la vacuidad, y así se muestra la diferencia, aparece la vacuidad de todos los fenómenos en todos los sistemas planetarios y también aparecen dichos fenómenos. Dentro de la comprensión total de la vacuidad de la existencia inherente, un Buda percibe también los fenómenos convencionales, actúa de mil maneras para que todos los demás seres lleven a cabo el logro de ese mismo estado. Esta es la libertad de ataduras y la libertad para una actuación efectivamente altruista.

2 El Yoga de la Deidad:
La Técnica Tántrica Especial

Debido a que las capacidades, disposiciones e intereses de las gentes son diferentes, el Buda Shakiamuni enseñó caminos diferentes también.[14] Estableció cuatro Sutras y cuatro Tantras; dentro de los Sutras presentó cuatro diferentes escuelas de doctrinas: Escuela de la Gran Exposición, Escuela del Sutra, Escuela de Sólo Mente, y Escuela del Camino Medio; y dentro del Tantra estableció cuatro sistemas diferentes: Acción, Ejecución, Yoga y Yoga Más Elevado (literalmente "Yoga No Sobrepasado").[15]

Dentro de las cuatro escuelas del sistema del Sutra describió tres variedades de caminos para Oyentes,[16] Realizadores Solitarios[17] y Bodisatvas. Cada una de estas escuelas tiene subdivisiones internas, y las cuatro divisiones de Tantra también presentan diferentes tipos de procesos y procedimientos de meditación. El resultado es que hay diferentes niveles de compromiso que van desde asumir los votos tántricos hasta asumir sólamente el voto del refugio, o sea, muchos caminos y estilos diferentes.[18]

Para apreciar esa especial capacidad del Tantra es necesario determinar la diferencia entre vehículos Sutra y Tantra, y para hacerlo hay que establecer primero la diferencia entre los vehículos dentro del Sutra –el Vehículo de los Oyentes, el Vehículo de los Realizadores Solitarios y el Vehículo de los Bodisatvas o Gran Vehículo–, y después considerar la división que hay dentro de éste último en sus formas de Sutra y Tantra.

LA DIFERENCIA ENTRE LOS VEHÍCULOS DEL SUTRA

"Vehículo" *(thegpa, yana)* tiene dos significados:

1. Dado que *ya* significa "ir" y *na* indica los "medios" de ir, un vehículo comprende aquellas prácticas que le llevan a uno a un estado más elevado, aquellas prácticas que cuando se actualizan en el contínuo mental son causa de la manifestación de un tipo más elevado de mente.

2. De alguna manera algunas veces "vehículo" puede referirse también a destino, a la meta: ese lugar o estado que uno anhela. De la misma manera que un vehículo puede llevar o transportar un cierto equipaje, el estado de Budeidad, la meta del vehículo de los Bodisatvas, puede hacerse cargo del bienestar de todos los seres conscientes mientras que el estado de un Destructor de Enemigos en el Vehículo Inferior *(dgra bcom pa, arhan)*[19] puede hacerse cargo de muchos menos.[20]

Ya que "vehículo" tiene estos dos significados, la diferencia entre estos dos vehículos budistas –Oyentes y Realizadores Solitarios (Vehículo Inferior) y Bodisatva (Gran Vehículo)– debe darse en el sentido de vehículo como los medios a través de los que uno progresa o en el sentido de vehículo como destino o estado hacia el que uno progresa, o en ambos.

En la interpretación de Vehículo Inferior y Gran Vehículo según la Escuela de Consecuencia del Camino Medio,[21] considerada como la cima de los sistemas filosóficos por la mayoría de las escuelas filosóficas tibetanas, hay una gran diferencia entre ambas, en el sentido de vehículo como hacia lo que uno está avanzando o progresando. En el Vehículo Inferior, la práctica culmina cuando uno se convierte en un Destructor de Enemigos, aquel que ha vencido al enemigo de la ignorancia pero que no es omnisciente, y así no es un Buda. A diferencia de un Buda, un Destructor de Enemigos no tiene la capacidad de manifestarse espontáneamente en formas variadas para ayudar a todos los seres. Dado que los estados de ser de un Buda y de un Destructor de Enemigos son muy distintos, hay una diferencia significativa entre Vehículo Inferior y Gran Vehículo, en el sentido de vehículo como hacia lo que uno avanza o progresa: las metas respectivas de la Budeidad y del estado de Destructor de Enemigos.

Con esta diferencia en cuanto a metas, debe haber también una diferencia en los dos vehículos en el sentido de las prácticas por las que uno progresa hacia dichas metas. La diferencia entre Vehículo Inferior y Gran Vehículo en cuanto a los medios para progresar puede encontrarse sólo en dos ámbitos: el del método o el de la sabiduría; ambos incluyen el camino completo, en el cual el método produce principalmente el Cuerpo de Forma de un Buda y la Sabiduría el Cuerpo de Verdad.[22] En la interpretación de la Escuela de Consecuencia, los Vehículos Inferior y Gran Vehículo no se diferencian respecto a la sabiduría en la que para ambos se requiere la comprensión de la vacuidad sutil de existencia inherente de *todos* los fenómenos tales como el cuerpo, la mente, la cabeza, el ojo, la pared, la conciencia, etc.[23] Aunque el Vehículo Inferior y el Gran Vehículo difieren en *cómo* se cultiva o se genera la sabiduría –de cuantos razonamientos se utilizan para lograr penetrar la vacuidad sutil, los Bodisatvas usan miles, y los Oyentes y Realizadores Solitarios sólo unos pocos–[24] en cuanto al objeto de la conciencia de sabiduría, la vacuidad sutil de existencia inherente, no hay diferencia entre la vacuidad que comprende un practicante del Vehículo Inferior y la que comprende un seguidor del Mahayana. En este sentido no hay diferencia en lo que se refiere a la sabiduría.

Dado que la sabiduría del Vehículo Inferior y del Gran Vehículo no es diferente en lo que se refiere a la clase de vacuidad que es conocida, la diferencia entre ambos vehículos debe radicar en el método.[25] "Método" tiene aquí el significado de motivación y las acciones que ésta incita. No importa cuánta compasión pueda tener un practicante del Vehículo Inferior, su motivación primaria es liberarse a sí mismo de la existencia cíclica.[26] Sin embargo la motivación fundamental del Gran Vehículo es la aspiración *altruista* de la Iluminación[27] más elevada movida por gran amor y compasión, con lo que uno toma la responsabilidad de beneficiar a todos los seres. Así, hay una diferencia significativa entre el Vehículo Inferior y el Gran Vehículo en cuanto al método, aunque no lo haya en cuanto a la sabiduría.[28]

Es más, el Vehículo Inferior y el Gran Vehículo difieren en los dos sentidos de vehículo, en cuanto a los medios para progresar, y también en cuanto hacia dónde uno progresa.

LA DIFERENCIA ENTRE EL VEHÍCULO DE LA PERFECCIÓN Y EL VEHÍCULO DEL MANTRA

Dentro del Gran Vehículo mismo están el Vehículo de la Perfección y el Vehículo del Mantra (o Tantra).[29] El Vehículo de la Perfección es el Gran Vehículo del Sutra, y el Vehículo del Mantra, el Gran Vehículo del Mantra o Tantra.

¿Difieren el Gran Vehículo del Sutra y el Gran Vehículo del Tantra en el sentido de vehículo como hacia lo que uno avanza o progresa? La meta del Gran Vehículo del Sutra es la Budeidad, y el Tantrayana no puede tener otra meta diferente de ella, dado que no hay logro más elevado que la Budeidad que se describe en los Sutras como el logro de los Cuerpos de Verdad y de Forma. El Sutra describe a un Buda como a un ser que ha eliminado todos los obstáculos y ha conseguido todos los atributos favorables, un ser sin movimiento en sus aires burdos o energías internas;[30] de ese modo tal Budeidad debe incluir los logros del Mantra del Yoga Más Elevado,[31] cuyo anhelo primordial es detener el movimiento de todos los aires burdos, y manifestar la conciencia más sutil –la mente de Luz Clara–, apareciendo simultáneamente en una forma totalmente pura.[32] Más aún, el estado de Vajradara, mencionado a menudo como meta del Tantra, y la Budeidad, descrita en los Sutras, son lo mismo.[33]

Ya que no hay, pues, diferencia entre el Vehículo de la Perfección y el Vehículo del Mantra en cuanto al objetivo –la destinación– deben diferenciarse en el sentido de vehículo como *medio* a través del que uno progresa. Deben diferir en términos de método, o de sabiduría, o de ambos. Si la diferencia radicara en la sabiduría, deberían surgir muchos problemas, porque el Vehículo de la Perfección contiene las enseñanzas de Nagaryuna del Camino Medio sobre la vacuidad, y tendría que haber otra vacuidad más sutil que la que establece Nagaryuna con diferentes razonamientos en los veintisiete capítulos de su *Treatise on the Middle Way (dbu ma'i bstan bcos, madhyamakashastra)*, pero no hay ninguna. Así que no hay diferencia entre Sutra y Tantra en cuanto a la visión, refiriéndose aquí a la visión objetiva, es decir, el objeto que se ve *(yul gyi lta ba)* –vacuidad o verdad última– no la conciencia que lo comprende, ya que el Gran Vehículo del Sutra y del Tantra del Yoga Más Elevado difieren en cuanto a la sutileza de la conciencia que comprende la vacuidad. Específicamente en los Tantras del Yoga Más Elevado tales como *El Tantra de Kalachakra*, se genera una conciencia más sutil e intensa para comprender la misma vacuidad de existencia inherente. Por eso como el objeto comprendido es el mismo, tanto si la conciencia es más sutil o no, la "visión objetiva" es la misma,[34]

En este sentido, entre el Gran Vehículo del Sutra y el del Tantra no puede haber ninguna diferencia en el factor de la sabiduría en relación al objeto que es comprendido por una conciencia de sabiduría. Más aún, de nuevo la diferencia debe radicar en el método.

Tanto en el Gran Vehículo del Sutra como en el del Tantra, la base del método es la intención altruista de lograr la Iluminación para el beneficio de todos los seres conscientes; por eso, la motivación básica de las acciones del camino es la misma. El otro factor principal del método tiene que ver con las acciones inducidas por esa motivación. En el Gran Vehículo del Sutra éstas son las practicas inspiradas por esa motivación altruista: la perfección de dar, la ética, y la paciencia. Ya que también lo practica el Tantra, no podemos encontrar ahí la diferencia. Es más, el Tantra subraya incluso más que el Sutra las acciones de las perfecciones, puesto que un practicante de Tantra debe involucrarse en ellas al menos seis veces al día[35].

Además, no puede hacerse la distinción en base a la rapidez del progreso en el camino, porque dentro de los sistemas de los cuatro Tantras –Acción, Ejecución, Yoga y Tantra del Yoga Más Elevado– hay enormes diferencias en cuanto a la rapidez y en el Gran Vehículo del Sutra hay cinco modos diferentes de progreso, desde lento a rápido. La diferencia no puede radicar en aspectos pequeños o insignificantes, sino en uno importante.[36]

La diferencia profunda está en el hecho de que en el Tantra hay meditaciones en las que uno medita en el propio cuerpo como de aspecto similar al Cuerpo de Forma de un Buda, mientras que en el Gran Vehículo del Sutra no hay tal meditación. Esto es el yoga de la deidad[37] que los cuatro sistemas de Tantras lo tienen, mientras que los sistemas de Sutras no. El yoga de la deidad significa imaginarse a uno mismo como teniendo ahora el Cuerpo de Forma de un Buda; uno medita sobre uno mismo en el aspecto del Cuerpo de Forma de un Buda,[38] imaginándose a sí mismo en ese instante como un ser ideal y altruistamente activo.

En el Vehículo de la Perfección hay una meditación de aspecto similar al de Cuerpo de Verdad de un Buda: la conciencia de sabiduría de un Buda. Un Bodisatva entra en meditación estable, comprendiendo directamente la vacuidad sin que aparezca nada en su mente excepto la naturaleza final de los fenómenos, la vacuidad de existencia inherente; la conciencia de sabiduría se fusiona con esa vacuidad. Incluso, a diferencia de su equivalente tántrico, los

Bodisatvas que siguen el Sutra no imaginan específicamente que el estado de meditación estabilizada *es* el Cuerpo de Verdad de Buda,[39] una meditación de aspecto similar al Cuerpo de Verdad de Buda se practica en el sistema del Sutra, en el sentido de que el estado de estabilización meditativa sobre la vacuidad imita a la conciencia de sabiduría gloriosa de un Buda, en su aspecto de poder percibir la verdad última. Sin embargo, el Vehículo de la Perfección del Sutra no incluye una meditación similar en aspecto al Cuerpo de *Forma* de Buda. Hay meditaciones sobre Budas, etc., como objetos de ofrecimiento, etc., pero no hay una meditación de uno mismo con el cuerpo físico de un Buda. [40]

Tal entrenamiento meditativo en un cuerpo divino se incluye dentro del factor del método porque está dirigido principalmente al logro del Cuerpo de Forma de un Buda. En el sistema del Sutra el único medio para lograr el Cuerpo de Forma de un Buda es, en base a la intención altruista para lograr la Iluminación, involucrarse en la práctica de las tres primeras perfecciones –generosidad, ética y paciencia– de "mil modos diferentes" y durante períodos ilimitados en el tiempo, de manera específica en tres períodos de incontables "grandes eones" ("incontable" es un uno seguido de cincuenta y nueve ceros). Aunque el vehículo del Mantra también incluye la práctica de las perfecciones del dar, ética, y paciencia, no es en "mil modos diferentes" ni durante períodos de tiempo "ilimitados". A pesar del énfasis sobre las perfecciones, la práctica de "mil modos diferentes" durante períodos "ilimitados" de tiempo es innecesaria porque uno se está comprometiendo en la práctica adicional de meditación sobre uno mismo con un cuerpo de aspecto similar al Cuerpo de Forma de un Buda[41]. En otras palabras, en los sistemas tántricos, para convertirse en un Buda más rápidamente, se medita en uno mismo con un aspecto similar al cuerpo y a la mente de un Buda. Esta práctica es significativamente distinta y así los sistemas que la incluyen constituyen un vehículo separado, el Gran Vehículo del Tantra.

En el yoga de la deidad uno medita en primer lugar sobre la vacuidad y después utiliza esa conciencia que comprende la vacuidad –o por lo menos una imitación de ella– como la base de emanación de un Buda. La misma conciencia de sabiduría aparece como la forma física de un Buda. Así esta conciencia tiene dos partes: un factor de sabiduría y un factor de método o factores de 1) descubrimiento de la vacuidad y 2) apariencia como un ser ideal, y más aún, a través de la práctica del yoga de la deidad, se acumulan *simultáneamente* méritos y sabiduría, haciendo más rápida tal acumulación.[42]

Los sistemas que tienen esta práctica se llaman Vehículos *Vajra*, porque la apariencia de una deidad es la manifestación de una conciencia que es una *fusión* de la sabiduría que comprende la vacuidad y la compasión que busca el bienestar para los demás, una unión inseparable simbolizada por un vajra, un diamante, la más dura de las piedras, considerada "inquebrantable".[43] Ya que los dos elementos de la fusión –método compasivo y sabiduría penetrante– son el auténtico centro del Vehículo de la Perfección, se puede comprender que el Sutra y el Tantra, a pesar de ser diferentes, sean sistemas integrados; que la compasión no está superpuesta a, sino que es esencial al Tantra y que la sabiduría del Vehículo de la Perfección no está superada por una comprensión más profunda de la realidad en el Vehículo del Tantra.

Resumen
Resumamos los puntos desarrollados en esta exposición. La diferencia entre los vehículos reside en el sentido de vehículo como por lo que uno avanza o progresa, o hacia lo que uno avanza o progresa. El Vehículo Inferior difiere del Vehículo Superior en ambos sentidos. El destino del Inferior es el estado del Oyente o Realizador Solitario Destructor de los Enemigos y el del Superior, la Budeidad. Respecto a vehículo en el sentido de medios por los que uno progresa, aunque no hay diferencia en la sabiduría que comprende la naturaleza más sutil de los fenómenos, hay una diferencia en el método: el Vehículo Inferior carece de la mente altruista de la Iluminación y el Gran Vehículo la tiene (es decir, la intención altruista de iluminarse) y las acciones para conseguirla.

El Sutra y el Gran Vehículo del Tantra no se diferencian respecto del objetivo a conseguir, el estado de ser que se busca, dado que ambos persiguen la más elevada Iluminación de un Buda, pero hay una diferencia en los medios para avanzar; una vez más no en la sabiduría sino en el método. En lo que concierne al método no difieren en la base o motivación de las acciones, la intención altruista de iluminarse, ni en la práctica de las perfecciones, sino en la técnica del yoga de la deidad. Una deidad es un ser supramundano que en sí misma es una manifestación de la compasión y de la sabiduría. Así, en la práctica especial del yoga de la deidad se unifica, se unen el propio cuerpo, palabra, mente y actividades con el cuerpo, palabra y mente y actividades sublimes de un ser supramundano, manifestando en el camino una similitud del estado del efecto.

DIFERENCIA ENTRE LAS CUATRO CLASES DE TANTRA

Dentro del Vehículo del Mantra, hay muchas maneras de diferenciar el variado número de clases de Tantra. Tsongkapa en su *Great Exposition of Secret Mantra* el sistema que sigue es dividir en cuatro las clases de Tantra –Tantra de la Acción, de la Ejecución, del Yoga y del Yoga Más Elevado[44]. Estas cuatro se diferencian 1) no por *el objeto de su intención,* ya que las cuatro se caracterizan por querer hacer posible el bienestar de todos lo seres, 2) ni por el objeto del logro o meta que persiguen, ya que las cuatro persiguen la total Iluminación de la Budeidad, 3) ni simplemente por tener diferentes clases de yoga de la deidad, dado que las cuatro tienen diferentes tipos de este yoga, sino que cada una de ellas constituye una clase de Tantra.

Algunos dicen que las cuatro clases de Tantra existen para las diferentes castas; sin embargo los practicantes de las cuatro clases de Tantra proceden de todos los niveles sociales, y, más aún, no todas las personas de cualquiera de los niveles sociales están capacitadas para practicar el Tantra. Otros dicen que las cuatro clases de Tantra son para personas que siguen deidades particulares no-budistas; sin embargo antes de entrar en el Vehículo del Mantra no es necesario seguir un sistema no budista, que, según el Budismo, sostiene una visión equivocada del estatus de la persona y de otros fenómenos; también, sería absurdo que alguien que inicialmente asume la visión de Nagaryuna sobre la vacuidad de la existencia inherente no pudiera practicar con seriedad cualquier clase de Tantra si fuera primero necesario asumir una visión errónea.

Otros, viendo que el Tantra incluye el uso del deseo, del odio, y de la ignorancia como camino para superarlos y, viendo que usan tales prácticas personas con una u otra de esas aflicciones mentales predominando entre sus estados negativos, dicen que las cuatro clases de Tantra son para personas dominadas por determinadas emociones aflictivas. Sin embargo aunque cierta emoción aflictiva pueda ser predominante en un practicante de Tantra, en el sentido de que es más fuerte que otras emociones aflictivas, los practicantes tántricos no están simplemente dominados por dichas emociones. Más bien están motivados por la compasión, involucrados en los medios más rápidos para lograr la Iluminación más elevada, para estar al servicio de los demás. En relación a los comprometidos en el Tantra del Yoga Más Elevado, el Séptimo Dalai Lama Kelsang Guiatso (1708-1757) dijo en su *Explanation of the Rite of the Guhyasamaja Mandala (gsang'dus dkyil'khor cho ga'i rnam bshad)*[(45)]:

> Algunos ven que si practican el Vehículo de la Perfección, etc., deben hacer las acumulaciones (de mérito y sabiduría) durante tres incontables grandes eones y esto llevaría mucho tiempo y entrañaría gran dificultad. No pueden soportar tales dificultades y buscan alcanzar la Budeidad en un breve espacio de tiempo y en un camino de poca dificultad. Los que proclaman que por eso se involucran en el camino breve del Vehículo del Mantra Secreto, están (en realidad) fuera del reino de los practicantes del Mantra. Para ser persona del Gran Vehículo en general uno no puede buscar sólo la paz para sí mismo, sino, desde el punto de vista de considerar a los demás más que a uno mismo, debe ser capaz de, por el beneficio de los otros, poder soportar cualquier tipo de dificultad o sufrimiento que pueda surgir. Aunque los practicantes del Mantra Secreto son entre los seguidores del Gran Vehículo los de cualidades extraordinariamente agudas, quienes vuelven la espalda al bienestar de los demás y quieren pocas dificultades para sí mismos, ni siquiera se aproximan al área del Tantra del Yoga Más Elevado. Se debe uno involucrar en este Tantra del Yoga Más Elevado, el atajo secreto, con la motivación altruista de la Iluminación, incapaz de soportar que los seres conscientes se vean largo tiempo atormentados por la existencia cíclica en general, y por grandes sufrimientos en particular pensando: "¡Qué bueno sería si ahora mismo pudiera lograr los medios para liberarlos!"

Incluso aunque el camino del Vehículo del Mantra es más rápido y fácil, un practicante no lo puede escoger por miedo a las dificultades del más largo, el Camino del Sutra. Sino que toma el camino más rápido porque le mueve la compasión de manera especial; un practicante del Mantra quiere lograr la Iluminación más pronto para estar antes al servicio de los demás. El Dalai Lama dijo en una conferencia pública que la contemplación adecuada de las dificultades y de la duración del Camino del Sutra genera mayor determinación y coraje; esto debe ser porque el contemplar nuestra actividad altruista a lo largo de los tiempos debilita los inconvenientes de la impaciencia, el enfado y el descorazonamiento. Sería ridícula la postura de practicantes del Mantra, supuestamente los más agudos entre los Bodisatvas, que se desanimaran ante un camino largo, y a raíz de su desánimo buscaran un atajo. El altruismo de los seguidores del Mantra es aún más intenso que el de los practicantes del Vehículo de la Perfección.

En este sentido, Tsongkapa, refutando la posición del erudito indio Alamkakalasha, de que el *Guhyasamaja Tantra* se enseñó a los de la casta de mercaderes de odio y deseo enormes, pero de pequeña ignorancia, dice:[46]

> En general, los mayores practicantes del Gran Vehículo deben tener una gran compasión. En particular los mayores practicantes del Yoga Más Elevado desean lograr la Budeidad de manera muy, muy rápida, para colmar el bienestar de los demás al estar extremadamente movidos por la gran compasión. Por eso, es un sin sentido decir que deben tener una gran aversión.

De igual manera el sabio mongol Jan-gya-Rol-bay-dor-jay *(lcang skya rol pa'i rdo rje,* 1717-86) dice en su *Clear Exposition of the Presentations of Tenets. Beautiful Ornament for the Meru of the Subduer's Teachings (grub pa'i mtha'i rnam par bzhag pa gsal bar bshad pa thub bstann lhun po'i mdzes rgyan):*[47]

> Se dice en los Tantras preciosos y en muchos comentarios que incluso aquellos practicantes de pocas facultades del Vehículo del Mantra deben tener muchísima más compasión, facultades más agudas y más suerte que los practicantes de facultades superiores del Vehículo de la Perfección. Por lo tanto, aquellos que creen y proclaman que el Vehículo del Mantra se enseñó para personas que se ha-bían desanimado, porque lograr la Iluminación llevaba mucho tiempo y suponía muchas dificultades, deben tener claro

que no comprenden el significado del Mantra. Es
más, la afirmación de que el Vehículo del Mantra es
más rápido que el Vehículo de la Perfección se refiere
a discípulos que sean receptáculos adecuados, no para
todo el mundo. Por lo tanto no es suficiente con que
la enseñanza sea el Vehículo del Mantra: la persona
debe estar adecuadamente comprometida en dicho
Vehículo.

Lejos de ser enseñado a los incapaces de practicar el Vehículo de
la Perfección, los cuatro Tantras fueron expuestos para personas
extraordinariamente dotadas de gran compasión, y así es imposible
la postura de que las cuatro clases de Tantra son para personas
dominadas por diferentes tipos de emociones aflictivas, como el
deseo y el odio.

Otros dicen que las cuatro clases de Tantra son para personas
que sostienen los puntos de vista de las cuatro escuelas de filosofía
budista. Esta postura es igualmente infundada, ya que el Vehículo
del Mantra forma parte del Gran Vehículo desde el punto de vista
de escuela filosófica –se requiere la visión de la escuela de Sólo
Mente y de la escuela del Camino Medio– y desde el punto de vista del camino se necesita el altruismo del Bodisatva.[48]

Más bien, las cuatro clases de Tantra se diferencian en que sus
principales practicantes son de cuatro clases diferentes. Estos practicantes tienen 1) cuatro formas diferentes de usar el deseo en el
camino para los atributos del Reino del Deseo y 2) cuatro niveles
diferentes de capacidad para generar la vacuidad y los yogas de la
deidad que utilizan el deseo en el camino.

1. *Cuatro Formas de Usar el Deseo en el Camino*

En base a las descripciones de las cuatro clases de Tantra que se
exponen en los Tantras del Yoga Más Elevado, se dice que en el
Tantra de la Acción el deseo implícito en la mirada entre un hombre y una mujer cuando se miran y se contemplan el uno al otro se
usa en el camino. En el Tantra de la Ejecución la sonrisa implícita
entre un hombre y una mujer se usa en el camino; en el Tantra del
Yoga el deseo implícito en el tocarse y abrazarse del hombre y la
mujer se usa en el camino; y en el Tantra del Yoga Más Elevado el
deseo implícito en la unión sexual se usa en el camino. Cuando el
deseo que surge de mirarse, sonreírse, cogerse de las manos o
abrazarse y la unión sexual se usa en el camino junto con la vacui-

dad y el yoga de la deidad, el deseo mismo se extingue. Concretamente el deseo de la unión sexual lleva a la unión sexual, y de este
modo, se genera una conciencia bienaventurada y recogida que utiliza entonces el practicante para comprender la vacuidad. La comprensión de la vacuidad de existencia inherente, a su vez, destruye
la posibilidad del deseo.

El proceso se compara a una carcoma que nace de la madera
húmeda y después se come la madera de su alrededor. Relacionan-
do el ejemplo con lo ejemplificado, la madera es el deseo; la carcoma la conciencia bienaventurada; el consumo de la madera es la
destrucción del deseo por la conciencia bienaventurada por medio
de la comprensión de la vacuidad. La razón por la que se usa la
conciencia bienaventurada es porque es más intensa, y por ello es
más poderosa la comprensión de la vacuidad por tal conciencia

El proceso se explica de la manera más fácil en el Tantra del
Yoga Más Elevado. En éste, la conciencia se divide en burda, sutil,
y muy sutil. Según el sistema del *Guhyasamaja Tantra*, uno de los
Tantras del Yoga Más Elevado, que es paralelo en importancia al
Tantra de Kalachakra, la más sutil es llamada la mente innata fundamental de luz clara; la sutil tiene tres niveles de conciencia llamadas mentes de radiante apariencia blanca, roja (o naranja), y
negra; la burda son las cinco conciencias sensoriales y la conciencia mental cuando no se manifiesta ninguno de los niveles más
sutiles ya mencionados. Al parar los niveles de conciencia burdos,
la más sutil se hace manifiesta. La primera en manifestarse es una
mente de apariencia blanca, radiante ("radiante" significa vívida,
no que irradia desde dentro hacia fuera) que se describe como el
cielo de una noche clara bañado por la luz de la luna, no la luna
brillando en el espacio vacío, sino el espacio lleno de luz blanca.
Toda conceptualización ha cesado y no aparece nada, excepto esta
apariencia blanca y radiante. Cuando esta mente cesa, una mente
más sutil de rojo o naranja radiante empieza a manifestarse; esto se
compara a un cielo claro en el espacio repleto de luz de sol; una
vez más no el sol brillando sino el espacio lleno de luz roja o
naranja. Cuando cesa esta mente, aparece una mente todavía más
sutil, negra y radiante próxima-al-logro; se la llama "próxima-al-
logro" porque está cerca de la manifestación de la mente de luz
clara. La mente negra próxima-al-logro es comparada a un cielo
muy oscuro, sin luna, justo después del ocaso cuando no brillan las
estrellas; se dice que uno permanece consciente durante la primera

parte de esta fase pero luego se hace inconsciente en una negrura espesa. Después con las tres poluciones de las apariencias blanca, roja y negra purificadas, la mente de luz clara comienza a manifestarse: es el nivel más sutil de la conciencia.

Los diferentes sistemas del Tantra del Yoga Más Elevado buscan manifestar con técnicas diversas la mente de luz clara, llamada también mente innata fundamental de luz clara. Una de estas técnicas es utilizar la bienaventuranza del orgasmo (pero sin emisión) para apartar los niveles más burdos de conciencia; de este modo se manifiesta el nivel más sutil de la mente. Esta mente tan poderosa y sutil se utiliza entonces para comprender la vacuidad de la existencia inherente, realzando así el poder de la conciencia del camino que comprende la vacuidad, siendo por ello más efectiva para superar los obstáculos a la liberación y a la omnisciencia. Es así como el deseo de la unión sexual se utiliza en el camino del Tantra del Yoga Más Elevado; en esta clase de Tantra el uso del deseo en el camino se hace de manera explícita para potenciar la conciencia de la sabiduría que comprende la vacuidad por medio de generar realmente una conciencia más sutil y por tanto más poderosa que la comprende. La dificultad de usar una conciencia bienaventurada proveniente del orgasmo para comprender cualquier cosa, indica que sería necesaria una persona de gran desarrollo psicológico y capacidad para utilizar tal estado sutil en el camino. También indica cómo sin conocer el contexto de cómo y porqué la unión sexual se usa en el camino, la práctica puede ser efectuada erróneamente o mal interpretada.

Se dice en los tres Tantras inferiores que aunque tal conciencia más sutil no se genera del deseo implicado en la mirada, sonrisa y contacto, la conciencia bienaventurada que se genera es no obstante utilizada para comprender la vacuidad. Así el erudito mongol Ngawang-bel-den *(ngag dbang dpal ldan,* nacido en 1797) dice en su *Presentation of the Grounds and Paths of the Four Great Secret Tantra Sets, Illumination of the Texts of Tantra (gsang chen rgyud sde bzhi'sa lam gyi rnam bzag rgyud gzhung gsal byed):*[49]

> Los tres Tantras inferiores implican el utilizar en el
> camino la dicha que surge de la mirada, la sonrisa o
> cogerse de las manos o abrazar a una meditada Mujer
> de Sabiduría Meditativa (consorte); no obstante esto
> no se hace para generar un sujeto especial (una con-
> ciencia sutil) que actualiza la vacuidad, ya que eso es

una característica especial únicamente del Tantra del Yoga Más Elevado. Así mismo, la mayoría de los seguidores de [Tsongkapa] explican que esto no significa que la conciencia bienaventurada que surge de mirar, sonreir y demás no comprenda la vacuidad.

La utilización del nivel más sutil de conciencia permite al Tantra del Yoga Más Elevado ser el más rápido para quien es capaz de practicarlo, y, así, sólo a través de este Tantra es posible lograr la Budeidad en una vida.

2. *Cuatro Capacidades para la Práctica*

Además de las cuatro formas diferentes para usar el deseo en el camino para los atributos del Reino del Deseo, las cuatro clases de Tantra corresponden a los cuatro diferentes niveles de capacidad para generar la vacuidad y los yogas de las deidades que utilizan el deseo en el camino. El camino tántrico se centra en el yoga de la vacuidad y en el yoga de la deidad y los practicantes tienen diferentes necesidades o clases de mentes para llevar a cabo dichos yogas. Los que se sirven de una enorme cantidad de actividades externas para comprender la vacuidad y los yogas de la deidad, se entrenan en el Tantra de la Acción. Sin embargo esto no significa que el Tantra de la Acción carezca de yoga, porque tiene un yoga muy poderoso y complejo para desarrollar la estabilización meditativa que es la unión de la calma mental y la comprensión profunda de la verdadera naturaleza,[50] sino más bien que los practicantes principales del Yoga de la Acción se involucran en muchas actividades rituales tales como el baño, etc., porque encuentran que dichas actividades mejoran su meditación.

Los que llevan acabo actividades externas y estabilización meditativa por igual, se entrenan en el Tantra de la Ejecución; los que practican principalmente la estabilización meditativa y se dedican sólo a unas pocas actividades externas se entrenan en el Tantra del Yoga. Los que no se sirven de actividades externas y tienen además la capacidad de generar el yoga por encima del cual no hay ninguno más alto, son practicantes del Tantra del Yoga Más Elevado.

Es más, el Tantra del Yoga Más Elevado implica una gran cantidad de ritual, como se verá en los rituales de la iniciación y en el rito de la práctica diaria, que se da traducido en este libro; el punto aquí es quizás que el Tantra del Yoga Más Elevado no implica el ritual del baño, etc., de la manera en que lo hace el Tantra de la Acción y demás.

Esta división de las cuatro clases de Tantra, teniendo en cuenta las capacidades de sus principales practicantes, hace referencia a su *capacidad* de generar los yogas principales –los yogas de la vacuidad y de la deidad– de sus respectivos sistemas enfatizando las actividades externas, enfatizando el equilibrio entre actividades externas y estabilización meditativa, enfatizando la estabilidad meditativa, y no tanta actividad externa. La división no se hace por el mero *interés* de las personas que quieren practicarlo, dado que algunas personas pueden sentirse interesadas en caminos para cuya práctica no están realmente capacitadas. Como dice Tsongkapa:[51]

> Además, aunque los practicantes en general estén más o menos interesados en actividades externas y en el desarrollo del yoga, hay casos de interés en un camino que no es adecuado a las facultades de la persona, así que los principales practicantes de las cuatro clases de Tantra no pueden ser identificados por su interés.

RECAPITULACIÓN

La peculiar práctica tántrica del yoga de la deidad, motivada por una gran compasión y empezando por el yoga de la vacuidad, se desarrolla de diferentes maneras en las cuatro clases de Tantra. Los respectivos practicantes principales utilizan diferentes niveles de deseo que se implican en el mirar, en el sonreir, en el tocar y en la unión sexual, según su disponibilidad a los diferentes tipos de práctica, subrayando las actividades externas, equilibrando éstas y la estabilización meditativa, enfatizando la estabilización meditativa o centrándose exclusivamente en ella. Las técnicas se adaptan a los niveles de capacidad de los practicantes a medida que progresan en su práctica a través del contínuo de varias vidas, y la diversidad de formas y vehículos es una representación de la sabiduría compasiva de Buda. Todos los sistemas tántricos se construyen sobre la base de una motivación altruista y de las acciones altruistas de los Bodisatvas.

3 Motivación:
Las Treinta y Siete Prácticas

Para poner en acción el yoga de la deidad, es necesario recibir la iniciación, y para esto es necesario tener como fundamento del camino algún grado de experiencia de compasión y de comprensión de la vacuidad. Por eso, es costumbre que el Lama, antes de dar la iniciación, haga una lectura sobre las etapas del camino común al Sutra y al Tantra. En la iniciación de Kalachakra en Madison en 1981, Su Santidad el Dalai Lama leyó primero a lo largo de tres días, ante un gran auditorio, textos sobre el reconocimiento de la naturaleza del sufrimiento de la vida, sobre la generación de una intención altruista para alcanzar la Iluminación y la visión de la vacuidad de existencia inherente. Una muestra elocuente de esta clase de enseñanza, necesaria e integral, para la práctica tántrica (no sólo como precursora), la encontramos en la obra del Dalai Lama *Un Acercamiento a la Mente Lúcida*[52] en el capítulo llamado "El Camino a la Iluminación" (pág. 139-180).

La insistencia en reconocer el sufrimiento y generar compasión no es sólo válido en la práctica del Sutra, sino que es esencial en la práctica del Tantra. El capítulo de la Iniciación del *Tantra de Kalachakra* (estrofa 12), habla con elocuencia del sufrimiento:

> En el vientre de la madre existe el sufrimiento de
> habitar en el vientre de la madre; en el nacimiento
> y mientras se es niño hay también sufrimiento.
> La juventud y la edad adulta están repletas de grandes
> sufrimientos como el de perder al compañero, las
> riquezas y fortuna, así como el gran sufrimiento de
> las emociones aflictivas.
> Los viejos tienen el sufrimiento de la muerte y de

nuevo el terror de las seis transmigraciones tales
como la del Lloro y demás.

Todos estos seres transmigrantes, engañados por la ilusión, se aferran al sufrimiento que proviene del
sufrimiento.

(Págs. 193-194 y si se quiere consultar el comentario del Dalai
Lama sobre esto). También el recopilador del Tantra, Manjushrikirti, ilustra su compasión con deseos protectores:[53]

> Así como los del linaje de sabios junto con Ravi
> vinieron para obtener la sabiduría del conocimien-
> to de éste (Tantra),
> Así, los seres conscientes que moran en las tres for-
> mas de existencia cíclica puedan volverse como
> ellos a través de la bondad del *Tantra de Kalacha-
> kra*.

Y:

> De la misma manera que mi mente-vajra mora por la
> tierra entera con el propósito de liberar a los seres
> conscientes,
> Pueda ella existir en las tres formas de existencia de
> los seres conscientes por la fuerza de Kalachakra.

Y:

> Que los Bodisatvas que sobre la tierra ahuyentan de
> manera superior a los semidioses que moran en la
> clase de los demonios,
> Los reyes furiosos, así como sus consortes que moran
> en las direcciones y en las direcciones intermedias
> en los mundos de los humanos,
> Y los reyes de serpientes escondidas bajo la tierra
> quienes en todo momento controlan a los grupos
> de espíritus malignos y no virtuosos,
> Puedan todos ellos proteger completamente cada día a
> los ignorantes seres del mundo.

Además, a pesar del hecho de que la compasión es la motivación
básica para la práctica del Tantra, y necesaria en su práctica, la
mejor presentación de cómo cultivar la compasión se encuentra en
el Sutra del Gran Vehículo. Un famoso ejemplo de consejo sobre
cómo cultivar la compasión y las actitudes que son prerrequisitos

necesarios para ello son *The Thirty-Seven Practices (lag len so bdun ma)* de un erudito de la orden Sakya del Budismo Tibetano, conocido como el Bodisatva Tok-may-sang-bo *(rgyal sras thogs med bzang po, 1245-1369).*[53] Y como despierta fácilmente una inclinación hacia las actitudes humildes y altruistas que motivan el comportamiento de un Bodisatva, se incluye aquí una traducción de estas famosas estrofas.

LAS TREINTA Y SIETE PRACTICAS
Por el Bodisatva Tok-may-sang-bo

Homenaje a Avalokiteshvara

Rindo incesante homenaje, a través de las tres puertas de mi cuerpo, palabra y mente,
A los lamas supremos, y al protector Avalokiteshvara,
Que habiendo percibido que todos los fenómenos carecen de idas y venidas
Se esfuerzan únicamente en el bienestar de los transmigrantes.

Los Budas perfectos, fuentes de ayuda y felicidad,
Surgen de haber practicado la doctrina excelente.
A su vez esto depende de conocer sus prácticas.
Por lo tanto, voy a explicar las prácticas de los Bodisatvas.

1. Para liberarse a sí mismo y a otros del océano de la existencia cíclica
   Es una práctica de los Bodisatvas
   Escuchar, reflexionar y meditar día y noche sin distracción alguna
   Aquí, ahora que se ha logrado esta gran nave de gozo y de fortuna, difícil de conseguir.

2. Es una práctica de los Bodisatvas abandonar el país natal
   Que, como el agua, posee las fluctuaciones del apego hacia los amigos
   Y, como el fuego, se consume en el odio hacia los enemigos,
   Y que tiene la oscuridad de la ignorancia que encubre lo que hay que aceptar y rechazar.

3. Es una práctica de los Bodisatvas permanecer en soledad.
   Al abandonar los objetos perniciosos, las emociones perturbadoras disminuyen gradualmente;

Con la ausencia de distracción aumenta naturalmente la práctica de la virtud
Y la claridad de la mente hace surgir un conocimiento verdadero de la doctrina.

4. Es una práctica de los Bodisatvas renunciar a esta vida.
   Los amigos íntimos que nos han acompañado largo tiempo se separan,
   La riqueza y los bienes conseguidos con esfuerzo quedan atrás
   Y la posada de este cuerpo es abandonada por el huésped de la conciencia.

5. Es una práctica de los Bodisatvas abandonar a los malos amigos
   Con cuya compañía aumentan los tres venenos (del deseo, el odio y la ignorancia),
   Causan el deterioro del escuchar, reflexionar y meditar
   Y hacen del amor y de la compasión algo inexistente.

6. Es una práctica de los Bodisatvas sentir más afecto
   Que por el propio cuerpo, por el admirable guía espiritual,
   Quien, cuando se confía en él, hace desaparecer los defectos y
   Aumentar las buenas cualidades como luna creciente.

7. ¿Quién puede ser protegido por un dios mundano
   Encadenado él mismo en la prisión de la existencia cíclica?
   Por eso es una práctica de los Bodisatvas buscar Refugio
   En las Tres Joyas que nunca defraudan cuando se les ha pedido ayuda

8. El Conquistador ha dicho que los sufrimientos de las malas transmigraciones, dificilísimos
   De soportar, son los frutos de las acciones negativas.
   Por eso es una práctica de los Bodisatvas no cometer nunca
   Acciones negativas aún a riesgo de su vida.

9. La felicidad de los tres reinos de la existencia cíclica,
   Como rocío en la punta de una brizna de hierba se desintegra tras poco tiempo.
   Por eso es práctica de los Bodisatvas perseguir el
   Estado supremo de la liberación inmutable.

10. ¿A qué sirve nuestra propia felicidad si sufren las madres
    Que han sido cariñosas con nosotros desde el tiempo sin principio? Por eso es práctica de los Bodisatvas generar la intención altruista de iluminarse
    Para liberar a infinitos seres conscientes.

11. Todo sufrimiento surge de desear la felicidad para uno mismo
    Mientras que los Budas perfectos nacen del altruismo.
    Por ello, es una práctica de los Bodisatvas cambiar completa-
    mente Su propia felicidad por el sufrimiento de otros.

12. Aunque si alguien empujado por la codicia le roba todas las
    riquezas o
    Envía a otros a que se las robe,
    Es una práctica de los Bodisatvas dedicar a esas personas
    Su cuerpo, posesiones y virtudes de los tres tiempos.

13. Aunque alguien les corte la cabeza
    Cuando no han cometido la menor falta,
    Es una práctica de los Bodisatvas, movidos por la compasión,
    tomar sobre sí mismos las acciones negativas de tal persona.

14. Aunque alguien proclame a través de billones de mundos
    Varios tipos de observaciones enfermizas acerca de ellos,
    Es práctica de los Bodisatvas hablar con amor
    De las buenas cualidades de tal persona.

15. Aunque uno se agolpe en medio de una gran concurrencia de
    seres
    Y acusadoramente hable mal de ellos,
    Es una práctica de los Bodisatvas inclinarse con respeto
    Reconociendo a esa persona como a su guía espiritual.

16. Aunque una persona querida como un hijo
    Les vea como a un enemigo,
    Es una práctica de los Bodisatvas ser muy bondadoso
    Como una madre hacia su hijo enfermo

17. Aún cuando un ser igual o inferior a ellos por soberbia
    Les desprecie, a causa del orgullo
    Es una práctica de los Bodisatvas colocar respetuosamente a
    Esa persona sobre la coronilla como a un maestro.

18. Aunque carezcan de medios, despreciados siempre por la gente
    Y afligidos por terribles enfermedades y demonios,
    Es una práctica de los Bodisatvas asumir en sí mismos, sin
    desánimo,
    Las malas acciones y el sufrimiento de todos los seres.

19. Aunque sean famosos, respetados por muchos seres,
    Y hayan conseguido las riquezas de Vaishravana,
    Es una práctica de los Bodisatvas no sentir vanidad
    Observando la no sustancialidad de la gloria y de la riqueza de
    la existencia cíclica.

20. Si el enemigo interno del odio no es sometido,
    Cuando se intente someter a los enemigos externos, aumentarán.
    Por ello es una práctica de los Bodisatvas someter su propio
    continuo mental
    Con el ejercicio del amor y de la compasión.

21. Los atributos del Reino del Deseo, como el agua salada,
    Aumentan el apego sin que importe cómo se utilizan.
    Por eso es una práctica de los Bodisatvas abandonar inmedia-
    tamente
    Todo lo que genera apego y deseo.

22. Todas la apariencias proceden de nuestra mente; y la mente
    misma
    Está libre, desde el principio, de los extremos de las elabora-
    ciones.
    Es una práctica de los Bodisatvas, comprendiendo esto,
    No hacer distinciones entre los signos del objeto y del sujeto.

23. Cuando se encuentran con objetos atractivos,
    Es una práctica de los Bodisatvas verlos como falsos,
    Aunque parezcan tan hermosos como un arco iris en verano,
    Y abandonar el apego y el deseo.

24. Como ocurre en la muerte de un niño en un sueño, produce
    cansancio
    Considerar como verdades las apariencias equivocadas de los
    diversos sufrimientos.
    Por eso, es una práctica de los Bodisatvas, considerarlas como
    falsas
    Cuando se encuentran con condiciones desfavorables.

25. Si a los que desean la Iluminación les es necesario renunciar
    incluso al propio cuerpo
    ¿A qué mencionar los objetos externos?
    Por eso, es una práctica de los Bodisatvas ofrecer presentes
    Sin esperar recompensa o complacencia para sí mismos.

26. Si sin una conducta moral adecuada no se puede conseguir la
    propia felicidad,
    Afirmar que la felicidad de otros puede lograrse produce risa.
    Por eso, es una práctica de los Bodisatvas mantener la conduc-
    ta moral
    Sin aspirar a nada implicado en la existencia cíclica.

27. Para un Bodisatva que desea la riqueza (que surge) de la virtud
    Todos los que perjudican son como un tesoro de joyas preciosas.

Por eso es una práctica de los Bodisatvas cultivar la paciencia
Sin odio o resentimiento hacia nadie.

28. Ya que los Oyentes y Realizadores Solitarios que alcanzan sólo
su propia felicidad
Se ve que se esfuerzan como si tuvieran que apagar un fuego
sobre sus cabezas,
Es una práctica de los Bodisatvas el esforzarse,
Que es fuente de buenas cualidades para beneficio de todos los
transmigradores.

29. Comprendiendo que las emociones perturbadoras se conquis-
tan completamente
Con la especial percepción basada totalmente en la calma per-
manente.
Es una práctica de los Bodisatvas cultivar la concentración
Que sobrepasa las cuatro absorciones sin forma.

30. Dado que la Iluminación perfecta no puede lograrse
A través de las otras cinco perfecciones sin la sabiduría.
Es una práctica del Bodisatva, cultivar la sabiduría
Que posea método y no conceptualice las esferas (del objeto,
el sujeto y la acción como existentes inherentemente).

31. Si no se analizan los propios errores
Es posible actuar sólo bajo la apariencia de una persona reli-
giosa.
Por eso es una práctica de los Bodisatvas examinar
Contínuamente sus propios errores y abandonarlos.

32. Si debido a emociones perturbadoras los Bodisatvas dicen fal-
tas
De otro Bodisatva, ellos mismos se degeneran.
Por ello, es una práctica de los Bodisatvas no hablar de los
defectos
De personas que han entrado en el Gran Vehículo.

33. El discutir una y otra vez pretendiendo bienes y servicios
Es causa de que se deterioren el escuchar, reflexionar y medi-
tar.
Por ello, es una práctica de Bodisatvas abandonar el apego
Por las casas de amigos y patronos.

34. Las palabras duras perturban las mentes de los demás
Y deterioran el comportamiento de un Bodisatva.
Por ello, es una práctica de los Bodisatvas abandonar
Las palabras duras sobre lo que nos molesta de los demás.

35. Si uno se acostumbra a las emociones pertubadoras
Resultan difíciles de vencer a través de los antídotos.
Por eso, es una práctica de los Bodisatvas vencer
Las emociones perturbadoras del deseo, etc., en el mismo instante en que se producen.

36. En resumen, es práctica de los Bodisatvas lograr
La felicidad de los demás por medio de poseer contínuamente atención e introspección
Observando el estado de sus mentes
En todas y cada una de las formas de comportamiento.

37. Es una práctica de los Bodisatvas dedicar para la Iluminación
Las virtudes logradas con este esfuerzo junto con la sabiduría
De la pureza de las tres esferas [de objeto, sujeto y acción]
Para eliminar el sufrimiento de los innumerables transmigradores.

Para el beneficio de aquellos que desean adiestrarse en este sendero
He compuesto estas *Treinta y Siete Prácticas de los Bodisatvas*
Según lo manifestado en los Sutras, Tantras y comentarios
Siguiendo las palabras del maestro excelente.

Y porque mi inteligencia es limitada y mi preparación
Insignificante este no es un poema para deleitar a eruditos.
Sin embargo, como está basado en Sutras y en las palabras del
Maestro excelente creo que no son incorrectas estas prácticas de
los Bodisatvas.

Además, para quien posee una mente tan limitada como la mía
Es difícil penetrar en las profundidades de las grandes oleadas de
las acciones de los Bodisatvas.
Por ello, ruego al maestro excelente que sea paciente
Con el conjunto de errores-contradicciones, falta de relación, etc.

Que por la virtud creada por este trabajo puedan todos los transmigradores
Por medio de las mentes supremas
De Iluminación –la absoluta y la convencional–
Llegar a ser como el protector Avalokiteshvara
Sin permanecer en los extremos de la existencia cíclica y la paz
(solitaria).

4 *Yoga de la Vacuidad*

Con gran compasión y una intención altruista de alcanzar la Iluminación como base, los practicantes deben investigar la naturaleza de los fenómenos, generando la sabiduría que comprende la vacuidad de existencia inherente. De otro modo las proyecciones en los fenómenos, falsas e innatas, sobre su bondad o maldad, por encima de lo que realmente son, llevarán a estados distorsionados y tendenciosos de deseo y odio. El proceso de desarrollar tal sabiduría implica meditar sobre la vacuidad del yo y de los otros fenómenos. La siguiente descripción de estas prácticas se basa, mayormente, en la explicación concisa y lúcida de la perfección de la sabiduría en *The Sacred Word of Manjushri* ('*jam dpal zhal lung*) del Quinto Dalai Lama.[54]

La meditación sobre la no existencia del yo de las personas y de los fenómenos en general, se enmarca en cuatro puntos esenciales:

1. Determinar qué es lo que se niega.
2. Determinar la vinculación.
3. Determinar si el objeto designado y su base de designación no son inherentemente uno.
4. Determinar si el objeto designado y su base de designación no son inherentemente diferentes.

PRIMER PUNTO ESENCIAL: DETERMINAR QUÉ ES LO QUE SE NIEGA

Respecto a la no existencia del yo de una persona, de uno mismo en especial, el primer paso es identificar cómo, de manera innata, malinterpretamos al yo como existiendo de forma inherente. Si uno no tiene un sentido bastante claro de esa existencia propia inherente, errará en la refutación, negando el propio yo, en lugar de negar esa específica concretización del yo. En el texto de Shantideva *Engaging in the Bodhisattva's Deeds (byang chub sems dpa'i spyod pa la'jug pa, Bodhisattvacharyavatara IX.140)* se dice:

Sin contactar con la existencia superpuesta
Su no existencia no puede ser aprehendida.

Si en la mente no aparece una imagen clara del objeto a negar, no puede averiguarse el significado de la ausencia del yo que lo niega.

La orden Guelugpa del Budismo Tibetano hace una diferenciación clara entre el yo existente y el no existente, como se expone en cada una de las cuatro escuelas mayores budistas –La Escuela de la Gran Exposición, la Escuela del Sutra, la Escuela de Sólo Mente y la Escuela del Camino Medio–. Esto asume un doble significado del término "yo": el primero, existente, como persona o yo, y el segundo, no-existente, como una concretización del estatus de cualquier objeto y la concretización es aquí existencia inherente *(rang bzhin gyis grub pa, svabhasiddhi)*.

Esta distinción se sostiene observando que cuando se aprehende el yo, básicamente hay tres posibilidades respecto a cómo está siendo concebido en relación al otro significado del "yo", de existencia inherente:

1. Puedes concebir el yo existiendo inherentemente
2. O, si has entendido la visión del Camino Medio, puedes concebir el yo como existiendo sólo nominalmente.
3. O, tanto si se ha comprendido la visión de la Escuela del Camino Medio como si no, se puede concebir el yo sin cualificarlo ni con existencia inherente, ni sin ella.

Aunque las personas comunes y sin conocimientos no *proponen* ni la existencia inherente ni la imputación nominal, el yo se les aparece como existiendo inherentemente, y porque algunas veces asumen esta apariencia –aunque sin razonamientos– también tienen una concepción de un yo con existencia inherente. Asímismo les gusta que todos los demás, incluso aquellos educados en sistemas erróneos, tengan conciencia de que no se implican en concepciones de la existencia inherente, como cuando se conciben a sí mismos sin especial atención. Sin embargo, esto no quiere decir que todas las conciencias que conciben al yo en el contínuo mental de una persona erróneamente instruida esté equivocada o que toda conciencia que concibe el yo en el contínuo mental de una persona ignorante sea correcta. Más bien, ambas, la ignorante y la erróneamente instruida, tienen el concepto de un yo que existe inherentemente, y también una conciencia que concibe un yo no cualificado con imputación nominal o con existencia inherente.

Además, ni el instruido en el error ni el ignorante pueden distinguir entre un yo que existe como imputación y un yo existiendo inherentemente. Ambos deben ser instruidos en la visión del Camino Medio sobre la ausencia de existencia inherente y de la existencia imputada para superar su tendencia innata a asumir la falsa apariencia del yo como existiendo inherentemente, existiendo por sí mismo o existiendo por su propio poder. Éste es el propósito inmediato de la meditación en la ausencia del yo.

La primera etapa de esta meditación tiene como objetivo el obtener un sentido claro del estatus materializado del yo con existencia inherente. Incluso aunque tal concepción equivocada del yo está siempre subliminalmente presente, es necesaria una condición para su manifestación obvia. Para ello, el meditador recuerda una situación en la que una falsa acusación provoca en él una fuerte respuesta, o recuerda una situación de felicidad que provoca lo mismo, intentando observar qué tipo de yo se ha manifestado, y cómo la mente asume su apariencia concreta de siempre. Como la atención tiende a causar la desaparición de ese nivel grosero de error, del yo que existe de manera inherente, el primer punto esencial es el reconocer la dificultad del logro. Se tiene que aprender a permitir que la mente funcione en su forma habitual egoísta y observarla al mismo tiempo, manteniendo la atención a niveles mínimos para que pueda emerger la concepción habitual de un yo concreto y puntual. La demanda de atención se mitiga por la necesidad de permitir que lo que habitualmente queda fuera de análisis funcione según sus propios medios.

Cuando se logra un éxito, el meditador encuentra totalmente convincente el sentido del yo con existencia inherente. Como dijo el Dalai Lama a estudiosos tibetanos en Dharamsala, India, en 1972, que se tiene tan fuerte creencia en este yo concretizado, que una vez identificado, se tiene la sensación de que si no es verdad, nada lo es. Parecería, sin embargo, que el primer paso para desarrollar la visión del Camino Medio fuera el reconocimiento íntimo y total de que para el meditador lo opuesto a esa visión parece ser verdad.

Frente a esa conciencia particular, mente y cuerpo no quedan diferenciados, ni el yo queda diferenciado del cuerpo y la mente. Sin embargo, al yo se le ve auto-establecido, auto-instituido, por su propio poder, existiendo por sí mismo. No se trata de que se tenga la sensación de que la mente, el cuerpo y el yo *no puedan* ser diferenciados; sino más bien que, por *esa* conciencia, la mente, el cuerpo, y el yo, simplemente no son diferenciados. Por ejemplo para una conciencia que simplemente aprehende una ciudad en particular, p.ej.: Chicago, el suelo, los edificios y la gente de esa ciudad no son diferenciados. Son las bases de designación de Chicago, que parece que están unidas a ella y sin embargo tienen su propia substancia.

El reconocimiento de tal apariencia respecto al yo, y el reconocimiento de la asunción de esta apariencia, constituye el primero y esencial peldaño para la comprensión de la ausencia del yo, de la vacuidad. Con esta identificación, el análisis puede funcionar sobre ese objeto; sin ello, el análisis carece de dirección. Desde el punto de vista de la tradición Guelugpa del Budismo Tibetano, parecería que la mayoría de los intentos de los occidentales para penetrar en la vacuidad fallan en esta etapa inicial, tendiendo o bien a asumir que se está refutando el fenómeno en sí, o bien que lo que se refuta es una cualidad superficial, de construcción filosófica del fenómeno, y no esa equivocación innata.

SEGUNDO PUNTO ESENCIAL: DETERMINAR LA VINCULACIÓN

Mientras que en la primera etapa el meditador admite una actitud ordinaria para operar e intenta averiguarlo sin interferir, en la segunda etapa el meditador toma una decisión intelectual no ordinaria que debe llevarse gradualmente al nivel de sentimiento. Aquí se considera el número de posibles relaciones entre el fenómeno designado y su base de designación.

Fenómenos designados son cosas como una mesa, un cuerpo, una persona y una casa. Sus respectivas bases de designación son cuatro patas y una superficie plana, cinco extremidades (dos brazos, dos piernas y una cabeza) y un tronco, o cuerpo y mente, y un número de habitaciones distribuidas o construidas de una cierta manera. El meditador considera si dentro de la gama de la existencia inherente, estas dos –el fenómeno designado y la base de designación– deben ser o bien inherentemente lo mismo, o bien inherentemente diferentes o si hay otras posibilidades. Si parece haber otras posibilidades ¿pueden éstas ser incluidas en las dos originales? ¿Ser inherentemente lo mismo o ser inherentemente diferentes?

Nagaryuna dió una lista de cinco posibilidades y Chandrakirti añadió dos o más:

1. inherentemente lo mismo
2. inherentemente diferente
3. el objeto designado depende inherentemente de la base de designación
4. la base de designación depende inherentemente del objeto designado
5. el objeto designado incluye la base de designación como una entidad diferente en la manera en que una persona posee una vaca, o como una misma entidad, en la manera en que un árbol posee su núcleo.
6. el objeto designado es la manifestación, la medida especial de la base de designación.
7. el objeto designado es la colección, el conjunto de las bases de designación.

Los cinco últimos pueden incluirse en los dos primeros, como depuraciones de ellos; el tercero y el cuarto son una forma de diferencia; el primer aspecto del quinto es también una forma de diferencia; el segundo una forma de igualdad de la identidad; el sexto y el séptimo son variaciones de la igualdad. Por consiguiente todas las posibilidades de existencia inherente se pueden incluir en las dos originales.

Convencionalmente, sin embargo, se dice que el yo y sus bases de designación, cuerpo y mente, son diferentes, sin ser entidades diferentes, y que son la misma entidad, pero no lo mismo. Esto se llama técnicamente una entidad y apartados diferentes[55] significando en esencia que conceptualmente se pueden aislar los dos. ¿Por qué no considerar esto una octava posibilidad?

Si la relación de ser una entidad y apartados diferentes está en el contexto de la existencia inherente, entonces esta posibilidad es internamente contradictoria, dado que en el contexto de la existencia inherente cualquier cosa que sea inherentemente la misma, es lo mismo respecto a todo, siendo imposible que existan apartados diferentes. Sin embargo si la relación de ser una entidad y apartados diferentes ocurre en el contexto de la verdad convencional, entonces no es necesario incluirlo aquí en esta lista de posibilidades dentro de la existencia inherente.

La lista de posibilidades, sin embargo, no incluye todas las posibilidades de existencia del fenómeno designado –tal como el yo– y sus bases de designación –tales como cuerpo y mente– porque el examen aquí se refiere sólo a si el yo existe de la forma concreta en que se le ve existir en el primer punto esencial. Si existe tan concretamente, se tendría que ser capaz de apuntarlo, de señalarlo cuando se lo examina con respecto a sus bases de designación.

Dado que esta decisión –de que la existencia inherente incluye la necesidad de que el fenómeno designado sea o bien uno con sus bases de designación o bien diferente de ellas– es el yunque sobre el cual el sentido de un yo con existencia inherente será machacado con el martillo del razonamiento subsiguiente, el segundo punto esencial no es una elucubración intelectual para ser tomada a la ligera. Debe desarrollarse a nivel de sentimiento, y esto se hace considerando que todo lo existente es o bien uno o bien diferente, como el gran estudioso mongol del siglo XVIII Jang-gya *(lcang skya rol pa´i rdo rje, 1717-86)* dice en su *Presentation of Tenets (grub mtha´i rnam bzhag).*[56] Una silla es una; una silla y una mesa son diferentes; una silla y sus partes son diferentes; mesas son diferentes, etc. El yogui debe heroicamente establecer patrones mentales que inteligentemente limiten las posibilidades, de manera que los análisis subsiguientes puedan funcionar, causando incredulidad en un yo con existencia inherente.

Al llegar a esta decisión, se comienza a dudar de la existencia del yo autoinstituido, identificado en el primer punto esencial. Gueshe Rabten, un erudito Guelugpa contemporáneo, que residió los últimos años en Suiza, [57] comparaba el efecto de esta etapa con la primera vez que se tienen dudas acerca de un viejo amigo. La emocionante y conmovedora experiencia de desafiar al propio estatus en el que se creyó durante tanto tiempo ha comenzado.

TERCER PUNTO ESENCIAL: DETERMINAR QUE EL YO Y LOS AGREGADOS NO SON UNO

La siguiente etapa es usar el razonamiento para determinar si el yo y los agregados físicos y mentales pudieran ser inherentemente lo mismo o (inherentemente) diferentes. El razonamiento aquí no es cuestión de una fría deliberación o resumen superficial, sino de utilizar varias aproximaciones para encontrar una que pueda hacer tambalear al propio ser. Dado que éste es el caso, debe trascenderse la aparente simpleza y rigidez de los razonamientos sugeridos.

Presumiendo que ciertos razonamientos no les servirían a algunas personas, se usan *series* de aproximaciones (razonadas), antes que sólo un razonamiento. El primero es un desafío de la experiencia corriente: si el yo fuera uno con el cuerpo, ¿cómo podríamos hablar de "mi cuerpo"? Si el yo fuera uno inherentemente con la mente, ¿cómo podríamos hablar de "mi mente"? ¿Podríamos hablar del cuerpo del cuerpo? ¿O de mi yo?

Sin embargo el Quinto Dalai Lama no parece confiar en que eso sea suficiente; continúa con una cita de Nagaryuna sobre el mismo razonamiento:

> Si por pensar así, (tu intento de comprensión) es meramente verbal y no obtienes una fuerte convicción, contempla lo siguiente.
> Nagaryuna en su *Treatise on the Middle Way (rtsa shest/dbu ma´i bstan bcos, madhyamakashastra, XXVII-27)* dice:

> Cuando se adopta que no hay un yo
> Excepto los apropiados (agregados),
> Los apropiados (agregados) ellos mismos son el yo.
> Si es así, tu yo es no existente.

La interpretación entre los eruditos Guelugpa no es que Nagaryuna pensara que fuera común que los seres concibieran el yo siendo uno con el cuerpo o uno con la mente. Más bien, su pensamiento era que *si* el yo existía inherentemente, entonces la unidad con sus bases de designación sería una de las dos únicas posibilidades exhaustivas. La referencia de Nagaryuna no es hacia el error ordinario, sino a una *consecuencia* de la existencia inherente y tal concreción requiere una identificación puntual bajo análisis.

Las reglas de la existencia inherente, sin embargo, no son las reglas de la mera existencia. Dentro del contexto de la existencia concreta, la igualdad de una entidad requiere una unidad manifiesta en todos sus aspectos. Así, la cuestión no es si los seres conciben de ordinario tal unidad, dado que no se proclama que lo hagamos, sino si son apropiadas las reglas de la existencia puntual y concreta o sea,la forma en que experimentamos el yo tal como lo descubrimos en el primer punto esencial.

Más Razonamientos

Es preciso tomar en consideración algunas variantes del mismo razonamiento; la mera presencia del razonamiento no se espera que sea plenamente convincente. Para que estas variaciones funcionen, el meditador debe haber logrado creer en el renacimiento. Si el yo y el cuerpo son uno, después de la muerte cuando se incinera el cuerpo el yo también debería consumirse por el fuego. O, de la misma forma que el yo transmigra a la vida siguiente, así el cuerpo también tendría que transmigrar. O, de la misma forma que el cuerpo no transmigra, así el yo tampoco tendría que transmigrar.

Si debido a haber meditado en tales razonamientos se llega a la conclusión de que probablemente el yo no es lo mismo que el cuerpo sino probablemente una unidad con la mente, uno está preparado a considerar las falacias siguientes. Dado que es evidente que el sufrimiento del frío surge cuando el yo está sin ropa y que los sufrimientos del hambre y de la sed surgen cuando al yo le falta comida y bebida, serían –si el yo fuera sólo mental– de origen mental, en cuyo caso no habría razón para que el mismo sufrimiento no fuera experimentado en una vida en el Reino Sin Forma. Y como la mente sería una con el yo, aún tendría que hacer uso de formas burdas tales como la comida y el vestido.

Las variantes de la unidad mencionadas anteriormente habrán preparado a la mente para llegar a una conclusión en la que se reflejen unos pocos razonamientos más. Primero, los yos tendrían que ser tantos como la mente y el cuerpo, es decir, dos; o dicho de otro modo, los yos serían tantos como los cinco agregados, cinco. Esto puede parecer extraordinariamente simple, pero los requisitos para una tal existencia capaz de ser señalada y encontrada analíticamente –no los requisitos de la mera existencia– son el yunque. El meditador a través de este análisis intenta descubrir no cómo él o ella conciben de una manera ordinaria tal yo que existe inherentemente, sino subyugar un yo como ése para aplastarlo con el razonamiento basado en las *consecuencias* de dicha existencia inherente.

El segundo razonamiento adicional gira en torno a la vinculación de que el yo ocasionaría producción y desintegración existentes inherentemente, en cuyo caso sería discontínuo. El tercero se basa en una creencia en el renacimiento y así refleja el tipo de razonamiento que muchos usan en contra del renacimiento. El asunto no se refiere explícitamente al yo y a los agregados físicos y mentales que son su base de designación, sino a la relación entre el yo de esta vida y el yo de la vida pasada. El razonamiento es que si fueran uno, entonces los sufrimientos de la vida pasada deberían estar absurdamente presentes en esta vida.

Si fueran diferentes, (el yo de esta vida y el de las vidas pasadas), que por las reglas de la existencia inherente serían totalmente diferentes y sin relación alguna entre sí, sería imposible el recordar vidas pasadas. La retribución moral sería imposible. Se experimentaría un inmerecido sufrimiento. Tal diferencia haría imposible un mero yo –el agente que va de una vida a otra– que se involucra en acciones y experimenta sus efectos.

La unidad del yo y sus bases de designación, los agregados físicos y mentales, es imposible.

CUARTO PUNTO ESENCIAL: DETERMINAR QUE EL YO Y SUS AGREGADOS NO SON INHERENTEMENTE DIFERENTES

El meditador se ha inquietado tanto por el análisis de la unidad que está preparado o preparada para asumir la diferencia. Sin embargo, las reglas de la existencia inherente exigen que la diferencia sea inconexamente diferente; de nuevo, la afirmación no es que las personas consideren de ordinario que el yo y sus bases de designación sean diferentes, sin relación alguna, sino que, en el contexto de la existencia inherente, de esa existencia concreta y capaz de ser señalada, la diferencia precisa inconexión. Dice el Quinto Dalai Lama :

> Ahora debes pensar que el yo y los cinco agregados
> no pueden ser más que distintos. El *Suplement* de
> Chandrakirti dice (VI. 120 ab):

No hay otro yo que el de los cinco agregados,
Porque aparte de los agregados, su concepto no
existe.

Lo inherentemente diferente debe existir inconexo;
sin embargo, de la misma forma en que los agregados
se pueden identificar uno a uno: "Este es el agregado
de la forma", etc., así después de acabar con los cinco
agregados tendrías que ser capaz de identificar el yo:
"Este es el yo". Sin embargo, no importa cuán sutil
sea el análisis: tal yo no puede ser encontrado de
manera alguna.

El yo, el sí mismo o realidad última que queda cuando todo lo
demás se elimina, es exactamente lo que muchos Hindús quieren
encontrar; en cambio exclamarían en voz alta lo contrario: algo se
encuentra separado del cuerpo y de la mente. Pero, ¿sería éste el
yo que va a la tienda? ¿Éste el yo que desea, que odia?

A pesar de todo la pregunta no es fácil de establecer, y no parece que se busquen respuestas fáciles; más bien se necesita una convicción profunda y sentida.

COMPRENSIÓN DE LA NO YOIDAD Y DEL YOGA DE LA DEIDAD

Con tal convicción, la conclusión a la que se llega es que no se
puede encontrar el yo bajo tal análisis; esto muestra no que el yo
no existe, sino que no existe inherentemente como aparecía identificado en el primer punto esencial. Esta cualidad de no poder ser
encontrado es la vacuidad misma, y la actualización de ello es la
comprensión de la vacuidad, la no yoidad.

Produce gran impacto esa comprensión deducida e incuestionable, aunque no a nivel de la percepción directa ni incluso de la percepción de la esencia *(lhag mthong, vipashyana)*. En un principiante genera una sensación de desvalimiento, pero en un meditador experimentado, una sensación de descubrimiento o recuperación de lo que había perdido. La percepción de esta vacuidad, la ausencia de existencia inherente, lleva aparejada matices emocionales, primero de pérdida, ya que nuestras emociones se han construido sobre un falso sentido de concreción, y después de descubrimiento de un tesoro perdido que hace que todo sea posible. Desde un punto de vista similar, la vacuidad de la mente se llama naturaleza de Buda, o linaje de Buda, dado que es lo que permite el desarrollo de las maravillosas cualidades de la Budeidad.

En el yoga tántrico de la deidad, la mente que comprende la vacuidad motivada por la compasión se usa como base de emanación de una deidad tal como Kalachakra. La conciencia misma de sabiduría motivada por la compasión provee la sustancia de la deidad. A la vez, al aparecer como una deidad –persona ideal que ayuda a los seres de manera altruista– mantiene la búsqueda de la ausencia de existencia inherente de la deidad. Por esta razón, las dos acumulaciones de méritos (acciones altruistas) y de sabiduría (comprensión de la vacuidad) se logran simultáneamente y los dos aspectos de la compasión y de la sabiduría se contienen dentro de la entidad de una conciencia. Así, el yoga de la deidad se fundamenta en el auténtico corazón del camino del Sutra del Gran Vehículo, la compasión y la actualización de la vacuidad. La iniciación tántrica autoriza a practicar el yoga de la deidad a aquellos con alguna experiencia de compasión y un cierto nivel de comprensión de la vacuidad.

5 Historia del Tantra de Kalachakra

Según la historia sagrada tradicional, en el décimoquinto día del tercer mes, un año después de su Iluminación, el Buda Shakiamuni se mostró en el Pico del Buitre con la apariencia de un monje, transmitiendo *Perfection of Wisdom Sutra in One Hundred Thousand Stanzas,* y simultáneamente apareció como Kalachakra en Dhanyakataka (sur de la India), transmitiendo *El Tantra de Kalachakra.*[(58)] El Tantra se predicó en el interior de un monumento colosal de muchos niveles, *(mchod rten, chaitya)*; el lugar, Dhanyakataka, es identificado, por George Roerich como Amaravati en Taluka de Sattenpale del distrito de Guntur, Madrás, Sur de la India.[(59)]

El Tantra fue expuesto a requerimiento del Rey Suchandra [(60)], una emanación de Vajrapani, quien después lo recopiló en su forma extensa, que se dice es de doce mil versículos. El rey Suchandra era de Shambala, que según G.Tucci,[(61)] "la tradición sitúa junto al río Sita (viz: Tarim)", Turkestán Oriental.[(62)] Después de oír el Tantra, el Rey volvió a Shambala, escribió una amplia explicación sobre él, y declaró el Budismo de Kalachakra como religión del estado.

Los seis reyes siguientes de Shambala mantuvieron la tradición y el octavo rey, Manjushrikirti *('jam dpal grags pa)* inició en el mandala de Kalachakra a tantas personas (según se dice por medio de treinta y cinco millones de profetas, videntes),[(63)] que él y los reyes siguientes fueron llamados *Kulika (rigs ldan)*, "el que lleva el linaje". En base al Tantra raíz extenso, Kulika Manjushrikirti compuso un Tantra más breve en cinco capítulos, con mil cuarenta y siete versículos,[(64)] llamado *Condensed Kalachakra Tantra (bsdus rgyud, laghutantra)*, que es como corrientemente se llama *El Tantra de Kalachakra*, sin que exista la versión más extensa.

A Kulika Manjushrikirti le siguió Kulika Pandarika, quien compuso la más famosa y actual exposición del Tantra, llamada comunmente *Great Commentary on the "Kalachakra Tantra", the Stainless Light (´grel chen dri med´od, vimalaprabha).* Existe todavía y, con toda seguridad, ha servido como base para la literatura posterior.

Ochocientos años después de Kulika Pandarika, en el 624[65] una invasión musulmana debilitó el reino. A pesar de todo siguió el linaje de los reyes Kulika y un tal Chilupa,[66] maestro indio de Orissa, viajó a Shambala y se convirtió en un experto en el Tantra y en *The Great Commentary* de Kulika Pandarika. Regresó a India en el 966 y propagó la enseñanza, haciendo que destacara allí. El autor de *The Blue Annals*, el traductor de Go, Shon-nu-bel (´gos lo tsa ba bzhon nu dpal) argumenta convincentemente que *El Tantra de Kalachakra* reapareció en la India mucho antes de esa época, ya que, entre otras razones, Chilupa:[67]

...(lo) había leido en el Vihara de Ratnagiri (Rinchen ri-bo) que ha sido conservado intacto por los Turuskhas, y era de la opinión que, en general, para lograr la Ilumi-nación era necesario el Mahayana Guhyamantra (gsan-snags), y que el texto tenía que ser estudiado con la ayuda del comentario de los Bodisatvas. De acuerdo con esto, procedió a la búsqueda del Tantra Kalachakra (luego ya debía existir en aquellos tiempos). Así que hay que admitir que el sistema de Kalachakra parece haber llegado a Aryadesa (India) en una época tempra-na y que (el sistema) se dió a conocer en la época de los Kalachakrapada, padre e hijo.

Es probable que el más grande Kalachakrapada, ("Kalachakrapada padre" de la referencia anterior) sea el mismo Chilupa.[68] Helmut Hoffman cuenta que Chilupa venció en debate "al pandit Nadapa-da, llamado Naropa por los tibetanos" después Abad de Nalanda, "en aquellos días, junto con Vikramashila, el centro más importan-te de Budismo".[69] Chilupa inició a Nadapada, que se dió a conocer como el Kalachakrapada Menor:[70] Concluye Hoffman:[71]

Parecería que toda la tradición posterior de Kalachakra derivó de estos dos, no sólo en India sino también en Tíbet.

Nadapada a su vez inició a Atisha en el sistema de Kalachakra y entre los discípulos de Atisha, el más famoso maestro de Kalachakra fue Pi-to-pa, llamado también Pindo Acharia.[72] Las historias están de acuerdo en que el Tantra de Kalachakra llegó a ser ampliamente conocido en India a partir del 966 d. de C. con el regreso de Chilupa y "entró en vigor en India bajo el reinado de Mahipala de Bengala (c. 974-1026)".[73]

Que, incluso según la historia sagrada tradicional, *El Tantra de Kalachakra* haya estado ausente de India durante un periodo tan largo de tiempo, ha llevado a la sospecha de que fue escrito en un país de Asia Central. Lokesh Chandra dice:[74]

> El Tantra de Kalachakra es uno de los últimos trabajos en sánscrito escrito en un lugar de Asia Central desde donde, se dice, viajó a India.

Con los esfuerzos de Chilupa, el sistema se desarrolló en India,[75] dando lugar a numerosas composiciones sobre variados aspectos del Tantra; además de *The Great Commentary* de Kulika Pandarika, Lokesh Chandra da una lista de cuarenta y siete comentarios de veintidós autores (incluyendo seis anónimos).[76] Sesenta años después del regreso de Chilupa, *El Tantra de Kalachakra* se introdujo en el Tíbet, en el año 1026,[77] y rápidamente dió lugar a una tradición floreciente.

La primera traducción fue de Gyi-jo, que estudió bajo la dirección de Bhadrabodhi, un discípulo de Chilupa,[78] pero "sólo tuvo cuatro, que ni siquiera mantuvieron la tradición tras él".[79] Un discípulo de Nadapada, el cachemiri Samanatha, fue a Tíbet y, después de que Ye-shay-chok *(ye shes mchog)* de Nyo no cumpliera la promesa de regalarle cien onzas de oro, viajó a una región justo al norte de Lhasa, llamada Pen-Bo *('phan po)* donde el traductor de Dro, Shay-rap-drak *('bro lo tsa ba shes rab grags)*, terminó una traducción de *The Great Commentary on the "Kalachakra Tantra", the Stainless Light* de Kulika Pandarika, e inició una transmisión conocida como la escuela de Dro.

La otra tradición importante fue la escuela del traductor de Ra, Dor-jay-drak-ba *(rva lo tsa ba rdo rje grags pa)* que estudió *El Tantra de Kalachakra* durante seis años por lo menos, en Cachemira con Samantashri, otro de los últimos estudiantes de Nadapada. Éste persuadió a su maestro para que volviera con él al Tíbet, le ofreció trescientas onzas de oro y desde entonces la escuela Ra llegó a ser extraordinariamente importante en la orden Sak-ya del Budismo Tibetano. A través de Sakya Pandita (1182-1251) y después de Pak-ba *('phags pa)* la tradición Ra llegó a tener gran influencia en Tíbet durante el período de las difíciles relaciones con Mongolia. Bu-don Rin-chen-drup *(bu ston rin chen grub 1290-1364)* y Dol-ba-ba Shay-rap-gyel-tsen *(dol pa pa shes rab rgyal mtsha, 1292-1361)* de la orden Sakya a quienes se les llamaba "los dos grandes propagadores del Kalachakra en la tierra de las Nieves",[80] recibieron enseñanzas a partir de transmisiones influenciadas por las dos escuelas de traducción, la del traductor Ra y la del traductor Dro.

Bu-don- Rin-che-drup, en particular, escribió prolíficamente sobre *El Tantra de Kalachakra*; los primeros cinco volúmenes de sus Obras Completas se dedican únicamente a estas exposiciones, que van desde una versión comentada del Tantra llamada *Easily Understandable Annotations For the Condensed Glorious Kalachakra Tantra, Great King of Tantras Arisen from the Supreme Original Buddha (mchog gi dang po'i sangs rgyas las phyungs ba rgyud kyi rgyal po chen po dpal dus kyi'khor lo'i bsdus pa'i rgyudkyi go sla'i mchan)*, a *Annotations to (kulika Pandarika's) "Stainless Light" (dri med 'od kyi mchan)*, hasta numerosos textos sobre temas variados que comprenden desde el yoga de las seis ramas a la astrología, a la iniciación, etc.[81]

El discípulo de Bu-don, Cho-gyi-bel *(chos kyi dpal)* confirió la iniciación de Kalachakra a Tsongkapa *(tson ka pa, 1357-1419)*, fundador de la orden Guelugpa del Budismo Tibetano, que escribió varios trabajos cortos sobre aspectos del Tantra.[82] El discípulo de Tsongkapa, Kay-drub-ge-lek-bel-sang *(mkhas grub dge legs dpal bzang, 1385-1438)* compuso una obra gigantesca en cuatro volúmenes, comentando el *Condensed Kalachakra Tantra* y el *Stainless Light* de Kulika Pandarika, parte de él atribuido a sus discípulos pero incluido en sus Obras Completas. Kay-drub también compuso trabajos más cortos sobre otros muchos aspectos del Tantra[83] entre los que se encuentra el ritual del mandala que se traduce en este libro, *El Rito del Mandala del Glorioso Kalachakra: Iluminación del Pensamiento (dpal dus kyi'khor lo'i dkyil chog dgongs pa rab gsal)*.

Otro discípulo principal de Tsongkapa, Gyel-tsap-dar-ma-rin-chen *(rgyal tshab dar ma rin chen, 1364-1432)* escribió una exposición del estadio de generación y del estadio de consumación, muy convincente y fácilmente legible, titulada *How to Practice the two Stages of the Path of the Glorious Kalachakra: Quick Entry to the Path of Great Bliss (dpal dus kyi'khor lo'i lam rim pa gnyis ji ltar nyams su len pa'i tshul bde ba chen po'i lam du myur du'jug pa).*[84] El Primer Panchen Lama, Lo-sang-cho-gyi-gyel-tsen *(blo bzang chos kyi rgyal mtshan, 1567?-1662)* resumió (ciento ochenta y cuatro folios) del inmenso trabajo de Kay-drub[85] y muchos Lamas Guelugpas han escrito sobre varios aspectos del Tantra.

Así, en la orden Guelugpa *El Tantra de Kalachakra* ha recibido considerable atención pese a no ser su Tantra principal. En la orden Guelugpa, el Tantra del Yoga Más Elevado central es el *Guhyasamaja Tantra*, y su exposición y práctica es el principal propósito de los colegios tántricos de Lhasa alto y bajo. En los Guelugpa el Tantra del Yoga Más Elevado se estudia principalmente en el contexto del sistema de Guhyasamaja, que se considera el "sistema general" del Tantra del Yoga Más Elevado a través del cual se comprenden la mayoría de los otros Tantras de esa clase. *El Tantra de Kalachakra* es una excepción porque presenta un sistema en cierto modo paralelo pero interesantemente diferente para transformar la mente y el cuerpo en un estado de ser puro.

En cuanto a las otras obras en tibetano sobre Kalachakra, el autor Sakya, el traductor Dak-tsang-shay-rap-rin-chen *(stag tshang lo tsa ba shes rab rin chen,* nacido 1405) escribió un famoso comentario sobre *El Tantra de Kalachakra* llamado *The General Meaning of Kalachakra: Ocean of Teaching (dus'khor spyi don bstan pa'i rgya mtsho),* y el erudito Ñingma, de finales del siglo dieciocho y principio del diecinueve, Mi-pam-gya-tso *(mi pham rgya mtsho, 1846-1912)* escribió una obra en dos volúmenes, que incluye una edición del Tantra mismo y un comentario sobre el texto completo llamado *Clarifying the Meanings of the Words of the Glorious Kalachakra Tantra, Iluminating the Vajra Sun (dpal dus kyi'khor lo'i rgyud kyi tshig don rab tu gsal byed rdo rje nyi ma'i snang ba).* A-ku Shay-rap-gya-tso *(a khu shes rab rgya mtsho,1803-1875)*[86] nos ofrece una selecta bibliografía de cientos de obras sobre Kalachakra.

Este inmenso número de obras originales tibetanas indica la importancia que *El Tantra de Kalachakra* adquirió en Tíbet y en su región cultural, que incluye las regiones del Himalaya, de Nepal, de Sikkim y Bhutan, así como las regiones de Mongolia, Mongolia

Exterior, Mongolia Interior, las tierras de Kalmuk y de Siberia. Aparte de estas áreas, sin embargo, no parece haberse extendido a China, Corea, Japón ni al Sureste Asiático, y así hoy en día los únicos practicantes con una transmisión completa de la iniciación están en la región cultural tibetana. Dentro de ésta y debido a la invasión comunista, los únicos lamas que confieren la iniciación están entre los refugiados tibetanos o en Bhutan y Sikkim.

El Tantra ha llegado a ser algo especialmente ligado a los Dalai Lamas, algunos de los cuales han impartido la iniciación a enormes masas de gente. El actual Dalai Lama ha impartido la iniciación diecisiete veces con asistencias multitudinarias. Para muchos tibetanos recibir la iniciación de Kalachakra del Dalai Lama o de otros lamas, es el mejor acontecimiento de sus vidas. El presente Dalai Lama impartió la iniciación de Kalachakra dos veces en el Tíbet en su palacio de verano, Norbulingka, en 1954 y 1956, con, una asistencia aproximadamente de cien mil personas cada vez. La ha dado once veces en India, en Thekchen Choeling, Dharamsala, en 1970 a treinta mil personas; en Bylakuppe, estado de Karnataka, en 1971 a diez mil personas; en Bodh Gaya, estado de Bihar, en 1974, a cien mil personas; en Leh, Ladhak, en 1976 a cuarenta mil personas; en Derang, Bomdila, Arunachal Pradesh, en 1983 a diez mil personas; en Tabo, Spiti, Himachal Pradesh en 1983 a diez mil personas y de nuevo en Bodh Gaya, estado de Bihar en 1985 a doscientas mil personas. Además Su Santidad a impartido la iniciación de Kalachakra en Zanskar (Ladakh) en 1988, en Kashar (Spiti) en 1992, en Sikkim en 1993 y en Jispa (Lahaul) en 1994, todas ellas con una asistencia masiva. El Dalai Lama también ha dado la iniciación cuatro veces en Occidente, en Madison, Wisconsin, en 1981 a tres mil personas; y en Rikon, Suiza en 1985 a tres mil personas; en Los Angeles en 1989 a dos mil personas y en Nueva York en 1992 a tres mil personas. El comentario que acompaña a la traducción del ritual de la iniciación en esta obra, está tomado en gran parte de la iniciación de Madison. Es indispensable para dar vida a la iniciación, y así la audiencia puede visualizar, sentir y reflexionar sobre los principios del proceso.

SHAMBALA EN EL FUTURO

Se ha dicho que el actual Kulika, el vigésimo primero, ascendió al trono en 1927, y que el reinado del vigésimo quinto y último Kulika, llamado "Rudra con una Rueda", comenzará el 2327 –el reinado de cada Kulika dura cien años–.[87] En el año noventa y ocho de su reinado, el año 2425, que según el calendario de Kalachakra es 3304 años después del fallecimiento del Buda Shakiamuni, llegará desde Shambala como una oleada una gran guerra, durante la cual los bárbaros serán derrotados.[88]

Después de esto el Budismo volverá a florecer durante mil ochocientos años; así, en el año 5104 después del fallecimiento del Buda Shakiamuni acabará el período de sus enseñanzas, período 104 años más largo que el del sistema del Sutra. Aunque Chilupa viajó a Shambala, ésta suele a veces describirse como una tierra pura, un lugar fuera del alcance de un viaje ordinario, que aparece sólo a aquellos con enormes méritos. Los que hagan oraciones con este deseo pueden renacer en Shambala y disfrutar allí de las contínuas enseñanzas de la doctrina impartidas por los Kulikas. También se dice que la iniciación establece predisposiciones para renacer en Shambala no sólo con el propósito de mantener la práctica del sistema Kalachakra, sino también para estar bajo el cuidado y la protección, cuando llegue la gran guerra, del Kulika Rudra con una Rueda. Así, para muchos Tibetanos, Mongoles, Bhutaneses, Sikkimeses, Nepalíes y Ladhakies, Shambala es una guía de esperanza en un mundo de tragedias.

6 Iniciaciones y Mandalas

Una vez que el practicante se ha adentrado en el camino de reconocer la condición de sufrimiento de la vida ordinaria, del desarrollo de la gran compasión y de la intención altruista para conseguir la Iluminación, y del camino en que se genera la comprensión de la vacuidad de la existencia inherente, es entonces cuando un practicante está preparado para recibir la iniciación. La iniciación es un proceso de múltiples facetas, cuyos significados quedan explicados en gran detalle e incluso incorporados en el término iniciación *(abhisheka)*. Si tratamos creativamente el término *"abhisheka"* en diversas maneras, como por ejemplo eliminando o borrando algunas letras, o añadiendo letras, o sustituyendo otras, puede llegar a tener tan diversos significados como limpiar, purificar, autorizar, transmitir poder, ennoblecer, potencializar, rociar, derramar, vaciar un molde, tener una actitud de otorgar y deliberar, y causar u originar la posesión de una mente gozosa.

Si modificamos la palabra *"sheka"* de manera considerable, ésta se transforma en *"sñayi"* lo cual significa limpiar. De la misma manera que podemos limpiar la suciedad también pueden limpiarse los oscurecimientos de los agregados mentales y físicos, así como los constituyentes, los sentidos y los campos sensoriales. También podemos transformar *"sheka"* en *"shudde"* que significa puro. De la misma manera que un rey era bañado ritualmente al asumir el reino en un rito védico llamado *"abhisheka"*, también el contínuo mental *se purifica* a través de la limpieza de los oscurecimientos.

De manera similar, *"abhisheka"* también puede transformarse en *"adhikara"*, que significa autoridad. Como el rey que a través de una ceremonia inaugural llamada *"abhisheka"* recibe autorización para ocuparse de actividades reales, así también se le autoriza al practicante a escuchar los Tantras, a cultivar los caminos tántricos, a enseñar los Tantras, y a tomar parte en actividades para conseguir proezas *("dngos grub", "siddhi")*. También puede convertirse en *"vasha"* o *"vashini"* (esto es *"vashin"*) que significa poder. Al iniciado *se le transmite el poder* con respecto a todas las proezas y actividades según su deseo.

También puede convertirse en *"Ishvara"*, señor. Al igual que cuando un rey inicia su reinado obtiene dominio como señor de su reino, también *"abhisheka"* tiene el sentido de alcanzar el rango de *control* sobre todo y de conseguir el señorío o *nobleza* de las buenas cualidades.

También *"abhishikta"* puede transformarse en *"shakti"*, que significa potencia, y en *"apakshepana"* que significa poner o depositar. La iniciación *deposita potencias* para conseguir todas las buenas cualidades de los fundamentos, los caminos y sus frutos. O también *"abhishimcha"*, que significa echar o *rociar*: el iniciado se purifica al ser rociado con agua. O *"abhishikta"* puede convertirse en *"nishikta"*, que significa derramado; a través de la iniciación la potencia para una sabiduría sublime es *derramada* en la vasija limpia del contínuo mental purificada a través de los votos del Bodisatva. O mediante la iniciación el practicante obtiene la semilla que produce el fruto a través del acto de *echar* las semillas en lo que está en la base de todo (la mente muy sutil de luz clara). O *"shimcha"* puede transformarse en *"charya"*, que significa hechos o actitud, y *"shekta"* puede convertirse un *"mukti"* que significa liberación. En este sentido la iniciación otorga el estilo de la *actitud* del Mantra Secreto y la *liberación* que es su fruto. O puede convertirse también en *"sukha"*, que significa gozo, y *"yukta"* que significa poseer. En este sentido la iniciación es causa de que el iniciado *posea una mente gozosa*.

Claramente, pues, podemos deleitarnos estéticamente construyendo unas etimologías creativas conformes a los significados importantes del proceso de iniciación. Sin embargo no es que el término iniciación determine el significado de la iniciación, sino que las diversas facetas de la iniciación en sí mismas se utilizan para crear los significados del término. De esta manera, estas etimologías nos proporcionan conocimiento profundo de los significados y propósitos reales de la iniciación. Iniciación significa limpiar y purificar oscurecimientos; significa autorizar a los discípulos a escuchar sobre los caminos tántricos y a cultivarlos y conseguir proezas especiales; significa transmitir poder para conseguir ciertas cualidades beneficiosas; significa establecer las potencias para conseguir diversos niveles del camino y los frutos de esos caminos; rociar agua; derramar potencias y echar semillas en el contínuo mental del iniciado; transmitir un nuevo estilo de conducta y liberarse de los diversos estados de distorsión; y causar que los iniciados se vean dotados de una mente gozosa. Como podremos ver en los próximos dos capítulos, todas estas actividades son centrales en las iniciaciones del sistema de Kalachakra.[89]

NÚMERO Y PROPÓSITO DE LAS INICIACIONES

En la práctica del *Tantra de Kalachakra* existen básicamente quince iniciaciones agrupadas en tres apartados :

Siete iniciaciones siguiendo el modelo de la niñez
1. Iniciación del agua
2. Iniciación de la corona
3. Iniciación de la cinta de seda
4. Iniciación del vajra y la campana
5. Iniciación de la conducta
6. Iniciación del nombre
7. Iniciación del permiso

Cuatro altas iniciaciones
8. Iniciación del vaso
9. Iniciación secreta
10. Iniciación del conocimiento-sabiduría
11. Iniciación de la palabra provisional

Cuatro altísimas iniciaciones
12. Iniciación del vaso
13. Iniciación secreta
14. Iniciación del conocimiento sabiduría
15. Iniciación de la palabra definitiva

Estas mismas quince iniciaciones también pueden ser tratadas como once. Esto se hace al tomar las siete iniciaciones según el modelo de la niñez como siete y después tratando las iniciaciones del vaso, secreta y de conocimiento-sabiduría de la alta y altísima iniciación como si fueran meramente tres, así como incluyendo en el mismo grupo la iniciación de la palabra provisional de las altas iniciaciones en la iniciación de conocimiento-sabiduría. Esto, junto con las siete iniciaciones según el modelo de la niñez, son diez, y la iniciación de la palabra definitiva es la once. De esta manera las once iniciaciones son las siguientes:

> *Siete iniciaciones según el modelo de la niñez*
> 1. Iniciación del agua
> 2. Iniciación de la corona
> 3. Iniciación de la cinta de seda
> 4. Iniciación del vajra y la campana
> 5. Iniciación de la conducta
> 6. Iniciación del nombre
> 7. Iniciación del permiso
>
> *Cuatro altas iniciaciones*
> 8. Dos iniciaciones del vaso (la 8 y la 12 de las anteriores)
> 9. Dos iniciaciones secretas (la 9 y la 13 de las anteriores)
> 10. Dos iniciaciones de conocimiento-sabiduría y la iniciación de la palabra provisional (la 10, la 14 y la 11 de las anterio res).
> 11. Iniciación de la palabra definitiva (la 15 de las anteriores).

Además hay una iniciación final del señor maestro vajra.

De entre estas quince iniciaciones, las siete primeras autorizan a los discípulos a practicar el estadio de generación del sistema de Kalachakra, y las ocho restantes a la práctica del estadio de consumación. De la misma manera que para poder practicar el estadio de consumación es necesario practicar primero el estadio de generación, también para poder recibir las ocho iniciaciones últimas es necesario haber recibido previamente las siete según el modelo de la niñez.

Las siete primeras iniciaciones establecen las potencialidades de los contínuos mentales del practicante para purificar apariencias impuras así como conceptos impuros. Las apariencias impuras son, para la conciencia mental, las apariencias de los fenómenos ordinarios tales como un cuerpo hecho de carne, de sangre y hueso; los conceptos impuros son los conceptos de uno mismo como algo ordinario, basados en la apariencia ordinaria. Durante este estadio de generación, los practicantes desarrollan una apariencia clara de sí mismos como la deidad, o ser ideal, Kalachakra junto con su consorte y otras deidades. Cuando se obtiene un cierto éxito en esta meditación, todas aquellas apariencias ordinarias de cuerpos hechos de carne, sangre y huesos, o de casas construidas de madera y otros materiales desaparecen de la conciencia mental (no de la conciencia sensorial), de tal manera que todo aquello que aparece es divino: dios y diosa, llamados mandala del residente, que habitan en un ambiente y en una morada llamada mandala de la residencia. Estos mandalas están representados en numerosas ilustraciones que nos sirven como esquema para la imaginación; dichas ilustraciones muestran el paisaje, la morada (o el palacio), a los compañeros, y a uno mismo como Kalachakra, por ejemplo, en actitud de unión con la pareja. Se entiende que uno se implica en actividades altruistas, emitiendo al entorno benéficos rayos de luz y emanaciones, enseñando, etc... De esta manera, pues, se tienen la morada, el cuerpo, los recursos y las actividades de una deidad, un ser ideal cuya sustancia misma, como se ha explicado anteriormente, es la conciencia de sabiduría que comprende contínuamente la vacuidad de la existencia inherente, motivada por una gran compasión.

Cuando en el estadio de generación desarrollamos la apariencia clara de un cuerpo y una mente puros, se detienen en la conciencia mental las apariencias ordinarias. Por otra parte, y basándose en la apariencia clara de la mente y cuerpo puros, el meditador consigue un sentido de personeidad o de yoidad divinos; diríamos pues que una persona que es designada dependiendo de tal vívida apariencia de la mente pura y del cuerpo puro es una persona ideal, una deidad. De este modo los meditadores que consiguen con éxito un nivel de meditación se conciben a sí mismos como seres ideales, no con existencia inherente sino meramente designados dependiendo de la mente y el cuerpo puros.

Para poder tener éxito en el yoga de la deidad, se requieren dos factores fundamentales: la apariencia clara de un cuerpo divino y el orgullo de ser esta deidad. Cuando el meditador logra visualizar la deidad, tanto la mente como el cuerpo aparecen puros; así pues, el sentido de yo que tiene el meditador y que depende de una mente y cuerpo puros, es de un yo *puro*, un yo *divino*. Se dice que el orgullo divino mismo daña o debilita el concepto de existencia inherente que está en la raíz de todas las demás desgracias o aflicciones de la existencia cíclica, incluido el orgullo negativo. Sobre el orgullo divino, el Décimocuarto Dalai Lama explica en la introducción de *Tantra in Tibet*:[90]

> "...inicialmente se medita en la vacuidad, y después, en el contexto de determinar la vacuidad del contínuo mental, el meditador cree que está utilizando esta mente como la base (o la fuente) de la apariencia. En este momento, el sentido de un mero yo designado en dependencia del residente puro, la deidad, y la residencia pura, el palacio y los alrededores, es en sí un orgullo divino completamente cualificado. Cuanto más pueda uno cultivar tal orgullo, tanto más se debilitará el concepto de existencia inherente que es la raíz de la existencia cíclica".

Debido a la práctica inicial y posteriormente a la práctica continuada de actualizar la vacuidad de la existencia inherente, el meditador comprende que la persona es meramente designada en dependencia de una mente y un cuerpo puros y que no se la puede encontrar analíticamente entre aquellas bases de designación ni separada de ellas. Por todo ello el "orgullo" divino o el sentido del yo en sí mismo sirve como un medio para eliminar las concepciones exageradas del estatus de los fenómenos, incluida la persona misma. Debido a que la identificación de uno mismo como ser divino está dentro del contexto de la vacuidad de la existencia inherente, es decir, (de que uno mismo no es analíticamente ubicable entre o separado de la mente y el cuerpo puros y de que uno mismo está designado en dependencia de una mente y cuerpo puros), el orgullo negativo que produciría unos resultados desastrosos, no sólamente no se produce sino que se minimiza. La identidad, pues, asume un nuevo significado.

LA MEDITACIÓN EN MÚLTIPLES DEIDADES

Durante el estadio de generación, los meditadores logran una clara apariencia de sí mismos como deidad. Sin embargo no sólamente se visualizan a sí mismos como una deidad sino que también visualizan cada uno de los componentes de su contínuo psico-físico como si fueran las deidades que residen en un mandala y todo ello como una manifestación de su conciencia de sabiduría motivada por la compasión.

Visualizan a sus cinco constituyentes –la tierra (objetos duros tales como el hueso), el agua (fluídos), el fuego (el calor), el aire (corrientes interiores) y el espacio (lugares huecos)– como si fueran deidades. Visualizan sus cinco agregados –la forma, las sensaciones, las discriminaciones, los factores composicionales y las conciencias– también como si fueran deidades. Visualizan sus diez aires (corrientes interiores) así como su canal izquierdo y derecho como si fueran deidades. Visualizan los seis órganos de los sentidos: el ojo, el oído, la nariz, la lengua, el cuerpo y las facultades mentales, así como sus respectivos objetos: las formas visibles, los sonidos, los olores, los sabores, los objetos tangibles y otros fenómenos, como deidades. Visualizan sus seis facultades de acción: la boca, los brazos, las piernas, el ano, la facultad urinaria, y la facultad regenerativa, así como sus respectivas actividades: orinar, hablar, asir, desplazarse, defecar y emitir fluído regenerativo, como si fueran deidades.[90a] Visualizan su agregado de conciencia prístina y su constituyente de conciencia prístina, ambos entendidos en este contexto haciendo referencia al gozo, sobre todo el del placer sexual y el de la no-conceptualidad, como si fueran deidades.

Estos treinta y seis fenómenos en sietes categorías pueden agruparse en cuatro apartados, el cuerpo, la palabra, la mente, y la conciencia prístina o el gozo.

CUERPO

   cinco constituyentes
1 La tierra
2 El agua
3 El fuego
4 El aire
5 El espacio

   cinco agregados
6 formas
7 sensaciones
8 discriminaciones
9 factores composicionales
10 conciencias

   diez aires
11 el aire que acompaña al fuego
12 el aire que se mueve hacia arriba
13 el aire omnipresente

PALABRA

14 el aire vitalizante
15 el aire que vacía hacia abajo
16 el aire serpiente
17 el aire tortuga
18 el aire camaleón
19 el aire devadata
20 el aire dhamnajaya
dos canales
21 el canal izquierdo
22 el canal derecho

MENTE

seis poderes de los sentidos y sus objetos
23 poder del sentido del ojo y las formas visibles
24 poder del sentido del oído y los sonidos
25 poder del sentido de la nariz y los olores
26 poder del sentido del gusto y los gustos
27 poder del sentido del cuerpo y los objetos tangibles
28 Poder del sentido mental y otros fenómenos
seis facultades de acción y sus actividades
29 la boca y el habla
30 los brazos y el asir
31 las piernas y el desplazamiento
32 el ano y defecar
33 la facultad urinaria y el orinar
34 la facultad regenerativa y emitir fluido regenerativo

GOZO

dos factores de la conciencia prístina
35 el agregado de la conciencia prístina
36 el constituyente de la conciencia prístina

Las siete iniciaciones según el modelo de la niñez, que son aquellas que autorizan a la práctica del estadio de generación, se corresponden con el establecimiento de potencialidades especiales o específicas en el contínuo del discípulo para la purificación de estos siete grupos de fenómenos:

1. la iniciación del agua purifica los cinco constituyentes –la tierra, el agua, el fuego, el aire y el espacio–.

2. la iniciación de la corona purifica los cinco agregados –las formas, las sensaciones, las discriminaciones, los factores composicionales, y las conciencias–.

3. la iniciación de la cinta de seda purifica los diez aires (o las corrientes internas)
4. la iniciación del vajra y la campana purifica los canales izquierdo y derecho
5. la iniciación de la conducta purifica los seis poderes sensoriales –el ojo, el oído, la nariz, la lengua, el cuerpo, y los poderes de las facultades mentales– así como sus respectivos objetos –las formas visibles, los sonidos, los olores, los sabores, los objetos tangibles y los demás fenómenos–.
6. la iniciación del nombre purifica las seis facultades de acción –la boca, los brazos, las piernas, el ano, la facultad urinaria y la facultad regenerativa– así como sus actividades respectivas –el habla, el tacto, el desplazamiento, el defecar, el orinar y la emisión del fluido regenerativo–.
7. la iniciación del permiso purifica el agregado de la conciencia prístina y el constituyente de la conciencia prístina.

Los cuatro grupos de fenómenos –el cuerpo, el habla, la mente y la conciencia prístina (o el gozo)– están relacionados respectivamente con las cuatro caras de Kalachakra –la blanca, la roja, la negra (o azul oscura) y la amarilla–. Así pues, los discípulos reciben las dos primeras iniciaciones concernientes al cuerpo, esto es la iniciación del agua y de la corona, de la cara blanca; las dos siguientes iniciaciones concernientes a la palabra, la iniciación de la cinta de seda y la iniciación del vajra y la campana, de la cara roja; las otras dos siguientes, concernientes a la mente, la iniciación de la conducta y el nombre, de la cara negra y la última iniciación del permiso, concerniente a la mente prístina o gozo, de la cara amarilla.

El cuerpo de Kalachakra con la cara negra mira hacia el este; así pues en las ilustraciones del mandala o de la deidad la parte inferior de la ilustración representa el este, la parte superior el oeste, la parte derecha desde el punto de vista de la deidad principal representa el sur, y la parte izquierda es el norte (desde el punto de vista de alguien que está mirando la ilustración el lado derecho es el norte y el lado izquierdo el sur). La cara blanca mira hacia el norte, que representa el lado izquierdo de la deidad principal; la cara roja mira al sur o a la derecha; y la cara amarilla al oeste o a la parte de atrás. Las ilustraciones llamadas tangkas *(thang ka)* representan a Kalachakra con la cara negra o azul oscura mirando hacia adelante; la blanca hacia su izquierda, la amarilla a la parte de atrás; y la roja hacia la derecha. El mandala contiene cuatro conjuntos de puertas en sus cuatro lados que sirven para acercarse a cada una de las cuatro caras de Kalachakra.

Dado que los discípulos reciben las siete iniciaciones de estas caras y dado que el mandala tiene cuatro puertas que corresponden a cada una de ellas, los discípulos se desplazan de puerta a puerta del mandala para recibir las respectivas iniciaciones. En primer lugar el discípulo se coloca en la puerta oriental y ruega que le sean conferidas las siete iniciaciones. Posteriormente se desplaza a la puerta del norte para recibir las iniciaciones del agua y de la corona, después se dirigen a la puerta del sur para recibir las iniciaciones de la cinta de seda y del vajra y la campana, después se dirigen a la puerta del este para recibir las iniciaciones de la conducta y el nombre, y finalmente a la puerta del oeste para recibir la iniciación del permiso.

LOS MANDALAS DE LA RESIDENCIA Y DEL RESIDENTE

El término "mandala" *(dkyl'kor, mandala)* tiene numerosos significados.[91] Nuestro mundo se concibe como residiendo en mandalas o esferas de aire, de agua, etc.; y aquí "mandala" se refiere a los cuatro elementos que constituyen su *fundamento*. En otro contexto como el de "dirigiéndose hacia el punto de entrada de un camino de los mandalas (o esferas) de malas transmigraciones", "mandala" se refiere a *lugares de nacimiento*. En "el mandala del séquito de los Bodisatvas", "mandala" significa el *círculo* del séquito. Una *gota* de agua perfumada puede considerarse un "mandala" de agua perfumada. Una *guirnalda* o un *haz* de rayos de luz también puede llamarse un mandala de luz. La tierra o base, bajo la valla también se llama mandala, como por ejemplo en "construye el mandala". "Mandala de sol" o "mandala de luna" pueden sencillamente significar el sol y la luna, pero también puede referirse a su *forma redonda*. En la frase "me inclino con el cuerpo que contiene cinco mandalas", "mandala" se refiere a las cinco *extremidades* –los dos brazos, las dos piernas y la cabeza–. "Mandala" se refiere también a *la mansión inestimable que constituye la residencia* de las deidades, así como a las propias *deidades residentes*. Por otra parte, también puede referirse a la *combinación de residencia y residentes divinos*.

En el ritual de iniciación de Kalachakra, "mandala" significa principalmente la residencia divina así como el círculo de deidades. Aún así también se utiliza frecuentemente para referirse al sistema del mundo en aspecto glorificado, como en el ofrecimiento del mandala al lama. En el contexto del ofrecimiento, el término no se refiere a la residencia divina o a las deidades residentes, sino al ofrecimiento que se está haciendo al lama, siendo el ofrecimiento el sistema mundial entero visualizado en completa pureza. Ocasionalmente, el término se refiere a las representaciones simbólicas de los elementos, como en mandalas (o esferas) de tierra, agua, fuego y aire, y también se utiliza el término para referirse a la superficie cuadrada sobre la cual los discípulos dejan caer un palito para indicar su linaje y el tipo de hazaña que deben llevar a cabo para conseguirlo. Sin embargo, en el uso de "mandala de Kalachakra" la referencia sólo es en el sentido de la residencia divina y de las deidades residentes.

MANDALA DE LA RESIDENCIA

El principal mandala de la residencia representa un amplio edificio que descansa sobre una plataforma elevada. El edificio, un palacio, tiene cuatro paredes con puertas dobles en el centro de cada una de aquéllas. Las paredes externas, que representan las del mandala del cuerpo, son transparentes y se componen de cinco capas de vidrio coloreado; los colores son, desde el exterior al interior, amarillo, blanco, rojo, negro y verde.

Nos encontramos en el exterior, y vamos a subir por las escaleras hasta la plataforma elevada o base sobre la cual descansa todo el edificio. Vamos a proceder hacia la puerta oriental, aquélla que está representada en la parte inferior de la ilustración. Las puertas se abren al primer nivel y entramos en el mandala del cuerpo y observamos que a medio camino se encuentra otra pared similar, también compuesta de cinco capas y que son las del mandala de la palabra. Este edificio dentro del edificio también tiene cuatro puertas dobles, y debido a que está elevado por encima del mandala del cuerpo, también hay unas escaleras que nos conducen hasta las puertas. Este edificio se encuentra aproximadamente a un metro y veinte centímetros por encima del mandala del cuerpo.

Vamos a subir por las escaleras; las puertas se abren, y entramos en el mandala de la palabra, entonces podemos ver que a

mitad de camino hacia dentro se encuentra otra serie de muros
pero esta vez compuesto tan sólo de tres capas de color –negro,
rojo, y blanco–. Éstas son las paredes exteriores del mandala de la
mente. Este tercer edificio, dentro de un edificio más amplio, de
nuevo tiene cuatro puertas dobles, y debido a que se encuentra elevado por encima del mandala de la palabra, también hay unas
escaleras que nos conducen hasta las puertas. Nuevamente este
edificio se encuentra aproximadamente a un metro y veinte centímetros por encima del mandala de la palabra.

Subimos por las escaleras; se abren las puertas y penetramos en
el mandala de la mente, viendo que a mitad de camino hacia dentro se encuentra una plataforma cuadrada pero sin paredes: éste es
el mandala de la conciencia prístina. Podemos observar cómo a
mitad de camino hacia dentro se encuentra otra plataforma cuadrada, que en este caso representa el mandala del gran gozo.

Así pues el edificio se compone de cinco niveles que representan los mandalas del cuerpo, la palabra, la mente, la conciencia
prístina y el gran gozo, y contiene tres conjuntos de paredes, para
cada uno de los primeros tres niveles. (Todas las paredes alcanzan
la misma altura y un único tejado cubre todo el edificio).

Cada una de las cuatro paredes de los mandalas del cuerpo, la
palabra y la mente tiene una entrada decorada con numerosos detalles. Volvamos hacia abajo y salgamos al exterior para mirar la
puerta oriental del nivel inferior, el del mandala del cuerpo. En primer lugar, observamos el suelo; es de color negro, correspondiente
a la cara negra de Kalachakra que mira hacia el este. De igual
manera, en el sur el suelo es rojo ya que la cara roja de Kalachakra
mira hacia el sur; en el oeste el suelo es amarillo correspondiendo
a la cara amarilla, y en el norte el suelo es blanco correspondiendo
a la cara blanca.

Observemos el acceso correspondiente a la cara oriental; es una
entrada más ancha que la propia puerta, con un pórtico de tres
niveles por encima de la entrada. Cada uno de los niveles del pórtico por encima de la entrada tiene cuatro pilares de un lado a otro
de su fachada frontal, creando tres huecos como habitaciones en
cada piso o en cada nivel. En ocho de estos nueve huecos podemos
ver a diosas de ofrecimientos; en el hueco central del primer nivel
del lado oriental podemos ver una rueda negra de doctrina con un
gamo y una gama a derecha e izquierda. El primer nivel descansa
sobre el tejado de la entrada o la puerta, pero es más pequeño que

la propia puerta, que deja un espacio a cada uno de los dos extremos para que alguien esté de pie. En este espacio en el suelo del primer nivel y en cada extremo se encuentra un león erguido encima de un elefante y presionando con su pata la cabeza de éste. Los leones parece que ayudan a sostener el peso del siguiente nivel. En el siguiente piso así como en el superior, en el espacio equivalente, pueden observarse figuras masculinas llamadas *"shalabhanjika"*.[92] Estas figuras en los extremos del segundo piso del pórtico parecen ayudar a sostener el peso del siguiente piso y los del tercer piso ayudan a sostener el tejado. Cada uno de los tres niveles tiene estandartes de victoria y también pueden verse abanicos, espejos, campanas y colgantes. Encima del tejado y en la parte central hay un vaso y en cada uno de los extremos, estandartes de victoria.

El mismo tipo de entrada, con un pórtico de tres niveles, puede verse en cada una de las cuatro puertas del mandala del cuerpo. La única diferencia es que, en el sur, el hueco central del primer nivel tiene un maravilloso vaso rojo en el centro, con una concha y un loto a la derecha y a la izquierda. En el norte, el hueco central del primer nivel tiene un gran tambor blanco en el centro, con un báculo y un mazo a la derecha y a la izquierda. Al oeste hay un árbol "bodhi" amarillo en el centro, con una figura semihumana masculina a la derecha y una figura semihumana femenina a la izquierda.[93] Observamos que los colores de los objetos en los huecos centrales de los primeros niveles de cada uno de los cuatro pórticos corresponden a los colores básicos de los cuatro cuadrantes del mandala, los cuales, recordemos, corresponden a las respectivas caras de Kalachakra, el cual está de pie en el quinto nivel del mandala.

Mirad a la parte superior de la pared; veréis un friso engarzado con joyas rojas; las joyas son triangulares, cuadradas, etc. Por encima del friso podemos ver una zona abierta, representada de azul en la ilustración, con un reborde por encima. Aquí monstruos marinos arrojan por sus bocas sartas y medias sartas de perlas. Esta zona está adornada de espejos, con abanicos, con campanas, con medias lunas, con guirnaldas de flores, etc. Por encima y en la parte exterior hay un reborde ornamental adornado con un colgante de joyas. En él, hay otro reborde en forma de pétalos de medio loto. Y encima, podemos ver estandartes de victoria y otros emblemas. Esta es la pared exterior del mandala del cuerpo; las paredes de los mandalas de la palabra y de la mente son idénticas.

Ahora, mirad hacia abajo, hacia la base de la pared exterior. Un saliente blanco rodea todo el edificio y es aquí donde residen las diosas del ofrecimiento. Encima del saliente blanco y en las esquinas formadas por la entrada hay vajras de media luna, y en cada una de las cuatro esquinas también por la parte de fuera hay dobles vajras de color jaspeado.

Ahora volvamos otra vez dentro del mandala del cuerpo. Observemos que al lado de la pared exterior hay un corredor del mismo color del suelo y por lo tanto de color negro en el este. Junto a éste hay una zona blanca elevada donde residen dioses y diosas; hay un tejadillo por encima. Al otro lado, al lado de la pared del mandala de la palabra, hay otra zona del mismo color del suelo de su cuadrante. Esta combinación de un corredor, de una zona blanca para dioses y diosas, y de nuevo, una zona del mismo color del suelo del cuadrante, en concreto se repite en los tres mandalas del cuerpo, de la palabra y de la mente.

Subamos ahora al mandala de la mente. A medio camino del interior del mandala de la mente, está el mandala cuadrado de la mente prístina; de nuevo observamos que este mandala no tiene sus propias paredes y que está elevado por encima del mandala de la mente, aproximadamente un metro veinte. Está dentro del mandala de la mente, por así decirlo, rodeado por una barandilla de vajras verdes, encima de la cual hay cuatro pilares negros en cada lado, haciendo un total de dieciséis. Los cuatro pilares en el este están marcados por espadas negras que representan a Amogasi-di; los cuatro pilares del sur están marcados por joyas rojas que representan a Ratnasambava; los cuatro del norte están marcados por lotos blancos que representan a Amitaba; y los cuatro del oeste están marcados por ruedas amarillas que representan a Vairochana.

Así mismo, a mitad de camino dentro del mandala de la conciencia prístina nos encontramos con un mandala cuadrado elevado, que es el mandala del gran gozo, rodeado por una barandilla de vajras negros. En su centro hay un loto verde con ocho pétalos. En su centro hay un disco de luna blanco sobre el cual hay un disco de sol rojo, un disco *"rahu"* negro y un disco *"kalagni"* amarillo (*"rahu"* es un planeta, y *"kalagni"*, literalmente, significa el fuego al final de un eón, que podría ser la cola ígnea de aquel planeta); todo ello forma el asiento o la base sobre la cual están de pie Kalachakra y su consorte Vishvamata.

En total hay setecientas veintidós deidades situadas a lo largo y ancho del mandala en cinco niveles.[94] Cuando se ha llegado a cultivar el estadio de generación en su modo más expansivo –y ello es preferible– puede visualizarse la totalidad de los mandalas en cuanto a la residencia y a sus residentes en la meditación, primero gradualmente, uno a uno, y después, finalmente cuando el meditador ya se ha acostumbrado, todos ellos a la vez. Es un proceso muy parecido al de trasladarse a vivir a un piso situado en un conjunto de edificios bastante complejo o el de trasladarse a una casa a las afueras de una ciudad y en una urbanización relativamente compleja, donde poco a poco uno llega a conocer toda la zona, aunque la mente se vaya haciendo con la configuración del terreno sólo gradualmente.

A continuación debemos inspeccionar el edificio e identificar a todas y a cada una de las personas que hay dentro. De todas maneras en primer lugar volvamos al exterior y familiaricémosnos con la zona al exterior del edificio. Recordemos que el suelo, así como el tejado del mandala del residente, es de color negro en el este, rojo en el sur, blanco en el norte, amarillo en el oeste y azul en el centro. Observemos que la zona exterior del mandala del cuerpo y justo sobre una circunferencia con cuatro gradas está llena de objetos de ofrecimiento –lotos, vasos, etc.– Esta circunferencia con cuatro gradas, en sí se compone de tierra, agua, fuego y aire, de color amarillo, blanco, rojo y gris azulado respectivamente; estos son los discos que están debajo del mandala. Se puede ver una luna llena que nace en el sureste, representada en la ilustración en el recodo del sureste en la circunferencia de la tierra. El sol se pone en el suroeste representado en la ilustración en el recodo del suroeste de la circunferencia de la tierra. Por otro lado observemos que entre la circunferencia de fuego y del aire hay ocho grandes cementerios, representados en la ilustración como cuatro ruedas rojas en las direcciones principales y de cuatro ruedas blancas en las direcciones intermedias. También podemos ver otro cementerio arriba, representado como una rueda adicional en el este (en la parte inferior de la ilustración) y un cementerio abajo, ilustrado como una rueda adicional en el oeste (en la parte superior de la ilustración).

De nuevo, por fuera de la circunferencia del espacio hay una valla hecha de vajras, y por fuera de ella, una luz cegadora. Esto compone la totalidad del mandala de la residencia.

MANDALA DEL RESIDENTE

Volvamos de nuevo al interior a través de la puerta del este, subamos por las escaleras hasta el mandala de la palabra, y de nuevo subamos por las escaleras hasta el mandala de la mente. Si miramos directamente hacia adelante y hacia arriba entre los pilares del mandala de la conciencia prístina, veremos el mandala del gran gozo en el mismo centro.

El Mandala del Gran Gozo

Al ver el mandala del gran gozo recordamos la descripción anterior del asiento como un loto verde con ocho pétalos y en cuyo centro hay un disco de luna blanco sobre el cual hay un disco de sol rojo, un disco *"rahu"* negro, y un planeta *"kalagni"* amarillo –que son el asiento o la base sobre la cual vemos de pie a Kalachakra con su consorte Vishvamata–.

Kalachakra. Observemos detalladamente la figura de Kalachakra, la deidad central. Es importante recordar que Kalachakra, independientemente del aspecto en que se muestra, es una apariencia compasiva de la conciencia de sabiduría que comprende la vacuidad la existencia inherente. Por lo tanto la naturaleza del glorioso Kalachakra es de gran gozo dado que una deidad supramundana es alguien que ha llevado a un desarrollo completo la capacidad de la conciencia más sutil, innata y gozosa para comprender la vacuidad. El cuerpo de Kalachakra está completamente definido[95] y emite rayos de luz pura de los cinco colores: azul, rojo, blanco, amarillo y verde.[96] Su cuerpo es de color azul, tiene tres cuellos: negro en el centro, rojo a su derecha y blanco a su izquierda, y cuatro caras, la cara negra está situada en el centro, mirando hacia el este, de aspecto feroz, y dejando asomar los colmillos. Vayamos a pasear por el corredor del mandala de la mente de manera que podamos ver las otras tres caras con claridad. Yendo hacia la izquierda, hallaremos la puerta del sur del mandala de la mente, desde aquí podemos ver que su cara derecha es roja y muestra deseo. A medida que proseguimos podemos ver que su cara trasera es de color amarillo y permanece en una estabilización meditativa. Seguimos y veremos que su cara izquierda es blanca y muy pacífica. Cada una de las caras tiene tres ojos.

Volviendo a la parte de delante de la puerta del este del mandala de la mente, observamos que su cabello está recogido con un moño encima de su cabeza y que su coronilla está adornada con un vajra, una media luna y Vajrasatva (que no está representado en la ilustración). Su cuerpo está adornado con diversos adornos, joyas vajra, pendientes vajra, collar vajra, brazaletes vajra, cinturón vajra, tobilleras vajra, cintas de seda vajra que cuelgan de su corona y guirnaldas vajra. Su vestimenta inferior es una piel de tigre.

Los hombros primeros son de color azul, los segundos de color rojo, los terceros de color blanco; así pues hay seis hombros en total. Tiene doce brazos superiores, los dos primeros de la parte superior de cada lado son de color azul, los segundos de color rojo y los terceros de color blanco. Tiene veinticuatro brazos inferiores; los primeros cuatro en cada lado (partiendo de la parte inferior) son de color negro, los segundos cuatro, de color rojo y los terceros de color blanco. La parte exterior de los pulgares de las manos son de color amarillo, los dedos índice de color blanco, los dedos medios de color rojo, los dedos anulares de color negro y los meñiques de color verde. La parte interior de la primera articulación de los dedos es de color negro, la segunda es de color rojo y la tercera de color blanco. Estos dedos están adornados con anillos y emiten luz.

Miremos sus manos. Si empezamos desde la parte inferior, la primera de las cuatro manos negras en su lado derecho sostiene un vajra; la segunda una espada; la tercera un tridente; y la cuarta un cuchillo curvo. La primera de las cuatro manos rojas en su lado derecho sostiene una triple flecha;[97] la segunda, un gancho vajra; la tercera, un tambor redoblando; la cuarta un mazo. La primera de las cuatro manos blancas a su derecha sostiene una rueda; la segunda, una lanza; la tercera, un báculo; y la cuarta, un hacha. La primera de las cuatro manos negras a su lado izquierdo sostiene una campana vajra; la segunda, un escudo; la tercera, un khatvanga (que es un tridente); la cuarta, un cráneo lleno de sangre. La primera de las cuatro manos rojas del lado izquierdo sostiene un arco; la segunda, un nudo corredizo; la tercera una joya; y la cuarta un loto blanco. La primera de las cuatro manos blancas en su lado izquierdo sostiene una concha; la segunda, un espejo; la tercera, una cadena de hierro; y la cuarta, una cabeza de Brahma con cuatro caras.

Veamos las piernas en postura de caza. La pierna derecha roja está extendida; la pierna izquierda está ligeramente doblada. Debajo del pie derecho se encuentra un Dios del Deseo rojo (Cupido), con una cara y cuatro manos, sosteniendo cinco flechas como flores, un arco, un nudo corredizo, y un gancho de hierro. Debajo de la pierna izquierda blanca, ligeramente doblada, se encuentra un Rudra blanco con una cara, tres ojos y cuatro manos, sosteniendo un tridente, un damaru y un tambor, un cráneo y una khatvanga. Rati, la diosa del demoníaco Dios del Deseo, y Uma, la diosa de Rudra, se agarran a los talones de Kalachakra con las cabezas bajas.

Vishvamata. La consorte de Kalachakra, Vishvamata, le abraza por delante.[98] Su cara central es de color amarillo; su cara derecha de color blanco; su cara posterior de color azul; y su cara izquierda de color rojo. Cada una de las caras tiene tres ojos. Ella tiene cuatro brazos a cada lado. Empezando desde arriba sus manos derechas sostienen un cuchillo curvo, un gancho de hierro, un tambor damaru redoblando y un rosario; sus manos izquierdas sostienen un cráneo, un nudo corredizo, un loto blanco con cien pétalos, y una joya. Ella lleva una corona con un Vajrasatva (que no está representado en la ilustración). Está adornada con cinco tipos de adornos. Tiene la pierna izquierda doblada y permanece en estado de absorción con el Supramundano y Victorioso Kalachakra.

Tanto Kalachakra como Vishvamata son tres deidades en una. Akshobya y Vajrasatva están en unión con Kalachakra, y Vajradhatvishvari y Prajnaparamita están en unión con Vishvamata. Veamos la descripción de esas últimas deidades cuando están en estado separado de Kalachakra y Vishvamata. Akshobya es verde con tres caras –de color verde, rojo y blanco– y seis manos que sostienen en sus tres manos derechas un vajra, un cuchillo curvo y un hacha, y en sus tres manos izquierdas una campana vajra, un cráneo y una cabeza de Brahma. Está abrazado por Prajnaparamita. Vajrasatva es azul con tres caras –de color azul, rojo, y blanco– y tiene seis manos. Con las tres manos derechas sostiene un vajra, un cuchillo curvo y un hacha; y las tres manos izquierdas sostienen una campana vajra, un cráneo y una cabeza de Brahma. Está abrazado por Dharmadhatishvari. Vajradhatisvari es de color verde con tres caras –verde, roja y blanca– y tiene seis manos, de las cuales las tres manos derechas sostienen un vajra, un cuchillo curvo y un hacha, y las tres manos izquierdas sostienen una campana vajra, un cráneo y una cabeza de Brahma; está abrazada por Vajrasatva.

Prajnaparamita es de color azul con tres caras –azul, roja y blanca– y seis manos, las derechas de las cuales sostienen un vajra, un cuchillo curvo y un hacha; las tres manos izquierdas, una campana vajra, un cráneo y una cabeza de Brahma; está abrazada por Akshobya.

Las diez shaktis. Kalachakra y Vishvamata están de pie sobre un disco *"kalagni"* amarillo, el cual está encima de un disco *"rahu"* y éste encima de un disco de sol rojo, el cual se encuentra encima de un disco de luna blanco y que está en el centro de un loto verde con ocho pétalos. Veamos los pétalos donde están de pie las diosas llamadas Shaktis *(nus ma).*[99] En el pétalo oriental está Krshnadipta negra con cuatro caras de color negro, rojo, amarillo y blanco y ocho manos que sostienen en las manos derechas recipientes de incienso, sándalo, azafrán y una mezcla de alcanfor y almizcle, y en sus manos izquierdas una campana, un loto, una flor *"deva"*, y una guirnalda de diversas flores. En el pétalo del sur está Raktadípta roja, con las caras roja, amarilla, blanca y azul y ocho manos, de las cuales las derechas sostienen una lámpara de manteca, una sarta de perlas, una corona y un brazalete y en las manos izquierdas una pieza de ropa, un cinturón, un pendiente y una tobillera.

En el pétalo del norte está Shretadipta blanca, con cuatro caras de color blanco, negro, rojo y amarillo y ocho manos, de las cuales las manos derechas sostienen recipientes de leche, agua, las medicinas supremas y cerveza, y en sus manos izquierdas recipientes de ambrosía de sabor delicado,[100] de fruta ambrosía y de alimentos. En el pétalo occidental está Pitadipta amarilla, con cuatro caras de color amarillo, blanco, azul y rojo, y ocho manos de las cuales las derechas sostienen una concha, una flauta, una joya, un tambor damaru, y las manos izquierdas una guitarra, un tambor, un resonante gong, y una concha de cobre.

En el pétalo del sureste está Dhuma con cuatro caras de color negro, rojo, amarillo y blanco y ocho manos que sostienen ocho abanicos de color negro. En el pétalo del suroeste está Marichi roja, con caras de color rojo, amarillo, blanco y azul, y ocho manos que sostienen ocho abanicos de pelo de yak de color rojo. En el pétalo del noreste está Khadyota blanca con cuatro caras de color blanco, negro, rojo y amarillo, y con ocho manos que sostienen ocho abanicos de pelo de yak de color blanco. En el pétalo del noroeste está Pradipta con cuatro caras de color amarillo, blanco, azul y rojo, y ocho manos que sostienen ocho abanicos de pelo de yak, de color amarillo.

Las ocho Shaktis tienen cada una de ellas tres ojos en cada cara, y están adornadas con cinco adornos, llevan coronas de Vajrasatva, y permanecen en la postura de la ecuanimidad.

En la esquina del noreste del mandala del gran gozo hay una concha blanca; en el suroeste un gong rojo *(gandi)*; en el sureste una joya negra que concede los deseos; y en el noroeste un árbol amarillo que concede los deseos.

Diez Shaktis confieren la iniciación de la cinta de seda. Tal como se describe en *Initiation Rite of Kalachakra, Stated in an easy way* de Lo-sang-tsul-trim (pág. 285-286 de la traducción). Las dos Shaktis restantes son Vajradhatvishvari verde con tres caras –de color verde, rojo y blanco– y seis manos, de las cuales las manos derechas sostienen un vajra, un cuchillo curvo y un hacha y en las manos izquierdas sostienen una campana vajra, un cráneo y una cabeza de Brahma y Vishmamata azul con tres caras –de color azul, blanco y rojo– y seis manos, sosteniendo en las manos derechas vajra, campana y hacha, y en las izquierdas campana, cráneo y cabeza de Brahma.

De este modo hemos visto ya la totalidad de las deidades del mandala del gran gozo: Kalachakra, Vishvamata, las dos deidades que residen en cada una de ellas y las diez Shaktis.[101]

El mandala de la conciencia prístina

Los dieciseis Que Han Ido Más Allá Así. En el mandala de la conciencia prístina se encuentran cuatro varones, Que Han Ido Más Allá Así (Budas) abrazados por cuatro hembras Que Han Ido Más Allá Así, y cuatro hembras Que Han Ido Más Allá Así abrazadas por cuatro varones Que Han Ido Más Allá Así. Al mirar el mandala de la conciencia prístina recordaremos que está rodeado por una barandilla de vajras verdes sobre la cual hay cuatro pilares negros en cada lado, creando así dieciséis lugares para ocho deidades con consorte y ocho objetos.[102] En el este se encuentra Amogasidi negro con tres caras –de color negro, rojo y blanco– y seis manos de las cuales las derechas sostienen una espada, un cuchillo curvo y un tridente; y las tres manos izquierdas un escudo, un cráneo y un khatvanga blanco; está abrazado a Lochana. En el sureste está Tara negra con tres caras –de color negro, rojo y blanco– y seis manos, de las cuales, tres manos derechas sostienen una espada, un cuchillo curvo y un tridente, y en sus tres izquierdas, un escudo, un cráneo y un khatvanga blanco; está abrazada por Vairochana.

En el sur está Ratnasambava rojo con tres caras –de color rojo, blanco y negro– y seis manos que sostienen en sus derechas una flecha triple, un gancho vajra y un tambor damaru redoblando y en sus tres manos izquierdas un arco, un nudo vajra y una joya de nueve facetas; está abrazado por Mamaki. En el suroeste está Pandara roja, con tres caras –roja, blanca y negra– y seis manos, de las cuales, las derechas sostienen una flecha triple, un gancho vajra y un tambor damaru redoblando; y en sus tres manos izquierdas un arco, un nudo vajra y una joya de nueve facetas; está abrazada por Amitaba.

En el norte está Amitaba blanco con tres caras –blanca, negra y roja– y seis manos, sosteniendo en sus derechas un mazo, un lazo, y un tridente y en sus tres manos izquierdas un loto blanco con cien pétalos, un espejo y un rosario; está abrazado por Pandara. En el noreste está Mamaki blanca, negra, y roja y seis manos, las tres manos derechas sostienen un mazo, una lanza, y un tridente y las tres izquierdas sostienen un loto blanco con cien pétalos, un espejo y un rosario. Está abrazada por Ratnasambava.

En el oeste está Vairochana amarillo con tres caras –de color amarillo, blanco y negro– y seis manos, de las cuales las manos derechas sostienen una rueda, un báculo y un vajra aterrador, y en sus tres manos izquierdas sostiene una concha, una cadena de hierro vajra, y una campana que suena; está abrazado por Tara. En el noroeste está Lochana amarilla, con tres caras de color amarillo, blanco y negro, y seis manos, de las cuales las tres manos derechas sostienen una rueda, un báculo y un vajra aterrador, y las tres izquierdas sostienen una concha, una cadena de hierro vajra y una campana que suena; está abrazada por Amogasidi.

Todos y cada uno de los Que Han Ido Más Allá Así tienen tres ojos en cada una de sus caras. Están sentados y abrazando a sus consortes respectivos.

De los dieciséis lugares en el mandala de la conciencia prístina, tan sólo ocho están ocupados por los cuatro varones Que Han Ido Más Allá Así y las cuatro hembras Que Han Ido Más Allá Así; en los ocho lugares restantes hay vasos. Los dos vasos en el este están llenos de médula purificada; los dos del sur, con sangre purificada; los dos del norte con orina purificada y los dos del oeste con excrementos purificados. Por encima y por abajo hay también vasos llenos de semen purificado, y de menstruo purificado, respectivamente. Se encuentran encima de lotos y están cubiertos por lotos.

La iniciación del agua es concedida por cinco hembras Que Han Ido Más Allá Así, las cuatro anteriormente mencionadas junto con Vajradhatvishvari que reside de manera indiferenciada con Vishvamata pero que se separa para dar la iniciación. La iniciación de la corona es concedida por cinco varones Que Han Ido Más Allá Así, los cuatro anteriormente mencionados junto con Ashobya que reside de manera no diferenciada con Kalachakra, pero que se separa para conceder la iniciación.

Las deidades del mandala de la mente
Cinco guardianes con consortes. Miremos ahora el mandala de la mente mismo; contiene cuatro puertas con guardianes en cada una de ellas.[103] En la puerta oriental está Vighnantaka negro (Atibala), con tres caras –de color negro, rojo y blanco– y seis manos, de las cuales, las tres derechas sostienen una espada, un cuchillo curvo y un tridente y sus tres manos izquierdas sostienen un escudo, un cráneo y un khatvanga blanco. Está abrazado por Stambhaki amarilla, con tres caras –de color amarillo, blanco y negro– y seis manos, sosteniendo en sus tres manos derechas una rueda, un báculo y un vajra aterrador, y en sus tres izquierdas una concha, una cadena vajra y una campana que suena.

En la puerta sur está Prajñantaka roja (o Jambhaka), con tres caras –de color rojo, blanco, y negro– y seis manos, que sostienen en sus tres manos derechas una flecha triple, un gancho vajra y un tambor damaru redoblando, y en sus tres manos izquierdas un arco, un nudo vajra y una joya de nueve facetas. Está abrazado por Mamaki blanca con tres caras –de color blanco, negro y rojo– y seis manos, de las cuales las tres manos derechas sostienen un mazo, una lanza y un tridente; y las tres izquierdas sostienen un loto blanco de cien pétalos, un espejo y un rosario.

En la puerta norte está Padmantaka blanco, con tres caras –de color blanco, negro y rojo– seis manos de las cuales las tres derechas sostienen el mazo, una lanza y un tridente, y las tres manos izquierdas sostienen un loto blanco de cien pétalos, un espejo y un rosario. Está abrazado por Jambhaki roja, con tres caras –de color rojo, blanco y negro– y seis manos, las tres derechas sostienen una flecha triple, un gancho vajra y un tambor damaru redoblando, y sus tres manos izquierdas sostienen un arco, un nudo vajra y una joya de nueve facetas.

En la puerta oeste está Yamantaka amarillo, con tres caras –de color amarillo, blanco y negro– y seis manos de las cuales las tres derechas sostienen una rueda, un báculo y un vajra aterrador y las tres manos izquierdas sostienen una concha, una cadena vajra y una campana que suena. Está abrazado a Atibala negra, con tres caras –de color negro, rojo y blanco– y seis manos, de las cuales las tres derechas sostienen una espada, un cuchillo curvo y un tridente, y las tres manos izquierdas sostienen un escudo, una calavera y un khatvanga blanco.

En el asiento por encima del mandala de la mente (representado en la puerta este) se encuentra Ushnishachakravarti, con tres caras –de color verde, rojo y blanco– y seis manos, de las cuales las tres manos derechas sostienen un vajra, un cuchillo curvo y un hacha, y las tres izquierdas una campana vajra, un cráneo y una cabeza de Brahma. Está abrazado por Atinila azul con tres caras –azul, roja y blanca– y seis manos, de las cuales las tres derechas sostienen un vajra, un cuchillo curvo y un hacha y las tres izquierdas una campana, una calavera y una cabeza de Brahma.[104]

Todas las Deidades Airadas masculinas y femeninas tienen el pelo rojizo amarillento, de punta, y están adornadas con serpientes y con los seis ornamentos y tienen tres ojos en cada una de sus caras.

Las figuras masculinas están con la pierna derecha extendida y las femeninas con la pierna izquierda.

Estas diez Deidades Airadas junto con Sumbharaja y Raudrakski del mandala del cuerpo conceden la iniciación del nombre.

Veinticuatro Bodisatvas masculinos y femeninos

Miremos al lado izquierdo y al lado derecho de cada una de las puertas y en las cuatro esquinas del mandala de la mente; ahí veremos a doce Bodisatvas masculinos y doce Bodisatvas femeninos.[105] A la derecha de la puerta del este está Khagarbha negro, con tres caras –de color negro, rojo y blanco– y seis manos, de las cuales las tres derechas sostienen una espada, un cuchillo curvo y un tridente y las tres manos izquierdas sostienen un escudo, un cráneo y un khatvanga blanco. Está abrazado a Gandhavajra amarilla, con tres caras –de color amarillo, blanco y negro– y seis manos que sostienen en sus tres manos derechas una rueda, un báculo y un vajra aterrador, y en sus tres izquierdas una concha, una cadena de hierro vajra y una campana que suena.

En la esquina del sureste está Sparshavajra negro, con tres caras –de color negro, rojo y blanco– y seis manos, de las cuales las tres derechas sostienen una espada, un cuchillo curvo y un tridente, y las manos izquierdas un escudo, un cráneo y un khatvanga blanco. Está abrazada a Sarvanivaranavishkambhi amarilla con tres caras –de color amarillo, blanco y negro– y con seis manos, de las cuales las tres derechas sostienen una rueda, un báculo y un vajra aterrador, y las tres manos izquierdas sostienen una concha, una cadena de hierro vajra y una campana que suena.

A la derecha de la puerta sur está Kshitigarbha rojo, con tres caras –de color rojo blanco y negro– y seis manos, de las cuales las tres derechas sostienen una flecha triple, un gancho vajra y un tambor damaru que redobla, y en las tres manos izquierdas un arco, un nudo vajra y una joya de nueve facetas. Está abrazado por Rupavajra blanca, con tres caras –blanca, negra y roja– y seis manos, de las cuales las manos derechas sostienen un mazo, una lanza y un tridente y las tres izquierdas un loto blanco de cien pétalos, un espejo y un rosario.

En la esquina del suroeste está Rasavajra roja, con tres caras –de color rojo, blanco y negro– y seis manos, de las cuales las tres derechas sostienen una flecha triple, un gancho vajra y un tambor damaru que redobla, y las tres manos izquierdas sostienen un arco, un nudo vajra y una joya de nueve facetas. Está abrazada por Lokeshvara blanco con tres caras –de color blanco, negro y rojo– y seis manos, de las cuales, las tres manos derechas sostienen un mazo, una lanza y un tridente, y las tres izquierdas un loto de cien pétalos, un espejo y un rosario.

A la derecha de la puerta norte está Lokeshvara blanco con tres caras –de color blanco, negro y rojo– y seis manos, de las cuales las tres derechas sostienen un mazo, una lanza y un tridente, y las tres manos izquierdas sostienen un loto de cien pétalos, un espejo y un rosario. Está abrazado por Rasavajra roja, con tres caras –de color rojo, blanco y negro– y seis manos, las tres derechas sostienen una triple flecha, un gancho vajra y un tambor damaru que redobla; y las tres manos izquierdas un arco, un nudo vajra y una joya de nueve caras.

En la esquina noreste está Rupavajra blanca, con tres caras de color blanco negro y rojo, y seis manos, de las cuales las tres derechas sostienen un mazo, una lanza y un tridente, y las tres manos izquierdas sostienen un loto de cien pétalos, un espejo y un rosario. Está abrazada por Kshitigarbha rojo, con tres caras —de color rojo, blanco y negro— y seis manos, de las cuales las tres derechas sostienen una triple flecha, un gancho vajra y un tambor damaru que redobla, y las tres manos izquierdas sostienen un arco, un nudo vajra y una joya de nueve caras.

A la derecha de la puerta oeste está Sarvanivaranavishkambhi amarillo, con tres caras —de color amarillo, blanco y negro— y seis manos, de las cuales las tres derechas sostienen una rueda, un báculo, un vajra aterrador y las tres manos izquierdas sostienen una concha, una cadena de hierro vajra y una campana que suena. Está abrazado por Sparshavajra negra, con tres caras —de color negro, rojo y blanco— y seis manos de las cuales las tres derechas sostienen, un escudo, un cráneo y un khatvanga blanco.

En el noroeste está Gandhavajra amarilla, con tres caras —amarilla, blanca y negra— y seis manos, de las cuales las tres derechas sostienen una rueda, un báculo y un vajra aterrador y las tres manos izquierdas sostienen una concha, una cadena de hierro vajra y una campana que suena. Está abrazada por Khagarbha negro, con tres caras —de color negro, rojo y blanco— y seis manos de las cuales las tres derechas sostienen una espada un cuchillo curvo y un tridente, y las tres manos izquierdas sostienen un escudo, un cráneo y un khatvanga blanco.

A la izquierda de la puerta sur está Vajrapani verde, con tres caras —de color verde, rojo y blanco— y seis manos, de las cuales las tres derechas sostienen un vajra, un cuchillo curvo y un hacha, y las tres manos izquierdas, una campana vajra, un cráneo y una cabeza de Brahma. Está abrazado por Shabhavajra azul con tres caras —de color azul, rojo y blanco— y seis manos de las cuales las tres derechas sostienen un vajra, un cuchillo curvo y un hacha, y las tres manos izquierdas sostienen una campana vajra, un cráneo y la cabeza de Brahma.

A la izquierda de la puerta oeste está Dharmadhatuvajra verde, con tres caras —de color verde, rojo y blanco— y seis manos, de las cuales las tres derechas sostienen un vajra, un cuchillo curvo y un hacha, y las tres manos izquierdas sostienen una campana vajra, un cráneo y la cabeza de Brahma. Está abrazada por Samanthabadra azul, con tres caras —azul, roja y blanca— y seis manos, de las cuales las tres derechas sostienen un vajra, un cuchillo curvo y un hacha y las tres manos izquierdas una campana vajra, un cráneo y una cabeza de Brahma.

A la izquierda de la puerta este está Samanthabadra azul con tres caras –de color azul, rojo y blanco– y seis manos, de las cuales las tres derechas sostienen un vajra, un cuchillo curvo y un hacha; y las tres de la izquierda sostienen una campana vajra, un cráneo y una cabeza de Brahma. Está abrazado por Dharmadhatuvajra verde con tres caras –de color verde, rojo y blanco– y seis manos, de las cuales las tres derechas sostienen un vajra, un cuchillo curvo y un hacha, y las tres izquierdas, una campana vajra, un cráneo y una cabeza de Brahma.

A la izquierda de la puerta norte está Shabdavajra azul, con tres caras –de color azul, rojo y blanco– y seis manos, de las cuales las tres manos derechas sostienen un vajra, un cuchillo curvo y un hacha, y las tres izquierdas una campana vajra, un cráneo y una cabeza de Brahma. Está abrazada por Vajrapani verde, con tres caras –de color verde, rojo y blanco– y seis manos, de las cuales las tres derechas sostienen un vajra, un cuchillo curvo y un hacha, y las tres manos izquierdas una campana vajra, un cráneo y una cabeza de Brahma.

Las doce diosas de ofrecimiento

Las diosas de ofrecimiento residen en la visera blanca que rodea al mandala de la mente. En cada lado de las cuatro puertas hay una diosa, y dos más por encima y dos más por debajo, con lo cual hacen doce diosas en total.

Las deidades del mandala de la palabra

Descendemos por las escaleras del mandala de la mente hasta el mandala de la palabra. Inmediatamente veremos que hay ocho grandes lotos de ocho pétalos en cada una de las cuatro direcciones y de las cuatro direcciones intermedias. Se encuentran sobre asientos de seres vivos. En el centro de cada uno de los ocho lotos hay una diosa abrazada a un dios y rodeada de ocho diosas, una por cada pétalo. Así pues hay diez deidades en cada uno de los ocho lotos constituyendo ochenta deidades. La obra *Means for Achievement of the Complete Mandala of Exalted Body, Speech and Mind of the Supramundane Victor, the Glorious Kalachakra: the Sacred Word of Scholars and adepts* escrita por el Séptimo Dalai Lama identifica a cada una de estas ochenta deidades (así como aquellas mencionadas posteriormente) para una meditación completa. Sin embargo no identificaremos aquí y en detalle las deidades restantes, ya que no están implicadas en las siete iniciaciones que autorizan la práctica del estadio de generación.

En la parte exterior del mandala de la palabra y en la visera que lo rodea hay treinta y seis diosas del deseo, cuatro a un lado de cada una de las cuatro puertas y cinco a otro.

Las deidades del mandala del cuerpo
Las trescientas sesenta deidades de los días. Abandonemos el mandala de la palabra y descendamos por las escaleras hasta el mandala del cuerpo. Aquí veremos que hay doce grandes lotos con veintiocho pétalos cada uno de ellos. Estos pétalos están dispuestos en tres filas: cuatro en la primera fila más cercana al centro, ocho en la segunda y dieciséis en la tercera. En el centro de cada loto hay un dios abrazado a una diosa y rodeado de veintiocho diosas, una por cada pétalo. Así pues, cada uno de los doce lotos tiene treinta deidades, con lo cual obtendremos un total de trescientas sesenta, representando los doce meses y los trescientos sesenta días del año.[106]

Las doce deidades airadas. En cada una de las cuatro puertas y por arriba y por debajo de éstas hay una deidad airada masculina, abrazada a una deidad airada femenina, con lo cual resultan doce deidades. Están situadas en carros tirados por jabalíes, caballos, elefantes, leones, garudas, tigres, etc.

Diosas de ofrecimientos. Salgamos fuera del mandala del cuerpo y miremos la visera que lo rodea. En ella hay treinta y seis diosas del deseo, cuatro en un lado de las puertas y cinco en el otro.

Los diez reyes serpientes. Asímismo, a cada lado de las puertas en el exterior del mandala del cuerpo, hay asientos que representan los cuatro elementos –la tierra, el agua, el fuego y el aire– sumando en total ocho, así como los símbolos de espacio y de consciencia prístina encima y debajo respectivamente. En cada uno de estos están los reyes serpientes y sus consortes.

Las diez diosas airadas de los crematorios
Mirando hacia los crematorios, situados entre los perímetros del

fuego y el aire, veremos que hay ocho crematorios en las cuatro direcciones, por encima y por debajo. En cada uno de estos hay un loto con una rueda en la cual hay una diosa de pie haciendo en total diez diosas. Están abrazadas a deidades masculinas y rodeadas por diversas deidades.

En otros Tantras del Yoga Más Elevado, las deidades del mandala crean la intención de conceder la iniciación, la cual es en realidad concedida por otras deidades de iniciación que vienen desde fuera. Sin embargo, en el Tantra de Kalachakra, las deidades del mandala conceden realmente la iniciación, aunque obtienen en realidad ayuda de deidades de iniciación externas. Hemos identificado dónde las deidades centrales están en el mandala; en el próximo capítulo explicaremos cómo se concede la iniciación.

7 Procedimiento para Potenciar la Mejora

Antes de la iniciación en sí, primero, en un ritual aparte, se potencia a los discípulos que van a recibirla. Es ésta una fase preparatoria, pero no sólamente una preparación, pues el estatus del discípulo se ve elevado, potenciado, a través de un proceso en 12 etapas:

1. reajustar la motivación hacia un mayor altruismo
2. nacer como un hijo del Lama
3. hacer una petición formal de los requisitos para la práctica del Mantra
4. volverse mucho más interesado en el Mantra
5. recibir los votos del Bodisatva y los votos mántricos
6. ser bendecido
7. determinar el linaje
8. tomar agua purificadora, recibir hierba kusha para colocarla debajo del colchón y de la almohada con el fin de conseguir protección, y recibir un cordón protector
9. imaginar las seis sílabas en lugares señalados del cuerpo
10. invocar la bendición de Vajrasatva
11. ser más entusiasta en practicar la doctrina budista y especialmente la doctrina tántrica
12. escuchar consejos sobre la interpretación de los sueños.

(En *El Rito del Mandala* de Kay-drup, que se halla traducido en este libro, estas doce etapas se presentan en seis secciones con dos partes cada una)

En primer lugar, los discípulos que en el exterior están ante las puertas cerradas del lado oriental del mandala, es decir, delante de las puertas que dan a la parte frontal de Kalachakra, esto es, su cara negra, ofrecen al Lama, que es indiferenciable de Kalachakra, todo aquello que es digno de ser ofrecido. Esto se denomina el ofrecimiento del mandala, significando aquí la palabra "mandala" no los mandalas del residente o la residencia de Kalachakra, sino toda la esfera de ofrecimientos. Esta ofrenda que se repite numerosas veces a lo largo del ritual de la iniciación contiene todo lo que es de valor y se le ofrece al Lama en forma glorificada para mostrar el valor que los discípulos dan a recibir la doctrina y para manifestar que la enseñanza que contiene técnicas útiles a lo largo del transcurso de las vidas es mucho más importante que cualquier objeto material, cuyo beneficio está limitado, como mucho, a una sola corta vida. Por otra parte, al ofrecer al Lama\Kalachakra todo aquello por lo que los discípulos sienten apego, éstos se liberan o liberan sus mentes de un gasto de energía excesivo para con los bienes materiales superfluos y apegos temporales, lo que permite que la mente pueda concentrarse con gran potencia en las enseñanzas recibidas. ¿Cómo alguien no dispuesto a darlo todo podría entrar en un estado de meditación sobre la vacuidad de la existencia inherente en el que nada aparece, ni tan siquiera el propio cuerpo, salvo la vacuidad que es ausencia de existencia inherente?

De este modo los discípulos reajustan su motivación de manera que no entran en la práctica del mantra con propósitos superficiales como, por ejemplo mejorar su salud en esta vida, o incluso, con propósitos más profundos pero aún centrados en sí mismos, como el conseguir la liberación de la existencia cíclica para sí mismos. Por el contrario, la motivación es causar el bienestar de los demás (porque cuando el altruismo es la motivación, se alcanza el propio bienestar, ya que no podría ser de otro modo).

El hecho de que el ritual se inicie con una reforma de la motivación hacia el altruismo, sugiere la importancia central y fundamental del amor y de la compasión. Es más, esta reorientación se lleva a cabo realmente en el transcurso del rito, y no simplemente se asume, lo cual a su vez indicaría una clara apreciación de la necesidad de alejar la mente contínuamente del egoísmo arraigado; también sugiere que la mente no entrenada siempre vuelve al egoísmo y al egocentrismo.

Con la motivación configurada en el altruismo los discípulos están dispuestos para nacer como un hijo del Lama, a quien se ve como Kalachakra. Este proceso se llama "iniciación interna" y se efectúa una vez durante el rito de potenciación y cuatro durante el propio rito de las siete iniciaciones que autorizan la práctica del estadio de generación. Una gran parte de la práctica tántrica está estructurada en la imitación de procesos ordinarios o incontrolados, de manera que sirva para purificar tales procesos y controlarlos. En este caso se imita, purifica y controla el proceso de tomar renacimiento.

En el renacimiento,[107] el ser en el estadio intermedio entre la última vida y la nueva vida, ve a su padre y a su madre yaciendo juntos. Si va a renacer como un ser masculino siente deseo por su madre y quiere separarse de (quiere desembarazarse de) su padre. Si va a renacer como ser femenino siente deseo por el padre y quiere separarse de (quiere desembarazarse de) su madre. Cuando el ser, llevado por el deseo de copular, empieza a abrazar al que es deseado, él o ella sólo percibe el órgano sexual de su compañero, lo que les produce frustración o ira. En medio de este deseo y de esta ira, el ser del estado intermedio muere y posteriormente penetra en la matriz y renace en el sentido de que tiene lugar la concepción.

La entrada en la matriz se hace pasando a través del cuerpo del padre. Primero, según una explicación tántrica, el ser del estado intermedio entra a través de la boca del padre o, según otra explicación tántrica, a través de la coronilla. Una vez ha entrado en el cuerpo del padre, el ser del estado intermedio pasa por el cuerpo y pasando por su pene emerge en la vagina de la madre. Una vez que se han completado los cuatro factores necesarios para el renacimiento: presencia de la conciencia de un ser del estado intermedio, presencia del semen, presencia del óvulo (llamado "sangre") y la conexión kármica entre el padre, la madre y el ser del estado intermedio, entonces se produce el renacimiento.

En la iniciación interna (probablemente llamada "interna" porque tiene lugar en el vientre de la consorte a quien se denomina "madre" o *yum*), el discípulo se imagina que toma un renacimiento de la manera anteriormente descrita. Los discípulos son atraídos a la boca del Lama (a quien siempre se ve como Kalachakra) por la luz que se irradia desde la sílaba semilla *hum* en el corazón del Lama y una vez ha entrado en la boca se desplaza a través del cuerpo hasta la vagina de la madre y se disuelve en su vientre. La disolución del discípulo en el vientre de la madre se refiere específicamente a la meditación en la vacuidad de la existencia inherente; no sólo han desaparecido todas las antiguas apariencias burdas de un cuerpo compuesto de carne, hueso y sangre, sino que la vacuidad que representa la ausencia de su existencia inherente se ve actualizada en esta vívida realización. Anteriormente ya se había establecido la motivación de la gran compasión; ahora, también se hace presente la sabiduría que comprende la vacuidad.

La conciencia de sabiduría que comprende la vacuidad y que está impulsada por la compasión ahora se convierte en la "sustancia" de la reaparición del discípulo en forma divina o ideal. En lugar de estar sujeto al renacimiento impulsado por las emociones aflictivas del deseo y del odio basadas en la ignorancia que concibe a uno mismo y a los otros fenómenos como algo existente inherentemente, como es el caso del renacimiento ordinario, en esta repetición del proceso de nacimiento el discípulo está impulsado por una gran compasión y se fundamenta en la sabiduría que comprende la realidad. En el vientre, la conciencia de sabiduría aparece primero como una sílaba semilla, *hum*, que se convierte en un vajra. El vajra se transforma entonces en Kalachakra, un ser ideal con una cara, brazos, piernas, etc.

Esta visualización de un ser ideal se ve aún más fortificada o potenciada al imaginar que los rayos de luz de la sílaba semilla en el corazón del Lama atraen a todos los seres iluminados hacia su boca y que éstos se desplazan a través de su cuerpo y se funden en su corazón en una ambrosía que es un fluido como de luz denominado "mente de la Iluminación" *(byang chub kyi sems, bodhichitta)*, para después emerger en forma de ambrosía-luz en el vientre de la madre ungiendo al discípulo. Debido a que los seres iluminados son manifestaciones de una conciencia gozosa no dual, conciencia más sutil que es gozosa por naturaleza, y que comprende la vacuidad de la existencia inherente, cuando se unge al discípulo en el vientre de la madre con la ambrosía-luz en la que se han convertido los seres iluminados, el discípulo se ve fortificado por esta misma naturaleza. El discípulo, pues, ha adquirido no sólamente la conciencia de sabiduría que comprende la vacuidad, sino también la conciencia gozosa que comprende la vacuidad. Esta sabiduría sublime de gozo y vacuidad indiferenciables que se ha generado constituye precisamente la iniciación interna. Las diversas etapas que conducen hasta ello son factores causales de la iniciación; la iniciación propiamente dicha es la sabiduría sublime de gozo y vacuidad indiferenciables que se ha generado.

El término "mente de la Iluminación" tiene como referencias más amplias la mente convencional de la Iluminación, que es la intención altruista de iluminarse, y la mente última de la Iluminación, que es la conciencia de sabiduría en el contínuo de un Bodisatva que comprende directamente la vacuidad. Sin embargo, el término "mente de Iluminación" también se utiliza, como es el caso aquí, para referirse al semen o más concretamente a los fluidos esenciales blanco y rojo que tienen hombres y mujeres. El uso del término "mente de Iluminación" en el discurso tántrico para referirse al fluido seminal no invalida los otros significados como intención altruista para iluminarse o la sabiduría que comprende directamente la vacuidad, ya que el altruismo y la comprensión de la vacuidad constituyen la mismísima base de la meditación tántrica básica del yoga de la deidad, como puede resultar obvio a partir del curso de este ritual.[108] Sí que se utiliza el término de manera adicional en *circunstancias específicas* para referirse a los fluidos esenciales de color blanco y de color rojo. En este caso la referencia se hace a la forma purificada de semen-ambrosía-luz que contiene la misma esencia de todos los seres iluminados.

Para que se produzca un refuerzo psicológico, la ambrosía-luz debe ser visualizada por el discípulo como un compuesto de todas la cualidades de los seres iluminados. El ser ungido con la ambrosía-luz y absorberla en uno mismo no sólamente sirve para reforzar y potenciar la sabiduría y la compasión que ya han sido meditadas, sino también para engendrar una conciencia de gozo como la que poseen los seres completamente iluminados.

Así pues, mientras que Sigmund Freud se preocupó principalmente de exponer las atracciones sexuales, etc., enmascaradas bajo otras formas, este método revive autoconscientemente los impulsos ordinarios, no sólamente con la finalidad de sublimarlos sino para transformarlos, eliminando la ignorancia que concibe la existencia inherente como su propia base. El hecho de que la iniciación interna se efectúa no sólamente una vez sino cinco durante esta serie de iniciaciones y de que la iniciación puede ser recibida una y otra vez durante la vida de un practicante, indica que semejante transformación no puede considerarse como algo sencillo. Los que están implicados son los mismos impulsos que han atado a los seres a la existencia cíclica desde el tiempo sin principio. Cualquier método que se jacte de facilitar una transformación sencilla no es más que una necedad.

De este modo, la *repetición* es la clave para la comprensión de lo que es la iniciación y la práctica tántrica. La repetición significa no sólamente repetir lo que uno ya ha hecho previamente sino una nueva oportunidad para progresar a través de una comprensión más profunda o de un movimiento hacia un nivel más sutil de la conciencia. La repetición supone una nueva oportunidad así como una aclimatación de la mente y del cuerpo a un estilo de vida basado en principios válidos en lugar de impulsado por emociones aflictivas. Una vez recibida la iniciación interna, los discípulos emergen del vientre de la madre y son devueltos al asiento junto al pilar en el exterior de la puerta este del mandala. Presuntamente, las puertas del mandala han permanecido cerradas, dado que la naturaleza del mandala es tal que el discípulo se vió atraído hasta la boca de Kalachakra atravesando el muro del lado oriental y ha vuelto por el mismo camino. Por otro lado el discípulo aún no ha visto el interior del mandala, ya que al pasar hacia el Lama/Kalachakra y salir de él, no tuvo oportunidad de mirar hacia el interior del edificio. Aunque todavía no se haya colocado la cinta sobre los ojos y los muros sean transparentes, no puede ver aún el interior del mandala.

En la etapa siguiente del ritual de potenciación, el discípulo hace una súplica o requerimiento para los rituales de 1) toma de refugio en las Tres Joyas –Buda, doctrina y comunidad espiritual–, 2) toma de los votos del Bodisatva y 3) toma de los votos y promesas del Mantra. El Lama responde hablando a uno de sus discípulos y cada uno de ellos debe imaginarse que es esa misma persona. El Lama acepta implícitamente la súplica y habla de la grandeza del camino del Mantra, causando que el discípulo se interese más firmemente por el Mantra. Entonces se llevan a cabo los rituales de la toma de refugio, de los votos del Bodisatva y de los votos del Mantra. Es importante recordar que aunque ya se ha efectuado el procedimiento básico de toda la iniciación –el discípulo se imagina generándose como una conciencia gozosa que comprende la vacuidad y la ha utilizado como "sustancia" de su propia reaparición en forma idealizada– este mismo procedimiento se repetirá una y otra vez. En este punto es casi como si el discípulo ya se hubiera transformado en Buda, habiéndose disuelto en él todos los seres iluminados de todos los tiempos, y aquí se revive la primera etapa del camino: tomar refugio en Buda, en su doctrina (concretamente en el verdadero cese del sufrimiento y de los caminos que conducen a ese cese) y en la comunidad espiritual que ayuda al practicante hacia ese refugio. De haberse convertido verdaderamente en Budas los discípulos durante la iniciación interna, ello sería, naturalmente, suficiente, pero debido a que esto se ha efectuado sólo a través de la visualización, el proceso puede repetirse con numerosas permutaciones y transformaciones pertenecientes a la configuración global del camino.

Una vez tomado el refugio y los votos, el discípulo que aún se visualiza como Kalachakra es bendecido hacia un estado magnífico y realzado a través de la visualización de sílabas radiantes ubicadas en su cuerpo. La visualización se ve realzada por la acción del Lama de tocar el corazón, la garganta y la coronilla del discípulo con un vajra. Desde fuera el Lama está tocando al discípulo con una sustancia –en este caso un vajra– y el discípulo visualiza su propia potenciación hacia una luminosidad superior; se requiere aquí una combinación de factores externos e internos. El discípulo debe visualizar que todas sus acciones negativas y todos los factores desfavorables de cuerpo, palabra y mente son purificados, así como aquellas predisposiciones que podrían ser causa en el futuro de todas estas acciones. De nuevo, si el mero ritual pudiera considerarse como algo totalmente eficaz, no habría necesidad de proseguir el mismo, pero éste no es el caso. El discípulo va habituándose gradualmente a un proceso de purificación.

Después, para determinar el tipo de logro (*dngos grub, o siddhi*) que debe perfeccionar o trabajar el discípulo, se lanza un palito –una antigua forma de cepillo de dientes– hacia un cuadrado llamado mandala. Cuando se lanza el palito verticalmente sobre el cuadro, cae en uno de los cuatro cuadrantes, o bien en el centro, o bien fuera del cuadro. El lugar donde el palito cae (siempre y cuando caiga sobre el cuadro, pues caer fuera del cuadro tres veces descalifica a la persona para recibir la iniciación por el momento) determina el tipo de logros que el discípulo puede conseguir con más éxito. De la misma manera que se utiliza el cepillo de dientes para limpiar la dentadura, así el mantra que se utiliza en conexión con el palito que se lanza, nos indica la purificación de cuerpo, palabra, y mente ideales que son identificados, en entidad, con las cuatro puertas de la liberación, esto es, la carencia de señales, la carencia de deseos, la vacuidad y la no-actividad.

Resumiendo, puede decirse que la carencia de señales se refiere a que los objetos no son establecidos por su propia naturaleza como resultado de causas y condiciones. La carencia de deseos se refiere a que los objetos no son establecidos por su propia naturaleza porque producen efectos. La vacuidad es el hecho de que las entidades de los objetos no se establecen por su propia naturaleza. La no-actividad se refiere al hecho de que la actividad resultado de la realización de las funciones de los objetos no se establece por su propia naturaleza. En este sentido, las cuatro puertas de la liberación se refieren a la vacuidad de la existencia inherente de cualquier objeto determinado desde cuatro puntos de vista diferentes: de su causalidad, de su producir efectos, de sus entidades y de su realizar funciones. De hecho, está válidamente establecido que los objetos impermanentes son causados, producen efectos, existen y realizan funciones; sin embargo, ninguno de estos puntos está intrínsecamente establecido. Las cuatro puertas de la liberación tienen como función la comprensión de esta ausencia de establecimiento intrínseco o inherente.

De nuevo debe visualizarse la purificación del cuerpo, palabra y mente al tomar agua en la mano tres veces. Después y debido a que los sueños del discípulo durante la noche de la potenciación y antes del ritual de iniciación propiamente dicho son muy importantes, éste recibe briznas de hierba kusha protectora para el colchón y la almohada, así como un cordón protector. Estos son para defender a la mente de cualquier tipo de influencia interferente. Se presupone que nuestras mentes están sujetas a la influencia de fuerzas autónomas (complejos autónomos en el vocabulario de Carl Jung) y de que su poder debe ser disminuido. El hecho de que la mayor protección de todas debe ser el amor sugerirá que una postura airadamente defensiva proporciona a estas fuerzas autónomas más poder, mientras que el amor compasivo sirve para desatomizar estas fuerzas. El amor compasivo incluso hacia aquellas fuerzas internas reduce la distancia entre aquella parte de la mente que se concibe como la de uno mismo y aquellas partes que se han separado como complejos autónomos; también podría mejorar las fuerzas externas.

Nuevamente deben visualizarse sílabas en los lugares importantes del cuerpo, pero esta vez en conexión con las principales deidades masculinas de los seis linajes mientras que anteriormente se habría hecho con seis diosas. Entonces se invoca a Vajarasatva para que bendiga el cuerpo, la palabra y la mente del discípulo hasta conseguir magnificencia.

En consecuencia el discípulo muestra mayor entusiasmo por la doctrina del mantra al escuchar sobre su rareza, su poder para purificar el karma negativo y su eficacia para poder originar la Iluminación completa como un Buda. El ritual de potenciación concluye con consejos del Lama sobre cómo analizar los sueños que ocurren en la última parte de la noche hacia el amanecer. Los sueños tenidos durante este tiempo se consideran, para indicar predilecciones profundas, más significativos que los primeros de la noche, frecuentemente demasiado influidos por las actividades del día anterior. La importancia que se da aquí a los sueños, se refiere específicamente a los indicios de la relación del discípulo con el Lama y con la iniciación. Se valoran los signos positivos de buena relación, de éxito por la práctica; los signos negativos deben disolverse a través de la meditación en la vacuidad, el cultivar la compasión, la repetición del mantra, etc... Aún así, tanto si los sueños son positivos como negativos, se aconseja a los discípulos que no den excesiva importancia a su estatus y por lo tanto no se sientan ni excesivamente eufóricos ni deprimidos. Incluso las señales positivas no existen por su propia naturaleza y no deberían convertirse en objetos de apego al aceptar su aparente existencia inherente. Las señales negativas, carentes de existencia inherente, también son sujetos de transformación y por lo tanto no deberían considerarse como razones para el desánimo.

El concepto de la naturaleza de Buda, es decir, la naturaleza luminosa y de conocimento de la mente y la vacuidad de la existencia inherente de la mente, subyace a todos estos procesos transformativos. El estado del discípulo se ve potenciado, elevado y glorificado a través del uso consciente de su naturaleza propia básicamente pura y sempiterna, no sólo a través del mero reconocimiento de este subyacente modo de ser, sino a través de remodelar activamente la manifestación del discípulo que surge de ella.

8 Procedimiento de las Iniciaciones

ENTRADA Y VISIÓN DEL MANDALA

El discípulo se encuentra ante las puertas cerradas del lado oriental del mandala, es decir, las puertas situadas ante la cara negra principal de Kalachakra. Como se quiere entrar, se pide permiso y de nuevo se pide tomar refugio, los votos del Bodisatva y los votos del Mantra. El Lama (Kalachakra) responde dándole en primer lugar al discípulo unas prendas de vestir y un ornamento para la cabeza que simboliza la protuberancia de la coronilla. Al discípulo se le entregan todos estos ornamentos para hacer que se sienta más como una deidad.

Como ya se ha explicado anteriormente, en la práctica del estadio de generación, debe interrumpirse la apariencia de un cuerpo ordinario compuesto de carne, huesos y sangre en la conciencia mental y sustituirse por la apariencia de mente y cuerpo puros. Dependiendo de tal mente y cuerpo puros se diseña una deidad, una persona ideal. Para aumentar esa sensación de ser una persona ideal y altruista no existente de manera intrínseca sino existente por designación, el discípulo es llevado a parecerse a la deidad, incluso externamente lo más posible, vistiéndole con ropas de la deidad. Se dice que muchas personas tienen miedo de visualizarse a sí mismas en forma divina;[109] así pues, al ponerse el atuendo de una deidad de manera lúdica se está pensando en ayudar a los participantes no sólo a identificar el atuendo de la deidad sino a que superen esa sensación de extrañeza.

Y como el discípulo podrá entrar en el mandala pero aún no está preparado para verlo, recibe de manos del ayudante del Lama una cinta para los ojos. Entonces el discípulo debe volverse a visualizar como Kalachakra y el Lama se dirige a él preguntándole quién es y qué desea. El discípulo contesta declarando su naturaleza altruista como Bodisatva o como aspirante a convertirse en Bodisatva y declarando su interés por usar a lo largo del camino del Mantra Secreto el gozo que surge del deseo.

El discípulo suplica al Lama Kalachakra, como un gran ser que puede mostrarle el camino, que le libere del sufrimiento; el Lama responde efectuando las ceremonias de ir a por refugio, de toma de votos del Bodisatva, y de votos del Mantra de la misma manera que se hizo durante el ritual de potenciación. La naturaleza altruista del empeño queda patente por el hecho de que el discípulo repite lo siguiente:

> Liberaré a todos aquéllos no liberados (de las obstrucciones a la omnisciencia).
> Liberaré a todos aquéllos no liberados (de la existencia cíclica):
> Redimiré a todos aquéllos no redimidos (de malas transmigraciones).
> Y llevaré a los seres conscientes al nirvana.

En consonancia con este altruismo el discípulo declara su intención de practicar el yoga que todo lo abarca, que tiene dos aspectos: 1) la intención altruista convencional de iluminarse, que todo lo abarca en el sentido en que procura establecer una relación altruista con todos los seres conscientes y 2) la comprensión de la naturaleza última de todas las personas y fenómenos, y su ausencia de existencia intrínseca. En esta práctica la mente convencional de Iluminación, es decir, la intención de aspirar a iluminarse y que se resume en el pensamiento de "obtendré la Budeidad por el bien de todos los seres conscientes", se condensa en el corazón en la forma de un disco lunar blanco, redondo y plano. De manera similar, la mente última de Iluminación en la que la vacuidad de la existencia inherente de todos los fenómenos y la mente propia son una misma cosa, es decir, una entidad no diferenciable, se condensa en la forma de un vajra de cinco puntas que se alza sobre un disco lunar.

Como podemos ver el discípulo es llevado una y otra vez a través de ejercicios en los que la actitud afectiva más profunda, la compasión, y la comprensión intelectual más profunda, la sabiduría de la vacuidad, son utilizadas como las bases de apariencia con forma. Con ello se nos sugiere que, en la vida corriente, actitudes como el egoísmo, la envidia, la enemistad, el deseo y demás son la base misma de nuestra propia apariencia. Para poder controlar este proceso de la apariencia y para poder transformarlo de la manera más sana posible, el discípulo es instruído una y otra vez en la generación de la compasión y en la reflexión sobre la naturaleza de los fenómenos para posteriormente reaparecer con esas actitudes, conciencias en el vocabulario budista, como las bases de las que surgen ellos o, en este caso, objetos puros. Estos objetos constituyen, pues, los símbolos, no en el sentido de que se refieran a otra cosa distinta, sino en el sentido de manifestar lo que simbolizan, mediante la constante exhibición de aquello que simbolizan. La compasión y la sabiduría no desaparecen con la apariencia de la luna y el vajra, por el contrario, permanecen dentro de la apariencia en su forma. Esta es una cualidad extraordinaria del Tantra.

En el texto ritual, se dice que estas actividades se desarrollan "al exterior de la cortina".Y ya que el mandala no tiene cortina alguna, la referencia aquí es a la cortina que envuelve a la maqueta del mandala dibujado con las arenas de colores. Este mandala dibujado permanece en el interior de un espacio cerrado con las cortinas y fuera de la vista del discípulo, de la misma manera que en su visualización el discípulo aún permanece fuera de las puertas cerradas del mandala.

Ahora se abren las puertas y ello queda brillantemente ilustrado por el hecho de que los ayudantes del Lama descorren en este momento la cortina alrededor del mandala de arena. Puesto que el discípulo aún permanece con la cinta en los ojos, es conducido hacia el interior por el Lama, que ha descendido desde el quinto nivel del mandala y mantiene el vajra en su mano. El discípulo visualiza que él mismo coge el vajra y es conducido hacia el interior del mandala.

Aún con los ojos cubiertos, el discípulo circunvala el mandala tres veces y después vuelve a salir afuera hacia la puerta este. Después rinde homenaje a Akshobya, a Amogasidi, a Ratnasambava, a Amitaba, y a Vairochana. Cuando se rinde homenaje a Akshobya, quien se encuentra fundido con Kalachakra, el discípulo se transforma en Akshobya y hace una súplica; hace lo mismo con Amogasidi, de nuevo en la puerta este. Al dirigirse a las puertas correspondientes para entrar en el mandala y al salir otra vez por la puerta adecuada, rinde homenaje de la misma manera a las otras tres deidades. Una vez que ha llegado a ser semejante a las principales deidades de los cinco linajes, el discípulo jura mantener el secreto, jura mantener los votos y respetar la palabra del Lama siempre que esté de acuerdo con la doctrina (ver pág. 236).

A estas alturas el discípulo ya se ha visualizado a sí mismo en forma divina varias veces. Ahora se realiza una versión diferente de esta práctica. El discípulo se imagina en la forma feroz de Kalachakra llamada Vajravega, posteriormente visualiza diversas sílabas en los lugares importantes de su cuerpo, que adquieren una mayor luminosidad y actividad al responder a los rayos de luz provenientes del Lama. Estos rayos de luz del corazón del Lama se irradian a todos los Budas en todos los sistemas universales, que aparecen como Kalachakras y Vajravegas llenando todo el espacio. Estos a su vez entran en el discípulo, el cual visualiza que todos se disuelven en su cuerpo.

Tales visualizaciones sugieren que la conciencia ordinaria está dividida en mil partes que necesitan ser recompuestas. Incluso la visualización de seres completamente iluminados en otros lugares ha de ser atraída hacia uno mismo. La energía ha de volver a su origen. Se ha descrito el Tantra como el uso de la visualización o de la imaginación como camino, y el tremendo refuerzo de los rasgos de personalidad logrado a través de la visualización y de la identificación con un ser ideal y la posterior atracción de tales seres ideales existentes en todos los sistemas universales hacia uno mismo está obviamente construido sobre un uso muy activo y muy creativo de la imaginación. Uno no puede imaginarse débilmente a sí mismo como compuesto de compasión y sabiduría, y pensar que puedan existir verdaderas encarnaciones de compasión y sabiduría en otros lugares, porque estos mismos seres son atraídos hacia uno mismo. Debemos, pues, enfrentarnos con la identificación. La fuerza del pensamiento positivo, del poder imaginar o visualizar situaciones de éxito supremo resulta básica para este proceso. Es evidente que la Budeidad, la meta correspondiente a este proceso, no es en sí un retiro en la nada, tal como se describe en Occidente, sino una expresión dinámica de conocimiento, compasión y fuerza.

Esta combinación tan intensa en uno mismo de todos los seres idealizados puede resultar una emoción demasiado fuerte; y debe ser seguida de una pacificación. Lo que se logra colocando sobre la cabeza del discípulo una flor, bendecida con el mantra *om, ah, hum*. Luego se efectúa un ritual protector visualizando las sílabas en los lugares importantes del cuerpo; de nuevo la necesidad de una protección sugiere que el estado intensificado del discípulo está sujeto a interferencia procedente de complejos autónomos y ello debe ser controlado.

Entonces, en lo que podría parecer sólo una situación de bajada de intensidad si no se tuviera en cuenta que la visualización de la deidad debe desarrollarse en multitud de modos en relación con las variaciones de la estructura del camino, el discípulo se quita la cinta de seda de los ojos para observar si aparece algún color determinado en su campo de visión en el primer momento de descubrirlos. Mediante una asociación de las actividades de pacificación, aumento, subyugación y demás con ciertos colores, el Lama puede hacer una lectura sobre el tipo de actividad que el discípulo debe trabajar para conseguir logros.

Después, el Lama, tras hacer sonar la campana que sostiene en su mano, habla desde la fuerza que confiere la verdad e invoca para que se muestre el linaje del discípulo cuando arroje una flor sobre el cuadrante del mandala, con lo cual se conoce su linaje.

El discípulo se descubre los ojos quitándose la cinta y ve de manera clara el mandala tal y como ha sido descrito en el capítulo seis de la Introducción. El discípulo celebra lo que ha visto, cantando: *"Samaya hoh hoh hoh hoh"*.

INICIACIÓN

Llegado a este punto el discípulo está en disposición de recibir la iniciación. Primero el discípulo hace una súplica para recibir las siete iniciaciones, tras lo cual elimina todas las interferencias (como se ha explicado anteriormente la frecuencia de esta actividad sugiere lo perjudicial de los complejos autónomos que destruyen todos los intentos por vivir en un estado psicológico superior). Después el Lama efectúa una ablución limpiando las orejas, la nariz, la boca y el cuerpo del discípulo y haciendo un ofrecimiento a éste, ahora ya en estado limpio, tras lo cual purifica el espacio con incienso.

Se ha explicado anteriormente (ver págs. 69-70), que las siete iniciaciones que autorizan la práctica del estadio de generación pueden dividirse en cuatro grupos, correspondiendo a las cuatro caras de Kalachakra y a los cuatro grupos de factores a ser purificados. La estructura de todas las iniciaciones es la misma, con excepción de que en la segunda no es necesario efectuar una iniciación interna ante cada una de las caras. Puede decirse de manera general que hay diecinueve pasos:

1. El discípulo, situado en la puerta conveniente, se halla delante de la cara adecuada de Kalachakra y le hace un ofrecimiento denominado "mandala de ofrecimiento"
2. Se hace una súplica para la iniciación.
3. La iniciación interna (necesaria para las primera, tercera, quinta y séptima iniciaciones):

   a) el discípulo se ve atraído hacia la boca del Lama, pasa a través de su cuerpo hasta el vientre de la Madre y se funde en forma de una gota que se disuelve en vacuidad.

   b) aparece una sílaba semilla y se transforma en un símbolo, que se transforma en una deidad que corresponde a la cara de Kalachakra hacia la cual mira el discípulo; la deidad está abrazada por la consorte adecuada.

   c) la deidad real es atraida por el Lama hacia el cuerpo del discípulo visualizado como la deidad y éste por ello se convierte en la deidad real. La deidad real se denomina "ser de sabiduría" y la deidad visualizada se denomina "ser de promesa".

   d) la luz que emana del corazón del Lama Kalachakra atrae a todos los Budas y Bodisatvas masculinos y femeninos, de las diez direcciones.

   e) el Lama hace un ofrecimiento a todos los Budas y Bodisatvas que en estos momentos se encuentran cercanos.

   f) el Lama les pide que concedan la iniciación y los Budas y Bodisatvas masculinos y femeninos responden absorbiéndose en sus respectivos consortes, inmediatamente después se funden en una luz de ambrosía que entra en el Lama a través de la protuberancia de su coronilla.

   g) La luz de ambrosía pasa a través de su cuerpo y emerge en el vientre de la consorte, la Madre Vishvamata, ungiendo al discípulo y por lo tanto confiriéndole la iniciación.

   h) el discípulo emerge del vientre y regresa hacia su sitio de iniciación ante la puerta respectiva.
4. Se eliminan todos los obstructores del discípulo y de las sustancias de la iniciación –el agua, coronas, etc.– mediante el mantra *om ah hum hoh ham kshah* y al esparcir agua con una concha.

5. Los factores adecuados del discípulo –los cinco constituyentes, los cinco agregados, etc., (ver cap. 6 de la Introducción)– así como la sustancia de la iniciación son purificados en vacuidad mediante el recitado y la reflexión sobre el significado del mantra om shunyata-jnana-vajra-svabhavatmakoham, que significa "Tengo la naturaleza esencial de vacuidad y sabiduría indivisibles".

6. Los factores correspondientes al discípulo y a las sustancias de iniciación aparecen cada uno de ellos desde la vacuidad de existencia inherente como sílabas que se transforman en símbolos, tales como vajras, y que se transforman en deidades normalmente abrazadas por sus consortes respectivos.

7. Las deidades reales son atraídas hasta estos seres visualizados convirtiéndose posteriormente en deidades reales.

8. Las deidades en las que las sustancias de iniciación se han transformado reciben la iniciación de las cinco Madres desde dentro del mandala. Esto se efectúa vertiendo el agua de los jarrones en sus cuerpos desde la coronilla, y, cuando sus cuerpos se han llenado, el pequeño exceso de agua sobrante en la coronilla se transforma en una deidad; este proceso se denomina "la impresión del sello".

9. Se hace un ofrecimiento a las deidades que eran las sustancias de iniciación, a partir de lo cual son absorbidas con sus consortes y debido a esto se funden convirtiéndose de nuevo en sustancias de iniciación: el líquido de los jarrones, las coronas y demás. Así pues, aquello que empezó como una sustancia de iniciación y se convirtió en una deidad, ahora, de nuevo, se transforma en una sustancia de iniciación pero con una forma superior o glorificada.

10. Los rayos de luz que parten del corazón del Lama atraen a las deidades de iniciación a la zona circundante: a los Budas y Bodisatvas masculinos y femeninos y les hacen ofrecimientos.

11. El Lama pide a las deidades de iniciación en el espacio que concedan la iniciación al discípulo.

12. Las deidades de iniciación en el espacio desarrollan por todo ello la intención de conceder la iniciación, pero la concesión real en el sistema Kalachakra será efectuada por las deidades que se encuentran en el mandala mismo –los cinco Budas femeninos, los cinco Budas masculinos, etc.– Cada iniciación será conferida a su manera correspondiente: tocando al discí-

pulo con agua, poniéndole la corona, etc.

13 Puesto que la iniciación está a punto de ser conferida, es el momento de expresar poéticamente la emoción por la auspiciosidad de la ocasión.

14 Cae sobre el discípulo una lluvia de flores.

15 El Lama-Kalachakra declara que la iniciación será conferida y lo hace a través de las deidades adecuadas desde dentro del mandala, tocando la protuberancia de la coronilla del discípulo, sus hombros, la parte superior de los brazos, los muslos, la cadera, y demás, con la sustancia de iniciación respectiva: agua, corona, etc. Mediante el contacto con estas sustancias especiales de iniciación se genera en el discípulo una conciencia gozosa especial que comprende la vacuidad de la existencia inherente; esta sabiduría sublime de gozo y vacuidad no diferenciables constituye la entidad de cada iniciación.

16 Se concede la iniciación del agua como un apéndice a cada iniciación (excepto la primera, la cual es en sí misma una iniciación del agua). Se efectúa de nuevo la misma declaración de conferir la iniciación y se tocan los mismos cinco lugares con las mismas cinco sustancias, el agua, etc... con lo cual se genera una sabiduría sublime de gozo y vacuidad indiferenciables.

17 Se completa la iniciación mediante los factores respectivos del discípulo, esto es, sus constituyentes, sus agregados mentales y físicos, etc., los cuales se transforman en las deidades correspondientes. Entonces los dobles de las mismas deidades en el mandala se separan de ellos y se disuelven en ellas y todas las deidades de iniciación se reúnen en un espacio y se disuelven en las mismas deidades que son apariencias purificadas de los constituyentes, agregados, etc., del discípulo.

18 Se efectúa un ofrecimiento al discípulo en su estado divino.

19 Se anuncian el significado de la iniciación así como la purificación que la iniciación ha efectuado o establecido como predisposiciones que tendrán su efecto en el futuro.

Puede decirse que básicamente cada iniciación tiene tres fases: 1) limpieza y purificación del discípulo y de las sustancias de la iniciación eliminando los obstructores y disolviéndolos en vacuidad, 2) perfeccionamiento de la sustancia de la iniciación mediante su reaparición como deidad que se funde y que posteriormente se

vuelve a transformar en sustancia de la iniciación y 3) perfeccionamiento del discípulo a través de su reaparición como deidad que,
al ser tocado con la sustancia de iniciación, genera una conciencia
especial de gozo que comprende la vacuidad de existencia inherente, tras lo cual los dobles de las deidades correspondientes se
disuelven en el discípulo a quien hacen ofrecimientos. (Los ofrecimientos tienen una *naturaleza* de gozo y vacuidad; aparecen con el
aspecto del ofrecimiento y su *función* es como objeto de uso de los
poderes de los seis sentidos para poder generar un gozo especial
sin contaminación alguna.[110] A su vez el gozo es empleado para
comprender la vacuidad de la existencia inherente. En lugar de ser
suprimidos, los sentidos se llenan de objetos agradables, de tal
manera que pueda producirse la conciencia gozosa que comprende
la vacuidad. No sólo es esa conciencia gozosa más fuerte, sino que
también se ha producido una maduración del continuo mental, sin
lugar a dudas, al permitir que se manifieste el poder latente del
deseo sensual).

A través de la imaginación, el cuerpo, la palabra y la mente se
habitúan a un proceso de purificación que se centra alrededor de la
generación de una conciencia gozosa y por lo tanto poderosamente
retraída, que se utiliza para comprender la naturaleza de los fenómenos. El discípulo se inicia desde su posición en la existencia
cíclica en la que hace humildes súplicas al Supramundano Kalachakra y al final se convierte en Buda mismo. El Lama-Kalachakra
hace ofrendas también al discípulo. Este proceso nos recuerda la
descripción de un erudito tibetano del porqué las enseñanzas de
Buda Shakiamuni se llaman "ruedas de enseñanzas": "Shakiamuni
dirigía al discípulo tan sólo aquellas enseñanza de las prácticas por
las que ellos podían girar hacia arriba hasta lograr su estado".

CORRESPONDENCIAS Y EQUIVALENCIAS DE LAS SIETE INICIACIONES.

Cada una de las siete iniciaciones puede ser comparada a una actividad específica o estadio de la niñez.

La iniciación del agua
Las dos primeras iniciaciones purifican el cuerpo; la iniciación del
agua conferida por las cinco Madres (también llamadas Las Cinco
Que Han Ido Más Allá Así o las cinco Budas) purifican los cinco

constituyentes –la tierra, el agua, el fuego, el viento y el espacio– y puede compararse a la acción de una madre que lava a su recién nacido.

Es fácil descubrir las correspondencias: los cinco constituyentes pueden ser comparados a un recién nacido; las cinco Madres pueden ser comparadas a una madre, y la actividad de la iniciación del agua a la acción de lavar al niño.

Veamos claramente, en el caso de la iniciación del agua, la lista de las cinco sílabas semilla, los símbolos en los que se transforman esas sílabas, las cinco madres con sus consortes, situadas en sus coronillas como "impresiones del sello", y los constituyentes que éstos purifican:

a	vajra	Vajradhatishvari verde con Vajrasatva	Akshobya	espacio
i	espada	Tara negra con Vairochana	Amogasidi	aire
r	joya	Pandara roja con Amitaba	Ratnasambava	fuego
u	loto	Mamaki blanca con Ratnasambava	Amitaba	agua
l	rueda	Lochana amarilla con Amogasidi	Vairochana	tierra

De las cinco Madres, cuatro: Tara, Pandara, Mamaki y Lochana residen en el cuarto nivel del mandala, el mandala de la conciencia prístina, y en las direcciones intermedias. La quinta, Vajradhatishvari, se encuentra fusionada con la consorte de Kalachakra que es Vishvamata.

Iniciación de la corona

La iniciación de la corona conferida por los cinco Que Han Ido-Más Allá Así, también conocidos como los cinco Budas, purifica los cinco agregados: formas, sensaciones, discriminaciones, factores composicionales y conciencias y se compara a la acción de peinar el pelo de la cabeza de un niño, recogiéndolo en un moño en la coronilla. De la misma manera que se utiliza la corona en la iniciación y ésta se coloca encima de la cabeza. Aunque en la iniciación del agua las cinco Madres pueden ser comparadas a la madre que lava a un recién nacido por primera vez, aquí su correspondencia con los cinco Budas no está tan clara, a no ser que se refiera a la tradición de que el padre es quien recoge por primera vez el cabello de un hijo varón encima de la cabeza de este.

En el caso de la iniciación de la corona, las cinco sílabas semilla, los símbolos en los cuales se transforman las semillas, los cinco Budas con sus consortes, las deidades situadas en la coronilla como "impresiones del sello", y los agregados que estos purifican son los siguientes:

a	vajra	Akshobya verde con Prajnaparamita	Vajrasatva	conciencia
i	espada	Amogasidi negro con Lochana	Amogasidi	factores composicionales
r	joya	Ratnasambava rojo con Mamaki	Ratnasambava	sensaciones
u	loto	Amitaba rojo con Pandara	Amitaba	discriminaciones
l	rueda	Vairochana amarillo con Tara	Vairochana	formas

De los cinco Budas, cuatro: Amogasidi, Ratnasambava, Amitaba y Vairochana, residen en el cuarto nivel del mandala, el mandala de la conciencia prística y las cuatro direcciones primarias. El quinto, Akshobya, se encuentra fusionado con Kalachakra.

Iniciación de la cinta de seda

La tercera y la cuarta iniciación purifican la palabra, cuya base es el aire o corrientes internas. La iniciación de la cinta de seda, conferida por las diez Shaktis, purifica los diez aires (corrientes internas) y es comparable a perforar las orejas de un niño y colgar adornos de ellas. Los lazos de seda son unos adornos largos que cuelgan desde la corona que se colocó durante la segunda iniciación; por eso, en cierto modo, se parecen a pendientes que cuelgan de las orejas. No parece haber nada en la iniciación similar a perforar las orejas y no parece haber ninguna correspondencia concreta con las Shaktis, a no ser que una criada taladre las orejas de un niño.

Las diez sílabas semillas, los símbolos en que se transforman esas semillas, las diez Shaktis (las cuales poseen la "impresión del sello" de Vajrasatva) y los aires que purifican son:

a	censor	Krshnadipta negra	fuego que acompaña al viento
ha	abanico negro de cola de yak	Dhuma negra	aire de tortuga
ah	lámpara de mantequilla	Raktadipta roja	aire ascendente
hah	abanico rojo de cola de yak	Marichi roja	aire de camaleón
am	comida divina	Shretadipta blanca	aire omnipresente
ham	abanico blanco de cola de yak	Khadyota blanca	aire de devadata
a	concha religiosa	Pitadipta amarilla	aire de serpiente
ha	abanico amarillo de cola de yak	Pradipa amarilla	aire de dhamnajaya
ho	vajra	Vajradhatvishvari verde	aire revitalizante
phrem	cuchillo curvo	Vishvamata azul	aire descendente

De las diez Shaktis, ocho residen en el quinto o nivel superior del mandala, el mandala del gran gozo, en los ocho pétalos de loto que rodean a Kalachakra y a Vishvamata. Supuestamente de las dos Shaktis que quedan, Vajradhatvishvari y Vishvamata, la primera está fusionada con la consorte de Kalachakra, Vishvamata y es la misma que La Quinta Que Ha Ido Más Allá Así mencionada anteriormente con respecto a la iniciación del agua, y la segunda es la misma Vishvamata.

A las diez Shaktis también se les conoce por los nombres de las diez perfecciones Danaparamita, Shilaparamita, Kshantiparamita, Viryaparamita, Dhyanaparamita, Prajnaparamita, Upayaparamita,

Pranidhanaparamita, Balaparamita y Jnanaparamita. Representan las perfecciones de dar, ética, paciencia, esfuerzo, concentración, sabiduría, método, deseos-oración, poder y sabiduría sublime.

Iniciación del Vajra y de la Campana

Hay tres canales principales en el cuerpo; el canal central que va desde la frente hasta la coronilla de la cabeza, baja por el cuerpo cerca de la espina dorsal y acaba en el órgano sexual. Por encima del ombligo fluye principalmente el aire por el canal central y por debajo del ombligo, principalmente semen. Los canales derecho e izquierdo están a ambos lados del canal central; por encima del ombligo fluyen principalmente la sangre y el semen en los canales derecho e izquierdo respectivamente; por debajo del ombligo, principalmente las heces y la orina.[111] El aire que fluye por los tres canales constituye la base de la palabra y, por lo tanto, de la iniciación del vajra y la campana conferida por Kalachakra y su consorte Vishvamata, la cual purifica los canales izquierdo y derecho y está asociada a la purificación de la palabra. Esta iniciación purifica los canales a través de los cuales pasa el aire que es la base de la palabra y que puede compararse a la risa y habla de un niño. Posiblemente podríamos comparar a Kalachakra y Vishvamata con los padres con quien el niño habla por vez primera.

Para la iniciación del vajra y la campana, las dos sílabas semilla, los símbolos en los que se transforman estas semillas, las dos deidades principales y sus consortes, las deidades situadas en sus coronillas como "impresiones-sello", y los canales que éstas purifican son

| *hum* | vajra | Kalachakra azul con Vishvamata | Akshobya | canal derecho |
| *phrem* | cuchillo curvo | Vishvamata amarilla con Kalachakra | Vajrasatva | canal izquierdo |

Iniciación de la conducta

La quinta y la sexta iniciación purifican la mente. La iniciación de la conducta conferida por los doce Bodisatvas y las doce Bodisatvas, purifica los seis órganos de los sentidos: ojo, oído, nariz, lengua, cuerpo, y poderes mentales de los sentidos, así como sus objetos respectivos: formas visibles, sonidos, olores, sabores, objetos tangibles y otros fenómenos.[111a] Podría compararse al disfrute por un niño de los cinco atributos del Reino del Deseo: formas visibles agradables, sonidos, olores, sabores y objetos tangibles.

Para la iniciación de la conducta, las doce sílabas semillas, los símbolos en que estas letras se transforman, los doce Bodisatvas y sus consortes, las deidades situadas en las coronillas como "impresiones-sello" y los poderes de los sentidos y objetos que estos purifican son los siguientes:

a	vajra	Vajrapani verde con Shabdavajra azul	Vajrasatva	sentido del oído
a	vajra	Dharmadatuvajra verde con Samantabadra azul	Vajrasatva	constituyentes de los fenómenos
e	espada	Khagarba negro con Gandhavajra amarilla	Amogasidi	sentido del olfato
ai	espada	Sparshavajra negra con Sarvanivaranavish-kambhi amarillo	Amogasidi	objetos tangibles
ar	joya	Kshitigarbha rojo con Rupavajra blanca	Ratnasambava	sentido de la vista
ar	joya	Rasavajra roja con Lokeshvara blanco	Ratnasambava	sabores
o	loto	Lokeshvara blanco con Rasavajra roja	Amitaba	sentido del gusto
au	loto	Rupavajra blanca con Kshitigarbha rojo	Amitaba	formas
al	rueda	Sarvanivarana-vishkambhi amarillo con Sparshavajra negra	Vairochana	sentido del cuerpo
al	rueda	Gandhavajra amarilla con Khagarba negro	Vairochana	olores
am	vajra	Samantabadra azul con Dharmadhatuvajra verde	Akshobya	sentido mental
ah	vajra	Shabdavajra azul con Vajrapani verde	Akshobya	sonidos

Los veinticuatro Bodisatvas residen en el tercer nivel del mandala, el mandala de la mente, a la derecha y a la izquierda de las cuatro puertas y en las esquinas.

Iniciación del nombre

La iniciación del nombre, conferida por las doce deidades airadas masculinas y las doce deidades femeninas, purifica las seis facultades de la acción: boca, brazos, piernas, ano, facultad urinaria y facultad regenerativa, así como sus respectivas actividades: hablar, asir, desplazarse, defecar, orinar y emitir fluido regenerativo. Es comparable a la acción de dar nombre a un niño: debido a que al final de la iniciación el Lama da un nombre al discípulo de acuerdo con su linaje, la iniciación se parece a dar un nombre a un niño; aquel que da el nombre, que en este caso es el Lama, también podría ser comparado al padre que da nombre a su hijo.

Para la iniciación del nombre, las doce sílabas semilla, los símbolos en los cuales esas sílabas se transforman, las doce Deidades Airadas y sus consortes, las deidades situadas en las coronillas como "impresión-sello" y los poderes y objetos de los sentidos que éstos purifican son:

ha	vajra	Ushnishachakravarti verde con Atinila azul	Vajrasatva	facultad de orinar
ha	vajra	Raudrakshi verde con Sumbharaja azul	Vajrasatva	emisión de semen
ya	espada	Vighnantaka negro con Stambhaki amarilla	Amogasidi	facultad de la boca
ya	espada	Atibala negra con Yamantaka amarillo.	Amogasidi	defecar
ra	joya	Prajñantaka rojo con Mamaki blanca	Ratnasambava	facultad del brazo
ra	joya	Jambhaki roja con Padmantaka blanco	Ratnasambava	ir
va	loto	Padmantaka blanco con Jambhaki roja	Amitaba	facultad de la pierna
va	loto	Mamaki blanca con Prajñantaka rojo	Amitaba	asir
la	rueda	Yamantaka amarillo con Atibala negra	Vairochana	facultad de defecar

la	rueda	Stambhaki amarilla con Vighnantaka negro	Vairochana	hablar
ham	vajra	Sumbharaja azul con Raudrakshi verde	Akshobya	facultad suprema
hah	vajra	Atinila azul con Ushnishachakravarti verde.	Akshobya	orinar

Las veinticuatro deidades airadas son 1) las cuatro deidades airadas masculinas con sus cuatro consortes que residen en los umbrales del tercer nivel del mandala, el mandala de la mente. 2) Ushnishachakravarti con Atinila que están encima del mandala de la mente. 3) Sumbharaja con Raudrakshi que residen en el mandala del cuerpo, y 4) todas estas mismas deidades, pero con predominante femenina.

Iniciación del permiso

La séptima y última iniciación purifica el gozo. La iniciación delpermiso conferida por Vajrasatva y Prajnaparamita purifica el agregado y el constituyente de la conciencia prístina, los cuales se refieren al gozo y a los estados no conceptuales. La iniciación, en la cual se les dice a los discípulos que enseñen la doctrina a los diferentes tipos de seres conscientes, se compara a un padre que dice a su hijo lo que debe leer, etc. Igual que un padre le da lectura a su hijo, así el Lama imparte *El Tantra de Kalachakra* a los discípulos pero para que ellos lo enseñen a otros.

Para la iniciación del permiso, las dos sílabas semilla, los símbolos en que estas sílabas se convierten, las dos deidades, las deidades que están en su coronilla como "impresiones-sello" y los factores que purifican son:

ham	vajra	Vajrasatva azul con Dharmadhatvishvari	Akshobya	agregado de la conciencia prístina
kshah	vajra	Prajñaparamita azul con Akshobya	Akshobya	constituyente de la consciencia prístina

En el mandala, Vajrasatva reside sobre la cabeza de Kalachakra y Prajñaparamita está fundida con la consorte de Kalachakra, Vishvamata.

TRANSFORMACIÓN

A cada iniciación interna los estudiantes renacen en una forma ideal. Las iniciaciones internas purifican estadios de desarrollo en la matriz.[111b] La primera iniciación interna recibida del aspecto del norte, blanco, muy pacífico, del cuerpo de Kalachakra, corresponde al desarrollo en la matriz de los constituyentes físicos de los discípulos y de sus agregados. Estas son las bases de purificación para ser purificadas por las tres actividades del Lama (quien está en el aspecto del Cuerpo Vajra de Kalachakra):

(1) Se genera a los discípulos como deidades de Cuerpo Vajra.
(2) se les hace indivisibles de la Deidad de Cuerpo Vajra real llamada Ser de Sabiduría.
(3) se confiere la iniciación con la mente de la Iluminación que es la forma fundida de todos los Budas de las diez direcciones.

En este sentido la primera iniciación interna purifica el proceso del desarrollo inicial, en la matriz, de los constituyentes físicos de los discípulos y de sus agregados y establece las semillas que sirven como antídotos a tan descontrolado desarrollo.

De la misma forma, la segunda iniciación interna recibida del aspecto del sur, rojo, deseoso, del habla de Kalachakra corresponde al desarrollo de los aires de los discípulos y de los canales en la matriz, siendo los aires y canales el fundamento del habla. La tercera iniciación interna recibida del aspecto del este, negro, feroz, de la mente de Kalachakra corresponde al desarrollo en los discípulos de los poderes de los sentidos y facultades de acción en la matriz. La cuarta iniciación interna recibida del aspecto del oeste, amarillo, estabilizado por la meditación, del (gozo) de la conciencia prístina de Kalachakra, corresponde al desarrollo, en la matriz del agregado de la conciencia prístina de los discípulos y su constituyente de la conciencia prístina. (Se dice que inmediatamente después de la concepción circula en la matriz un aire de la conciencia prístina). Estas cuatro iniciaciones internas purifican o establecen potencias para purificar el desarrolo respectivo del cuerpo, palabra, mente y gozo de los discípulos en el estado uterino.

Las siete iniciaciones en sí mismas toman como modelo hechos importantes de la infancia, después del nacimiento. La iniciación del agua corresponde al baño que la madre da a su hijo recién nacido. La iniciación de la coronilla corresponde al momento de peinar al niño colocándole el pelo recogido en la coronilla. La iniciación de la cinta de seda corresponde al momento de perforar las orejas del niño y colgar en ellas adornos. La iniciación del vajra y la campana corresponden a la risa y habla del niño. La iniciación de la conducta corresponde al disfrute del niño de los cinco objetos de los sentidos del Reino del Deseo. La iniciación del nombre corresponde al momento de ponerle nombre al niño. La iniciación del permiso corresponde a cuando el padre enseña a leer a su hijo, etc.

De la misma forma que en cada iniciación interna se reviven la concepción y el nacimiento, así en las siete iniciaciones se actualizan acontecimientos de la infancia, significativos o incluso muy importantes. De las siete comparaciones al menos cuatro –lavado del recién nacido, peinado de su cabello, perforar sus orejas y colgarle pendientes y ponerle un nombre– son tan importantes en el desarrollo de un niño como para ser señaladas por ritos de tránsito.[112] Los otros tres acontecimientos también son de tránsito; la primera risa y las primeras palabras (que no ocurren al mismo tiempo) son hechos de fundamental importancia en el desarrollo de un niño *como experiencia de él,* porque conseguir el control suficiente de reír de forma autónoma y de articular palabras bajo su propio control, son acontecimientos de enormes proporciones para un niño.

Con la experiencia inicial de un control así, hay un sentido de asombro, de estar completamente involucrado en estas actividades. También, el disfrutar un niño los cinco objetos de los sentidos en el Reino del Deseo, en la primera ocasión (que serían entonces cinco ocasiones correspondiendo a los cinco objetos) o cuando tal disfrute ocurra, es un momento de fascinación interesada y disfrute no conceptual. El que un padre enseñe a leer a su hijo también marca una introducción a las actividades del propio linaje; un niño encara los primeros deberes de familia con la sorpresa de entrar en un mundo nuevo.[113]

Estos acontecimientos se citan como comparaciones en las siete iniciaciones y así, invocándolos y reactualizándolos, la maravilla, la no conceptualización y absorción integral de ellos puede ser experimentada de nuevo. Entonces, la conciencia absorta, maravillosa y no conceptual se experimenta en un nuevo contexto, utilizándola para comprender la vacuidad de existencia inherente. El poder y concentración de una conciencia tal se pone en funcionamiento para penetrar en la naturaleza de las personas y otros fenómenos. También, estas experiencias de la infancia, todavía muy importantes en la experiencia de nosotros mismos como adultos y del mundo que nos rodea, son reconducidas de la oscura no-conceptualidad a la no-conceptualidad clara que entiende, realiza y comprende la naturaleza de los fenómenos. Cuando un practicante puede utilizar felizmente tales conciencias no-conceptuales en el camino, las conciencias se convierten en sabidurías sublimes de gozo y vacuidad indiferenciables. Lo que significa que una conciencia gozosa y una conciencia que comprende la vacuidad de existencia inherente, que normalmente están separadas, se unen en una sola conciencia; la conciencia del gozo (no conciencia del gozo sino gozo en sí mismo) comprende la vacuidad.

Desde el punto de vista de las sustancias utilizadas en las siete iniciaciones, la frescura y el disfrute de ser tocado por agua, se utilizan una corona, una cinta de seda, vajra y campana, un anillo del dedo pulgar, una pulsera y los cinco símbolos de mano para desarrollar una poderosa conciencia que comprenda la naturaleza de los fenómenos. La comparación con hechos importantes de la infancia y la utilización de una conciencia feliz que disfruta en el camino sugiere que las experiencias más importantes de la infancia necesitan ser evocadas de nuevo y que tales mentes felices y frescas necesitan ser reconducidas para así ser dotadas de una capacidad que comprenda la naturaleza de los fenómenos, la vacuidad de existencia inherente, más que sólo ser atrapadas dentro de una confusa felicidad no conceptual.

Las cuatro gotas

Junto a este proceso de utilizar estadios fundamentales y su transformación purificadora en conciencias del camino, en el sistema de Kalachakra es básica la presentación de las cuatro gotas que son las bases del potencial y de la impureza, y, por tanto, bases para ser utilizadas y purificadas. Hay dos series de cuatro gotas: la primera serie se localiza en: (1) la frente (o coronilla), (2) garganta, (3) corazón y (4) ombligo; la segunda serie se localiza en: (1) el ombligo, (2) el lugar secreto (la base de la espina dorsal), (3) en el centro del órgano sexual y (4) en el extremo del órgano sexual.[114] Las gotas en sí mismas son materiales, del tamaño de una semilla de mostaza y compuestas de los constituyentes básicos blanco y rojo.

Las dos series de gotas están coordinadas de manera que: (1)

las gotas en la frente y en el ombligo producen el estado de vigilia, (2) en la garganta y en la base de la espina dorsal el estado del sueño, (3) en el corazón y en el centro del órgano sexual el estado de sueño profundo, y (4) en el ombligo y en el extremo del órgano sexual el estado de absorción (gozo). Una gota en el ombligo contiene en ella dos predisposiciones diferentes que producen el estado despierto como el cuarto de la serie superior de gotas y el estado de absorción, como el primero de la serie inferior.

En el tiempo de la vigilia, los aires de la parte superior del cuerpo, sobre los que está montada la conciencia como sobre un caballo, se reúnen en la frente y los aires de la parte inferior del cuerpo en el ombligo. Debido a la conjunción de aires en estos lugares y al contenido de potencias puras e impuras de cada gota, se producen meras apariencias de objetos y apariencias de objetos impuros respectivamente.

En el momento de los sueños, los aires superiores se reúnen en la garganta y los inferiores en la zona secreta, por lo que se producen meros sonidos y habla errónea. En el momento del sueño profundo, los aires superiores se unen en el corazón y los inferiores en el centro de la parte superior del órgano sexual produciéndose así no-conceptualización y confusión. En el momento de la absorción del hombre y de la mujer, los aires superiores se unen en el ombligo y los inferiores en el extremo del órgano sexual, produciéndose de este modo el gozo y la emisión (de semen en los hombres y de "fluido estimulado" en las mujeres).

Como es evidente las gotas producen efectos respectivamente en el cuerpo, palabra, mente y conciencia prístina (no-conceptualidad y gozo) y por lo tanto se llaman gotas del cuerpo, palabra, mente y conciencia prístina *sublimes* y gotas de cuerpo, palabra, mente y conciencia prístina respectivamente. La organización de las siete iniciaciones en los cuatro grupos de cuerpo, palabra, mente y conciencia pristina o gozo se hace, por lo tanto, para purificar los factores impuros de estas cuatro.

A través de limpiar, es decir, eliminar la capacidad que tienen las gotas en la frente y en el ombligo de producir la apariencia de objetos impuros, la mera apariencia de objetos puede ser utilizada en el camino, donde se convierten en apariencias de formas vacías. A través de limpiar la capacidad de producir habla errónea de las gotas en la garganta y en la base de la espina dorsal, pueden utilizarse en el camino meros sonidos, por lo cual se convierten en sonido invencible. A través de limpiar la capacidad de producir confusión de las gotas en el corazón y en la mitad de la parte superior del órgano sexual, puede utilizarse la no conceptualización en el camino, convirtiéndose en sabiduría sublime no conceptual. A través de limpiar la capacidad de producir emisión de las gotas en el ombligo y en el extremo del órgano sexual, puede utilizarse el gozo en el camino por lo que se convierte en gran gozo inmutable. A través de desarrollar éstas en formas más y más elevadas se convierten en el cuerpo, palabra, mente y conciencia prístina (gozo) vajra sublimes de un Buda.

En el sistema Kalachakra todas las obstrucciones están incluidas en las de estos cuatro tipos en el sentido de que el aire y mente muy sutiles que moran en estas gotas son las bases del fundamento de predisposiciones a las obstrucciones respectivas. En otras palabras, el material de las gotas no constituye las obstrucciones y no sirve como base para el fundamento kármico de éstas. Más bien, el aire y mente muy sutiles, que se localizan en estas dos series de cuatro lugares, son las bases impuestas por nuestras acciones con sus potencias kármicas.

En el Tantra del Yoga Más Elevado las potencias que producen entornos y seres impuros a través del aire y la mente muy sutiles que existen en el estado básico u ordinario son purificadas por caminos hábiles en medios, por lo que se transforman en el cuerpo de Forma y el Cuerpo de Verdad de Buda. En particular, en el sistema Kalachakra, las potencias que producen estados impuros a través de los cuatro tipos de gotas sirven como causas para el cuerpo, habla, mente y gozo vajra de un Buda a través de ser purificados por el camino. La iniciación es una introducción a este proceso de purificación de impurezas y de utilización de lo que está básicamente presente.

OTRAS CORRELACIONES
Entidades de la Iniciación

En la iniciación del agua, se toca con agua la coronilla de los discípulos, los hombros (derecho e izquierdo), la parte superior de los brazos, los muslos y las caderas, y los discípulos beben el agua.[114a] Con ello se purifican las contaminaciones físicas de los cinco constituyentes impuros y se genera gran gozo en la mente y en el cuerpo. La conciencia de gozo determina la vacuidad, de forma tal que se genera en el continuo mental de los discípulos una sabiduría sublime de gozo y de comprensión de la vacuidad indiferenciables. La sabiduría sublime de gozo y vacuidad constituye la entidad de la iniciación del agua; todos los demás pasos son factores causales que la producen, no la iniciación real del agua.

En la iniciación de la corona se tocan los cinco puntos del cuerpo de los estudiantes con la corona que a su vez ellos se ponen, y se purifican así todas las faltas de la apariencia y la concepción como ordinarios de los cinco agregados físicos y mentales y se genera un gran gozo en la mente y en el cuerpo. La conciencia del gozo verifica la vacuidad de forma tal que en el continuo mental de los discípulos se genera una sabiduría sublime especial de gozo y vacuidad. Esta sabiduría sublime de gozo y vacuidad constituye la entidad de la iniciación de la corona. Puede imaginarse que cuando la corona se coloca sobre la cabeza desciende de ella una corriente de néctar llenando el cuerpo, limpiándolo y generando la sabiduría sublime de gozo y vacuidad.

En la iniciación de la cinta de seda se tocan los cinco puntos del cuerpo de los discípulos con cintas de seda que están también anudadas en su frente. De la cinta se derraman raudales de ambrosía que llenan el cuerpo, limpiando las contaminaciones de los diez aires y generando la sabiduría sublime de gozo y la vacuidad que es la entidad de la iniciación de la cinta de seda.

En la iniciación del vajra y la campana, se tocan los cinco lugares de los discípulos con el vajra y la campana que son colocados a su vez en su cabeza y después en sus manos. Del vajra y la campana se derraman raudales de ambrosía, llenan el cuerpo y lo limpian de las contaminaciones de los dos canales, generando la sabiduría sublime del gozo y la vacuidad que es la entidad de la iniciación del vajra y la campana.

En la iniciación de la conducta se tocan los cinco puntos del cuerpo de los discípulos con un anillo propio para el dedo pulgar que también se ponen en ese mismo dedo. De él se derraman raudales de ambrosía que llenan el cuerpo limpiando las contaminaciones de las potencias de los sentidos y sus objetos, generando la sabiduría sublime del gozo y la vacuidad que es la entidad de la iniciación de la conducta.

En la iniciación del nombre, se tocan los cinco puntos del cuerpo de los discípulos con pulseras que también se colocan en los brazos. De ellas se derraman raudales de ambrosía que llenan el cuerpo, limpiando todas las contaminaciones de las facultades de la acción y sus actividades, generando la sabiduría sublime de gozo y vacuidad que es la entidad de la iniciación del nombre. Se llama "iniciación del nombre" porque a través de la purificación de las facultades de la acción y sus actividades uno resulta apto para servir de base para el nombre de Akshobya, Ratnasambava, Amogasidi, Amitaba o Vairochana.

En la iniciación del permiso, se tocan los cinco puntos del cuerpo de los discípulos con cinco símbolos que se llevan en la mano: vajra, espada, joya, loto y rueda, que también se les entregan. De ellos se derraman raudales de ambrosía que llena todo el cuerpo, limpiando las contaminaciones de la mente prístina (gozo) y generando la sabiduría sublime de gozo y vacuidad que es la entidad de la iniciación del permiso.

Igual que un monarca universal controla los cuatro continentes a través de una rueda adornada de joyas, se da a los discípulos una rueda como factor causal para que gire la de la doctrina. Y una concha para que proclame el sonido de la doctrina. Y también se les da un texto del *Tantra de Kalachakra* para que así los discípulos puedan llenarse de su significado y, a partir de ahí, girar la rueda de la doctrina de Kalachakra para los demás. Luego, se les da una campana que representa la vacuidad de existencia inherente, como recordatorio de la comprensión del estatus de todas las personas y todos los fenómenos dentro del que se imparten las enseñanzas de la doctrina. Igual que un padre enseña a leer a sus hijos, etc. de acuerdo con la tradición de su familia, así el Lama/Kalachakra convoca a los discípulos para enseñarles la doctrina budista. Esto debe hacerse de acuerdo con las disposiciones e intereses de los discípulos y se indica al dar los cinco símbolos de mano que representan los cinco linajes.

Del mismo modo que las cuatro iniciaciones internas están interesadas en purificar el proceso del desarrollo de cuerpo, palabra, mente y gozo en la matriz, así los correspondientes cuatro grupos en los que están divididas las siete iniciaciones están interesadas en purificar el proceso del desarrollo de cuerpo, palabra, mente y gozo en la niñez después de abandonar el vientre materno. Como se explica que el constituyente del gozo se completa a los dieciséis años,[114b] el desarrollo en el período de la niñez, que es el centro de estas siete iniciaciones ocurre, presumiblemente, a los dieciséis.

Las siete iniciaciones están también correlacionadas con los primeros siete niveles del Bodisatva, estableciendo cada una las potencialidades para alcanzar el nivel respectivo. De igual manera que cada una de las siete iniciaciones es una entidad de la sabiduría sublime de gozo y vacuidad indiferenciables, así cada nivel del Bodisatva es un nivel más y más alto de equilibrio meditativo que comprende directamente la vacuidad, sirviendo la conciencia de sabiduría como base o terreno para el florecimiento de numerosas cualidades beneficiosas. Sin embargo, para alcanzar cualquiera de los siete niveles del Bodisatva, los practicantes deben recibir las iniciaciones más elevadas y practicar el estadio de consumación.

Las seis primeras iniciaciones autorizan también a los practicantes a esforzarse para alcanzar logros por medio de las cinco Madres, los cinco Budas, las diez Shaktis, la Deidad Principal Padre y la Deidad Principal Madre, los Bodisatvas masculinos y femeninos, y las Deidades Airadas masculinas y femeninas. También establecen las potencias en el continuo mental para alcanzar las cinco Madres, los cinco Budas y las diez perfecciones como también el de unir en el canal central el aire de los canales derecho e izquierdo, alcanzando poderes vajra de los sentidos y de los campos sensoriales y venciendo a los cuatro demonios por medio de los cuatro pensamientos inconmensurables.

Las dos primeras iniciaciones establecen potencias para el cuerpo vajra; las dos siguientes para el habla vajra; las dos siguientes para la mente vajra; y la última (no mencionada) para el gozo vajra. Las siete iniciaciones juntas *limpian* las impurezas acumuladas por los actos negativos, *autorizan* a cultivar el estadio de generación y conseguir los logros mundanos últimos de la Tierra Pura Más Elevada, *establecen* las potencias en el continuo mental para la acumulación de méritos y *conceden* prácticas y libertades relacionadas con el estadio de generación.

Los practicantes que han recibido las siete iniciaciones según el modelo de la niñez cultivan un estadio de generación que les capacita para purificar las bases de purificación externa e interna. Las bases de purificación son el entorno mundano externo y los canales, aires y gotas de una persona y son llamados, respectivamente, el *Kalachakra externo* y el *Kalachakra interno*. Por ello, es necesario cultivar la meditación en un mandala completo del cuerpo, de la palabra y de la mente o sólo en el mandala de la mente (que aquí significa los tres niveles superiores del mandala) o en un mandala de cinco o más deidades. Una sencilla meditación de Kalachakra o de sólo Kalachakra con consorte no es suficiente para completar el estadio de generación. Este cultivar la meditación en el camino, los medios de purificación, se llama el *Kalachakra alternativo*, porque también es una iniciación. Se dice que tal estadio de generación sirve como medio de maduración de las raíces de virtud para generar por completo el estadio de consumación.

LA TRANSMUTACIÓN ALTRUISTA

Al ser introducidos, durante la iniciación, a utilizar la naturaleza de Buda como base de manifestación física, verbal y mental, –la naturaleza luminosa y conocedora de la mente y la vacuidad de existencia inherente de la mente– los practicantes transitan a un nuevo modo de vida, sin ser movidos por emociones aflictivas, y a un estado de libertad válidamente fundamentada que está al servicio de la expresión altruista. Los practicantes han sido autorizados a practicar y han sido introducidos a la práctica del yoga de la deidad, la genuina apariencia de la sabiduría altruista motivada en una forma física, imitando la manifestación de Buda en numerosos Cuerpos de Forma a partir del Cuerpo de Verdad.

Aunque la práctica tántrica utiliza el modelo de la meta en el camino –la Budeidad con los Cuerpos de Verdad y de Forma– está aún en el proceso hacia la meta de la perfección altruista. En otras palabras, el hecho de utilizar el modelo del estado final en el camino no significa que el fin se conciba en realidad como totalmente manifiesto en el presente estado. Más bien, el proceso del camino *se modela* a partir del estado-meta. También, pese a utilizar el deseo en el camino, a partir de las numerosas purificaciones que se producen en este ritual, está claro que la práctica tántrica está dirigida a limpiar las emociones aflictivas del deseo, del odio, etc., así como el proceso completo de la existencia cíclica, mimetizando sus procesos en un contexto muy diferente. Hay "imitaciones ascendentes" de la Budeidad e "imitaciones descendentes" de los procesos descontrolados de la existencia cíclica. Una técnica primordial en ambos casos es la de evocar experiencias gozosas no conceptuales que habitualmente se asocian a la falta de claridad y a utilizar estas poderosas conciencias de una manera clara y con visión profunda penetrando así en la naturaleza de los fenómenos, de forma que las emociones aflictivas sean imposibles. Así mismo, que el altruismo es la esencia de este proceso es claro a partir del hecho de que la iniciación comienza con generar una motivación de altruismo y acaba con la autorización de enseñar a través del sabio altruismo que tiene en cuenta las predisposiciones e intereses individuales.

Actos Complementarios

De los dos actos complementarios a la iniciación del permiso, el principal es el segundo, la iniciación del maestro vajra que va precedida de cuatro divisiones: dar el mantra, dar la medicina del ojo, el espejo, el arco y la flecha. Veamos la primera.

El mantra se da porque los hechos comunes y el hecho extraordinario de la Budeidad dependen ambos de la práctica del mantra. Los hechos comunes de calmar la enfermedad, etc., aumentar la inteligencia, la duración de vida, etc., subyugar y enfurecer se realizan basándose en el uso de mantras durante el estadio de generación. A estos se les llama mantras provisionales en relación con el mantra definitivo, la sabiduría real y sublime de *gozo* y vacuidad, a través de la cual se alcanza el logro supremo de la Budeidad.

Entonces, ya que la visión de la vacuidad de existencia inherente es esencial a la práctica del mantra, tanto provisional como definitivo, se dan la medicina del ojo, el espejo, el arco y la flecha para implantar en la mente las predisposiciones de comprender conceptualmente la vacuidad, de que todos los fenómenos que aparecen y ocurren son como ilusiones en las que parecen existir inherentemente pero no es así, y para comprender la vacuidad directamente. La dramática experiencia de comprender la vacuidad a través de una imagen interna (no simplemente juntando de manera discursiva palabras relacionadas con la vacuidad sino indiscutiblemente comprendiéndola) es como la experiencia de ver después de haberse operado de cataratas. La experiencia de los fenómenos como ilusiones, es como ver objetos reflejados en un espejo. La experiencia totalmente no dual de la vacuidad en la cual la vacuidad de existencia inherente y la conciencia de sabiduría que la comprende están fusionadas, es como una flecha que atraviesa hasta el fondo la diana. Estas analogías se dan para que los discípulos imaginen estados similares a las experiencias de sabiduría buscadas y por lo tanto, condicionen su mente en esas direcciones. Las metáforas nos acercan al sentido de cómo sería ver sin la banda de ignorancia, cómo sería verlo todo diferente a su apariencia y cómo sería para la mente el penetrar en la vacuidad. Los discípulos son dirigidos a imaginar que han alcanzado el "ojo" que ve la realidad de la vacuidad de existencia inherente, que han alcanzado la comprensión, subsiguiente al equilibrio meditativo en la vacuidad, de los fenómenos como reflejos, y que han alcanzado la comprensión directa de la vacuidad. Imaginarlo así establece las potencialidades para poderlo hacer realmente.

En la iniciación del maestro vajra, el acto complementario principal, las sustancias de la iniciación son el vajra y la campana. Estos y los discípulos se disuelven en vacuidad. Los discípulos y el vajra reaparecen como Vajrasatvas y la campana, como la diosa Prajñaparamita ("Perfección de Sabiduría"). Todos ellos se convierten en las deidades reales al absorber a los Seres de Sabiduría (las deidades reales) en sí mismos. Se confiere la iniciación a las deidades y sobre aquéllos que son la nueva apariencia de la iniciación se derriten las sustancias y se convierten en vajra y campana.

Al discípulo se le da primero el vajra como símbolo de la sabiduría sublime del gran gozo y después se le da la campana como símbolo de la sabiduría que comprende la vacuidad. Ambos, el gran gozo y la sabiduría que comprende la vacuidad, se deben generar como una conciencia: la conciencia misma del gran gozo que comprende la vacuidad.

Esa misma conciencia de sabiduría de gran gozo aparece como un cuerpo divino, llamado cuerpo divino del gran sello. Técnicamente hablando el "aspecto de la aprehensión" *(bzung rnam)* de la conciencia de gran gozo aparece como un cuerpo, pero esto se explica como queriendo decir que la conciencia misma aparece como una deidad. El factor de la apariencia de la conciencia de gran gozo se muestra como un cuerpo divino, y el factor de la determinación continúa comprendiendo la vacuidad de existencia inherente. De este modo, los factores del método altruista y de la sabiduría de la naturaleza final de los fenómenos están contenidos en una sola conciencia. Esta es la única entidad indiferenciable de método y sabiduría en el Tantra, yoga de la deidad. La entidad de la iniciación del maestro vajra es justamente esta apariencia de la conciencia gozosa de sabiduría que comprende la vacuidad en forma divina. Como iniciación del maestro, en este punto, autoriza a los discípulos a enseñar los Tantras de la Acción, de la Ejecución y del Yoga. (La iniciación que autoriza a los discípulos a enseñar el

Tantra del Yoga Más Elevado viene después de las cuatro iniciaciones superiores y de las cuatro muy superiores).

El vajra que representa el gozo se asocia a la mente. La campana, aunque representa la sabiduría que comprende la vacuidad, se asocia con la palabra que con respecto a la sabiduría que comprende la vacuidad es condición dominante, haciendo surgir sin esfuerzo y espontáneamente la enseñanza de un Buda en cualquier forma que sea la apropiada para cualquier tipo de practicantes. Además, la vacuidad de existencia inherente es el tema principal enseñado a través de la palabra de todos los Budas puesto que debe comprenderse, comprensión que debe ser intensificada con el método altruista, para producir el estado de ayuda y felicidad perpetuas de la Budeidad. Se considera que el sonido de la campana proclama el significado de vacuidad de existencia inherente. El gran sello, que representa el cuerpo divino, se asocia con el cuerpo. Por tanto, los tres compromisos del vajra, de la campana y del sello se relacionan con el cuerpo, la palabra y la mente. Al tomar la iniciación, los discípulos se comprometen a ser conscientes de tal gran gozo, a la comprensión de la vacuidad y a su apariencia en forma divina a través de sostener vajra y campana y cruzarlos a la altura del corazón delante del pecho.

En este contexto, "gran gozo" no hace referencia al gozo que surge de abrazar a la consorte, etc, puesto que estas conciencias de gozo que comprenden la vacuidad son las entidades de las cuatro iniciaciones altas y las cuatro muy altas que autorizan la práctica del estadio de consumación. La armonía entre el estadio de generación y el de consumación es que en ambos las conciencias de gozo se utilizan para la comprensión del modo en que los fenómenos existen y para convertirse en la base material de la nueva apariencia. Sin embargo, en el estadio de consumación se manifiestan más intensamente el gozo y niveles de conciencia más recónditos y sutiles por lo que, finalmente, la reaparición como una deidad puede hacerse en realidad.

Que las siete iniciaciones que introducen el proceso tántrico básico y autorizan su práctica acaben poniendo énfasis en el yoga de la deidad y en otras enseñanzas ilustra el rasgo distintivo del Tantra, el compuesto de compasión y sabiduría en una sola conciencia y personificado en una actividad altruista pura. Las siete iniciaciones muestran que el Tantra, lejos de suponer una divergencia de los principios básicos de la práctica del Sutra, es una formulación más de esos mismos principios y que utilizando técnicas muy sutiles para potenciar su incorporación en el cuerpo, palabra y mente de los practicantes.

9 *Los Textos*

EL RITO DE LA INICIACIÓN

El texto ritual de iniciación que está traducido en este libro es el *Mandala Rite of the Glorious Kalachakra: Illumination of the Thought (dpal dus kyi khor lo'i dkyil chog dgongs pa rab gsal)* de Kay-drup-ge-lek-bel-sang *(mkhas grub dge legs dpal bzang*, 1385-1438).[115] De este texto se han traducido las secciones referentes a la potenciación de los discípulos y a las siete iniciaciones que autorizan la práctica del estadio de generación, este último escrito, sobre todo, para aquellos que llevan a cabo la autoiniciación en el mandala de Kalachakra. La autoiniciación es realizada para purificar quebrantamientos de votos y demás por practicantes que ya han recibido la iniciación. Los propios practicantes imaginan todas las actividades del Lama relacionadas con entrar en el mandala y recibir la iniciación.

Debido a que la sección de las siete iniciaciones que autoriza la práctica del estadio de generación fue escrita sobre todo en relación a los practicantes que llevan a cabo la autoiniciación, ha sido complementada con material procedente del *Initiation Rite of Kalachakra, Stated in an Easy Way (dus khor dbang chog nag'gros su bkod pa)* por Lobsang-tsul-trim-den-bay-gyel-tsen *(blo bzang tshul khrims bstan pa'i rgyal mtshan)* un erudito de finales del siglo diecinueve y principios del veinte, de la provincia de Kam *(khams)*, también conocido como Dre-wo Kang-sar-Gyap-gön Rin-bo-chay.[116] Este último texto fue escrito sólo para adaptar el antiguo para poder realizar una ceremonia de iniciación. Éste no contiene el ritual previo de potenciación del discípulo y, por lo tanto, no está completo ni siquiera en relación a lo que la persona que concede la iniciación debe llevar a cabo ante los discípulos. Sin embargo, el texto de Kay-drup cubre todos los estadios implicados en el ritual de la iniciación, ordenándolos desde el rito de tomar posesión de la tierra donde el ritual se lleva a cabo hasta las iniciaciones más altas. En el texto de Kay-drup no están completos otros aspectos del ritual pero pueden encontrarse en el de Lo-sang-tsul-trim-den-bay-gyel-tsen. Por ejemplo, el *Rito del Mandala (Mandala Rite)* de Kay-drup raramente ofrece descripciones completas de las deidades, indicándolas con alusiones; éstas, por lo tanto, han sido tomadas del *Rito de Iniciación (Initiation Rite)* de Lo-sang-tsul-trim-den-bay-gyel-tsen. En conclusión, ambos textos juntos contienen el rito completo.

Sin embargo, ya que hay siete iniciaciones con gran cantidad de repeticiones, ambos textos citan íntegramente sólo una vez el material que requiere repetición. Para ofrecer una descripción más completa del proceso de iniciación en esta traducción, todas esas repeticiones se han dado en su totalidad y no con meras alusiones.

La parte del *Rito del Mandala (Mandala Rite)* de Kay-drup traducida en este libro se refiere a las iniciaciones del estadio de generación y, específicamente, a aquellas partes relacionadas con el discípulo, no a las secciones precedentes, durante las cuales el Lama está haciendo los preparativos. El texto de Kay-drup está dividido en seis partes, de las cuales se dan traducidas aquí las secciones de la sexta que se refieren a autorizar a los discípulos a practicar el estadio de generación. Las seis partes del texto son:

1. las cualificaciones del maestro que confiere la iniciación, 261.2
2. las cualificaciones del discípulo a quien le es conferida la iniciación, 262.1
3. divisiones de los tipos de mandalas en los cuales es conferida la iniciación, 262.7
4. número y orden de las iniciaciones que se confieren, 264.2
5. tiempo de conferir la iniciación, 265.7
6. el rito en sí de conferir la iniciación, 266.1

Los cinco primeros temas están tratados brevemente en cinco páginas.

El sexto tema está subdividido en dos secciones:

1. primero el discípulo hace una súplica y (el maestro) le toma bajo su protección, 266.1

2. los pasos de cómo un lama se involucra en el rito del mandala, 266.3

El primer tema es tratado en el texto en una sola línea. El segundo tema, de nuevo, se subdivide en cuatro partes:

1. rito para el lugar, 266.3
2. rito de potenciación, 282.5
3. rito en sí, 305.6
4. rito de conclusión.

Entre muchas subdivisiones del rito de potenciación, el segundo tema es el rito de potenciar o preparar al discípulo (Kay 295.1/Bu 184.1).[117] Es la primera actividad llevada a cabo con los discípulos que van a recibir la iniciación, y por lo tanto la traducción en este libro empieza en este punto.

La potenciación de los discípulos consta de seis partes:

1. reajustar la motivación y conferir la iniciación interna, Kay 295.1/Bu 184.1
2. hacer una súplica y motivar (al discípulo) a comprender la doctrina, Kay 296.1/Bu 185.1
3. asumir los votos y las bendiciones, Kay 296.6/Bu 185.6
4. soltar el palito de madera y dar agua, etc, Kay 298.4/Bu 186.7
5. establecer los seis linajes y evocación de Vajrasattva, Kay 299.2/Bu 187.5
6. generar entusiasmo explicando la doctrina y dar consejo para analizar los sueños, Kay 299.4/Bu 187.7

Aunque en el texto de Kay-drup hay otros pasos que siguen a la potenciación de los discípulos, en la práctica estos se llevan a cabo antes de la potenciación para que así el ritual de iniciación en sí pueda celebrarse al día siguiente, inmediatamente después de la potenciación.

El rito en sí de conferir las siete iniciaciones presenta muchas subdivisiones:

A. Entrada en el mandala, Kay 317.5

    1. entrar con los ojos vendados, Kay 317.7
       a. entrar hasta la parte exterior de la cortina, Kay 318.1/206.6

  b. entrar dentro, Kay 320.4/Bu 210.2
  1) entrar dentro y rendir acatamiento mientras se circunvala, Kay 320.4/Bu 210.3
  2) situar al discípulo en las promesas, Kay 322.5/Bu 210.7.
  3) decir la verdad sobre el descenso del ser de sabiduría, Kay 323.5/Bu 211.6

  2. Entrada de forma que uno llega a tener la naturaleza de ver el mandala, Kay 325.5/Bu 213.4

B. Conferir la iniciación al que ha entrado, Kay 326.6/Bu 214.4

  a. Los ritos de las siete iniciaciones, Kay 326.6/Bu 214.4
  1) Hacer la súplica en común y purificar la falta de buenos auspicios, Kay 326.7/Bu 214.5
  2) Otorgar las siete iniciaciones una por una, Kay 327.4/Bu 215.3
  a) Iniciación del Agua, Kay 327.4/Bu 215.3
  b) Iniciación de la Corona, Kay 332.2/Bu 217.6
  c) Iniciación de la Cinta de Seda, Kay 333.7/Bu 218.4
  d) Iniciación del Vajra y Campana, Kay 336.1/Bu 219.3
  e) Iniciación de la Conducta, Kay 337.3/Bu 220.1
  f) Iniciación del Nombre, Kay 339.4/Bu 220.6
  g) Iniciación del Permiso, Kay 341.7/Bu 221.7
  1*Iniciación del Permiso en sí, Kay 342.1/Bu 221.7
  2*Anexos, Kay 343.7/Bu 223.3
  a*Anexos de las cuatro ramas: dar mantra y demás, Kay 343.7/ Bu 223.3
  b*Conferir la iniciación del maestro, anexo principal, Kay 345.3/ Bu 225.1

  b. Entender el momento del logro, Kay 348.6/Bu 230.7
  c. Consejo para abandonar las infracciones raíz, Kay 349.2/ Bu 231.4

RITOS PARA LA PRÁCTICA DIARIA

El texto de la primera práctica es *El Yoga del Guru de Kalachakra Relacionado con las Seis Sesiones, en Versión Muy Fácil (thun drug dang 'brel ba'i dus 'khor bla ma'i rnal 'byor nag 'gros su mzad pa)*.(Madison: Deer Park, 1981) Por recomendación de Su Santidad el Dalai Lama, el yoga básico de las seis sesiones fue adaptado a la práctica de Kalachakra por su Tutor Mayor, nonagésimo séptimo ocupante del trono de Gan-den, Tup-den-lung-dok-nam-gyel-trin-lay *(thub bstan lung rtogs rnam rgyal 'phrin las)* conocido como Ling Rin-bo-chay *(glin rin po che* 1903-1983).Ya que, como Ling Rin-bo-chay dice, el Dalai Lama indicó "la naturaleza de los contenidos y cómo establecer su orden" (ver pág. 412), la autoría parece repartirse entre ellos. (Para un estudio de lo que tomaron prestado de otros libros, ver págs. 371-372 y las notas a esa sección).

El texto de la segunda práctica es el yoga básico de las seis sesiones escrito por el Primer Pan-chen Lama Lo-sang-chö-gyi-gyel-tsen *(blo bzang chos kyi rgyal mtshan,* 1567?-1662). Sin título, se encuentra en el primer volumen de sus Obras Completas.[118] Hoy en día se le adjudica erróneamente a Pa-bong-ka *(Pha bon kha,* 1878-1941) quien lo cita en su totalidad en su *Extensive and Abbreviated Modes of Practicing the Six Session Yoga, Adorned with Quintessential Instructions For Easy Way Implementation (thun drug gu rnal 'byor rgyas bsdus nyams su lentshul 'kyer bde man ngag gis brgyan pa),* (Kalimpong: Mani Printing Works, sin fecha). El texto de Pa-bon-gka tiene una reseña adicional de todos los votos y de las tres estrofas de oraciones-súplicas al final, que se incluyen aquí.

El texto de la práctica final es el Yoga de las Seis Sesiones abreviado y sin título, enunciado por Lo-sang-den-dzin *(blo bzang bstan 'dzin)* encontrado en la obra de Pa-bong-ka que acabamos de mencionar.[119]

TRADUCCIÓN

Conocí a Su Santidad el Dalai Lama en una visita de investigación que durante un mes efectué en la India, en la primavera de 1980 becado por el Instituto Americano de Estudios Indios para recibir enseñanzas sobre el sistema Kalachakra. Su Santidad dió el comentario a: (1) las secciones sobre la iniciación y el estadio de generación de la obra de Gyel-tsap: *How to Practice the Two Stages of the Path of the Glorious Kalachakra: Quick Entry to the path of Great Bliss,* (2) la sección de la potenciación del discípulo y de las siete iniciaciones autorizando la práctica del estadio de generación del *Rito del Mandala (Mandala Rite)* de Kay-drup, y (3) la práctica del rito de Kalachakra.

En la primavera de 1981, Jam-bel-shen-pen Rin-bo-chay que visitaba el Centro de Estudios Surasiáticos de la Universidad de Virginia me explicó las mismas secciones del Rito del Mandala de Kay-drup mientras yo lo estaba traduciendo, preparando la Iniciación de Kalachakra de Madison en Julio de 1981. También, me sirvió de particular ayuda su comentario a la sección del sistema Kalachakra del texto de Nga-wang-bel-den *(ngag dbang dpal ldan,* nacido el 1797) *Illumination of the texts of Tantra, Presentation of the Grounds and Paths of the Four Great Tantra Sets (gsang chen rgyud sde bzhi´i sa lam gui rnam bzhag rgyud gzhung gsal byed).*

Jam-bel-shen-pen Rin-bo-chay nació en Ba en la provincia de Kam en el Tíbet; es un gueshe Guelugpa de la Universidad Monástica de Ganden que llegó a ser Abad del Colegio Tántrico de Bajo Lhasa durante el difícil período de asentamiento en Hunsar en el sur de la India. En 1984 fue nombrado cabeza de la orden Guelugpa. Aunque su especialidad es el *Guhyasamaja Tantra,* se preparó para nuestro trabajo leyendo ampliamente el cuarto volumen del comentario de Kay-drup sobre el *Great Commentary on "the Kalachakra Tantra", the Stainless Light* de Kulika Pundarika. No sólo fueron de gran ayuda sus explicaciones sobre Kalachakra, sino además los conocimientos de fondo que obtuve de su amplia experiencia en el ritual tántrico.

Justo antes de la iniciación en Madison, el Dalai Lama respondió a numerosas preguntas sobre el ritual y después, durante el mismo, dio un extenso comentario sobre el proceso de la iniciación. Después, durante 1984 y 1985, contrasté la traducción del *Rito del Mandala (Mandala Rite)* de Kay-drup con el texto tibetano, mientras escuchaba las grabaciones del Dalai Lama y las explicaciones de Jam-bel-shen-pen Rin-bo-chay, intercalando en el texto de Kay-drup comentarios del Dalai Lama de la iniciación de Madison y de nuestros encuentros privados. La combinación de texto y comentario (claramente diferenciados el primero tabulado y el segundo en margen) elimina mucha de la oscuridad que rodea al Tantra mostrando cómo se utiliza e interpreta realmente el ritual.

Con respecto al rito de la práctica diaria de Kalachakra se siguió el mismo proceso de traducción, volviendo a contrastar con el tibetano e insertando el comentario. El comentario, sobre todo del Dalai Lama pero también de Jam-bel-shen-pen Rin-bo-chay, consta de notas a pie de página.

Las traducciones se han beneficiado mucho de la labor de contextualización y otras explicaciones recibidas de estos dos distinguidos y eruditos lamas. Francamente, la tarea no podría haber sido llevada a cabo sin su ayuda; aunque no se puede garantizar que las traducciones estén libres de errores, el proceso de consulta ha reducido en gran medida el número de errores graves.

También, ya que Kay-drup confiaba mucho en los trabajos de Bu-dön Rin-chen-drup, he hecho de forma libre referencia a los siguientes trabajos de este último:

1. *Mandala Rite of the Glorious Kalachakra: Source of Good Qualities (dpal dus kyi 'khor lo'i dkyil chog yon tan kun 'byung)*
2. *Easily Understandable Annotations For the Condensed Glorious Kalachakra Tantra, Great King of Tantras Arisen from the Supreme Original Buddha (mchog gi dang po'i sangs rgyas las phyungs ba rgyud kyi rgyal po chen po dpal dus kyi 'khor lo'i bsdus pa'i rgyud kyi go sla i mchan)*
3. *Commentarial Explanation of the "Initiation Chapter"(of the Kalachakra Tantra), Annotations to (Kulika Pundarika's) "Stainless Light" (dbang gi le'u 'grel bshad dri med 'od kyi mchan)*
4. *Means of Achievement of the Supramundane Victor, the Glorious Kalachakra: Fruit Cluster of the Wish Granting (Tree) (dpal dus kyi 'khor lo'i sgrub thabs dpag bsam snye ma).*

También se hace frecuente referencia al texto del Séptimo Dalai Lama *Means of Achievement of the Complete Mandala of Exalted Body, Speech and Mind of the Supramundane Victor, The Glorious Kalachakra: the Sacred Word of Scholars and Adepts. (bcom idan 'das dus kyi 'khor lo'i sku gsung thugs yongs su rdzogs pa'i dkyil 'khor gyi sgrub thabs mkhas grub zhal lung)* y a una explicación particularmente útil de las iniciaciones por Lo-sang-tsul-trim-den-bay-gyel-tsen (ver Bibliografía).

También fueron muy útiles las series de dieciséis horas y media de los videos del archivo del Dr. Edward Bastian sobre la iniciación de Madison.

10 *El Autor del Rito del Mandala*

Kay-drup-ge-lek-bel-sang-bo *(mkhas grub dge legs dpal bzang po,* 1385-1438), el autor del rito de la iniciación de Kalachakra, traducido en este libro, fue uno de los dos principales discípulos de Tsongkapa *(tsong kha pa,* 1357-1419), fundador de la orden Guelugpa del Budismo Tibetano.[120] Kay-drup nació en la provincia del Dzang superior *(tsan tsod)* de Dra-shi-bel-sang *(bkra shis dpal bzang)* y Bu-dren-gyel-mo *(bu´dren rgyal mo)* y era el mayor de tres hijos. El segundo de los hermanos, Ba-so-chö-gyi-gyel-tsen *(ba so chos kyi rgyal,* 1402-1473) se convirtió en un experto en la orden Guelugpa.[121]

Antes de llegar a ser discípulo de Tsongkapa, Kay-drup fue un versado erudito de la orden Sakyapa del Budismo Tibetano. Los Guelugpa consideran la conversión de Kay-drup como un indicio importante del empuje, la capacidad de convicción y de persuasión nacidos de la personalidad y valor intelectual de Tsongkapa. Kay-drup escribió importantes obras de Lógica y Epistemología, sobre los puntos de vista acerca de la vacuidad de la Escuela de Sólo Mente, de la Escuela Autónoma y la Escuela del Camino Medio, y también sobre los sistemas tántricos de Hevajra y Guhyasamaja y escribió prolíficamente sobre el sistema Kalachakra (ver pág. 60).

Secret Biography de Kay-drup *(gsang ba´i rnam thar)* escrita por Jay-dzun Chö-gyi-gyel-tsen *(rje btun chos kyi rgyal mtshan,* 1469-1546) trata su vida desde una triple perspectiva:

1. Kay-drup realmente alcanzó la Budeidad y, puesto que los lectores saben que Tsongkapa era una encarnación de Manjushri, el dios de la sabiduría, el drama completo de la conversión es meramente una manifestación divina.
2. Kay-drup era una reencarnación de Kulika Manjushrikirti, aquel que recopiló el *Condensed Kalachakra Tantra,* que fue el pri-

mer gobernante de Shambala en ser llamado "kulika", como los famosos eruditos indios Abhayakara, Rik-bay-ku-chuk el Grande *(rig pa'i khu phyug che ba)* etc. Se considera por lo tanto a Kay drup como alguien que lleva a cabo, durante una continuidad de vidas, una dedicación intensa y de motivación altruista al desarrollo de la doctrina de Buda, especialmente de Kalachakra, siendo su propia vida un ejemplo de dar la doctrina, la suprema forma del dar. Kay-drup es, por lo tanto, un modelo de esfuerzo altruista y erudición para los practicantes religiosos comunes.

3. Kay-drup como discípulo profundamente entristecido y angustiado tras la muerte de su maestro, era una persona sujeta a emociones que le hacen parecerse a los lectores de la biografía.

Que Kay-drup fuera ya un Buda y por lo tanto fuera de todo desarrollo real, sin tener en cuenta la conversión, no disminuye el impacto de su historia humana; la biografía funciona a los tres niveles sin anularse uno al otro.

Citemos importantes acontecimientos en la historia de la vida de Kay-drup, como están resumidos en su *Secret Biography* por Ge-shay Thupten Gyatso, un erudito del Colegio Go-mang en la Universidad Monástica de Dre-bung.[122]

UNA BREVE BIOGRAFÍA DE KAY-DRUP-GE-LEK-BEL-SANG
por Ge-shay Thupten Gyatso

Nuestro glorioso y excelente lama, el Omnisciente Kay-drup, célebre en los tres niveles –inferior, medio y superior– estuvo bajo la tutela del venerable Manjushri durante muchas vidas anteriores un gran número de eones. Siguiendo el consejo de Manjushri sobre los modos de la doctrina de la vacuidad profunda y los vastos estadios de la comprensión clara, esta última la del significado oculto de la Perfección de los Sutras de la Sabiduría, Kay-drup recorrió los cinco caminos y los diez niveles del bodisatva y actualizó el rango de Vajradara (un Buda). Que fuera así está establecido por las escrituras y el razonamiento, y queda manifiesto de forma implícita en su biografía. Sin embargo hablemos un poco aquí acerca de su biografía de acuerdo a cómo la perciben los practicantes comunes.

Vidas Pasadas

Mientras el Maestro Buda Shakiamuni vivía en el mundo, este notable lama nació como un novicio llamado Kamalashila *(padma'i ngang tshul)*, en tiempos del Kashyapa Superior. Se familiarizó con las tres colecciones de escrituras –disciplina, grupos de discursos y conocimiento manifiesto– y estaba dotado de la fuerza del conocimiento y de la renuncia. Por esta razón, incluso en su vida como Kay-drup, se le apareció en un sueño el noble Tsongkapa, recitando el *Kashyapa Chapter Sutra ('os srung gi le'u, kashyapaparivarta)*, después de lo cual, Kay-drup generó una comprensión especial. Ese sueño-aparición reavivó las predisposiciones que él ya había establecido previamente escuchando la misma enseñanza cuando era un discípulo de Kashyapa.

Además, el notable Kay-drup anteriormente había renacido como Manjushrikirti, el compilador del *Condensed Kalachakra Tantra*,[123] y también en India como eruditos famosos y sostenedores de las tres colecciones de escrituras. Cuando renació como el erudito indio Abhayakara, compuso el *Ocean of Means of Achievement (sgrub thabs rgya mtsho)*, y así sucesivamente, siendo dirigido por Manjushri. Entre todos aquellos libros se contaba un trabajo titulado *Ornament to the Subduer's Thought (thb pa'i dgongs rgyan,munimatalamkara)*[124] que es uno de los veintiún comentarios al *Ornament for Clear Realization* de Maitreya *(mngon par rtogs pa'i rgyan, abhisamayalamkara)* pero es también un comentario al pensamiento de Buda en general.

Además, cuando este notable lama renació como el pandita Rik-bay-ku-chuk el Mayor, estaba bajo el cuidado del glorioso Chandrakirti y por eso llegó a erradicar las ataduras de los conceptos extremos. En un momento dado, Chandrakirti dijo: "En el futuro, el venerable Manjushri renacerá en un área remota como monje. Tú también debes renacer allí, lograr su palabra y extender la enseñanza". El área remota es Tíbet, y Manjushri renació como Tsongkapa.[125]

Erudición

Por haberse entrenado en los temas de conocimiento durante muchas vidas y haber estado bajo el cuidado del Venerable Manjushri también en esta vida, aún en su juventud su inteligencia analítica no encontraba obstáculo en lo que respecta al significado de las tres colecciones de escrituras y de los cuatro tipos de tantra.

Por eso, abrió camino y se puso a la cabeza de todos los eruditos. ¿Cómo se manifestó esto? Cuando este notable lama tenía dieciséis años, el gran erudito Bo-dong-chok-lay-nam-gyel (bo dong phyogs las rnam rgyal, 1376-1451) anunció que refutaría el *Treasury of Reasoning (rigs gter)* de Sa-gya Pandita Gun-ga-gyel-tsen *(sa skya pandita kun dga'rgyal mtshan)*, 1182-1251),[126] y preguntó qué podría responderle Sa-gya-ba. Todo el mundo estaba desanimado y no se atrevían a dar una respuesta. En ese momento, el abad del monasterio de Jang-ngam ring-ba *(byang ngam ring pa)* convocó a todos los eruditos, diciendo: "Bo-dong-wa está rebatiendo al venerable Sa-gya Pandita; por eso, ¿quién de entre vosotros puede arrancar las plumas de este mal pájaro?, al que lo consiga le daré una gran recompensa".

Todos los eruditos se reunieron en el monasterio de Jang-ngam-ring-ba. En el centro de la asamblea se hizo sitio para Bo-dong-chok-lay-ñam-gyel, y el propio abad se sentó en el trono. Con todos los eruditos frente a él Bo-dong rebatió sistemáticamente el *Treasury of Reasoning* de Sa-gya Pandita; al no poder responderle ninguno de los eruditos, después del primer día se decidió que el texto estaba cargado de contradicciones en sí mismo. El abad entonces les interrogó sobre quién de entre ellos podría argumentar una defensa, y al día siguiente, este gran ser, Kay-drup, que sólo contaba dieciséis años, disipó todos los errores atribuídos a Sa-gya Pandita y con un razonamiento inmaculado refutó en profundidad los principios que el propio Bo-don-chak-lay-nam-gyel había postulado. Kay-drup lo hizo de manera que Bo-dong no pudo ni responder y sólo pudo decir que éstas eran contradicciones internas de los principios de la Escuela del Sutra *(mdo sde pa, sautrantika)* que Sa-gya Pandita estaba explicando.

Kay-drup realizó en debate hazañas semejantes, por ejemplo, derrotando al erudito Yak-ba *(g. yag pa)* en la sala de asambleas. Por haberse ejercitado en el campo del conocimiento durante muchas vidas, ningún erudito pudo competir con él.

Encuentro con Tsongkapa

Cuando Kay-drup se encontró por vez primera con el incomparable Tsongkapa como el Bodisatva que Siempre-llora *(rtag tu ngu, sadaprarudita)* cuando vió a Dharmodgata, por el simple hecho de ver la gloriosa forma de Tsongkapa el vello de su cuerpo se erizó completamente, lágrimas de fe corrieron por sus ojos y espontáneamente pronunció palabras de alabanza. Tan pronto como se encontraron y debido a su conexión previa surgió entre ellos una fe firme y sin par.

Esa noche durante el sueño se sintió hundido y confundido en una omnipresente y densa oscuridad durante largo tiempo; entonces, desde el este apareció una gran rueda con cientos de espadas apoyadas en la punta y con sus empuñaduras dirigidas hacia el centro. En las puntas de las espadas había cientos de soles y en el centro de la rueda en medio de un arco-iris estaba el Venerable Manjushri, con el cuerpo de color naranja, sujetando una espada y un libro, adornado de joyas, tan juvenil que uno no podía dejar de mirarle. Felizmente, Manjushri se acercó a Kay-drup y se disolvió en él, surgió después un gran sol que disipó inmediatamente toda la oscuridad. El resplandor de sus rayos llenó el mundo entero. Este fue su sueño.

Al dia siguiente, cuando se encontró con Tsongkapa le contó el sueño y le preguntó su significado. El incomparable Tsongkapa contestó: "Viste a tu lama y a tu deidad tutelar como indiferenciables. Tú eres como una joya, alguien que es un practicante especial adiestrado en Mantra. Porque me viste como al venerable Manjushri, de hecho lo soy, pero las personas de poca inteligencia me ven como un ser corriente. Serás de gran ayuda para muchos practicantes".

Entonces el incomparable Tsongkapa preguntó: "¿Quién es tu deidad tutelar?", Kay-drup respondió: "Manjushri de color naranja y Raktayamari".

Tsongkapa continuó: "En general, aunque tomes como deidad tutelar a Raktayamari, Krshnayamari o Bhairava, Manjushri vela por ti ya que estos tres representan grados ascendentes de ferocidad de Manjushri; sin embargo, al estar mi transmisión cuidada y bendecida por Manjushri, deberías tomar a Bhairava como deidad tutelar (porque la forma más airada es la más eficaz). Hay muchas razones especiales para ello; otros no entienden su importancia". Entonces, sin haber tenido que pedírselo, Tsongkapa confirió inmediatamente la iniciación de Vajrabhairava. Desde entonces Kay-drup a diario sin interrupción llevó a cabo el rito.

Con el tiempo este lama se convirtió en un notable hijo espiritual del venerable Tsongkapa.[127] Por la fuerza de participar contínuamente de la ambrosía de la palabra de Tsongkapa, alcanzó el rango de: "el que abre el camino", dotado con un conocimiento sin error de las tres series de escrituras y de los cuatro tipos de Tantra. Por la fuerza de su gran compasión, cuidando a todos los seres de la misma forma que una madre cuida de su único hijo, muchos afortunados practicantes se llenaron de la ambrosía de sus buenas explicaciones.

Asimismo, para que futuros practicantes pudieran comprender que la configuración del camino que lleva a la liberación y a la omnisciencia –las huellas de lo recorrido por los anteriores Conquistadores–, era como indicó el incomparable Tsongkapa, desarrolló en general muchos comentarios a las palabras de Buda y sus comentarios, y en particular escribió numerosos tratados clarificando la fraseología diamantina, extremadamente densa y los temas profundísimos expresados por Tsongkapa. Los convirtió en algo tan llano como la palma de la mano. Sus escritos abarcan nueve volúmenes de sus obras completas (que contienen cincuenta y ocho tratados).

En resumen, sin tener en cuenta bienes materiales, dedicación o títulos, sólo preocupándose por las enseñanzas y el beneficio de los seres conscientes, llevó a cabo incontables explicaciones, debates y composiciones en relación a las enseñanzas del Conquistador Buda. Estos son los rasgos principales de la biografía de este gran ser. En su biografía extensa pueden encontrarse más detalles.

Apéndice
El resumen del Ge-shay Thupten Gyatso de *Secret Biography* de Kay-drup describe en detalle las cinco visiones de Tsongkapa que tuvo Kay-drup después de la muerte de su maestro, durante períodos de (1) tristeza llena de lágrimas por el nivel de practicantes que iba encontrando, (2) tristeza llena de lágrimas por su incapacidad para penetrar en el significado de los puntos difíciles de los textos, (3) atención consciente llena de lágrimas por la grandeza del servicio de su maestro al mundo, (4) deseo lleno de lágrimas de estar en presencia de su maestro dada la fragilidad de las enseñanzas de Tsongkapa que quedaban en el mundo, (5) intenso anhelo de encontrarse de nuevo con su maestro. En estas visiones, Kay-drup siguió recibiendo enseñanzas de Tsongkapa, que se le apareció primero en su propia forma montando un elefante, luego en un trono de oro, después con aspecto joven sobre un fiero león blanco, más adelante como un yogui sobre un fiero tigre y finalmente como monje en mitad de unas nubes blancas. Jay-dzun Cho-gy-

gyel-tsen cuenta que más tarde, en la propia muerte de Kay-drup, algunos de sus discípulos con karma puro tuvieron visiones de su marcha a Shambhala.[128]

11 *El Autor del Comentario*

El lama que confiere una iniciación tántrica explica paso a paso según el ritual va avanzando, informando a los discípulos de las actitudes que se requieren, de las visualizaciones y reflexiones sobre significados, porque conferir realmente una iniciación no es simplemente estar presente en una ceremonia y escuchar sonidos. El lama que está oficiando hace un comentario al ritual para que la combinación de las visualizaciones del lama y de los discípulos y la ejecución del ritual sean eficaces. En este caso, el que hace el comentario es Su Santidad Tensin Guiatso, el Décimocuarto Dalai Lama.

El Dalai Lama ha publicado su autobiografía[129] y John F. Avedon ha escrito un brillante libro detallando las actividades de S.S. el Dalai Lama desde que los comunistas chinos arrebataron el poder en el Tíbet.[130] Por lo tanto no hay necesidad de repetirlo aquí. Muy impresionante sin embargo es la siguiente narración, hecha por un alto oficial del gobierno tibetano, Liushar Thupten Tharpa, del hallazgo del actual Dalai Lama después de la muerte del décimotercero, que da una visión de la importancia de esta prominente figura religiosa en toda el área cultural tibetana.

Liushar Thupten Tharpa fue miembro del gobierno tibetano cuando la huída a India en 1959, considerado frecuentemente "Ministro de Asuntos Exteriores" en un gabinete que no asignaba carteras concretas. Fue monje procedente de una noble familia de Lhasa y profundamente devoto de la práctica budista. En el tiempo que sirvió como representante del Dalai Lama en Nueva York, a mediados de los años sesenta, comenzamos una larga amistad que se mantuvo durante su retiro en el Monasterio Budista de New Jersey, donde yo estaba estudiando, y se mantuvo despues de su regreso a Dharamsala, India, a petición del Dalai Lama. Relató estos hechos en la Universidad de Virginia en 1975 y más tarde, después de su regreso a India, introdujo en él cuidadosas correcciones.

Ha sido conocido en Occidente como Thupten Tharpa Liushar pero me pidió que pusiera en primer lugar su apellido, Liushar. Aunque había vivido en Nueva York con la versión occidentalizada de su nombre, ahora, ya jubilado, había decidido seguir su camino como tibetano. Su presencia, de forma natural, inspiraba respeto. Uno de sus compatriotas en el gobierno tibetano me dijo que su fuerza procedía de los mantras. En efecto, sus labios estaban en un ligero y casi constante movimiento, incluso cuando estaba escuchando a otros.

El recuerdo por el que más cariño guardo de mi viejo amigo, que murió en 1984, se relaciona con una discusión que tuve con algunos estudiantes tibetanos en el Monasterio de New Jersey. Yo había manifestado la opinión de que la visión de la ausencia de existencia inherente sin duda parecía ser suprema, pero que una combinación de ésta con la visión de que convencionalmente sujeto y objeto son la misma entidad me resultaba más atractiva. Los estudiantes se quedaron en silencio ante mi sugerencia de una combinación de las visiones de la Escuela de la Consecuencia y de la Escuela de Sólo Mente, pero más tarde en el templo, Liushar Thupten Tharpa se me acercó para leer una página de uno de los textos de Tsongkapa. La frase era sobre unas instrucciones a los practicantes para verse a sí mismos y a todas las demás deidades del mandala, así como el mandala de la residencia, como una entidad, como manifestaciones de la misma conciencia de sabiduría compasivamente motivada. Me dispuse a llevar el texto a los estudiantes y él sujetó mi brazo con una mano y se llevó un dedo de la otra a los labios.

BUSCANDO AL DÉCIMOCUARTO DALAI LAMA
por Liushar Thupten Tharpa.

En 1932 el décimotercer Dalai Lama escribió una carta a los oficiales del gobierno tibetano advirtiéndoles que si no eran en extremo cuidadosos, la "visión roja" invadiría el Tíbet, después de lo cual, no sólo los monjes sino también los funcionarios del gobierno se encontrarían en una situación que les llevaría a tener que obedecer día y noche la consigna comunista. Por lo tanto, dijo: "De ahora en adelante debéis tener gran cuidado, gran precaución... Yo tengo casi 58 años y no voy a ser capaz de trabajar en política mucho más tiempo". La gente no prestó mucha atención en ese momento, sin embargo al año siguiente cuando cumplió 58 años murió. Era 1933.

Al conocerse la noticia de su muerte esa misma noche funcionarios del gobierno y una gran masa de gente se congregaron ante su palacio de verano. A la mañana siguiente, bien temprano, las nubes del cielo tomaron una disposición similar al arco iris, apuntando hacia el este. Todo el mundo pensó: "Debe estar tomando renacimiento en el este".

Durante cerca de dos años nos ocupamos en hacer innumerables ofrecimientos, recitar oraciones y demás para que tuviera una rápida reencarnación. Según la costumbre, recogimos los restos del cuerpo del Dalai Lama del Potala, el gran palacio a las afueras de Lhasa, y los colocamos en una gran capilla, dentro de una gran estupa de oro. Allí hay muchos relicarios de este tipo, los mayores son los del Quinto y Décimotercero Dalai Lama, de metro y medio de alto aproximadamente y recubiertos de oro. Nos llevó dos o tres años construir el relicario para los restos del Décimotercero Dalai lama y construir un pequeño templo para éste en el lado oeste del Potala, próximo a la capilla principal.

Corrimos la voz por todo el país para que los padres de los niños recién nacidos observaran si sus hijos daban muestras de algún rasgo especial, si anteriormente al nacimiento del niño habían tenido sueños poco corrientes, si se habían dado signos especiales asociados con el nacimiento o si el niño daba muestras de una sabiduría especial y les pedimos que informaran al gobierno cuando tal cosa ocurriera. Y como para la identificación del Décimotercero Dalai Lama el oráculo había aconsejado consultar un lago al sureste de Lhasa en el que habían aparecido claramente los detalles del lugar del nacimiento, hicimos lo mismo esta vez. Decimos que este lago, situado en lo alto de una cordillera de montañas, es la residencia de la Diosa Gloriosa *(dpal dan lhamo)*. Ra-dreng Rinbo-chay *(ra sreng rim po che)*, que era el regente, encabezó un grupo que fue a ver lo que iba a aparecer. El regente llevó a cabo diversos ritos y cuando éstos finalizaron, los del grupo vieron en el lago muchos edificios. Era como ver una película; pudieron verlo todo. Vieron un templo de tres pisos con techo azul, como una pagoda. Había un camino, una pequeña casa de aldeano y luego otra casa pequeña. Esto resultó ser la imagen exacta del lugar donde el Dalai Lama había nacido.

Después de ver esto el regente convocó una reunión y explicó lo que había visto, incluyendo tres grandes letras que habían aparecido en el lago: "A", "Ka", "Ma". Todo el mundo se admiraba y opinaba acerca de su significado. Seguidamente, el gobierno envió lamas a las cuatro direcciones del Tíbet para investigar y ver qué podían encontrar. Acudieron gentes con niños especiales que habían nacido en ese período de tiempo a ver a estos lamas y a funcionarios del gobierno.

El Dalai Lama actual había nacido en la provincia de Amdo en una zona llamada Si-ling, que en los mapas occidentales se denomina Kokonor, "Lago Azul". Si bien en el Tíbet, Kum-bum, el lugar de nacimiento de Tsongkapa, fundador de la orden Guelug-pa, estaba controlado por China. Llevó cerca de dos horas a caballo el ir desde el monasterio de Kum-bum al lugar del nacimiento del Dalai Lama.

Al haber aparecido en el lago un edificio de tipo chino, imaginaron que tal escena sólo podría ser encontrada en una zona controlada por China. Un lama llamado Ge-tsang *(ke'u tshang)* fue a Kum-bum con cinco o seis oficiales del gobierno. Se hacían pasar por un grupo de peregrinos, no por personas que estuvieran buscando la reencarnación del Dalai Lama. Preguntando aquí y allá por niños especiales nacidos recientemente en la zona, escucharon a bastantes personas que había uno cuyos padres habían tenido muchos sueños especiales antes del nacimiento del niño y alrededor de cuya casa había aparecido el arco iris en el momento de su nacimiento.

Haciéndose pasar aún por peregrinos, el grupo llegó hasta esa casa y preguntó: "¿Pueden darnos alojamiento durante algunos días?". El Dalai Lama entonces tenía unos tres años y tan pronto como les vio, corrió hacia ellos como si les conociera, pero simularon no darle importancia y se mostraron sólo amistosos con él. Un funcionario que era monje y que encabezaba el grupo, el Lama Ge-tsang, que se hacía pasar por el sirviente del funcionario y un monje del Monasterio de Sera en Lhasa estaban conversando entre sí cuando de repente el lama preguntó al niño: "¿Sabes quién es éste? Él respondió: "Es un oficial monje". "¿Quién es aquél otro?

En la región tibetana de Amdo llaman "A-ga" a los monjes, por lo que el niño dijo: "Este es un A-ga de Sera". Al haber identificado el monasterio del monje en Lhasa, pensaron: "Ah, aquí tenemos algo especial".

Enviaron un mensaje a Lhasa diciendo que habían encontrado a un niño que mostraba tales signos y que el niño, en lugar de volver con sus padres, quería quedarse con el lama, el monje y el funcionario. La carta fue enviada al gobierno central que les pidió que investigaran aún más. Así lo hicieron y les contestaron: "No hay error".

El cuerpo del décimotercer Dalai Lama había sido puesto en un relicario en el nuevo templo del Palacio del Potala al lado del cual había dos pilares de madera. Cerca de ellos surgieron del suelo dos objetos como colmillos de elefante, de treinta centímetros de alto aproximadamente; se tomaron fotografías y supongo que todavía pueden verse en la actualidad. Se interpretaron como signos de que había nacido en el este. También, a pesar de ser invierno, crecieron flores en el trono en un anfiteatro al aire libre donde se habían impartido enseñanzas. Era invierno, nadie había plantado semillas ni regado, pero crecieron flores. La gente estaba asombrada y se preguntaban por qué sería. Entendimos más tarde que al ser "Flores dragón" era un signo de que en el año del Dragón, 1940, el Dalai Lama ascendería al trono.

En ese tiempo, la gente de Lhasa cantaba, aparentemente sin razón alguna, algo así como: "Para la larga vida de la señora del lago, hermosa flor". "Larga vida" (Tse-ring, deletreado *tshe ring*) indicaba el nombre del padre, que era Tse-ring, y "Señora lago" (Tso-mo, deletreado *mtsho mo*) es el nombre de su madre, Tso-mo. Hubo muchos signos parecidos pero no les prestamos mucha atención en ese momento.

Una vez recibidas instrucciones de Lhasa, el grupo continuó con su investigación. Los investigadores habían traído dos rosarios, un pequeño tambor y un bastón que había pertenecido al anterior Dalai Lama y también objetos similares que no le habían pertenecido. Al principio se le mostraron al niño dos rosarios negros idénticos, y tomó el correcto. Luego, dos rosarios amarillos idénticos y una vez más prefirió el rosario correcto. Después de esto, se le mostraron al niño dos pequeños tambores de los que el verdadero era mucho más pobre que el segundo que estaba bellamente tallado y al que se había añadido una faldilla deslumbrante. Los investigadores pensaron que el niño escogería el tambor más atractivo y mayor pero él escogió el correcto y comenzó a tocarlo. Tomó un bastón y lo miró pero lo dejó en el suelo y cogió el otro, el correcto. Así es que eligió exactamente los objetos correctos. Todos estaban asombrados y tenían la certeza de que era el Dalai Lama. Enviaron un correo a Lhasa describiendo lo que había ocurrido.

La decisión acerca de la reencarnación del Dalai Lama tenía que ser correcta, por lo que el gobierno quería comprobarlo aún más. Frente a una estatua muy importante y valiosa del tiempo del rey Song-dzen-gam-bo *(srong btsan sgam po* 569-650) el regente hizo girar dos bolas que estaban dentro de una copa; las bolas estaban hechas de cebada seca mezclada con tierra húmeda, y estas pequeñas bolas de masa envolvían un papel sobre el que estaban escritos los nombres de los dos candidatos principales. La que saltó primero fuera de la copa se rompió y se abrió revelando el nombre de Hla-mo-don-drup *(lha modon grub)*, el nombre dado al Décimocuarto Dalai Lama por sus padres. La otra bola contenía el nombre del segundo candidato. Esta forma de profecía confirmó que no estaban equivocados y así se decidió finalmente que él era la reencarnación.

Por ese tiempo, en Si-ling, la ciudad principal de la zona del Lago Azul, existía un gobernador terrible, Ma-bu-gang, que no era budista sino musulmán. Por lo tanto el grupo tenía que trabajar en secreto, sin descubrir que pensaban que éste era el real Dalai Lama. Dijeron al gobernador: "Estamos buscando la reencarnación del Dalai Lama y tenemos aquí a un niño que, como muchos otros, no es corriente. Para observarlo más deseamos invitarle a que venga a Lhasa. Después de otra comprobación identificaremos cuál de ellos es el correcto, pero hasta el momento no hemos sido capaces de llegar a tomar ninguna decisión". Sin embargo, el gobernador pensó, "Éste justamente puede ser el Dalai Lama" y entonces contestó, "Si pensáis que él es el Dalai Lama, mejor sería que lo decidierais ahora mismo". El gobernador pidió que los padres se presentaran con el niño. Tomó al niño, lo puso en su regazo y le preguntó: "¿Eres tú el Dalai Lama?". El Dalai Lama respondió: "Sí, lo soy".

El gobernador intentó por todos los medios que el grupo no se llevara al niño; envió al Monasterio de Kum-bum el mensaje de que enviaría allí al niño para que ellos decidieran si era de hecho el

Dalai Lama. Estuvieron dos años decidiendo y al final tuvimos que pagar a Ma-bu-fang una gran suma de dinero. Primero se le ofrecieron cien mil dólares chinos de plata y más tarde se le entregaron trescientos mil más junto con una colección completa de las escrituras: las enseñanzas de Buda y sus comentarios indios, ambos impresos en letras de oro.

Por fin en 1940 pudimos invitar al nuevo Dalai Lama a Lhasa. El viaje fue por las llanuras, y como no teníamos ni carreteras, ni coches, etc., todo el recorrido tuvo que hacerse a caballo. Teníamos un carruaje tirado por mulas hecho para él. Tardamos dos meses. En diferentes lugares había escoltas enviadas desde Lhasa para salir a su encuentro, y yo fui enviado como escolta en el tercer grupo. Mi encuentro con él se produjo en un desfiladero más allá de Nak-chu, a una distancia de Lhasa de siete u ocho días a caballo. Como el lugar de encuentro estaba justo sobre un desfiladero, lo cruzamos y esperamos. Preparamos ofrecimientos, tiendas y un trono, arreglando el lugar para que el grupo pernoctara esa noche y la siguiente.

Primero le dimos la bienvenida en una tienda. Venía presentado por una carta declarando que había sido decidido formalmente que era el Dalai Lama. Sólo tenía cinco años entonces pero no era para nada como los otros niños; era asombroso.

Después en el mismo Nak-chu el gobierno central había dispuesto grandes preparativos para dar la bienvenida al Dalai Lama en el gran monasterio. Había allí reunidas dos mil o tres mil personas y el Dalai Lama fue colocado en un trono muy alto y su padre y su madre en una plataforma mucho más baja. Otro niño no hubiera sido capaz de estar quieto en un lugar así mucho tiempo; se habría ido con su madre, pero la gente venía a verle, y tuvo que permanecer allí dos horas. Él simplemente estuvo sentado quieto durante dos horas. Otros niños habrían mirado a su alrededor, observando cuidadosamente lo que estaba ocurriendo. Sin embargo, era como si él hubiera visto todo eso antes, y no le prestaba ninguna atención. Yo estaba asombrado, muy, muy asombrado. Pasábamos cada día dos o tres horas en el camino, sólo unas horas al día.

A una distancia de dos o tres días de Lhasa se había instalado una gran tienda para que los oficiales del gobierno, las familias nobles y demás le recibieran. Tres monjes que habían sido sus sirvientes también fueron a recibirle. Uno hace las veces de un mayordomo, cuida su comida, vigila que sea preparada y se la presenta. Otro sólamente cuida de su ropa, vigilando que esté limpia, a punto, preparada, y retirada. El tercero prepara todos los artículos religiosos que son necesarios para los ritos y rituales. Estos son los tres principales sirvientes y su posición es muy elevada.

El monje sirviente le trajo una tangka, una pintura de la Diosa Gloriosa, que se guarda en una caja de color rojo cerrada con una tapa. Nunca se abre y la tang-ka siempre está enrollada. Siempre está con el Dalai Lama y a donde quiera que va siempre la lleva consigo. Desde tiempos del Quinto Dalai Lama la tangka ha sido considerada como la propia Diosa Gloriosa. El sirviente la colocó cerca de la entrada de la tienda y cuando el Dalai Lama pasó, la cogió, la llevó dentro de la tienda e inmediatamente la abrió. Normalmente nunca se mira pero se vio en aquella ocasión. Después la envolvió y la devolvió a su caja. Todo el mundo estaba asombrado de lo que él había hecho.

Fue conducido al mismo Lhasa al templo principal para presentar sus respetos a las imágenes y después fue inmediatamente llevado al palacio de verano, no al Potala, que es el de invierno, sino a Nor-bu-ling-ga. Durante el primer mes del año tibetano de 1941, que sería el segundo mes del calendario occidental, fue invitado a su residencia principal, el Potala, y la investidura en sí se hizo entonces.

El día en que se instaló sus dos tutores estaban allí. Uno era el regente Ra-dreng y el otro Dak-tra Rin-bo-chay. El mismo día en que fué instalado, el regente le dio al Dalai Lama el nombre de Jay-dzun-jam-bel-nga-wang-lo-sang-ye-shay-den-dzin-gya-tso-si-sum-wang-gyur-tsung-ba-may-bay-day-bel-sang-bo.[131] Desde entonces ha sido llamado Tensin Guiatso, una forma corta del nombre largo.

Se le rapó la cabeza como a un monje, dejándole un pequeño mechón largo en la parte superior; después éste fue cortado como signo de haberse convertido en un monje novicio. En ese momento le preguntó el Abad: "¿Eres feliz de pertenecer a la sanga?", "si, soy feliz", respondió.

Tomó el Potala como su residencia y empezó a estudiar. Aunque era muy joven era casi como si no hiciera falta enseñarle el alfabeto, etc. Otros niños hubieran necesitado un lugar al que ir a jugar con otros niños, pero todo lo que él tenía eran estos tres viejos sirvientes; cualquier otro niño habría estado allí un tiempo y después lo habría encontrado muy difícil de soportar diciendo: "Quiero ir con mi madre". Él no hizo nada de esto. Algunas veces su madre le visitaba, pero si no era así estaba solo, leyendo libros en su cuarto. Ocasionalmente le enviaban a su hermano que era un poco mayor que él.

Cuando el Dalai Lama tenía trece años llegó el momento de visitar los colegios monásticos de Dre-bung y Se-ra. Esto era como entrar en el colegio monástico y convertirse en un monje más dedicado al estudio. Los colegios hicieron muchos preparativos. Permaneció tres semanas en Dre-bung y dos en Se-ra como señal de su entrada en los estudios oficiales de filosofía. Para discutir una y otra vez los temas tenía dos tutores principales y ocho excelentes gueshes; Doctores en Filosofía. Todos ellos estaban con él donde quiera que estuviera, en el palacio de invierno o en el de verano.

Cuando tenía dieciséis años los chinos invadieron por vez primera el este del Tíbet en la provincia de Kam. Aunque los Dalai Lamas son colocados normalmente a la cabeza del gobierno a los dieciocho años, todo el mundo pensó que como eran tiempos tan peligrosos el Dalai Lama debía tomar el poder inmediatamente. Por lo tanto, a edad muy temprana tomó la responsabilidad del gobierno, una carga tremenda ya que era el tiempo en que los chinos entraban en el Tíbet. A pesar de todo, continuó sus estudios y a los veinticinco años, en 1958, se convirtió en gueshes. Para ello tenía que hacer debate frente a otros gueshes en el monasterio de Dre-bung. Había allí probablemente centenares de monjes, un montón de oficiales del gobierno y muchas otras personas; él se hallaba en el centro de todos. Después hizo lo mismo en Se-ra y Gan-den. En un debate final que tiene lugar en la celebración del Año Nuevo, cuando todos los monasterios se encuentran en Lhasa, tuvo que debatir tres veces. Era 1959 y después de esto le fue otorgado el título de gueshe de más alto rango.

Un mes justo después de convertirse en gueshe tuvo que escapar a la India, donde ha permanecido hasta ahora. Hay cerca de ochenta mil refugiados en India y su esperanza es el Dalai Lama; no tienen otra. En conversaciones con el gobierno indio nosotros, como sus representantes, hemos organizado asentamientos para los tibetanos. Por lo tanto, aunque somos refugiados, estamos en una situación bastante buena. Tenemos independencia para practicar nuestra propia religión y hacer lo que queramos como si fuera nuestro propio país.

Aquellos que quedaron en Tíbet están en una muy mala situación de sufrimiento. No podemos hacer nada por ellos ahora pero el Dalai Lama ha asumido el peso de liberarlos de su miseria. Ha podido visitar Japón, Thailandia y Europa, no como un jefe de gobierno sino como un ciudadano particular. Su idea de visitar especialmente Occidente es para intercambiar ideas, para conocer cómo son las ideas occidentales y para presentar algunas ideas de Oriente. Por lo tanto, tal vez hay una esperanza de que cuando venga a América puedas preguntarle acerca de la doctrina budista.

Por cierto, de las tres letras en el lago, la "A" se refería a Amdo, que es la provincia en que había nacido el Dalai Lama. La "Ka" se refería al monasterio de Kum-bum, que estaba cerca. La mayor parte de la gente creyó que "Ma" se refería a su madre, pero pregunté al Dalai Lama en 1974 qué pensaba él que significaba y dijo que cuando niño le llamaban Hla-mo-don-drup, un nombre inusual para un chico porque significa "Diosa Siddhartha". "Ma", una terminación femenina en tibetano, se refiere a este nombre.

Lo que he narrado es un recuerdo de lo que escuché y lo poco que realmente viví de la búsqueda del Décimocuarto Dalai Lama. Aquellos interesados en más información pueden consultar dos fuentes de confianza: una, las memorias de Su Santidad el Dalai Lama, My Land and My People, y la otra un libro de Sonam Wangdu, miembro del grupo de búsqueda dirigido por Ge-tsang-Rin-bo-chay, titulado *The discovery of the 14th Dalai Lama*.[132]

*Comentario del Dalai Lama
al Rito de Iniciación de Kalachakra:
Estadio de Generación*

Nota

Este es un comentario de Su Santidad el Dalai Lama a *Mandala Rite of the Glorious Kalachakra: Illumination of the Thought (dpal dus kyi 'khor lo 'i dkyl chog dgongs pa rab gsal)* de Kay-drup. La traducción del rito del mandala se complementa con material procedente del *Initiation Rite of Kalachakra Stated in an Easy Way (dus 'khor dbang chog nag 'gros su bkod pa)* de Lo-sang-tsul-trim-den-bay-gyel-tsen.

El comentario de Su Santidad el Dalai Lama va en margen. El material sangrado es el texto mismo del ritual de iniciación. En el texto, se dan en itálicas las instrucciones a la persona que realiza el ritual para diferenciarlo de lo que se dice durante el ritual.

Primera Parte

Potenciando a los Discípulos

Origen

POSICIÓN QUE OCUPA EL TANTRA DE KALACHAKRA EN LOS VEHÍCULOS BUDISTAS.

Buda, un maestro hábil en métodos, enseñó ochenta y cuatro mil grupos de doctrina de acuerdo a las disposiciones e intereses de los practicantes. Como el *Ornament for the Great Vehicle Sutras* de Maitreya *(theg pa chen po'i mdos de rgyan, mahayana sutralamkara, XI.a)* (1) dice: "Las colecciones de escrituras son o tres o dos." Los numerosos escritos de Buda se pueden incluir en las tres colecciones de escrituras: conjunto de discursos, disciplina, y conocimiento manifiesto, o en las escrituras de los dos vehículos: El Vehículo Menor de los Oyentes y Realizadores Solitarios y el Gran Vehículo de los Bodisatvas. Ambos se diferencian por la inmensidad de su pensamiento, es decir, de la motivación; debido a ello hay una diferencia también en el camino o método, y debido a ello, a su vez, una diferencia en el fruto que se obtiene. Así es como se distinguen los dos vehículos.

En relación al Gran Vehículo o Vehículo de los Bodisatvas en sí, sus subdivisiones, El Vehículo de la Perfección y el Vehículo del Mantra, requieren ambos la actitud de la motivación del altruismo y la práctica de las seis perfecciones, y ambos conducen a la consecución del fruto, que es la Iluminación insuperable. Sin embargo, las dos subdivisiones del Gran Vehículo, Sutra y Mantra, se plantean como vehículos separados en cuanto a la profundidad de los métodos para obtener la insuperable Iluminación; ambos difieren por tanto en el cuerpo del camino para alcanzar la omnisciencia de la Budeidad. De entre estos dos vehículos, el que se explica aquí es el Vehículo del Mantra.

En cuanto al mantra, según el *Tantra de Vajrapanjara*, un Tantra explicativo, hay cuatro grupos de Tantras, aunque otros textos hablan de varias divisiones de estos en seis grupos, cinco, etc. Cuando se describen cuatro, son estos: Tantra de la Acción, Ejecución, Yoga y el Yoga Más Elevado. Entre estos cuatro, el Tantra de la Acción se llama así debido a que en su práctica de yoga se insiste, más que en los otros grupos, en las actividades externas del ritual del baño y de mantener la limpieza, aunque también se cultiva la estabilización meditativa interna. El Tantra de la Ejecución se llama así debido a que hay una ejecución igual de las actividades externas y del yoga interno. El Tantra del Yoga se llama así porque entre las actividades externas y el yoga interno, se insiste principalmente en el último. El Tantra del Yoga Más Elevado (literalmente el Tantra del Yoga Insuperable) se llama así ya que sobrepasa incluso al Tantra del Yoga en cuanto que acentúa primordialmente el yoga interno, y no hay nada superior a él. Lo que se explica aquí en esta iniciación es un texto del Tantra del Yoga Más Elevado.

En general, todos los sistemas de Tantra tienen como base la actitud de generar la mente altruista y las acciones de las seis perfecciones, que se describen en el Vehículo de la Perfección. La característica distintiva del Vehículo del Mantra Secreto le viene en términos de técnicas adicionales para un desarrollo rápido de la estabilidad meditativa, que es una unión de calma mental y una especial percepción de la naturaleza de las cosas: la meditación estabilizada en un solo punto que comprende la vacuidad. Y esto se alcanza principalmente mediante el yoga de la deidad.

Desde un punto de vista, el Tantra es más poderoso que el Sutra en cuanto a acumular méritos, que en aquel yoga se apoya en visualizar el propio cuerpo como divino. Desde otro punto de vista, también hay una diferencia entre los Vehículos de la Perfección y del Mantra en lo relativo al tema, o sustrato, la ausencia de autoexistencia de lo que se está comprendiendo en la meditación. Porque aquí en el Mantra uno comprende la vacuidad no de un fenómeno burdo como el de un cuerpo ordinario, sino de un fenómeno sutil que se aparece a la mente interna propia, un cuerpo divino. El camino general en los tres Tantras inferiores, Tantra de la Acción, de Ejecución y del Yoga, es este modo de proceder del camino en el que hay un yoga de la no-dualidad de lo profundo y de lo manifiesto, siendo lo manifiesto la observación imaginativa de un círculo o mandala de deidades y lo profundo, la sabiduría que comprende la talidad.

Además de todas estas características del Vehículo de la Perfección y de los tres Tantras inferiores, el Tantra del Yoga Más Elevado posee técnicas especiales para un enfoque concentrado en puntos importantes del cuerpo, mediante las cuales se manifiestan niveles más sutiles de la mente y se transforman en entidades del camino. La distinción profunda y no común de todos los tipos de textos del Tantra del Yoga Más Elevado –la característica distintiva en relación a la cual se desarrolla la potencia no común del Camino del Tantra del Yoga Más Elevado– está en la explicación de las prácticas para generar como una entidad del camino la mente innata y fundamental de luz clara.

Como técnicas para manifestar la mente innata y fundamental de luz clara, algunos textos del Tantra del Yoga Más Elevado hablan de enfocar concentradamente los aires (o corrientes internas) del cuerpo; algunos enfatizan los cuatro gozos; y otros hablan de mantener meramente una meditación no conceptual. El *Guhyasamaja Tantra*, por ejemplo, habla principalmente de concentrarse en los aires; el *Chakrasamvara Tantra* y el *Hevajra Tantra* hablan principalmente de los cuatro gozos; y la técnica de manifestar la luz clara por medio de la meditación no conceptual se encuentra principalmente en la totalidad (rdzogs-chen) de la Orden Ñigma y de la tradición del gran sello (phyag rgya chen po, mahamudra) de la Orden Karguiupa. Todos ellos son modos de práctica descritos en textos raíces válidos y fiables dentro del Tantra del Yoga Más Elevado.

Para llegar a la Iluminación completa de un Buda, es necesaria la práctica del Mantra, y dentro de ella, el Mantra del Yoga Más Elevado; de otro modo, no es posible alcanzar la Budeidad. La razón es que para actualizar el estado del efecto de los dos cuerpos de un Buda: Cuerpo de Forma y Cuerpo de Verdad, es necesario cultivar a través de la meditación un camino de acuerdo con el aspecto de esos dos cuerpos. Incluso en el Vehículo de Perfección, es necesario alcanzar una causa de acuerdo con el efecto. El punto principal es que con el fin de obtener el Cuerpo de Forma de un Buda se necesita tener una causa sustancial de tipo similar al Cuerpo de Forma; también, para el Cuerpo de Verdad se necesita una causa sustancial similar. Siendo esto así, nuestro cuerpo burdo, que es un fruto (del karma pasado), no puede servir como una causa sustancial de tipo similar para el Cuerpo de Forma de un Buda. Además el cuerpo divino imaginado mentalmente que se le aparece al yogui que practica el Tantra del Yoga, el Tantra de la Ejecución, o el Tantra de la Acción, no puede servir como una causa sustancial de tipo similar para el Cuerpo de Forma de un Buda, ni incluso lo puede el cuerpo real que se alcanza por ejemplo, a través de la práctica del Tantra del Yoga.

¿Qué puede servir como tal causa sustancial de un Cuerpo de la Forma? Un cuerpo de Buda es una entidad indiferenciable de esa mente de Buda; la forma (o cuerpo) que es de una entidad indiferenciable de una mente *sutil* de Buda no puede ser una forma *burda*. El Cuerpo de Forma que es de una entidad indiferenciable de una mente sutil de Buda es en sí mismo una entidad muy sutil, y por tanto como su causa sustancial de tipo similar, y así un cuerpo que tiene una naturaleza muy sutil debe obtenerse en el camino. En el Tantra del Yoga Más Elevado esto se logra (1) en el sistema de *Guhyasamaja* por medio de un cuerpo ilusorio, (2) en el sistema de Kalachakra por medio de una forma vacia, o (3) en los Tantras madre por medio de un cuerpo arco iris de luz. Sin tal modo de obtener un cuerpo sutil en el tiempo del camino, no se puede lograr un Cuerpo de Forma de un Buda.

Por consiguiente, en los tres Tantras inferiores o en el Vehículo de la Perfección no se explica siquiera un modo de conseguir la causa sustancial de un Cuerpo de Forma de Buda, ni tampoco se establece un modo de obtener la causa sustancial extraordinaria de la mente de un Buda en los tres Tantras inferiores o en el Vehículo de la Perfección. La razón para especificar "causa sustancial *extraordinaria*" para la última es que en los tres Tantras inferiores y en el Vehículo de la Perfección se expone una causa sustancial común de una mente de Buda, una conciencia de sabiduría burda que comprende la vacuidad. Por tanto, se puede decir que ellos poseen una *mera* causa de la conciencia omnisciente de un Buda; sin embargo, la causa sustancial *extraordinaria* debe ser la mente de luz clara, y los tres Tantras inferiores y el Vehículo de la Perfección no establecen los medios de obtener la mente innata y fundamental de luz clara.

Por tanto, sin depender en el Mantra en general, y en particular en el Mantra del Yoga Más Elevado, no se puede obtener la Budeidad. De modo similar, el nirvana que es la extinción permanente de todos los *engaños temporales* en el ámbito de la realidad mediante el poder de sus antídotos es la interpretación budista de liberación, de paz, y esos errores deben extinguirse en el ámbito de la realidad sólo por medio de la técnica de determinar la vacuidad y meditar en ella. Por tanto, la liberación que se explica en los textos budistas puede ser lograda sólo a través del camino budista. Es más, entre los sistemas budistas, la liberación budista real sólo puede lograrse a través de confiar en la visión como se explica en la Escuela de Consecuencia.

Como dice el *Fundamental Text Called Wisdom (dbu ma rtsa ba'i tshig le'ur byas pas shes rab bya ba,* prajnanamamulamadhyamakakarika, XVIII.5a) de Nagaryuna: "Al extinguirse las acciones (contaminadas) y las aflicciones, hay liberación". Por medio de meditar en la realidad de la vacuidad de existencia inherente, actualizándola, familiarizándose una y otra vez con el significado de la realidad que ha sido percibida directamente, los engaños adquiridos se extinguen para siempre en el ámbito de la realidad. Ese ámbito de la realidad en el que los engaños adquiridos se extinguen para siempre, es en sí mismo la liberación, nirvana. Ésta se puede alcanzar sólo por alguien que haya percibido el significado de la realidad de la vacuidad de existencia inherente. Incluso en las escuelas budistas, aquéllos de la Escuela de la Gran Exposición, la Escuela del Sutra, la Escuela de Sólo Mente, o la Escuela de Autonomía no pueden actualizar esto. En este contexto, se dice que un Destructor de Enemigos como se explica en los sistemas del conocimiento manifiesto *(chos mngon pa, abhidarma)* no es un Destructor de Enemigos. Por tanto, así como para alcanzar la Budeidad se necesita el Tantra del Yoga Más Elevado, de igual modo para alcanzar la liberación de la existencia cíclica se necesita la visión de la Escuela de Consecuencia.

El Tantra del Yoga Más Elevado se divide a su vez en los Tantras padre y madre y ciertos eruditos también hablan de los Tantras no duales, citando *El Tantra de Kalachakra* como ilustración. Sin embargo, de acuerdo a los otros que no establecen Tantras no duales que no estén incluidos entre los Tantras padre y madre, *El Tantra de Kalachakra* es un Tantra madre, y la razón para ello es la que sigue. *El Tantra de Kalachakra* tiene como su principal objeto de discusión el yoga de las seis ramas (retiro individual, concentración, paro de la vitalidad, retención, atención subsiguiente, y estabilización meditativa), entre los cuales el gozo inmutable de la sexta rama, la estabilización meditativa, es el objeto final del logro. Debido a que *El Tantra de Kalachakra* subraya justamente este gozo inmutable, es llamado un Tantra madre.

De nuevo, la razón por la que el primer grupo denomina al *Tantra de Kalachakra* como un Tantra no dual es que ellos identifican como su principal objeto de discurso el estado de *unión*, una combinación de forma vacía y gran gozo inmutable, gran gozo inmutable inducido por medio de una forma vacía del Gran Sello. Este estado de unión, o de cuerpo y mente no duales, se describe de un modo muy claro en *El Tantra de Kalachakra*, distinta a la descripción oculta en el *Guhyasamaja Tantra*, y por tanto, ellos dicen que *El Tantra de Kalachakra* es un Tantra no dual.

El Tantra de Kalachakra presenta profundas características distintivas y realmente únicas. En general, los Tantras del Yoga Más Elevado hablan de un estadio de generación y de un estadio de consumación, de los cuales el último es fundamental. Dentro del estadio de consumación en sí, hay dos niveles, uno implicado en recoger los aires o energías internas en el canal central y el otro que ocurre como consecuencia de haberlo logrado. En el sistema de Kalachakra, las ramas iniciales del yoga de las seis ramas son principalmente medios para reconducir los aires al interior del canal central, y por tanto, al dar más importancia a la fase de recoger los aires, *El Tantra de Kalachakra* provee de técnicas profundas para los niveles preliminares.

Además, *El Tantra de Kalachakra* tiene una conexión especial con un país, Shambala, como su religión general y por eso desde este punto de vista también es único. Mientras que otros Tantras del Yoga Más Elevado tienen su origen en relación a individuos particulares o a adeptos, como fue el caso con el *Guhyasamaja Tantra* y el Rey Indrabuti. *El Tantra de Kalachakra*, sin embargo, ha estado íntimamente conectado con el país de Shambala, sus noventa y seis distritos, sus reyes y séquitos. Pero si se despliega un mapa y se busca dónde está Shambala, no se puede encontrar; más bien parece ser una tierra pura, que, excepto para aquéllos cuyo karma y mérito ha madurado, no puede ser vista o visitada de inmediato. Como es el caso, por ejemplo, de la Tierra Pura de la Alegría (dga´ldan, tushita), de los Territorios Celestiales (mkha´spyod), de la Tierra Pura del Gozo (bde ba can, sukhavati), del Monte Da-la, y de otros, también de Shambala que siendo una tierra real –una tierra pura real– no es accesible de modo inmediato a personas corrientes por el hecho de comprar un billete de avión. Quizás si en el futuro las naves espaciales mejoran hasta el punto de que puedan desplazarse a más velocidad que la luz, tal vez sea posible llegar allí, ¡pero los billetes serían muy caros! De hecho, podemos considerar que los billetes son las acciones meritorias, y así le hacen a uno rico en méritos para llegar allí.

PREPARACIÓN PARA LA INICIACIÓN

Aunque el conferir las bendiciones no requiere necesariamente de un mandala, una iniciación debe conferirse en base a uno. La iniciación de Kalachakra para el estadio de generación debe ser dada en relación a un mandala de partículas coloreadas, y por eso el área donde va a ser construído el mandala debe transformarse en apta para servir. Para hacer esto se analiza primero el área; luego, si es adecuada, se embellece, se limpia, y se toma posesión de ella. Tales pasos se incluyen en el rito de tomar posesión del área, tras el cual vienen los estadios de preparación.

Durante la preparación se necesitan recipientes; y así hay una preparación o activación de ellos. Del mismo modo, dado que están los mandalas de la residencia y de las deidades residentes, se hace una preparación o potenciación de las deidades. Tras ello, hay una preparación o potenciación de los discípulos, transformando sus contínuos mentales para que sean recipientes de la iniciación. Todos ellos constituyen los temas de los estadios de preparación. En la práctica, la potenciación de los discípulos se sitúa, por conveniencia, justo antes de conferir la iniciación. Los días pasados (aquí en Madison, Wisconsin) he estado desarrollando los estadios para establecer y activar el mandala y he hecho ofrecimientos a las deidades. Por tanto ahora estamos preparados para los estadios de potenciación de los discípulos.

RITO PARA LA POTENCIACIÓN DE LOS DISCÍPULOS

La presentación del tercer tema, el rito para potenciar (o preparar) al discípulo, consta de seis partes: ajustar la motivación y conferir la iniciación interna; hacer una súplica e inducir (al discípulo) a que reciba la doctrina; asumir los votos y ser bendecidos para la magnificencia; soltar el palito y dar un poco de agua, etc.; establecer los seis linajes en el discípulo e invocar a Vajrasatva; y generar entusiasmo explicando (la grandeza de) la doctrina y dar consejos para analizar los sueños.

1 *Motivación e Iniciación Interna.*

AJUSTAR LA MOTIVACIÓN Y CONFERIR LA INICIACIÓN INTERNA

Las sustancias para la preparación, (es decir, los artículos que se van a utilizar) se mantienen fuera de la vista (de los discípulos) por una cortina. Además, observa bien (a los discípulos); los discípulos cualificados[2] –veinticinco o menos, y no un número par–, ofrecen el mandala después de lavarse .

El mantra secreto es una oportunidad para usar la imaginación como el camino; por eso, uno imagina que el sistema del universo entero aparece en un aspecto glorificado como la actividad de la sabiduría sublime de gozo y vacuidad indiferenciables, una unión de método (gran gozo inmutable) y sabiduría (comprensión de la vacuidad). Los ofrecimientos son estas apariencias con la naturaleza de ser la actividad de gozo y vacuidad inseparables.

Debe considerarse el área no sólo como este bello lugar de Wisconsin sino como la mansión inestimable y completa y entorno del Victorioso Supramundano Kalachakra, de la naturaleza verdadera de la sabiduría sublime. Imaginad que está presente como yo estoy meditando en ella y que vosotros estáis enfrente. Imaginad que están cerradas las puertas de la mansión inestimable y que vosotros estáis en el exterior, haciendo ofrendas al glorioso Kalachakra:

Ofrezco en visualización, al Lama, a mi Deidad Personal, y a las
    Tres Joyas,
El cuerpo, la palabra, la mente; mis propios recursos y los de otros,

Nuestras acumulaciones de virtud del pasado, presente y futuro,
Y el mandala precioso y maravilloso con los innumerables ofreci-
    mientos de Samantabadra,
Aceptándolos por tu compasión, te lo ruego, bendíceme hacia la
    magnificencia.
Idam guru ratna mandalakam niryatayami.
(Yo ofrezco este mandala con joyas al guru).

El primer paso en la preparación o potenciación de los discípulos
es para ajustar su motivación y cualificarla debidamente. La mayoría de vosotros conocéis la importancia de la bondad, el tipo especial de altruismo llamado *bodichita* en sánscrito, y de la sabiduría,
llamada *prajna*. Estos dos desarrollos mentales son la base o el
fundamento sin los que no podemos realizar práctica tántrica alguna. Por eso, yo mismo y vosotros que escucháis debemos desarrollar al menos alguna experiencia de estas dos mentes.

En cuanto a la sabiduría, las cosas aparecen como si existiesen
independientemente pero en realidad no existen así; deberíamos
comprender que no existen de acuerdo a su modo sólido de apariencia. En cuanto al altruismo, sin la bondad la sociedad humana
no podría sobrevivir, no podría existir. Si pensamos correctamente,
toda la sociedad humana está basada en la amabilidad; todas las
relaciones humanas están centradas esencialmente en la bondad.
En el campo de la práctica religiosa, el sentimiento de bondad es la
clave.

También es muy importante comprender la naturaleza del sufrimiento. Mientras tenemos este tipo de cuerpo físico bajo la
influencia de las acciones contaminadas (las, karma) y las emociones que causan aflicción (nyon mongs, klesha), algo estará mal,
esto estará mal o aquello estará mal. Es importante comprender
que los fenómenos de la existencia cíclica tienen una naturaleza de
sufrimiento.

Otra comprensión importante es la de la impermanencia. Las
cosas siempre están cambiando. Debéis entender que ésta es su
naturaleza. Con estos pensamientos, procederemos a la iniciación.

El factor más importante es una buena motivación. Hemos
obtenido ya un cuerpo humano bueno y útil; tenemos la oportunidad de conseguir algo de gran impacto. Debéis pensar que váis a
hacer algo significativo con este cuerpo humano ya conseguido. Y
para hacerlo, no debéis ser egoístas sino que debéis generar lo más

posible una actitud altruista. El altruismo es lo más importante.

Ahora, la cuestión siguiente es cómo servir a los demás, cómo ayudar a los otros seres, no sólo a humanos sino a todos los seres conscientes. De acuerdo a la enseñanza budista, los acontecimientos dependen de nuestra propia fuerza kármica; para que acontezca la felicidad deseada y no se produzca el sufrimiento que no se desea, las personas necesitan un modo correcto de acumular karma. Por tanto, ayudar a otros es, principalmente, explicarles lo que de nuestro comportamiento debe llevarse a la práctica y lo que debe ser desechado. Como dice un Sutra:

Los Subyugadores (los Budas) ni lavan lo negativo con agua,
Ni quitan el sufrimiento de los seres con sus manos,
Ni transfieren sus logros a los otros.
Los seres son liberados a través de las enseñanzas de la verdad, de
la realidad final.

Aún más, para ser capaz de enseñar sin error lo que debe llevarse a la práctica y lo que se debe descartar, estos puntos no deben ser oscuros para uno mismo. Como dice.[3] *Commentary on (Dignaga's) "Compendium of Valid Cognition"* de Darmakirti *(tshad ma rnam 'grel, pramanavarttika)*:

Para superar el sufrimiento (en otros)
Los compasivos se implican de manera evidente en métodos.
Cuando (para uno mismo) son oscuras las causas de lo que surge
de esos métodos,
Es difícil explicarlas (a otros).

Si lo que debe ser enseñado está más allá de vuestro alcance, probablemente no podáis enseñarlo. Deben conocerse todas las técnicas posibles de práctica.

Además, necesitáis conocer exactamente cómo son las diferentes aptitudes e intereses de aquellos a los que vais a enseñar. Si no es así, incluso aunque vuestra actitud sea buena, es posible, no obstante, causar daño porque las enseñanzas no sean las apropiadas. Por tanto, no se podrá proporcionar completamente el bienestar a otros mientras que la mente esté polucionada por las obstrucciones a la omnisciencia de modo tal que no permitan conocer todos los objetos de conocimiento.

Y siendo así, los bodisatvas consideran que su enemigo real son las obstrucciones a la omnisciencia. Si ellos tuviesen que elegir entre deshacerse de las obstrucciones que causan aflicción y que impiden la liberación de la existencia cíclica o de las obstrucciones a la omnisciencia, eligirían lo último. Sin embargo, ya que el hecho es que las obstrucciones a la omnisciencia son predisposiciones dejadas por los impedimentos que causan aflicción, sin erradicar lo que deposita tales predisposiciones no hay modo de eliminarlas; por tanto, es necesario eliminar las obstrucciones aflictivas primero y luego las obstrucciones a la omnisciencia. Para proporcionar el bienestar a los demás, es necesario, pues, eliminar completamente ambas obstrucciones, a la liberación y a la omnisciencia. Se llama Budeidad ese nivel o estado dotado con la sabiduría sublime que conoce todos los aspectos de los objetos de conocimiento y en el que las emociones aflictivas, así como sus predisposiciones, han sido eliminadas para siempre.

El propósito es conseguir el bienestar de los seres conscientes; los medios, la propia Budeidad. Esta secuencia de pensamiento es cómo vosotros determináis que debéis alcanzar la Budeidad por los otros. La actitud generada se llama *bodichita*, la intención altruista de llegar a la Iluminación, y debe ser cultivada continuamente, al menos de un modo imaginado. Debéis pensar, "Voy a confiar en el camino del Mantra y del Sutra unidos y, dentro de esto, en el Tantra del Yoga Más Elevado, específicamente el camino del Tantra de Kalachakra, como una técnica para alcanzar fácilmente tal Budeidad. Por ello voy a alcanzar la iluminación más elevada para beneficio de los demás, y por esta razón estoy pidiendo la iniciación".

En el ritual las palabras que representan en el rito la adecuación de la motivación se toman del Tantra Secreto General (dkyil ´khor thams cad kyi spyi´i cho ga gsang ba´i rgyud, sarvamandalasaman-yavidhiguhyatantra), que es un Tantra de Acción general porque se aplica a todos los linajes de practicantes. La cita se utiliza en muchas iniciaciones, no sólo en Kalachakra.

Los discípulos se arrodillan (en el suelo), y llevan las palmas de las manos juntas, con flores, a la altura del corazón.Con ellos sentados enfrente (del Lama, el Lama) dice:

Algunos buscan conseguir el Mantra Secreto para en esta (vida) entrar en el Mandala.

Esto describe la motivación errónea de buscar la felicidad de esta vida, tal como entrar en un mandala, con el fin de evitar enfermedades o para conseguir éxito en una cierta empresa. Pedir una iniciación con esta motivación es erróneo.

Los que desean méritos son otros.

Hay quienes persiguen entrar en el mandala porque quieren mérito y una vida futura de status elevado dentro de la existencia cíclica. Esto también es equivocado. Este verso también puede interpretarse como haciendo referencia a los que, buscando la liberación de la existencia cíclica para sí mismos, quieren méritos y por tanto entran en el mandala; también esto es erróneo.

Otros buscan el bienestar de los demás en el mundo.
Los inteligentes deberían entrar en el mandala
Con muchos actos de fe,
Persiguiendo el objetivo de lo que trasciende el mundo.

Aquellas personas altruistas que tienen la fe de buscar lo que trasciende el mundo, el estado de los Tres Cuerpos de Buda, son los que están preparadas para entrar en un mandala y se les debe permitir hacerlo.

La razón por la que se debería querer alcanzar la Budeidad por amor a los seres conscientes se indica en el resto del pasaje:

No deberían desear los resultados en esta vida.
Los que la desean no proceden del propósito de lo que trasciende este mundo.
Los que generan una búsqueda hacia lo que lo trasciende
(Obtienen) extensos frutos (incluso) en éste.

Habiendo analizado el significado de estas palabras, consideradlo mientras yo recito el pasaje en el que la Deidad Principal, Kalachakra, os dice desde el interior del mandala que debéis pensar así.

En este momento meditad que el Lama y la Deidad Principal del mandala no son distintos. No estoy diciendo que me consideréis Dios. Cuando se hace la práctica del Mantra, se medita en uno mismo como una deidad y en su Lama también como una deidad.

*Precisa bien el significado de esas palabras, de modo
que los discípulos sean conscientes de la necesidad
de entrar en el mandala con el propósito de buscar el
nirvana que no se detiene (ni en los extremos de la
existencia cíclica ni de la paz solitaria), el que trasciende el mundo, la mejor de las tres motivaciones.*

De acuerdo con estas guías para la motivación, no deberíamos
interesarnos todos en nuestro propio bienestar primero, sino estar
principalmente preocupados por el bienestar de los demás.

CONFERIR LA INICIACIÓN INTERNA

Entonces (el Lama dice):

Se medita que:
Rayos de luz desde mi corazón, purificado como
Kalachakra –Padre y Madre– atraen a los discípulos
uno a uno; estos entran en mi boca y se disuelven en
el loto de la Madre.

Esto es como nacer como un hijo de una deidad especial, Kalachakra.

Imaginad y visualizad al Lama como Kalachakra en el aspecto
de Padre y de Madre, es decir, en unión con su consorte. Rayos de
luz se difunden desde la *hum* en el corazón del Lama que aparece
como Kalachakra, atraen a cada uno de los discípulos a la boca del
Lama, descendiendo a través de su cuerpo hasta el vientre de la
Madre. Allí, los discípulos se vuelven vacuidad.

No disolváis sólo las apariencias; sed conscientes también de la
vacuidad de existencia inherente de todos los objetos de conocimiento que aparecen y ocurren, ilustrados por vosotros mismos. La
intención altruista de llegar a iluminarse, cultivada anteriormente,
permanece aún, y ahora además pensáis, "Todo fenómeno, como
ilustrado por mí mismo, está vacío de existencia inherente". La
mente misma sirve como la "sustancia" de vuestra apariencia
como Kalachakra con una cara y dos brazos. La mente, impulsada
por la compasión y comprendiendo la vacuidad de la existencia
inherente, se transforma en una *hum* que asímismo se transforma

en un vajra que a su vez se transforma en Kalachakra, no con todas las caras y brazos de la deidad principal del mandala, sino sólo con una cara y dos brazos.

> Del hum y de un vajra ellos se generan como Kalachakras con una cara y dos brazos.

A continuación, rayos de luz en el corazón del Lama como Kalachakra atraen a todos *Los Que Han Ido Más Allá Así*, los Budas, que tienen la naturaleza de la sabiduría sublime de gozo y vacuidad no duales. Entran en la boca del Lama, se disuelven en su corazón en forma de luz, llamada mente de la Iluminación; y desciende hasta el vientre de la Madre, confiriendo la iniciación a los discípulos que se están visualizando a sí mismos como Kalachakras en el vientre de la Madre. Los discípulos están experimentando además de sus sabidurías que comprenden la vacuidad que aparece como Kalachakra, también la sabiduría sublime especial del gran gozo. Pensad que tal gozo se genera a través de la iniciación interna.

> Desde la sílaba semilla en mi corazón la luz invita a todos *Los Que Han Ido Más Allá Así;* entran en mi boca, y el fuego de atracción (es decir, el gozo mutuo de cada uno) funde en mi corazón (sus cuerpos en luz llamada) la mente de la Iluminación que emerge a través del camino vajra.[296] Mediante esto, se les confiere la iniciación a los discípulos alojados en el loto de la Mujer de Sabiduría (después de lo cual se genera la sabiduría sublime de la vacuidad y el gozo, la entidad de la iniciación interna).

Entonces, emergéis del vientre de la Madre y estáis otra vez junto a la columna en el exterior de la puerta este del mandala, a la vez que se mantiene la visualización de uno mismo como Kalachakra con una cara y dos brazos.

> Ellos emergen del loto de la Madre y se sitúan en sus lugares (respectivos)

Hay tres niveles de puertas en el mandala, correspondientes a los tres relacionados con el cuerpo, palabra y mente sublimes. En este punto, estáis fuera de la serie de puertas más externas en el nivel de mandala del cuerpo sublime. Anteriormente se explicó que antes de la iniciación no está permitido meditar en uno mismo como una deidad, pero ahora que se ha recibido la iniciación interna, empieza el proceso de meditar en uno mismo como una deidad.

El procedimiento de esta meditación imaginativa se desarrolla de acuerdo con el tipo de estructura social en la antigua India para que pudiera surgir con facilidad en sus mentes. Esta tiene conexión con la iniciación posterior del maestro vajra, en la cual el discípulo se convierte en un representante o un sustituto soberano del Lama.

Aquí concluye el adecuar la motivación y el conferir la iniciación interna.

2 *Súplica y Confianza*

HACER UNA SÚPLICA E INDUCIR A (LOS DISCÍPULOS) A LA COMPRENSIÓN DE LA DOCTRINA.

La existencia cíclica es como un océano habitado por los terroríficos monstruos marinos del nacimiento, el envejecimiento, la enfermedad, y la muerte. En el principio de la vida está el nacimiento, al final la muerte, y en el espacio entre ambos nos oprimen los sufrimientos de la enfermedad y el envejecimiento. A lo largo de nuestras vidas, van apareciendo un gran número de situaciones que van mal. Pese a que ésta sea la naturaleza de la existencia cíclica, no la queremos. El discípulo le pide al Lama como Kalachakra, el maestro de los medios para liberarse de ese terror, que le preste atención a él mismo o a ella misma.

Los medios, como ya se explicó anteriormente, son para purificar por completo las dos obstrucciones, aquéllas a la liberación y a la omnisciencia, apoyándose en el Vehículo Vajra, el camino del Mantra Secreto. Decís que es esto lo que queréis. Y dado que para ello es necesario mantener correctamente las promesas y los votos, también rogáis al Lama que os otorgue dichas promesas y votos. De nuevo, para esto, solicitáis los votos del Bodisatva, y por eso pedís el rito para adoptar la intención altruista de llegar a la Iluminación, para lo cual suplicáis ir a por refugio al Buda, a la Doctrina, y a la Comunidad Espiritual. Demandáis ayuda para entrar en la ciudad de la gran liberación ayudándoos de tales métodos. Mientras repetís las palabras, retened en la mente su significado.

La esencia del significado resumida es "Por el amor de todos los seres conscientes, que son los objetos de intención, quiero alcanzar rápidamente la Iluminación perfecta, insuperable y completa, y para lograrlo voy a practicar el camino del Mantra. Te lo ruego, concédeme todo lo que necesito para hacerlo".

Los discípulos hacen la súplica tres veces diciendo:

El único liberador del océano de la existencia cíclica,
Que es terrorífica con monstruos marinos, etc.
Los cocodrilos del nacimiento, vejez y muerte,
Eres tú, ¡Oh Gran Maestro Gozoso mío!

¡Oh gran protector!, yo busco
El modo seguro de la gran Iluminación.
Otórgame las promesas.
Concédeme también la mente de la Iluminación.

Y también otórgame los tres refugios:
El Buda, la Doctrina y la Comunidad Espiritual.
¡Oh Protector!, te lo ruego, permíteme entrar
En la ciudad suprema de la gran liberación.

Una vez hecha esta súplica tres veces, debéis pensar que el Lama, como Kalachakra, os ha aceptado, aunque sin palabras.

[INDUCIR A LOS DISCÍPULOS A LA COMPRENSIÓN
DE LA DOCTRINA]

Lo siguiente es para inducir a que el discípulo adopte la doctrina, es decir, que genere confianza en el Gran Vehículo.

El Lama, tomando a un discípulo cualquiera como si fuera principal,[4] *dice.*

Hijo, ven aquí.
Voy a enseñarte en su totalidad
Los ritos del modo de practicar el Gran Vehículo del
    Mantra Secreto.
Tú eres el receptáculo del gran camino.

El Lama llama al discípulo "hijo", un término efectuoso, expresando que el discípulo no debe estar bajo la influencia de la conceptualización, que concibe lo que en realidad no es felicidad como si lo fuera y aferrándose a la prosperidad de la existencia cíclica. Y

como no la desea, el discípulo debería "venir aquí" sin distraerse
con las maravillas de la existencia cíclica.

Y una vez "aquí", ¿qué actividad debe desarrollar el discípulo?
Ya que sois recipientes del Vehículo Vajra del Mantra Secreto y
tenéis la fortuna de practicarlo, voy a enseñaros el modo de practicar este Gran Vehículo.

> Mediante el poder del Mantra Vajra
> Los Budas que surgen en los tres tiempos–
> Los que tienen los vajras del cuerpo, la palabra y la
>   mente sublimes–
> Obtienen por completo la sabiduría incomparable y
>   sublime.

Aquéllos con los vajras del cuerpo, la palabra y la mente sublimes
son los Budas, ya que el estado del cuerpo, la palabra y la mente
indiferenciables es la Budeidad. Por eso, los Budas del pasado, del
presente y del futuro que tienen una esencia de cuerpo, palabra y
mente indiferenciables han obtenido, obtienen y obtendrán la sabiduría sublime, incomparable y pura de la Budeidad de forma completa dependiendo del poder del camino del Mantra Secreto.

En resumen, los Budas de todos los tiempos, aquéllos con una
esencia de cuerpo, palabra y mente vajras sublimes, obtienen,
dependiendo del camino del Mantra Secreto, una sabiduría sublime de luz clara, innata y fundamental, libre de todas las obstrucciones, la sabiduría sublime de la esfera última de la realidad que
posee las dos purezas, la pureza natural y la pureza de los engaños
adquiridos. Y como esta sabiduría no tiene parangón con la sabiduría sublime de aquellos que todavía están aprehendiendo, es
"incomparable". Por el poder del Mantra Secreto, ellos han obtenido, obtienen, y obtendrán el Cuerpo de Verdad de la Sabiduría
omnisciente de un Buda.

La Budeidad, –la indiferenciabilidad del cuerpo, palabra y
mente sublimes–, se logra apoyándose en el camino del Mantra.
¿Cómo se consigue esto? Nuestra conciencia burda actual no es la
adecuada para ser causa sustancial de la conciencia omnisciente de
Buda. Lo que puede servir como tal causa es la mente más sutil,
innata y fundamental, de luz clara. No hay ninguna otra cosa que
pueda servir como causa sustancial directa de una conciencia
omnisciente. Siendo así, la mente más sutil, innata y fundamental,
de luz clara debe generarse como una entidad del camino, como

una entidad de virtud. Esto sólo puede hacerse a través de una técnica del Mantra del Yoga Más Elevado que enfatiza la concentración en puntos localizados del cuerpo. Sin una técnica así, no hay modo de generar la mente innata y fundamental de luz clara como una entidad del camino, y los tres grupos de tantras menores, Tantras de la Acción, de la Ejecución y del Yoga, así como el Vehículo de Perfección no identifican la mente innata y fundamental de luz clara y no hablan de técnicas para generarla en una entidad del camino; sólo hablan de acumular méritos y sabiduría sublimes en el contexto de niveles de conciencia más burdos.

En tanto no se pueda generar el nivel más sutil de conciencia como una entidad del camino, no se puede alcanzar la omnisciencia de un Buda. Además, se busca esta omnisciencia principalmente por amor a otros seres conscientes. Como dice *Ornament For Clear Realization (mngon rtogs rgyan, abhisamayalamkara)* de Maitreya:[5] "La generación de la mente (altruista) es el deseo de la Iluminación perfecta y completa por amor a los otros". Por tanto el objeto de la intención por la que uno busca la omnisciencia de la Budeidad es el bienestar de otros seres. Ahora bien, entre un Cuerpo de Verdad de Sabiduría de Buda y los Cuerpos de Forma, son éstos los que aparecen de manera real a los practicantes y por tanto los que proporcionan su bienestar; el Cuerpo de Verdad de Sabiduría no se les aparece realmente y por tanto no tiene modo de ayudarles. Por consiguiente, los que se pretenden principalmente son los Cuerpos de Forma de un Buda.

Nuestro cuerpo actual compuesto de carne, sangre, huesos, etc., no puede ser la causa sustancial de esos Cuerpos de Forma. El Vehículo de la Perfección habla de alcanzar un cuerpo mental que surge dependiendo de factores llamados el nivel de las predisposiciones de la ignorancia y del karma no contaminado, y que se asemeja a las marcas mayores y menores de un Buda. El Vehículo de la Perfección dice que este cuerpo mental especial sirve como la causa sustancial de los Cuerpos de Forma de un Buda, pero cuando se examina de cerca, el "nivel de predisposiciones de la ignorancia" se refiere a las obstrucciones a la omnisciencia, y por tanto este cuerpo mental se obtiene desde causas impuras; por ello, no puede servir como causa sustancial de un Cuerpo de Forma que es de la misma entidad que una conciencia omnisciente de un Buda, estando en sí mismo producido a partir de causas impuras.

La causa sustancial del Cuerpo de Forma de un Buda que es de la misma entidad que la de una conciencia omnisciente, debe ser alcanzada de un modo excepcional dependiendo del Mantra del Yoga Más Elevado. En el *Tantra de Kalachakra* éste es un gran sello de forma vacía; en el *Tantra de Guhyasamaja*, un cuerpo ilusorio; o, de otro modo, un cuerpo de arco iris. Sin tal técnica, no hay forma de que nuestro cuerpo burdo pueda servir como causa sustancial de los Cuerpos de Forma de un Buda.

Nuestro propio cuerpo, palabra y mente burdos son muy diferentes uno del otro; pero además, ahora incluso tenemos un cuerpo, palabra y mente sutiles que son indiferenciables entre sí. El Mantra del Yoga Más Elevado, habla, con gran énfasis, de incorporar el cuerpo, la palabra y la mente sutiles, que en nuestro estado ordinario son indiferenciables en cuanto a su entidad y que se presentan junto a engaños, como las bases de la práctica y de transformarlos en el cuerpo, palabra y mente sublimes del estadio del efecto, la Budeidad. Sin el camino del Mantra del Yoga Más Elevado, no hay forma de manifestar claramente nuestro cuerpo, palabra y mente sutiles, para que puedan realizar actividades. Por ejemplo, para generar nuestra mente sutil actual que tiene la capacidad de comprender objetos de tal manera que realiza de modo manifiesto la función de comprender objetos, se necesita la práctica del Mantra del Yoga Más Elevado, y de modo similar para desarrollar completamente la capacidad de nuestro cuerpo sutil presente, es decir, nuestros aires muy sutiles o energías internas, para aparecer en cualquier forma que uno desee, se requiere el camino del Mantra del Yoga Más Elevado.

Para usar bien la mente y el aire muy sutil, es necesario detener los niveles burdos del aire y de la mente. "Aire" es más como un tipo especial de energía. En esta presentación sutil, mente y aire son una sola entidad indiferenciable; se llama así mente, o conciencia, desde el punto de vista de conocer objetos, y aire, o energía, desde el de involucrarse o de moverse hacia los objetos. En el sistema de Kalachakra, hay descripciones de diez o doce tipos de aires, el número mayor resulta al subdividir en tres tipos el aire descendente. El aire llamado *dhanamjaya (nor las rgyal)* es causa de que el cuerpo cambie de un momento al siguiente y por eso se dice que está presente incluso en un cadáver.

Los niveles más burdos de aire y mente se detienen intencionadamente y así se pueden usar los niveles sutiles. La estabilización meditativa o ejercicios físicos especiales detienen los aires y mentes más burdos. Además, se dice que si uno tiene dificultad en conseguirlo, puede presionarse el canal de la rueda del gozo en la garganta y así se manifiesta la luz clara; pero existe el peligro de que, en vez de manifestarse sólo la luz clara, !uno se muera! Por ello, algunas de las técnicas son muy peligrosas; del mismo modo, se corre el peligro de enfermar si no se cultiva bien el yoga del aire. Hasta los meditadores habituales pueden provocarse dolores de cabeza o de ojos si no practican bien el yoga del aire o de la respiración. Y como esto sucede, es importante entrenarse gradualmente bajo la guía de un maestro experimentado y cualificado.

Usando tales técnicas del Mantra del Yoga Más Elevado, los niveles más burdos de aire pueden ser frenados y detenidos, no sólo por el poder del karma como en el momento de la muerte, sino mediante el poder del yoga, por el poder de las técnicas. Cuando ya el aire y la mente burdos están inactivos, el aire y mente más sutiles se vuelven activos. Dado que los niveles más burdos no cesan por el poder del karma sino mediante ser deliberadamente frenados ayudándose de una técnica nueva, entonces cuando se manifiesta una conciencia más sutil, no es turbia sino clara, atenta. Una técnica primaria es "kundalini", que utiliza la esencia refinada del cuerpo. Para hacer esto, es necesario encender el calor interno llamado Mujer Feroz *(gtum mo, chandali)* y para ello, se utiliza una consorte, una Mujer del Gran Sello *(phayag rgya ma, mahamudra)*.

El propósito final es generar, como una entidad del camino, la mente muy sutil de luz clara que puede servir como causa sustancial de una conciencia omnisciente, una conocedora sublime de todos los aspectos. Este es el porqué se enseña la técnica de eliminar intencionadamente los niveles más burdos de aire y mente, para lo cual se necesita obtener control sobre emanar y reunir los constituyentes rojo y blanco; para ello, a su vez, se enseña la técnica de utilizar una consorte.

En resumen, la causa sustancial directa para alcanzar un Cuerpo de Verdad de Sabiduría y la causa sustancial directa para alcanzar un Cuerpo de Forma pueden lograrse únicamente apoyándose en el Mantra Secreto. Por eso, los Budas del pasado llegaron a la Iluminación completa ayudándose necesariamente del Mantra del Yoga Más Elevado, y los Budas del futuro también deben llegar a la Iluminación completa dependiendo del Mantra del Yoga Más Elevado.

Con el incomparable[6] Mantra del yoga Secreto
Los supremos[7], tales como el León de los Sakyas
Y otros, vencieron las muy terroríficas
Y muy poderosas huestes de demonios.
Comprendiendo que el mundo le seguiría,
Hizo girar la rueda de la doctrina y después falleció.

Sirviéndose de tales técnicas maravillosas del Mantra Secreto, los que alcanzaron el estado supremo, tales como el maestro Shakiamuni, vencieron a las huestes de demonios, llegaron a la Iluminación completa, además hicieron girar la rueda de la doctrina y finalmente mostraron cómo morir. Todos estos hechos se lograron sólo con la ayuda del poder del Mantra Secreto. Puesto que esto es así, vosotros, discípulos vajra, deberíais tener un interés y confianza firme e imperturbable en el Mantra.

Por tanto, para alcanzar la omnisciencia,
¡Oh hijo!, hazlo (con toda) tu inteligencia

Explicar el significado de esto ocasiona que el interés en el Mantra previamente generado (por los discípulos) se torne inalterablemente firme.

3 Votos y Bendición

ASUMIR LOS VOTOS Y SER BENDECIDO PARA ALCANZAR LA MAGNIFICENCIA.

Explica bien a los discípulos cómo asumir, en etapas, los votos comunes y extraordinarios del Gran Vehículo y el significado de mantener los votos y procura que lo entiendan con detalle.[8]

Los textos de los eruditos indiosp presentan varios modos de tomar los votos del Mantra, durante la fase preparatoria, durante la iniciación en sí, y en ambas. Como parece que hoy nos va a llevar mucho tiempo, los votos del Mantra se darán mañana, durante la iniciación en sí. Por ello, por hoy bastarán los votos del Bodisatva.

Para tomar los votos del Bodisatva, imaginad que están presentes aquellos objetos de quienes los estáis recibiendo, los Budas y sus "Hijos", los Bodisatvas. Tomamos una gran determinación: "Trataré de alcanzar la Budeidad para ayudar a otros seres. Sin la práctica real, no hay posibilidad de alcanzar la Budeidad; por ello, no sólo voy a crear la determinación de alcanzarla sino también voy a realizar todas las prácticas de los Bodisatvas. Y para hacerlo, voy a tomar los votos del Bodisatva, con la firme promesa de ejercitarme en sus prácticas. Por eso, suplico los votos del Bodisatva". La repetición de las palabras del siguiente pasaje debe hacerse siendo conscientes de su significado.

Entonces los discípulos repiten (tras el Lama) tres veces:[297]

Voy por refugio a las Tres Joyas,

Confieso una por una todas las acciones dañinas,
Admiro las virtudes de los seres,
Y mentalmente recibo la Iluminación de un Buda.

Mediante ello, se toman los votos (del Bodisatva)
comunes (a los Grandes Vehículos del Sutra y el
Mantra)

Cuando, durante la tercera repetición, se dice el último verso, "Y mentalmente recibo la Iluminación de un Buda", pensad que habéis obtenido en vuestro continuo, los votos completos y puros del Bodisatva. Cuanto menos, pensad que habéis obtenido méritos especiales. Sin embargo los que se sientan incapaces de adiestrarse en los preceptos del Bodisatva o no estén interesados en ello no necesitan pensar que han hecho la promesa de implicarse en las prácticas del Bodisatva.

(Se incluye aquí el rito de tomar los votos del Mantra, para ofrecerlo en su totalidad. Para el comentario ver la Segunda Parte, Capítulo Dos.)

Entonces, el discípulo hace una súplica para el voto
extraordinario (del Mantra) repitiendo tres veces:

Otorgándome la excelente
E irreversible iniciación del círculo del mandala,
¡Oh Protector!, te lo ruego, explica
Los principios del mandala, las deidades,
Las actividades de un maestro,
Las promesas de todos los Budas,
Y los votos extremadamente secretos.
Para alcanzar el bienestar de todos los seres conscien-
tes
Voy a actuar sin cesar como un maestro.

Entonces, los votos extraordinarios del Mantra[9] *se*
reciben repitiendo tres veces:

¡Oh, Budas y Bodisatvas todos, os lo ruego,
Prestadme atención!
Yo (dí tu nombre) desde ahora en adelante
Hasta llegar a la esencia de la Iluminación
Voy a generar la intención excelente e insuperable

De llegar a ella
Del mismo modo que los protectores de los Tres tiem-
pos,
Se volvieron definitivamente hacia la Iluminación.
Voy a mantener con firmeza y una a una
Las tres formas de principios morales, los preceptos
éticos,
El conjunto de las prácticas virtuosas,
Y llevaré a término el bienestar de los seres conscien-
tes.
Por el vajra de cinco puntas (linaje de Akshobya) voy
a sostener con todo respeto vajra, campana, sello,
y Lama.
Por la joya (linaje de Ratnasambava) voy a hacer
obsequios;
Por la rueda (linaje de Vairochana) voy a guardar las
promesas de los Conquistadores supremos.
Por la espada (linaje de Amogasidi) voy a realizar
ofrendas;
Por el loto brillante (linaje de Amitaba) voy a guardar
moderación.
Y para que los seres puedan ser liberados, por el linaje (de Vajrasatva) del progenitor de los Conquistadores, voy a generar la Iluminación
Y liberaré a los no liberados (de los impedimentos a
la omnisciencia).
Y liberaré a los no liberados (de la existencia cíclica).
Y aliviaré a los no aliviados (en malas transmigraciones)
Y estableceré a los seres sintientes en el Nirvana.[298]

[BENDECIR A LOS DISCÍPULOS HACIA LA
MAGNIFICENCIA.]

Lo siguiente es bendecir hacia la magnificiencia. Se hace al imaginar los seis constituyentes del discípulo, tierra, agua, fuego, aire,
espacio y conciencia, en la naturaleza de las seis Mujeres de Sabiduría. Los discípulos se visualizan a sí mismos como Kalachakra y
en seis lugares de su cuerpo visualizan lo que, en esencia, son los
seis constituyentes pero que aparecen bajo el aspecto de seis síla-

bas. El constituyente agua del discípulo es imaginado como la sílaba *u*, la naturaleza de Mamaki, sobre una luna en la frente; el constituyente aire como la sílaba *i*, la naturaleza de Tara, sobre un disco
rahu verde en el corazón; el constituyente espacio como la sílaba
a, la naturaleza de Vajradhatvishari, sobre una gota en la protuberancia de la coronilla; el constituyente tierra como la sílaba *l*, la
naturaleza de Lochana, sobre un disco kalagni de color amarillo en
el ombligo; el constituyente fuego como la sílaba *r*, la naturaleza
de Pandara, sobre un sol en el cuello: y el constituyente de la conciencia como la sílaba *ah*, la naturaleza de Prajnaparamita, en la
rueda de la sabiduría sublime en la región secreta.

Entonces, (el Lama) contempla:

> Estableciendo una *u* sobre una luna en la frente del
> discípulo, una *l* sobre un disco rahu verde en el cora-
> zón, una *a* sobre una gota en la protuberancia de la
> coronilla, una "*l*" sobre un disco kalagni (amarillo)
> en el ombligo, una "r" sobre el sol en el cuello, y una
> "*ah*" en la rueda de sabiduría sublime en la región
> secreta, están protegidos por éstas, que son las entida-
> des de las diosas de los seis linajes, el cuerpo, la pala-
> bra, y la mente sublimes del Método y la Sabiduría.

Entonces, mientras que te visualizas como Kalachakra, visualiza
una *hum* negra sobre un disco *rahu* verde en tu corazón, una *ah*
roja sobre el sol en tu cuello, y una *om* blanca sobre una luna en tu
frente. La naturaleza de tu propia mente, palabra y cuerpo sutiles
aparecen bajo el aspecto de estas tres sílabas; imagina que las tres
sílabas son el cuerpo, la palabra y la mente sublimes. Cuando yo
repita las tres sílabas *hum, ah, om*, imagina que mientras hago el
gesto de tocar tu corazón, tu garganta, y tu frente, te toco con gotas
de agua de la concha-vaso en el corazón, el cuello y la frente, y las
tres sílabas irradian luz. Piensa que todas las bendiciones magníficas de la mente, habla y cuerpo sublimes de todos los Budas y
Bodisatvas se disuelven en esos lugares, se purifican así las malas
acciones e impedimentos de la mente, palabra y cuerpo junto a sus
predisposiciones acumuladas desde el tiempo sin principio.

Entonces el Lama contempla:

Una "*hum*"[(10)] negra sobre un disco rahu verde en el

corazón del discípulo, una *"ah"* roja sobre el sol en el cuello
y una *"om"* blanca sobre la luna en la frente.

El Maestro pronuncia las tres sílabas (hum, ah, om), y al tocar los tres lugares (corazón, garganta y coronilla), empezando desde abajo, con agua perfumada tomada con los dedos de la mano que sostiene un vajra, bendice (a los discípulos) para la magnificencia y les hace ofrecimientos (a los discípulos), de los cinco deleites (flores, incienso, luz, agua perfumada, y comida).

Por ello, las tres puertas del cuerpo, palabra y mente son bendecidas hacia la magnificencia. La palabra tibetana "bendecir hacia la magnificencia es *"jin-lap" (byin rlabs)*; *jin* quiere decir "magnificencia" *(gzi byin)* y *lap* significa "transformar" *(sgyurba)*. Por consiguiente, una bendición hacia la magnificencia significa transformar lo que es ordinario e impuro en una entidad pura. Para ser bendecido hacia la magnificencia, es necesario hacer un esfuerzo por nuestra parte. Cuando encuentres varios objetos buenos y malos, no debes apegarte a su apariencia como tales sino verlos como ilusiones, y por tanto al encontrar esos objetos no caer bajo la influencia de las emociones aflictivas. Viéndolos como ilusiones que aparecen como si existiesen inherentemente pero no existiendo así en realidad, los llevas a la posibilidad de comprender la originación dependiente y la vacuidad. Otra práctica, al encontrarse objetos, es llevarlos a la posibilidad de ser factores que ayuden a encender el gozo. Por eso, esta bendición hacia la magnificencia es una técnica para transformar el cuerpo, el habla y la mente de uno mismo o sea, el que experimenta varios objetos buenos y malos, en entidades puras. Imagina que se te ofrece una guirnalda de flores para lucirla en la cabeza; esto tiene dos propósitos: para comprender que los fenómenos son como ilusiones y para generar gozo. Los oscurecimientos aumentan por concebir que estas flores existen inherentemente; del mismo modo, por concebir que estas flores existen inherentemente, se produce el apego pensando: "Estas flores son realmente maravillosas", aumentando en consecuencia el deseo. En base a esto, surge el odio contra quien sea o lo que sea que interfiera tu disfrute de ellos. Sin embargo, si ves las flores como las ilusiones de un mago en el sentido de que, aunque aparecen con existencia inherente, no existen de ese modo y te sirves de ello para ayudar a encender el gozo, entonces, en vez de la percepción de que las flores dañan tu práctica, te ayudan. Por eso se te ofrece una guirnalda.

También se te ofrecen agradables fragancias para tu nariz, luces para los ojos con el fin de hacer desaparecer la oscuridad y la pesadez mental, agua perfumada para el cuerpo, y comida para la lengua. El propósito es el mismo.

4 *Palito, Agua, Hierba Kusha y Cordón.*

SOLTAR EL PALITO, DAR UN POCO DE AGUA Y DEMÁS.

Se suelta (o deja caer en una tabla cuadrada dividida en cuatro secciones y una porción central) un palito (especie de antiguo cepillo de dientes) con el propósito de analizar qué tipo de logro *(dngos grub, siddhi)* debe activar el discípulo para conseguirlo. Para ello, tiene que repetir un mantra sánscrito en el que se recitan primero las sílabas semilla de los seis linajes y luego se hace una mención a las cuatro puertas de la liberación. Las tres puertas de la liberación son carencia de señal, carencia de deseo y vacuidad, y aquí se añade una cuarta, no actividad, refiriéndose al hecho de que aunque las causas producen efectos, no lo hacen inherentemente. El significado del mantra es que el cuerpo, la palabra y la mente se purifican por medio del cuerpo, la palabra y la mente sublimes que son indiferenciables en entidad de la realidad de las cuatro puertas de la liberación.

Luego, lava con agua fragantemente perfumada un palo de unos 25 cms. de largo, procedente de un árbol de fruto lechoso, como el Ficus Glomerata (udumvara),[11] que no tenga ningún ser vivo, que sea recto, sin hendiduras, con piel y corteza intacta. En el extremo (del palo) se coloca una guirnalda de flores y habiendo hecho ofrecimientos de fragancias, etc., (los discípulos tienen que repetir):

Om ah hum hoh ham kshah vajra-danta-kashtha-chatur-vimoksha-mukha-vishuddha-svabhavam kaya-vak-chitta-jnana-mukha-dantadi-malam vishodhaya svaha. (Que las sílabas semillas de los seis linajes –om ah hum hoh ham kshah– y el palito de dientes vajra que tiene la naturaleza de la pureza de las cuatro puertas de la liberación purifiquen los engaños de la primera cara, etc., del cuerpo, palabra y mente sublimes y la conciencia prístina svaha.)

Dáselo al discípulo que está orientado al este. Habiendo susurrado:

Om ah hum

siete veces (el discípulo lanza, es decir, deja caer el palo dental) en el mandala —que mide unos 50 cms., tiene cuatro esquinas, y está ungido con los cuatro productos de la vaca.[12] *Mediante esto, se sabe que el discípulo alcanzará múltiples actividades conforme a la dirección de la cabeza del palo dental.*

(DAR UN POCO DE AGUA)

Lo siguiente es dar un poco de agua como medio para purificar las tres puertas del cuerpo, la palabra y la mente.

Entonces, habiendo susurrado:

Om hrih suvishuddha-dharma-sarva-papam nichamasya shodhaya sarva-vikalpana-apanaya hum (Om hrih purifica todas las malas acciones de este agregado por medio de la pureza completa de los fenómenos, elimina toda la conceptualidad hum.

Vierte agua fragante junto con las cinco ambrosías en la mano (del discípulo), tres veces.

Ahora tomad un poco del agua vertida en vuestra mano y enjuagaros la boca con ella. Luego, de la restante, tomad tres sorbos, considerándolos como medio para purificar respectivamente cuerpo, palabra y mente.

DAR HIERBA KUSHA

Junto con las instrucciones, que se darán más tarde, para analizar los sueños de esta noche, se da hierba kusha para que estos sean claros y precisos. También, con el fin de eliminar contaminantes e impurezas para lograr así una mente clara.

Después elimina las impurezas de la hierba kusha, cuyas puntas no deben estar deterioradas y deben ser tupidas, y habiendo dicho:

Generada de hum

Repite hum y las seis sílabas (om ah hum hoh ham kshah). Esto es para el colchón y es la porción más pequeña de hierba; habiendo dicho:

Surgida de dhih

Y la repetición de dhih y las seis sílabas (om ah hum hoh ham kshah) es para la almohada. La hierba se da entre las palmas de las manos del discípulo [299] susurrando:

Om vajra-tikshna bam. (om vajra claridad bam)

El más tupido es para ponerlo debajo del colchón, y el más pequeño debajo de la almohada.

DAR UN CORDÓN PROTECTOR.

Entonces, limpia y purifica un cordón rojo de la longitud del cuerpo de los discípulos, enróllalo tres veces:

Surgido de hum.

Habiendo repetido hum y las seis sílabas (om ah hum hoh ham kshah) siete veces, haz tres nudos en él. Susurrando:

Om buddha-maitri raksha sarvam svaha. (Om protege, protege contra todo (lo desfavorable) con el amor de Buda svaha.)

Atalo en el brazo del discípulo. El propósito de éste
es como el explicado anteriormente.

El mantra usa para amor la palabra *"maitri"*, porque el amor es la protección real. A medida que el amor crece en vuestra mente las fuerzas dañinas no pueden afectaros. Y siendo así, el método real para proteger contra el daño es cultivar el amor.

5 Seis Linajes y Vajrasatva

ESTABLECER LOS SEIS LINAJES E INVOCAR A VAJRASATVA.

Las sílabas semillas de los seis linajes –los cinco linajes de costumbre de Akshobya, Amogasidi, Ratnasambava, Amitaba y Vairochana y un sexto linaje de Vajrasatva– se sitúan en los seis puntos del cuerpo del discípulo. Da igual ser hombre o mujer; imaginaos a vosotros mismos con el cuerpo de Kalachakra. Imaginad que vuestra frente está marcada con una *om* blanca, vuestro cuello con una *ah* roja, vuestro corazón con una *hum* negra, vuestro ombligo con una *hoh* amarilla, vuestra protuberancia de la coronilla con una *ham* verde, y vuestra región secreta con una *kshah* azul.

> *Una om (blanca) se sitúa en la frente del discípulo, una ah (roja) en el cuello, una hum (negra) en el corazón, una hoh (amarilla) en el ombligo, una ham (verde) en la protuberancia de la coronilla, y una kshah en la región secreta.*

INVOCAR A VAJRASATVA

Después, tras el Lama los discípulos repiten el mantra para invocar a Vajrasatva. El significado esencial del mantra es: Que Vajrasatva, la sabiduría sublime pura, me conceda el supremo (hecho de la Budeidad) al entrar en mi contínuo mental las bendiciones magníficas del cuerpo, la palabra y la mente sublimes de Kalachakra.

Mediante pronunciar:

Om a a am ah vajrasatva-mahasukha-vajra-kalachakra shishyasya abhimukho bhava samtushto bhava varado bhava, kaya-vak-chittadhishthanam kuru svaha. [Vajrasatva, Kalachakra Vajra del Gran Gozo, acércate (al discípulo), satisfácele completamente, concédele lo supremo, bendice hacia la magnificencia cuerpo, palabra y mente sublimes.]

invoca a Vajrasatva, a través de lo cual el cuerpo, la palabra y la mente sublimes del discípulo son bendecidos hacia la magnificencia. Piensa, pues, que ha sido otorgado el supremo (logro de la Budeidad).

6 *Entusiasmo y Sueños.*

GENERAR ENTUSIASMO MEDIANTE EXPLICAR LA DOCTRINA Y DAR CONSEJOS PARA ANALIZAR LOS SUEÑOS.

El pasaje utilizado para desarrollar apreciación por la doctrina está tomado del *Condensed Kalachakra Tantra.*

Entonces:[13]

> En el vientre de la madre existe el sufrimiento de habitar en él; en el nacimiento y mientras se es niño hay también sufrimiento.
> La juventud y la edad adulta están repletas de grandes sufrimientos, como el del perder al compañero,[14] riquezas y fortuna, así como el gran sufrimiento de las emociones aflictivas.
> Los viejos tienen el sufrimiento de la muerte y de nuevo el terror de las seis transmigraciones tales como la de los aullidos, etc.[15]

Aquí se habla de los sufrimientos de los humanos así como de lo incierto del tipo de sufrimiento a experimentar tras la muerte en cualquiera de las seis transmigraciones, como un ser de los infiernos, un espíritu hambriento, animal, humano, semidiós, o dios. Desde el momento de habitar en el vientre de la madre hay muchos sufrimientos, igual como los hay tras nacer y luego como niño. También como adulto uno pierde a su pareja, posesiones y demás. Incluso en países de gran progreso material hay mucho dolor; en países poco desarrollados materialmente hay muchos tipos de dolor. Luego, en la vejez está el sufrimiento de más enfermedades y, cuando la muerte se acerca, el sufrimiento de la muerte. Tras la muerte, otra vez el sufrimiento de la seguridad de vagar en cualquiera de las seis transmigraciones.

El que experimentemos tal sufrimiento no ocurre sin causas y condiciones. ¿Cuál es su causa?

> Todos estos seres transmigrantes, engañados por la ilusión, se aferran al sufrimiento que proviene del sufrimiento.

Lo que en realidad es sufrimiento no se entiende como tal, sino que debido al oscurecimiento, se malinterpreta como felicidad y se persiste en ello. De modo similar, lo que no es un yo inherentemente existente aparece como siéndolo y debido al oscurecimiento, se interpreta de ese modo. Mediante esta ignorancia que malinterpreta la naturaleza de las personas y de otros fenómenos, se llevan a cabo acciones por las que se acumula buen y mal karma que impulsa a vidas en la existencia cíclica y la rueda del sufrimiento continúa. Así mismo, aunque uno quiere felicidad, debido a la ignorancia no se sabe cómo alcanzarla e incluso, aunque no se quiera sufrimiento, por estar obcecado con respecto a sus causas, uno se involucra, casi intencionadamente, en conseguir las verdaderas causas del mismo. En este sentido, lo que debe ser adoptado y lo que debe ser rechazado se invierte, y un sufrimiento lleva a otro.

Los ojos de los que asisten a una sesión de magia se ven afectados por el mantra del mago, y, debido a esta ofuscación, generan apego cuando se les aparecen caballos, elefantes y demás ilusiones. De un modo similar, debido al oscurecimiento de la concepción de la existencia inherente, los seres exageran el estatus de los fenómenos buenos o malos y en consecuencia son dirigidos hacia el deseo, el odio y por lo tanto a acumular acciones *(las, karma)*.

¿Es posible eliminar tal situación de sufrimiento? Y si es así, ¿cuál es el método? Como se explicó antes, todos nosotros tenemos la naturaleza de Buda, y cuando uno se vuelve capaz de transformar el cuerpo, la palabra y la mente sutiles en el cuerpo, la palabra y la mente puros, el sufrimiento y las predisposiciones se purifican para siempre.

Sin embargo, la mera existencia de un método tal no nos libera del sufrimiento; el método debe ser generado en vuestro contínuo mental, debe ponerse en funcionamiento a través del esfuerzo. En esta ocasión, tenemos una buena oportunidad que no debe, por tanto, malgastarse.

> Aunque algunos se convierten en humanos en la existencia cíclica, pocos tienen una actitud espiritual.
> Muy pocos entran en el primer vehículo por la fuerza de la virtud de ser atraídos hacia Buda.
> Y aún menos aplican toda su inteligencia a cultivar el glorioso Vehículo Vajra
> Es más, aquéllos que desean la Budeidad y entran en los estados del gozo supremo son, ¡ay!, extremadamente raros.[300]

Los que en la existencia cíclica tienen una forma de vida humana como soporte, son pocos, porque la vida de alto nivel como la humana se consigue sólo por haber creado buenas causas. Y esos pocos que de entre ellos han encontrado un sistema espiritual y cuyas mentes se han vuelto hacia él son aún menos. Además, entre estos, los que han entrado en las enseñanzas del Gran Vehículo y están buscando la Iluminación de un Buda son incluso menos. De entre ellos, los que tienen un interés real en el Vehículo del Mantra Secreto son incluso más raros: tales seres difícilmente aparecen. Entonces, los que no sólo tienen un interés sincero en el Vehículo del Mantra Secreto sino que además practican su camino adecuadamente para alcanzar la Budeidad son más raros incluso.

Por tanto, en este momento hemos obtenido un cuerpo humano, hemos encontrado la enseñanza de Buda y, dentro de ella, la enseñanza del Gran Vehículo, y además tenemos un interés sincero en el Vehículo del Mantra Secreto. El que tengamos un deseo de practicar esta doctrina profunda es realmente una suerte extraordinaria.

Luego, se genera entusiasmo para adoptar la doctrina por medio de reflexionar en las palabras del *General Secret Tantra*

Además:

> Los Omniscientes aparecen
> Raramente en el mundo,
> Sólo a veces, como una flor udumvara,[16]
> Y después no aparecen.

El que surja la práctica del Mantra Secreto
Es incluso más raro.

En general, la aparición de un Buda es rara: la aparición del Mantra lo es aún más. ¿Por qué es así? Es debido a que los seres con capacidad de lograr sus prácticas poderosas son muy raros. El resto del pasaje sustenta el gran poder del Mantra en que mediante éste uno puede alcanzar la Budeidad en esta misma vida, etc.

A través de él, se puede conseguir sin morir, el bienestar inigualable de los seres conscientes.

Y las acciones dañinas realizadas anteriormente
En mucho más de diez millones de eones
Se extinguen por completo
Inmediatamente al ver un tal mandala.

Por eso ¡a qué mencionar el residir
En la práctica del Mantra de renombre sin fín!

Inmediatamente después de ver un mandala que ha sido obtenido apropiadamente y que está bendecido hacia la magnificencia, es posible purificar las acciones dañinas acumuladas a lo largo de muchos eones. Si esto es así, no es necesario mencionar que es beneficioso practicar su camino de modo apropiado .

Si se repite el mantra secreto protector,
Se logrará el estado insuperable.

El término "mantra" es sinónimo de "protección de la mente", proteger la mente específicamente de la apariencia ordinaria y de los conceptos de ser ordinario. Si se repite adecuadamente tal mantra secreto protector se puede obtener la Iluminación en una vida.

Quienquiera que tenga una mente muy firme
Respecto a la suprema de las prácticas
Eliminará las malas reencarnaciones
Que causan todo sufrimiento.

El Victorioso Supramundano y compasivo, hábil en métodos, estableció básicamente tres modos de práctica: para aquellos interesados en lo pequeño expuso prácticas libres de deseo; para los interesados en lo extenso, las prácticas de los niveles del Bodisatva y las perfecciones, y para los muy interesados en lo profundo, prácticas en las que el deseo por las cualidades del Reino del Deseo se usan en el camino. Si, de entre los tres modos de práctica, tenéis una fe muy segura, razonada y firme en el modo supremo del Mantra Secreto que implica el uso de las cualidades del Reino del Deseo en el camino, podéis eliminar fácilmente el renacimiento en las malas transmigraciones que son fuente de gran sufrimiento.

> Vosotros, grandes seres, hoy habéis[17]
> Encontrado el hallazgo sin igual,
> Para todos vosotros será sostenido
> En esta enseñanza por el Conquistador y sus Hijos.

> Y vosotros, seres grandes,
> Lo habitáis al haber nacido en él.
> A través de ello, mañana naceréis
> Completamente en el Gran Vehículo.

Vosotros, grandes seres, es decir, vosotros, discípulos, habéis alcanzado la fortuna de entrar en el camino del Mantra Secreto, el hallazgo sin par. Por esto, hoy estáis comenzando el proceso de llegar a ser yoguis que practican el Vehículo del Mantra Secreto del que habéis pedido iniciación. Mañana entraréis en el mandala, y pasado mañana, obtendréis las iniciaciones, mediante las que os convertiréis en Sostenedores del Conocimiento del Vehículo Vajra, en seguidores del Mantra.

> Por proceder en ese supremo camino glorioso
> Que hace surgir con grandeza el Gran Vehículo
> Os convertiréis en Los Que Han Ido Más Allá Así
>   (Budas)
> Que conocen todo el mundo,
> Seres Autogenerados de gran fortuna.

Vais a tener el potencial de alcanzar la Budeidad en esta vida dependiendo del camino del Mantra del Yoga Más Elevado que fácilmente hace surgir los Cuerpos de Verdad y de Forma de un Buda. Este camino supremo es glorioso porque a lo largo de él un practicante actualiza un cuerpo de aspecto similar al Cuerpo de Forma de Buda dependiendo del cual se actualiza el cuerpo del estado del efecto como un Buda.

Ya que vosotros, discípulos vajra, estáis siguiendo este camino, llegaréis a ser, en no mucho tiempo, "seres autogenerados de gran fortuna" en quienes, cuando se actualiza el Cuerpo de Verdad de Buda, se actualiza simultáneamente el Cuerpo de Forma sin depender de otras condiciones o agentes, independientemente. En este sentido, el Cuerpo de Forma se llama "autogenerado". Del mismo modo, el Cuerpo de Verdad también se llama "autogenerado" en el sentido de que la vacuidad que es el objeto del Cuerpo de Verdad de Sabiduría ha permanecido desde el sin principio tanto si Los Que Han Ido Más Allá Así surgen o no y por eso la talidad de los fenómenos permanece por impulso propio. Además, la mente de luz clara que permanece de una entidad indiferenciable de dicha talidad, la sabiduría sublime de la mente innata y fundamental de luz clara, es sin principio en cuanto a su entidad. La entidad indiferenciable del objeto, talidad, y el sujeto, la mente innata y fundamental de luz clara, es la base de emanación o el creador de todos los Budas. Por consiguiente, en este sentido el Cuerpo de Verdad es autogenerado. Debido a poseer tales Cuerpos de Forma y de Verdad autogenerados, los Budas son seres de "gran fortuna".

Habiendo explicado el significado de ello, genera entusiasmo.

ANALIZANDO LOS SUEÑOS.

Seguid ahora el consejo de cómo analizar los sueños que ocurran esta noche. Si es posible, disponed vuestra cama de modo que la cabecera esté hacia el mandala: si no lo es, imaginadlo. Poned la hierba kusha más larga debajo del colchón, y la pieza más pequeña debajo de la almohada. Dormid sobre vuestro costado derecho, en la postura del león. Nada más acostaros, adoptad esta postura: si durante la noche vuestra postura cambia, no importa, de lo contrario, ¡tendríais que encadenaros al colchón!

En vuestro pensamiento no permitáis que vuestra mente esté polucionada por otras concepciones; sed sólo conscientes de Kalachakra, y así, tanto como podáis, pensad en la intención altruista de llegar a iluminaros y en la visión de la vacuidad. Si no podéis hacerlo, primero cultivad confianza y compasión, y mirad muy directamente a la mente misma.

Si habitualmente tenéis un sueño demasiado pesado, lo hará

más ligero si usáis un punto de imaginación más alto en vuestro cuerpo. De nuevo, si vuestro sueño es demasiado ligero, se hará más pesado usando un punto de imaginación más bajo.

Utilizad técnicas para dormiros con una actitud virtuosa. Se explica que, durante los cuatro períodos de la noche, existe la posibilidad de analizar los sueños hacia la madrugada durante el cuarto período. En general, a nuestro alrededor existen muchos misterios, muchos hechos, que no son vistos con los ojos. Porque tenemos un cuerpo físico burdo, cuando está muy activo, es difícil tener contacto directo con estos misterios, pero cuando nos volvemos semiconscientes, cuando nuestra conciencia se vuelve más sutil, hay una disminución de la conciencia burda que depende del cuerpo físico burdo, y es más fácil establecer conexión con tales misterios.

Este es el porqué surgen durante los sueños diversos presagios de eventos futuros, etc. Si practicáis meditaciones más profundas, podéis conocer estas cosas mediante ciertas experiencias meditativas, pero para la gente corriente la única alternativa es a través de los sueños.

Os voy a dar ahora una transmisión oral de un mantra para que sea repetido esta noche.

> *Da las seis sílabas (om ah hum hoh ham kshah) para su repetición. Habiendo dicho a los discípulos que se acuesten con la cabeza en la dirección del Lama o del mandala y que te cuenten por la mañana qué sueños se vieron en la cuarta parte de la noche, cerca del amanecer, envía a los discípulos a sus respectivos lugares.[18]*

Así concluye la preparación del discípulo para la iniciación del Victorioso Supramundano, Kalachakra. Tengo todavía varias cosas que hacer; por eso, tras ofrecer el mandala, debéis salir.

(final del primer día en Madison)

Segunda Parte
Entrada en el Mandala

1 *Estructura*

CONSEJO SOBRE LOS SUEÑOS.

Ayer se explicó que ibais a analizar los signos sencillos que acontecieran en vuestros sueños en la cuarta parte de la noche, hacia el amanecer. En general, si de entre los cuatro constituyentes de tierra, agua, fuego y aire, el constituyente de tierra es particularmente fuerte en el cuerpo, puede ocurrir que no se tengan sueños claros. Si se ha tenido un sueño experimentando terror o inquietud mental, se considera que es ligeramente negativo. También, incluso aunque en el sueño aparezcan muchas flores y proporcionen placer, si las flores son rojas, entonces no es bueno; sin embargo hay excepciones, como cuando se realizan ritos para lograr ciertas actividades. También es malo aunque os haya surgido un templo, si no estaba reluciente, sino deteriorado, sucio, o destruído; incluso aunque os haya surgido una estatua, si no era espléndida sino que estaba cubierta de polvo, también es malo.

Por otra parte, son mejores los sueños sobre cosas que agradan a la mente. No obstante, se dice que incluso si tuvisteis un buen sueño, no deberíais desarrollar placer que implique apego. De modo similar, incluso si tuvieseis un mal sueño, no deberíais preocuparos demasiado por ello. Si no tuvisteis sueño alguno, no es ni bueno ni malo.

Existen modos de superar los malos sueños; la técnica principal es meditar en la vacuidad; pero también en situaciones de terror y malestar, es importante desarrollar un conocimiento específico del objeto, la persona o ser que es la fuente de terror o incomodidad, y entonces cultivar compasión y amor. Este es el mejor método de superar el problema. El ser que está tratando de hacerte daño es como tú mismo en cuanto que desea felicidad y no desea sufrimiento. Por eso, la mejor protección es pensar: "Igual que yo quiero felicidad, también este ser la desea. ¡Que este ser obtenga felicidad, que este ser llegue a poseerla!

Según mi propia experiencia, no tiene mucho efecto recitar mantras y hacer visualizaciones durante una pesadilla, pero como un último recurso, proporciona paz inmediata recordar la compasión y el altruismo hacia el objeto. La mejor protección es protegernos nosotros mismos; esto significa protegernos del enfado, el odio, y del miedo permaneciendo siempre con el coraje y la determinación de la compasión.

Ahora como un medio adicional para superar los malos sueños, esparciré agua, recitando simultáneamente el mantra *om ah hum hoh ham kshah*. Durante esto, visualiza que todos los malos efectos son disipados por la fuerza del mantra y de la sabiduría que comprende la vacuidad.

ESTRUCTURA DE LA INICIACIÓN.

Para que tenga lugar una iniciación, hay muchas cosas que el Lama debe realizar y otras muchas que debe hacer el discípulo. ¿Qué es lo que yo he hecho? Primero he desarrollado la autogeneración como Kalachakra usando el rito completo del mandala del cuerpo, palabra y mente sublimes. Después, los recipientes se transformaron (en deidades que luego reaparecieron como recipientes) tras lo cual generé la deidad, Kalachakra, frontal. Hay dos modalidades de generación o imaginación de la deidad frontal: una con la deidad de la misma entidad que uno mismo y la otra con la deidad de una entidad diferente. Siendo éste *El Tantra de Kalachakra*, el Kalachakra que uno imagina ser uno mismo y el Kalachakra que imagina enfrente se ven como entidades diferentes.

Luego, para renovar los votos que se han tomado, se realiza la autoiniciación en el mandala; si el Dalai Lama ha sido torpe (y ha transgredido un voto), deberá restaurarlos llevando a cabo el rito de autoiniciación en el mandala. Luego vienen una súplica para beneficio del discípulo y una expresión del poder de la verdad. Después, hay una entrega de ofrecimientos de comida a los espíritus obstaculizadores que pudieran interferir en la iniciación, y se genera por meditación una rueda de deidades protectoras. Esto es lo que el Lama debe hacer. Ahora yo estoy manteniendo la concepción de mí mismo como la Deidad Principal del mandala, Kalachakra; y después de llevar a cabo la autoiniciación en el mandala he sostenido el "orgullo" de ser la Deidad Principal.

Los discípulos deben rendir respeto, enjuagar sus bocas, y luego hacer ofrecimientos de mandalas, que son los que se acaban de efectuar. Ahora, igual que ayer, imaginad que estáis fuera del mandala de tres pisos, en el exterior del nivel del cuerpo sublime. Pensad que desde ahí hacéis (otro) ofrecimiento del mandala.[19]

Al Lama, a la Deidad Personal, y a las Tres Joyas ofrezco en
    visualización
El cuerpo, palabra, mente y mis recursos y los de otros,
Nuestras acumulaciones de virtud del pasado, presente y futuro
Y el maravilloso y precioso mandala con los montones de ofrendas
    de Samantabadra.
Aceptándolos por vuestra compasión, os lo ruego, bendecidme
    hacia la magnificencia.
Idam Guru-Ratna-Mandalakam Niryayatami. (Ofrezco al guru este
    mandala adornado de joyas).

Para entrar en el mandala de Kalachakra y recibir la iniciación, como mencioné ayer, es importante escuchar habiendo ajustado bien vuestra motivación para que sea una intención altruista de llegar a la Iluminación y con la visión correcta de la vacuidad de la existencia inherente.

HISTORIA DEL TANTRA DE KALACHAKRA

De acuerdo a una interpretación, *El Tantra de Kalachakra* fue explicado por primera vez por el Maestro Buda Shakiamuni, durante la luna llena del tercer mes del año siguiente a mostrar cómo llegar a la Iluminación completa y perfecta.[20] Según otra interpretación, Shakiamuni, después de haber mostrado la manera de llegar a la Iluminación, giró las tres ruedas de doctrina, y luego un año antes de su muerte, expuso *El Tantra de Kalachakra*. *El Tantra de Kalachakra* raíz dice acerca de esto:

Igual que el Maestro (expuso) la Perfección de la Sabiduría en el
    Pico del Buitre
También en la estupa de Danyakataka *('bras spungs)* expuso todos
    los modos de (este) Mantra Secreto.

Una lectura literal de este pasaje indica que igual que, por ejemplo, Shakiamuni expuso diferentes tipos de enseñanzas tales como los Sutras de la Perfección de la Sabiduría en muchos lugares, Pico del Buitre, etc., también en Danyakataka giró la rueda de la doctrina del Mantra Secreto con *El Tantra de Kalachakra* como el Tantra principal.

En el país de Shambala, Buda Shakiamuni expuso especialmente este Tantra a muchos practicantes, dioses y humanos, representados por el Rey Suchandra *(rgyal po zla ba bzang po)*. *El Tantra de Kalachakra* mismo tiene una extensión de doce mil estrofas; el Rey Suchandra compuso un comentario de sesenta mil estrofas.

Se tradujeron al tibetano citas ocasionales del Tantra raíz en *The Great Commentary on the "Kalachakra Tantra", the Stainless Light (dri med'od, vimalaprabha)* de Kulika Pundarika y de otros comentarios, y de la *Brief Explication of Initiations (dbang mdor bstan, shekhoddesha)*, pero el Tantra raíz mismo no fue traducido. Luego, tras siete reyes religiosos, el Rey Manjushrikirti (*'jam dpal grags pa)* permitió que muchos practicantes tales como Suryaratha *(nyi ma'i shing rta)* entraran en el mandala y que, por tanto, se desarrollaran completamente, unificando a todos ellos en un linaje vajra. Por eso a partir de ese momento, a los reyes religiosos se les dio el título de *kulika (rigs ldan)*, "el que sostiene el linaje". Estaba indicado en el Tantra raíz mismo que en el futuro alguien llamado "Kirti" haría una versión más corta del Tantra, y, exactamente así, Kulika Manjushrikirti condensó los puntos principales del Tantra en el actual de cinco capítulos que tiene unas mil estrofas, llamado el *Condensed Kalachakra Tantra*. Ya que el que hiciese esto estaba profetizado en el Tantra raíz mismo, el *Condensed Kalachakra Tantra* se acepta como un Tantra verdadero.

Posteriormente, Kulika Pundarika compuso un comentario sobre el *Condensed Kalachakra Tantra* llamado *Stainless Light* que tiene doce mil estrofas de extensión. Estos dos, *Condensed Kalachakra Tantra y Stainless Light* se tradujeron al tibetano, y muchas explicaciones del *Tantra de Kalachakra* se basan principalmente en estos dos textos. Entre los comentarios de eruditos tibetanos, los mejores son los comentarios de anotaciones sobre el Tantra mismo y sobre *Stainless Light* de Kulika Pundarika, del erudito Sakia Budön Rin-chen-drup *(bu tson rin chen grub,* 1290-1364).

Se han hecho dos traducciones del Tantra al tibetano, uno por el

Traductor Ra Dor-jay-drak-ba *(rva lo tsa ba rdo rje grags pa)* y otra por el Traductor Dro Shay-rap-drak *('bro lo tsa ba shes rab grags)*. Las transmisiones principales de la explicación proceden de Ra y Dro, combinándose éstas con la de Bu-dön Rin-bo-chay. La transmisión oral del Tantra que yo tengo es esta última, que ha pasado desde Bu-dön Rin-bo-chay hasta el presente a mi amable guru raíz, Ling Rin-bo-chay. Recibí la transmisión de la explicación del Tantra de Ser-gong Rin-bo-chay, que posee dos transmisiones diferentes de explicaciones. Yo aún soy un estudiante del *Tantra de Kalachakra,* quizás un estudiante mayor.

TEMAS DEL TANTRA

En cuanto a los temas de los cinco capítulos del *Tantra de Kala-chakra* condensado, el primero, ¿qué es Kalachakra? ¿"Rueda del Tiempo"? ¿Qué es "tiempo"? ¿Qué es la "rueda"? "Tiempo" se refiere al gozo inmutable, y "rueda" a las diversas formas vacías. En *El Tantra de Kalachakra*, se describen dos tipos de vacuidad, con aspecto y sin aspecto. La vacuidad sin aspecto es exactamente la vacuidad descrita en los tratados de la Escuela del Camino Medio *(dbu ma pa, madhyamika)*, la vacuidad de la existencia inherente. La mente de luz clara que toma esta vacuidad como su objeto probablemente también es llamada vacuidad sin aspecto. Aquí sucede como por ejemplo, en el uso del término "concordante último" que hace referencia a una conciencia de sabiduría que comprende la vacuidad.[21]

"Vacuidad con aspecto", por otro lado, se refiere a las formas vacías. Por consiguiente, en tanto que el objeto de negación de la vacuidad sin aspecto es la existencia inherente, el objeto de negación de la vacuidad con aspecto son los fenómenos materiales compuestos de partículas. Por tanto, "vacuidad con aspecto" se refiere a varias formas u objetos físicos, que están más allá de la materialidad.

¿Cuál es la base sobre la que se logran estas formas vacías diversas? Se logran en relación a la mente. En *El Tantra de Kala-chakra* se describe el yoga del aire, pero no se enfatiza en él como lo hacen el *Guhyasamaja Tantra* y el *Heruka Tantra* (llamado también el *Chakrasamvara Tantra)*, por lo que las formas vacías no se obtienen por medio del aire.

Por eso, tomándolo en su conjunto, el término "Kalachakra" se refiere a la *unión* en una sola entidad del gozo inmutable y de la forma vacía. Esta explicación es fundamentalmente en relación al estadio del efecto de la Budeidad, el momento del objeto último del logro. Ya que, para actualizar tal efecto mediante los caminos de la práctica, es necesario tener una base a partir de la que se practiquen los caminos, de ahí viene el que haya Kalachakras externos, internos y alternativos.

El Kalachakra externo se refiere a todo el entorno: las montañas, cercas, casas, planetas, constelaciones de estrellas, sistemas solares, etc. El Kalachakra interno, al cuerpo de la persona que tiene una naturaleza de canales, aires y gotas de fluído esencial. El Kalachakra alternativo, a los métodos para purificar los factores impuros de los Kalachakras externos e internos que son la base de purificación, y por tanto a llevar a cabo la transformación en un Kalachakra del estado del efecto de la Budeidad. De nuevo, el Kalachakra alternativo, el camino, se divide en (1) el estadio de consumación, que lleva el camino a la consumación y está comprendido por el yoga de seis ramas; (2) el estadio de generación, que prepara para la práctica del estadio de consumación, y (3) las iniciaciones que autorizan a escuchar, a reflexionar, y meditar en los caminos de los estadios de generación y consumación.

Estos tres Kalachakras, externo, interno y alternativo, constituyen los temas tratados en los cinco capítulos del *Condensed Kalachakra Tantra*. El significado completo de los Kalachakras externo, interno y alternativo está contenido en las letras del mantra raíz de Kalachakra, *ham kshah ma la va ra ya*. El mantra es llamado el poderoso y tiene diez aspectos *(rnam bcu dbang ldan)*. En *ham kshah ma la va ya*, están las siete letras, *h, ksh, m, l, v, r,* e *y*, así como el *visarga* (en la *kshah* aparece como una media luna), el *anushvara* (en la *ham*), y la vocal *a* que es la "vida" (de las consonantes), por tanto hacen diez. También, hay un undécimo símbolo, el *nada* (una linea ondulada que surge del punto superior).

Las explicaciones de la formación del mantra y de su significado son complicadas, pero, en resumen, cuando estas diez letras se asocian con el Kalachakra externo, simbolizan los cuatro elementos, el Monte Meru, el sol, la luna, etc. En el sistema de Kalachakra, hay treinta y una categorías de existencia cíclica, que, a su vez, se resumen aquí en once al reducir los niveles de dioses.

Cuando las diez letras se asocian con el Kalachakra interno, simbolizan los cuatro elementos internos del practicante, tierra, agua, fuego y aire, la columna vertebral, el canal central en la región secreta, el canal central, el derecho, el izquierdo, y el gozo.

Cuando las diez letras y la *nada* se asocian con el Kalachakra alternativo y con las iniciaciones que hacen madurar a los practicantes, simbolizan las once iniciaciones. Son quince en su enumeración más amplia, pero se reducen a once; las siete primeras iniciaciones son aquellas según modelo de la niñez:

1-Iniciación del agua
2-Iniciación de la corona
3-Iniciación de la cinta de seda
4-Iniciación del vajra y la campana
5-Iniciación de la conducta
6-Iniciación del nombre
7-Iniciación del permiso.

Luego, están las cuatro altas iniciaciones:

8-Iniciación del vaso
9-Iniciación secreta
10-Iniciación del conocimiento-sabiduría
11-Iniciación de la palabra provisional.

Y luego las cuatro altísimas iniciaciones:

12-Iniciación del vaso
13-Iniciación secreta
14-Iniciación del conocimiento-sabiduría
15-Iniciación de la palabra definitiva.

Para reclasificar estas quince como once, la iniciación del vaso, la iniciación secreta, y la iniciación del conocimiento-sabiduría de entre las cuatro altísimas iniciaciones están incluidas en las similares de las altas iniciaciones, y la iniciación de la palabra provisional de entre las altas iniciaciones se incluye en la iniciación del conocimiento-sabiduría de ese mismo grupo, quedando la iniciación de la palabra definitiva como la undécima. Por tanto las once iniciaciones son:

Siete iniciaciones según el modelo de la niñez

1-Iniciación del agua
2-Iniciación de la corona

3-Iniciación de la cinta de seda
4-Iniciación del vajra y la campana
5-Iniciación de la conducta
6-Iniciación del nombre
7-Iniciación del permiso.

Cuatro altas iniciaciones

8-Dos iniciaciones del vaso (La 8 y la 12 de las anteriores)
9-Dos iniciaciones secretas (La 9 y la 13 de las anteriores)
10-Dos iniciaciones del conocimiento-sabiduría y la iniciación de
la palabra provisional (La 10, la 14 y la 11 de las anteriores)
11-Iniciación de la palabra definitiva (La 15 de las anteriores).

Cuando las 10 letras así como la *nada* se asocian con el Kalachakra alternativo y, dentro de éste, con el estadio de generación, simbolizan los mandalas (es decir, esferas) de los cuatro elementos, el Monte Meru, la mansión inestimable en la cima del Monte Meru, los tres lugares de *rahu*, sol, y luna así como el círculo de deidades, (es decir, el mandala meditado en el estadio de generación). Del mismo modo, cuando las diez letras así como la *nada* se asocian con el Kalachakra alternativo y, dentro de éste, con el estadio de consumación, simbolizan los canales centrales, etc. De ese modo, el mantra poderoso de diez aspectos indica las bases, caminos, y frutos del sistema de Kalachakra, de todos los Kalachakras, externo, interno y alternativo.

DETALLES DE LA OCASIÓN

El *mandala en el que se conferirán las iniciaciones* es un mandala de partículas coloreadas. Excepto en ciertas circunstancias excepcionales, las siete iniciaciones según el modelo de la niñez deben conferirse con un mandala de partículas coloreadas.

El *maestro vajra* que confiere la iniciación dependiendo de tal mandala, como se dice en *El Tantra de Kalachakra*, debe haber recibido la iniciación, mantener correctamente las promesas y votos, ser hábil en el Tantra y actividades del mandala, haber hecho una aproximación previa (al estado de la deidad) y desde luego haber recibido el permiso para conferir la iniciación, etc. Se requieren muchas cualificaciones. Diremos que yo sólo estoy en el camino de llegar a tener las cualificaciones mínimas.

Los *discípulos*, en lo profundo de su corazón deben tener también un sincero interés por la intención altruista de llegar a la Iluminación y por la visión correcta de la vacuidad de la existencia inherente. Incluso si no tienen estas experiencias, deberían pensar, en lo profundo de su ser, "Son realmente necesarias; son realmente buenas." Además, los discípulos deben estar sinceramente interesados en el Mantra.

El *lugar* donde la iniciación va a ser conferida es esta zona de Wisconsin muy cualificada, aislada, limpia y tranquila. ¡Y si tenéis hambre, podéis ir a los campos de maíz y comer algo de maíz!

El *tiempo* preferido es durante la luna llena del tercer mes del sistema de Kalachakra (por eso para conocer este sistema bien, es preciso conocer astrología, las casas, constelaciones, etc.) En caso contrario, puede ser el período de luna llena de cualquiera de los doce meses. Mañana es la luna llena del quinto mes. Normalmente, en Lhasa el decimoquinto día del quinto mes es un día de celebración por la prosperidad general del mundo. Aunque no lo planificamos así, es una feliz coincidencia.

Las *iniciaciones* que van a ser conferidas son las que desarrollan el continuo para el estadio de generación, las siete iniciaciones según el modelo de la niñez. Creo que no hay necesidad de precipitarse con las altas y altísimas iniciaciones. Cuando se hace bien, las iniciaciones se dan teniendo en cuenta lo que se necesita en un momento concreto, mientras que cuando se trata sólo de una ceremonia pública se dan todas de una vez. El proceso de las siete iniciaciones según el modelo de la niñez se desarrolla en dos partes; en esta ocasión particular, el primer día es para los asuntos relacionados con el entrar en el mandala, dejando el segundo para conferir la iniciación después de haber entrado en el mandala.

2 *Fuera de la Cortina*

La presentación del rito de conferir la iniciación tiene dos partes: entrar en el mandala y conferir la iniciación a aquellos que han entrado.[22]

ENTRAR EN EL MANDALA

Esta sección consta de dos partes: entrar con los ojos vendados y entrar de manera que uno llega a obtener la naturaleza de ver el mandala. [318]

ENTRAR CON LOS OJOS VENDADOS

Esta sección consta de dos partes: entrar hasta la parte exterior de la cortina y entrar al interior.

ENTRAR HASTA LA PARTE EXTERIOR DE LA CORTINA

(Si estás realizando la autoiniciación (bdag 'jug) en el mandala) imagina que la Deidad Principal, que no es diferente del Lama, realiza las actividades de Él y tú las actividades del discípulo. Tras haberte bañado, permanece en la puerta este del mandala y después de haber rendido homenaje, ofrece un mandala de oro.

Inicialmente, fuera del mandala se llevan a cabo muchas actividades, la primera de las cuales es generar entusiasmo. El mantra que será recitado significa que os complace el hecho de estar recibiendo las iniciaciones que dan lugar a todos los logros, supremos y comunes. Repetid el mantra siendo conscientes de su significado.

Con las palmas de las manos juntas, di:

Om pravishaya bhagavan mahasukha-moksha-puram sarva-siddhi-sukha-pradam paramasukha-uttamasiddya jah hum bam hoh prasiddyasva.

O, en castellano, di tres veces:

Victorioso Supramundano,
déjame entrar para el gran gozo
En la ciudad de la Liberación (el mandala),
El gozo dichoso de todos los logros.
Mediante el logro del gozo excelente y supremo
Haz que sea completamente alcanzado
Jah hum bam hoh.

El logro supremo es la Budeidad misma; los logros medios son los ocho grandes logros, etc.; los inferiores son desarrollar actividades tales como aliviar enfermedades, etc. Por adiestrarse en el estadio de generación se alcanzan logros comunes; por adiestrarse en el yoga de seis ramas del estadio de consumación, se obtiene el logro supremo de la Budeidad. Todos ellos surgen de adiestrarse en los caminos de los dos estadios, el de generación y el de consumación. Para alcanzar cualquiera de ellos, vuestro continuo mental debe haber sido preparado primero, mediante la iniciación; luego, es necesario entrenarse en el estadio de consumación. Por eso, surgen todos ellos de haber recibido la iniciación; por tanto, la iniciación es, por decirlo así, la fuente de todos los logros. Queréis entrar en la ciudad de la liberación, el mandala que está dotado con tales cualidades maravillosas, y ser bendecidos, ser transformados en un estado de magnificencia, para que podáis obtener el logro supremo de la Budeidad.

A continuación sigue una súplica, cuyas palabras se explicaron ayer. La esencia de su significado es que estáis pidiendo a la Deidad que os deje entrar en el mandala y que os conceda los compromisos y votos para progresar en los niveles de liberación y omnisciencia.

Luego haz una súplica tres veces con:

Tú, Gran Maestro mío lleno de Gozo, eres
El único liberador del océano de existencia cíclica,

que es terrorífica con monstruos marinos, etc.
Y los cocodrilos del nacimiento, vejez y muerte

¡Oh Gran Protector!, busco
El modo seguro de la gran Iluminación.
Otórgame las promesas.
Concédeme la mente de la Iluminación.

Otórgame también los tres refugios,
El Buda, la Doctrina, y la Comunidad Espiritual.
¡Oh protector!, te lo ruego permíteme entrar
En la ciudad suprema de la gran liberación.

Cuando se practica el mantra en un mandala, es necesario tener
clara apariencia de uno mismo como una deidad y el orgullo (o
concepción) de uno mismo como deidad. De estos dos el principal
es el orgullo de ser una deidad, para lo que es necesario tener la
clara apariencia de uno mismo como una deidad. Mientras seguís
este proceso no estáis rechazando las apariencias ordinarias que-
vuestros ojos perciben. Es decir, no estáis permitiendo que los
fenómenos ordinarios aparezcan a la conciencia mental y, en cambio, hacéis que destaquen las apariencias divinas. Cuando por
detener las apariencias ordinarias en la conciencia mental y desarrollar la apariencia clara de vosotros mismos como una deidad, se
hace firme tal apariencia clara, cesan la apariencia de los agregados mentales y físicos ordinarios, los constituyentes ordinarios, y
los sentidos y campos sensoriales ordinarios; y en cambio, aparecen los agregados mentales y físicos divinos, los constituyentes
divinos, y los sentidos y campos sensoriales divinos. En este
momento, surge una conciencia que piensa en uno mismo, "yo",
como designada por tales agregados mentales y físicos puros, los
constituyentes puros, y los campos sensoriales y sentidos puros.
De este modo, estas prácticas del Mantra, unidas a la práctica del
método y la sabiduría en el Vehículo de la Perfección, aportan juntas muchas técnicas para un desarrollo rápido.

Para suscitar atención consciente a la apariencia clara de vosotros mismos como deidad y orgullo de vosotros como deidad, os
revestís de los distintos atavíos de una deidad.

*Luego respectivamente con las tres (partes del
siguiente mantra):*

Om sarva-tathagata-anutara-bodhi-alamkara-vasttra-
puja-megha-samudra-spharana samaya shri ye hum,
om vajra-raksha ham, om vajra-ushnisha hum phat.
(Om la promesa que emana un océano de ofrendas de
vestimenta como adornos de la Iluminación más elevada de todos Los Que Han Ido Más Allá Así shri ye
hum. Om protección vajra ham. Om protuberancia
vajra de la coronilla hum phat.)

*otorga (al discípulo la vestimenta de una deidad), la
prenda inferior de varias piezas, la prenda superior
amarilla, y la protuberancia roja de la coronilla que
ha sido bendecida con el mantra de las seis sílabas
(om ah hum hoh ham kshah) y que (el discípulo) debe
ponerse (para tener la sensación de ser una deidad)*

Ya que, por el momento, no es apropiado que el discípulo vea los
secretos del mandala, se dan cintas para taparle los ojos.

Luego, con:

Om dvadasha-anga-nirodha-karini hum phat. (Om
que realiza el cese de las doce ramas hum phat)

*(El discípulo tiene que) colocarse sobre los ojos una
venda de tela de color naranja.*

Así, cuando más tarde entréis en el mandala y os encontréis con la
Deidad le ofreceréis una guirnalda de flores. Mientras os la entre-
go, imaginad que los que os distribuyen las guirnaldas son trabaja-
dores vajra que aparecen como Kalachakras con una cara y dos
brazos.

*(El discípulo debe) sostener una guirnalda de flores
mientras dice:*

Ah kham-vira hum.

Ahora, como ayer, los discípulos sueltan el palito con el propósito
de determinar qué tipo de actividad tienen que incentivar al acabar,
y también se distribuye un poco de agua.[23]

*Lava con agua fragantemente perfumada un palito de
25 cms. de largo, procedente de un árbol de fruto*

*lechoso tal como el udumvara, que no tenga seres
vivos, recto y sin hendiduras, con la piel y la corteza
no deterioradas e intactas. En un extremo se coloca
una guirnalda de flores, y después de hacer ofrecimientos con perfumes dí:*

Om ah hum hoh ham ksha vajra-danta-kashta-chatur-
vimoksha-mukha-vishuddha-svabhavam- kaya-vak-
chitta-jnana-mukha-dantadi-malam vishodhaya svaha.
(Que las sílabas semilla de los seis linajes, om ah hum
hoh ham kshah y el palito, que tienen la naturaleza de
la pureza de las cuatro puertas de la liberación purifiquen los engaños de los dientes, etc.; de las caras del
cuerpo, palabra, mente y conciencia prístina sublimes
svaha.)

*Dásela al discípulo que está orientado hacia el este.
Luego de susurrar:*

Om ah hum

*siete veces, (el discípulo) suelta (es decir, deja caer
el palito) en el mandala, que mide unos 50 cms de
lado, cuatro esquinas, y está ungido con los cinco
productos de la vaca.*[24] *Por esto, uno sabe que (el
discípulo) alcanzará las diversas actividades correspondientes a la dirección que señala el extremo del
palito. Luego de haber susurrado:*

Om hrih suvishuddha-dharma-sarva-papam-nicha-
masyas hodahya sarva-vikalpana-apanaya hum.(Om
hrih purifica todas las acciones negativas de este agregado por medio de la pureza completa del fenómeno,
y disipa toda la conceptualidad hum.)

*vierte por tres veces en la mano (del discípulo) un
poco de agua fragante junto con las cinco ambrosías*

A continuación generaos vosotros mismos como una deidad, imaginaos que sois una deidad. Los discípulos, hombres o mujeres,
tienen que imaginarse a sí mismos como Kalachakra, de color
azul.

Luego expulsa a (los obstructores) susurrando las seis sílabas, (om ah hum hoh ham kshah, y) con agua de la concha Mahavijaya. (El Lama dice:)

Instantáneamente, (vosotros discípulos) sois como Kalachakra, de color azul, que sostiene vajra y campana, con la pierna derecha extendida, abrazando a Vishvamata, de color azul y sosteniendo un cuchillo curvo y un cráneo.

Instantáneamente, tenéis conciencia de vuestra propia realidad última, la vacuidad de existencia inherente de vosotros mismos, y luego para vuestra propia visión, disolvéis toda apariencia ordinaria, purificándola, por así decirlo, en vacuidad. Pensad que desde esa vacuidad os transformáis en Kalachakra. Después, pensad que hay una *hum* negra sobre un disco *rahu* en el corazón, una *ah* roja sobre un disco de sol en la garganta, y una *om* blanca sobre un disco de luna en la frente. Pensad que rayos de luz desde las tres sílabas transforman vuestro cuerpo en luz clara.

Una *hum* negra está sobre un disco rahu (verde) en el corazón, una *ah* roja sobre un disco de sol en la garganta, y una *om* blanca sobre un disco de luna en la frente. Rayos de luz desde las tres sílabas transforman tu cuerpo en luz clara.[319]

Luego, el Lama-Deidad pregunta sobre el linaje del discípulo con: "¿Quién eres tú?" Luego, con "¿Qué es lo que quieres?", lo hace sobre el interés del discípulo, quien responde a la primera cuestión con, "Yo soy Un Afortunado", significando que el discípulo no tiene intención de lograr la liberación para sí mismo o ella misma, sino por el contrario tiene una intención altruista deseando conseguir ayuda y felicidad para todos los seres conscientes. Un Ser Afortunado así es aquél cuyas predisposiciones para el camino del Bodisatva han sido activadas, alguien cuyo linaje de Bodisatva se ha manifestado. Es más, incluso si el linaje del Bodisatva no se ha manifestado en el sentido de que hayáis generado verdaderamente gran compasión, estáis en el proceso de activar ese linaje del Gran Vehículo.

Con la segunda respuesta, "Gran Gozo", estáis indicando que en el Gran Vehículo vuestro interés está en el Mantra Secreto.

Cuando yo formule las preguntas y vosotros respondáis, si lo hacéis superficialmente, sin ningún sentimiento, no será más que un juego: por el contrario, necesitáis generar sentimiento en vuestra mente y luego responder desde ese sentimiento.

(El Lama pregunta acerca del linaje e interés del discípulo:)

"¿Quién eres tú? ¿Qué es lo que quieres?

A la pregunta del Lama el discípulo contesta:
Yo soy Un Afortunado. El Gran Gozo.

Mediante (la respuesta) se conocen el linaje (del Gran Vehículo del discípulo) y su interés (en el Mantra Secreto).

Ahora, los discípulos hacen una súplica de tres estrofas, las dos primeras proceden del comentario de Naropa *Brief Explication of Initiations* y la tercera del *Great Commentary* de Kulika Pundarika.

Después el discipulo hace una súplica:
Voy por refugio a tus pies,
Tú que eliminas los terrores de la existencia cíclica,
que no estás afectado por las faltas de la existencia
cíclica, que eres esencia de todas las excelencias.

¿Cómo se eliminan los terrores de la existencia cíclica en este contexto del Mantra Secreto? En el Vehículo Inferior, un Oyente que se aplica a prácticas desprovistas de deseo elimina los terrores de la existencia cíclica a través de ver exclusivamente los atributos del Reino del Deseo como faltas y por tanto separándose de ellos. En el Mantra, sin embargo, lo que elimina los terrores de la existencia cíclica es una práctica que usa los atributos del Reino del Deseo en el camino. Por eso la verdadera naturaleza del camino que elimina los terrores de la existencia cíclica implica usar los atributos del Reino del Deseo en el camino, pero de una manera tal que no se ve afectado por las faltas de dicha existencia. Por la asistencia del método especial y de la sabiduría, incluso aunque uno haga uso de los atributos del Reino del Deseo, no incurre en las faltas de esas acciones que impulsan al renacimiento en la existencia cíclica. Sin método y sabiduría, participar de los atributos del Reino del Deseo sirve como causa para inducir más sufrimiento del nacimiento, vejez, enfermedad y muerte.

Para mí no hay otro refugio
De los terrores inagotables de la existencia cíclica.
Por tanto, por que eres muy compasivo,
Sé amable conmigo hoy.

Aterrorizado por la horrible existencia cíclica, desde hoy voy por refugio especialmente a los conquistadores,
con cuerpo, palabra y mente puros; y también a tus pies de loto, eliminando así definitivamente los terrores de la existencia cíclica.

Vais especialmente por refugio a los Budas y vais por refugio a los pies de loto del Lama. Ya que el Lama, que es una combinación completa de los tres refugios, tiene la capacidad, mediante sus bendiciones, de eliminar los terrores de la existencia cíclica, vais por refugio con cuerpo, palabra y mente puras, postrándoos con el cuerpo, alabando mediante la palabra, y siendo respetuosamente confiados en la mente.

Una vez hecha esta súplica, pronunciais los dos votos como antes cuando la preparación del discípulo.[25]

Lo siguiente es tomar los Votos del Bodisatva. Imaginando que todos los Budas y Bodisatvas están presentes como testigos, contemplad: "Voy a obtener la Iluminación perfecta e insuperable para conseguir ayuda y felicidad para todos los seres conscientes, los objetos de intención". No basta con generar sólo deseos para obtener la Budeidad; tampoco los Budas pueden ofrecerla como un regalo. ¿Cómo se alcanza? Cada individuo debe poner su esfuerzo en ello. Por tanto, los Bodisatvas del pasado, generaron inicialmente como técnicas para alcanzar la Budeidad, una intención altruista de llegar a la Iluminación y luego se adiestraron en las seis perfecciones por las que llegaron a la Iluminación completa. Por tanto debéis pensar: "Igual que los Bodisatvas del pasado generaron una intención altruista de llegar a la Iluminación, así voy a generar la misma intención. Igual que ellos se adiestraron en las acciones de los Bodisatvas, también yo voy a hacerlo. Y así, obtendré la Budeidad. Eso es lo que haré". Se precisa la combinación de esta aspiración a la Budeidad por amor a los otros y del adiestramiento en las acciones de los Bodisatvas.

Es exactamente como dice Shantideva en su *Engaging in the Bodhisattva´s Deeds (byang chub sems dpa´i spyod pa la ´jug pa, bodhicaryavatara)*:[26]

Igual que los Que Han Ido Al Gozo
Generaron la intención altruista de iluminarse
Y vivieron los estadios de los aprendizajes de los Bodisatvas,
Así yo, con el propósito de ayudar a los transmigradores,
Voy a generar una intención altruista de llegar a la Iluminación
Y adiestrarme en los estadios de los aprendizajes de los Bodisatvas.

Cread en vuestra mente la firme determinación de generar una aspiración altruista hacia la Iluminación suprema –mente de aspiración que es la base para las acciones de los Bodisatvas– y una fuerte determinación de tomar los votos del Bodisatva, así como de adiestraros en sus acciones.

El primer verso de la estrofa que se recita: "Voy por refugio a las Tres Joyas," es la toma de refugio. El segundo: "Confieso individualmente todas las acciones dañinas," es, con sentido de contricción, una confesión de las acciones negativas que hayáis hecho en el pasado y acumulado desde el tiempo sin principio. El tercero: "Admiro las virtudes de los seres," es una admiración gozosa, desde lo profundo del corazón, sin ninguna envidia o competitividad, de vuestras propias raíces de virtud y de las de los demás que hayan sido acumuladas. El cuarto: "Y mentalmente adopto la Iluminación de un Buda," es una declaración de que vosotros, con el refugio, confesión de las acciones negativas, y admiración de las virtudes como preliminares, pase lo que pase, obtendréis la Budeidad por amor a todos los seres conscientes y por ello vais a pronunciar los votos del Bodisatva y a adiestraros adecuadamente en ellos. Sin embargo, aquellos que no sientan que pueden tomar los votos del Bodisatva no deben pensar que lo están haciendo; sólo que generan esta buena intención altruista de llegar a la Iluminación.

Precisa bien a los discípulos y haz que comprendan
con detalle cómo asumir los votos comunes y no

*comunes del Gran Vehículo en etapas y el significado
de mantener los votos. Luego, los discípulos repiten
tres veces (tras el Lama):*

Voy por refugio a las Tres Joyas,
Confieso individualmente todas las acciones nocivas
Admiro las virtudes de los seres,
Y mentalmente adopto la Iluminación de un Buda.

*Mediante esto se toman los votos (del Bodisatva)
comunes (al Gran Vehículo del Sutra y al Gran
Vehículo del Mantra).*

Con la segunda repetición, desarrollad incluso un deseo más fuerte
de generar una intención altruista de alcanzar la Iluminación, para
tomar los votos del Bodisatva, y practicar las acciones del mismo.
Después, al final de la tercera repetición, cuando acabáis diciendo,
"Y mentalmente adopto la Iluminación de un Buda", pensad con-
centrándoos sólo en esto que en vuestro contínuo se han generado
los votos puros del Bodisatva.

Como se dice en *Engaging in the Bodhisattvas Deeds*[27] de
Shantideva, es de gran beneficio incluso generar la aspiración a
una intención altruista de llegar a la Iluminación; por tanto, no hay
necesidad de decir que tomar los votos del Bodisatva y además
adiestrarse en sus acciones es de un beneficio inconcebible.

Lo que sigue es una súplica específica para los votos del Mantra.

*Luego, el discípulo hace una súplica para pronunciar
los votos extraordinarios (del Mantra) repitiendo tres
veces:*

Concédeme la excelente e
Irrevocable iniciación del círculo (del mandala);
¡Oh Protector!, te lo ruego, explica
Los principios del mandala, las deidades,
Las actividades de un maestro,
Las promesas de todos los Budas,
Y los votos extremadamente secretos.
Para alcanzar el bienestar de todos los seres conscientes
Voy a actuar siempre como un maestro.

El "círculo" es el mandala de Kalachakra. La "iniciación irrevocable" es la iniciación del maestro vajra, llamada así porque establece potencialidades especiales para la irrevocabilidad.

Sólo los que tienen la iniciación del maestro vajra pronuncian los votos del mantra; sin ella, estos no se conceden. Vosotros pedís al Maestro Vajra, llamado "Protector", que explique el mandala, sus deidades, las actividades de un maestro vajra, las promesas de los cinco linajes de Buda y los votos generales del Mantra. En resumen, para alcanzar el bienestar de todos los seres conscientes, deseáis actuar como un maestro vajra, y con este propósito pedís la iniciación del mismo, y para ello que se os concedan los votos del Mantra.

Ahora, cuando pronunciéis los votos del Mantra, decíd vuestro nombre para reafirmar vuestras promesas, para asegurar que no os desviaréis de ellas. Los votos no están limitados a meses, años, ni incluso a esta vida; al contrario, estáis declarando vuestra intención de mantener los preceptos hasta la Budeidad, la esencia de las iluminaciones.

¿Qué votos se toman? Primero, está la intención altruista de alcanzar la Iluminación. Vosotros decís: "Igual que los Protectores de los tres tiempos, los Budas del pasado, el presente y el futuro, tomo de modo definitivo esta mente altruista como la vida del camino para obtener la Iluminación insuperable, y de ese modo voy a generar esta aspiración altruista a la Iluminación más alta. No sólo voy a generar esta actitud, sino que mantendré firmemente, es decir, una y otra vez, los tres aspectos de la ética: los preceptos éticos, el conjunto de las prácticas virtuosas, y llevar a término el bienestar de los seres conscientes".

> *Luego se toman los votos extraordinarios del Mantra*
> *repitiendo tres veces:*

¡Oh, Budas y Bodisatvas!, os lo ruego, prestadme atención.
Yo (aquí tu nombre) desde ahora en adelante
Hasta llegar a la esencia de las iluminaciones
Voy a generar la mente excelente e insuperable
Para llegar a la Iluminación,
Del mismo modo que los Protectores de los tres tiempos

Se volvieron definitivamente hacia la Iluminación.
Voy a mantener con firmeza e individualmente
Las tres formas de ética: los preceptos éticos,
El conjunto de prácticas virtuosas,
Y llevar a término el bienestar de los seres conscientes.

Luego, con respecto a los compromisos de los cinco linajes de Budas:[28]

> Por el vajra de cinco puntas (linaje de Akshobya) voy
> a mantener vajra, campana, sello y lama, con pro-
> fundo respeto.

Literalmente, el texto dice, "el vajra con deseo" (*'dob pa'i rdo rje*); sin embargo, "deseo" aquí es una expresión de "cinco", y la relación entre ambos términos es que hay cinco atributos del Reino del Deseo: formas visibles, sonidos, olores, sabores y objetos tangibles placenteros. El linaje del vajra de cinco puntas es el de Akshobya, y los compromisos a mantener que corresponden a este linaje son (1) el vajra, que simboliza la sabiduría sublime del gran gozo, (2) la campana, que simboliza la sabiduría que comprende la vacuidad, y (3) el gran sello, que aquí se refiere al cuerpo divino, es decir el aspecto del elemento de comprensión de ese gozo y sabiduría que comprende la vacuidad como una deidad. Vosotros decís que siempre vais a mantener esos compromisos, sin olvidarlos, y no sólo esos, sino que también vais a mantener con respeto (4) una confianza apropiada en el Lama que enseña los modos de esos tres.

> Por la joya (linaje de Ratnasambava) donaré presen-
> tes; por la rueda (linaje de Vairochana) mantendré
> los compromisos de los Conquistadores supremos.

Los compromisos extraordinarios a ser preservados por un practicante del linaje de la joya, el de Ratnasambava, son los de adiestrarse siempre en los diez aspectos del dar, es decir dar a otros riqueza, tal como sustancias preciosas, hierro, cobre, ganado, caballos, elefantes, etc., así como la propia pareja e hijos, el propio cuerpo, etc.

El linaje de la rueda es el de Vairochana. Un practicante de este linaje tiene que mantener especialmente los compromisos de los Conquistadores supremos, los cinco Que Han Ido Más Allá Así, es decir, usar las cinco carnes y las cinco ambrosías, que tienen la naturaleza de los cinco Que Han Ido Más Allá Así, masculinos y femeninos, y cuidar el cuerpo y las facultades sensoriales. Vairochana es el elemento de purificación del agregado de la forma, y las cinco carnes y las cinco ambrosías se utilizan como medio de estimular el cuerpo, que es la base del gozo. Del mismo modo, debe evitarse el ascetismo que hace que el cuerpo se deteriore.

> Por la espada (linaje de Amogasidi) haré ofrecimientos: por el loto brillante (linaje de Amitaba) guardaré moderación.

Por el linaje de la espada de Amogasidi, las promesas extraordinarias o destacadas son las de hacer ofrecimientos, externos, internos, secretos, y de talidad a objetos superiores tales como gurus, Budas, Bodisatvas, etc. El linaje del loto es el de Amitaba, cuyos practicantes deben guardar especialmente el compromiso de abstenerse de, o abandonar, el gozo de la emisión, incluso aunque hagan uso de una consorte, y por tanto mantener un comportamiento puro.

> Para que los seres conscientes puedan ser liberados por el linaje (de Vajrasatva) del progenitor de los Conquistadores, yo generaré la Iluminación.

El linaje del progenitor de los Conquistadores es el de Vajrasatva, también llamado Vajradhara, el linaje del vajra de una punta. Un practicante de este linaje pone énfasis particular en generar la Iluminación; es decir, la Iluminación insuperable es un estado de perfección plena o desarrollo de la capacidad del aire y mente más sutiles. Como medio para conseguirlo, la mente más sutil que tenemos de modo natural debe generarse en el camino como una entidad indiferenciable de método y sabiduría, de compasión y de sabiduría que comprende la vacuidad, el logro del gran sello. Ya que la Iluminación suprema se alcanza de este modo, el que tiene el linaje de Vajrasatva, como una técnica para alcanzar tal Iluminación, pone énfasis en generar la conciencia misma más sutil en una entidad del camino o sea, método y sabiduría indiferenciables.

¿Cuál es el propósito de mantener estos compromisos? El de (1) liberar de las obstrucciones a la omnisciencia a los seres que, incluso aunque están libres de las obstrucciones a la liberación de la existencia cíclica, no lo están de las obstrucciones a la omnisciencia, (2) liberar a los que, sin pensar siquiera en las obstrucciones a la omnisciencia, no están libres de las obstrucciones a la liberación, (3) aliviar a los que, sin pensar en eliminar ni las obstrucciones a la omnisciencia ni a las de la liberación, están bajo la influencia de las emociones aflictivas, de tal modo que están en un estado de pérdida de felicidad en malas migraciones como seres infernales, fantasmas hambrientos, o animales.

En resumen, debéis pensar, "Pronuncio estos votos con el fin de establecer a cada ser consciente en el nirvana impermanente de la Budeidad. Poniendo al Lama y a las deidades del mandala por testigos, voy a adiestrarme en el camino del Mantra del Yoga Más Elevado para prestar ayuda y felicidad a todos los seres conscientes, y por eso estoy pronunciando los votos del Mantra."

> Liberaré a los no liberados (de las obstrucciones a la
>   omnisciencia).
> Liberaré a los no liberados (de la existencia cíclica).
> Aliviaré a los no aliviados (en malas transmigraciones)
> Y estableceré a todos los seres conscientes en el nirvana.

En resumen, los votos del Mantra se guardan para ser capaz de establecer a todos los seres conscientes en el nirvana imperdurable de la Budeidad.

Estos votos y compromisos son para los que intentan entrar en el mandala y recibir la iniciación y sienten que pueden mantener los mismos. Con la tercera repetición, como antes, pensad con fuerza y entusiasmo que estáis obteniendo los votos del Mantra, y con el final del último verso, "y estableceré a los seres conscientes en el nirvana," pensad que se han generado en vuestro contínuo mental los votos puros del Mantra.

A continuación se dan las veinticinco formas de conducta que son las siguientes: abstenerse de las cinco acciones nocivas, de las cinco acciones nocivas secundarias, de los cinco asesinatos, de las cinco malicias, y de los cinco deseos.[29]

> Debe abandonarse el hacer daño, la mentira, y las
>   parejas ajenas;[30] de igual modo las riquezas ajenas
>   y beber cerveza.
> Estas son las cinco acciones nocivas,[31] trampas vajra,
>   destructoras de tu virtud.
> Aparecen con el nombre de (Shakiamuni, etc.) gurus

de dioses y humanos, que han surgido en el
momento (de su enseñanza).
También debes guardar esta palabra de (Shakiamuni,
etc.) guía de los diferentes seres, que destruye los
terrores de la existencia cíclica.

No deberías jugar a juegos de azar, comer con gula,
leer malas palabras, o realizar ritos de sacrificios
por los antepasados o prácticas religiosas extremistas,
Ni los cinco asesinatos, de ganado, niños, mujeres,
hombres o los gurus de dioses y humanos, [32]
Ni mantener disputas con amigos, líderes, los gurus
de dioses y humanos,[33] la Comunidad Espiritual, o
aquellos que confían en tí,
Ni permitir el apego de los sentidos. Estos son las
veinticinco formas de conducta de los señores de
la existencia.

Las cinco acciones nocivas son dañar a otros, que va desde daños
pequeños hasta matar, así como mentir, robar las propiedades aje-
nas, adulterio, y beber alcohol; si no podéis dejar el alcohol completamente, entonces reducid su consumo. Las cinco acciones
nocivas secundarias son golpear, comer carne impura o inapropia-
da, leer sin ningún propósito acerca de cosas tales como de una
guerra o historias escritas con el propósito de aumentar el deseo, el
odio, o las visiones erróneas; realizar sacrificios de seres vivos por
los antepasados, o involucrarse en ritos de sacrificio de un animal,
y prácticas religiosas extremistas. Los cinco asesinatos son matar
ganado, niños, mujeres, y hombres, y destruir símbolos religiosos
del cuerpo, palabra y mente sublimes. Las cinco perversidades son
tener mala intención con amigos, líderes, gurus, la Comunidad
Espiritual, o aquellos que creen y confían en tí. Los cinco deseos
son el ser cautivado mentalmente por formas visibles, sonidos,
olores, sabores y objetos tangibles placenteros, viéndolos simplemente como ventajosos sin ser consciente de sus desventajas. Los
practicantes deben abstenerse de estos veinticinco.

El discípulo los acepta al repetir tres veces:
Siempre mantendré
Estas veinticinco formas de conducta,

Destruyendo los terrores de la existencia cíclica
De acuerdo con la palabra de (Shakiamuni, etc.) el
guía supremo de los distintos seres. [320]

Lo siguiente es generar la mente del yoga que-todo-lo-abarca; lo que significa generar las mentes convencional y última de la Iluminación. Es la parte más importante. Primero, debemos pensar ser amables y altruistas, volcados a los demás, tanto como podamos, mediante razones y mediante cualquier aproximación que sea efectiva. En resumen, es como dice Shantideva en su *Engaging in the Bodhisattva Deeds,* sobre lo opuesto al altruismo:[34]

Si no se cambia
La propia felicidad por los sufrimientos de los otros,
No se alcanzará la Budeidad
Y no se alcanzará felicidad ni siquiera en la existencia
cíclica.

Si no somos capaces de cambiar nuestro egocentrismo, por el que sólo pensamos en nuestra propia felicidad e ignoramos a los demás, por una actitud de resaltar la felicidad de los otros, no sólo no seremos capaces de alcanzar finalmente la Budeidad, sino que también en el momento presente no nos sentiremos bien y tendremos que pasar por muchos sufrimientos diferentes mientras permanecemos en la existencia cíclica.

Evidentemente, incluso en nuestra situación actual, si nos enfadamos y sentimos odio no podemos alcanzar una paz universal y duradera de verdad. Se habla mucho acerca de temas buenos tales como el desarme y control del armamento, pero ¿cómo se pueden alcanzar esas metas mediante el odio? Es imposible. Sólo pueden alcanzarse a través de una mente pacífica, mediante el amor, la amabilidad, y la confianza mutua. Con el odio no podemos desarrollar una confianza mutua, y sin tal confianza ¿cómo pueden alcanzarse esas hermosas metas? Podéis redactar un enorme documento con una pluma enorme, pero nadie lo respetará si en vuestro corazón hay algo torcido. Así, todos esos objetivos sólo pueden alcanzarse mediante un buen corazón.

Por eso, a nivel de familia, nación, y mundo, la paz se consigue mediante la buena motivación, un corazón cálido, un sentimiento humano real. Incluso si en una pareja que ha prometido vivir junta el resto de su vida, crece y se desarrolla el enfado y el odio, el resultado es el divorcio. Todo esto viene sin necesidad, debido al odio, debido a la falta de amabilidad, falta de amor, falta de comprensión, falta de respeto mutuo. Esto está muy claro.

Debemos desarrollar amabilidad con una firme determinación. Luego, pensad que esta actitud de amabilidad, que vosotros habéis desarrollado tan fuerte y vívidamente que os veis empujados a ayudar a todos los seres conscientes, se transforma en un disco lunar en vuestros corazones. Sin ese sentimiento, el visualizar simplemente un disco de luna no es nada. Por tanto, debemos desarrollar un sentimiento determinado, que luego pueda ser transformado en un disco de luna. Esta es la parte del yoga que todo lo abarca concerniente a la mente convencional de la Iluminación.

La otra parte concierne a la comprensión de la vacuidad. ¿Cómo se nos aparecen todos los objetos del conocimiento que se producen? Cuando se nos aparecen, no lo hacen por el poder de la conceptualización; por el contrario, aparecen con existencia objetiva. Eso es seguro. Si existieran del modo en que aparecen, entonces cuando se buscaran los objetos designados, deberían hacerse cada vez más claros. Sin embargo, el hecho es que cuando se buscan los objetos designados, se vuelven oscuros, es decir no se encuentran.

Sin embargo, esto no muestra que los fenómenos sean no existentes, ya que obviamente ocasionan beneficio y perjuicio. Y como es así, existen definitivamente, pero debido a que cuando se buscan los objetos designados, no se encuentra que existan objetivamente por sí mismos, se determina inevitablemente que no existen por su propio lado, sino, al contrario, debido al poder de otras condiciones. Ya que existen debido al poder de otras condiciones, están establecidos dependientemente. Y como están establecidos dependientemente, carecen de independencia, de ser por su propio poder.

Pensad de este modo acerca de todos los fenómenos; llegad a la resolución de que no hay modo de que ningún fenómeno pueda ser establecido por sí mismo, que todos los fenómenos no están establecidos inherentemente. Entonces esta mente se transforma en un vajra que se yergue sobre la luna en vuestro corazón.

Expresar lo siguiente (es causa de que los discípulos) generen una mente de intención hacia el yoga que-todo-lo-abarca.

La intención convencional de aspiración de llegar a la
Iluminación, pensando, "Yo voy a lograr la Budeidad
por amor a todos los seres conscientes," se transforma
en el aspecto de un disco de luna llena en el corazón.

Luego intentad comprender que todos los fenómenos no existen
inherentemente. Pensad que esta mente se ha transformado en un
vajra.

La mente última de la Iluminación, en la cual la
vacuidad de la existencia inherente de todo fenómeno
y tu propia mente son uno, se transforma en el aspecto de un vajra de cinco puntas sobre la luna.

Estas dos mentes son, respectivamente, las causas del Cuerpo de
Forma y de Verdad de un Buda. Pensad que vais a mantener estas
mentes sin perderlas nunca y repetid:

Om sarva-yoga-chittam utpadayami. (Estoy provo-
cando que se genere la mente que-todo-lo-abarca).

Imaginad esas luna y vajra también en el corazón de Kalachakra,
desde el que se separa un duplicado y se disuelve en el mismo en
vuestro corazón, y lo hace, por tanto, firme.

El Lama sostiene en el corazón (del discípulo) un vaj-
ra con una flor. Con:

Om surata-samayas tvam hoh siddhya-vajra-yatha-
sukham. (Que tú, que tienes el compromiso del gozo
completo, alcances el vajra (de la Budeidad) como
deseas.)

afírmalo.

Pensad que esas mentes (actitudes) se han vuelto firmes. Necesitáis una y otra vez ser conscientes de estas dos, que son las raíces.
Todas las técnicas del Mantra, iniciaciones, etc.; reunidas desde
diferentes puntos de vista, tienen el propósito de activar y mejorar
estas dos mentes, altruísmo y sabiduría.
    La visión que comprende la vacuidad, actualmente una forma
burda de conciencia mental, debe, ocasionalmente, ser transformada en una conciencia más sutil como ya se mencionó antes.

Sigue una exhortación al secreto, a no hablar de las prácticas del Mantra abiertamente, sino a mantenerlas en secreto.

Hoy serás bendecido hacia la magnificencia por todos Los Que Han Ido Más Allá Así. No deberías hablar acerca de este extraordinariamente secreto mandala de todos Los Que Han Ido Más Allá Así a aquellos que no han entrado en el mandala, ni a aquellos sin fe.

Tras esto, entras en el mandala.

3 *Ver el Mandala*

La presentación de entrar en el interior del mandala tiene tres partes: (1) entrar el mismo interior y rendir respeto mientras circunvalas, (2) comprometer (al discípulo) en (el secreto), y (3) expresar la verdad sobre el descenso del ser de sabiduría.

ENTRAR EN EL INTERIOR Y MOSTRAR RESPETO EN TANTO SE CIRCUNVALA EL MANDALA

Entonces, realmente sujeta el vajra de la mano del Lama e imagina y medita que el Airado en la puerta este, dice:

Om vighnantakrt hum.

mientras te lleva adentro. Piensa que llegas al interior del mandala, (mientras que el Lama) dice:

Ah kham[35]-vira hum,

y penetras realmente en el interior de la cortina.

Mientras digo los mantras, *om vighnantakrt hum y ah kham-vira hum,* imaginad que los tres niveles de puertas se abren y que por la puerta este entrais al nivel del mandala del cuerpo sublime.

Tras ello, mientras repetís el mantra siguiente, imaginad que circunvaláis el mandala tres veces hacia la derecha (en el sentido de las agujas de un reloj) dentro del muro del mandala del cuerpo sublime pero fuera del área blanca, donde se sientan las deidades de ese nivel.

Luego, diciendo:

Om maharata, sudriddha sutoshyo, sususho,vajrasatva adya-siddhya mam. (Que la gran satisfacción, la completa firmeza, la completa felicidad, el gozo completo, Vajrasatva, sean establecidos hoy en mí.)

Ahora circunvalas tres veces el mandala o lo visualizas.

Tras circunvalar tres veces, salís por la puerta este y, junto al pilar de la puerta este, mostráis respeto principalmente a Akshobya. Os habéis estado visualizando como Kalachakra; ahora os cambiáis a un Akshobya azul.

Instantáneamente te transformas en Akshobya.

Imaginando que hacéis postraciones, repetid este mantra:

Om sarva-tathagata-puja-upasthanaya atmanam niryatayami, sarva-tathagata-vajrasatva adhiti-shthasva mam hum. "Ya que me he ofrecido para la veneración y el servicio de todos Los Que Han Ido Más Allá Así, que Vajrasatva, entidad de todos Los Que Han Ido Más Allá Así, me bendiga hacia la magnificencia."[321]

Pensad que habéis sido bendecidos de acuerdo a vuestra súplica

Por haber hecho así la súplica en la puerta este, eres bendecido hacia la magnificencia de tal modo que tienes la capacidad de venerar y servir a Los Que Han Ido Más Allá Así.

Habéis estado imaginándoos como Akshobya: ahora transformaos en Amogasidi negro,

Te transformas en Amogasidi.

Imaginando que os estáis postrando principalmente ante el linaje de Amogasidi, repetid el mantra:

Om sarva-tathagata-puja-karmane atmanam niryatayami, sarva-tathagata vajra-karma kuru mam. "Ya que

me ofrezco para la actividad de venerar a todos Los
Que Han Ido Más Allá Así, ruego que todos los Que
Han Ido Más Allá Así me concedan las actividades
vajra."

Pensad que habéis sido bendecidos de acuerdo a vuestra petición.

Por hacer así la súplica en la puerta este, eres bendecido hacia la magnificencia de tal modo que tienes la
capacidad de venerar a todos Los Que Han Ido Más
Allá Así, así como a las actividades sublimes.

Ahora entrad en el mandala por la puerta este; caminad y salid al
exterior por la puerta sur. Imaginad que os habéis transformado en
un Ratnasambava amarillo. Como antes, haced postraciones, repetid el mantra y su traducción, y pensad que habéis sido bendecidos.

Te conviertes en Ratnasambava.

Om sarva-tathagata-puja-abhishekaya atmanam
niryatayami, sarva-tathagata vajra-ratna-abhishimsha
mam. "Ya que me ofrezo para venerar a todos Los
Que Han Ido Más Allá Así y para conferir la iniciación, ruego que todos Los Que Han Ido Más Allá Así
me confieran la iniciación vajra de la joya".

Por hacer la súplica de este modo en la puerta sur,
eres bendecido hacia la magnificencia y así tienes la
capacidad de venerar a todos Los Que Han Ido Más
Allá Así y de conferir la iniciación.

Entrad en el mandala por la puerta sur; caminad y salid a través de
la puerta norte. Imaginad que os habéis transformado en un Amitaba blanco. Como antes, haced postraciones, repetid el mantra y su
traducción, y pensad que habéis sido bendecidos.

Te transformas en Amitaba.

Om sarva-tathagata-puja-pravaratanaya atmanam
niryatayami, sarva-tathagata vajra-dharma-pravarataya mam. "Ya que me ofrezco a todos Los Que Han
Ido Más Allá Así para hacer girar por completo (la
rueda de la doctrina), ruego que todos ellos giren para
mí completamente (la rueda de) la doctrina vajra".

Por hacer la súplica así en la puerta norte, eres bendecido hacia la magnificencia de tal modo que tienes la capacidad de venerar a todos Los Que Han Ido Más Allá Así y girar la rueda de la doctrina.[322]

Entonces, entrad en el mandala por la puerta norte y circunvalando a la derecha, salid fuera por la puerta oeste. Imaginad que os transformáis en un Vairochana amarillo. Como antes, haced postraciones, repetid el mantra y su traducción, y pensad que habéis sido bendecidos.

Te transformas en Vairochana.

Om sarva-buddha-puja-upasthanaya atmanam niryatayami, sarva-tathagata-vajra-vairochana adhitishtha mam. "Ya que me ofrezco a todos Los Que Han Ido Más Allá Así para veneración y servicio, que Vairochana, la entidad de todos Los Que han Ido Más Allá Así, me bendiga hacia la magnificencia".

Por hacer la súplica de ese modo en la puerta oeste, eres bendecido hacia la magnificencia de tal modo que tienes la capacidad de venerar y servir a todos Los Que Han Ido Más Allá Así.

En estos momentos, si la iniciación ha sido conferida al discípulo ante las cuatro puertas respectivamente, tú (el discípulo) debes en el este, de un modo real (1) juntar las palmas vajra y rendir homenaje de modo que todo el cuerpo toque el suelo y (2) juntando las palmas vajra en el corazón, rinde homenaje con el extremo de la cabeza tocando el suelo; en el sur (3) situando las palmas vajra en el corazón rinde homenaje; de modo que la frente toque la tierra; en el norte (4) poniendo las palmas vajra juntas en la frente rinde homenaje de modo que tu boca toque la tierra; y en el oeste (5) extiende las palmas vajra y rinde homenaje de modo que todo el cuerpo toque el suelo.

Después entrad al interior de la puerta oeste, y circunvalando a la derecha, salid por la puerta este. Ahí, haced postraciones especialmente al Lama.

*Luego, en la puerta este, rinde homenaje a los pies
del Lama.*

Repite:

Om guru-charana-puja-upasthanaya atmanam niryatayami, sarvasatva-paritranaya atmanam niryatayami.
(Yo me ofrezco para veneración y servicio a los pies
del guru, me ofrezco para la ayuda de todos los seres.)

SITUAR (AL DISCÍPULO) EN LOS
COMPROMISOS

El discípulo es situado en el compromiso del secreto por medio de
indicarle los beneficios de mantener el secreto, los peligros de no
hacerlo, y ambos, beneficios y peligros. Primero es por medio de
los beneficios.

Hoy entrarás en los linajes de todos Los Que Han Ido
Más Allá Así. Por tanto, generaré en tí la sabiduría
vajra sublime. Mediante ella alcanzarás los logros de
Los Que Han Ido Más Allá Así. Por tanto, ¡a qué
mencionar que obtendrás otros logros! No debes
hablar acerca de esto delante de los que no han visto
el mandala; tus compromisos se deteriorarán.

Luego, el discípulo es situado en la promesa del secreto por medio
de hablar de los peligros físicos.

*De nuevo, colocando el vajra sobre la cabeza (del
discípulo, (el Lama) dice:*

Esta es tu promesa vajra. Si le hablas a alguien inadecuado sobre esto, te estallará la cabeza.

Finalmente, se conmina al discípulo a prometer el secreto por
medio de hablar de los peligros mentales.

*Colocando el vajra en el corazón (del discípulo) ,(el
Lama) dice:*

Om, hoy Vajrasatva mismo
Ha entrado completamente en tu corazón. [323]

Si hablas de esto,
Inmediatamente después se separará de ti y se irá.

Aquí "Vajrasatva" se refiere a la sabiduría sublime del gozo y vacuidad indiferenciables.

Respectivamente, con estos tres (el discípulo) es situado en los compromisos por medio de los beneficios, de los peligros, y de ambos. En particular, (el discípulo) es situado en el compromiso (de guardarse de) la infracción raíz de proclamar el secreto a las personas inmaduras.

Esto os sitúa ante el compromiso de no hablar en concreto (de la iniciación, etc.) a aquellos cuyos continuos no han madurado (mediante la práctica del camino, iniciación, etc.) Por eso, está relacionado particularmente con la séptima infracción de los votos del mantra: proclamar el secreto a los inmaduros; y es un compromiso el guardarse de tal infracción.

Luego, el discípulo es llevado al compromiso de guardarse en general de las infracciones raíces, por medio de hablar de ambos, beneficios y peligros.

Después, tomando con el pulgar del dedo anular el agua de la concha religiosa Mahavijaya, pon el agua en la boca del discípulo y di:

Si transgredes las promesas
Este agua del infierno quemará.
Si se guardan las promesas, concederá realizaciones.
Bebe el agua del vajra-ambrosía.
Om vajra-udakathah. (Om bebe el agua vajra.)

Vierte el agua del voto, y sitúa (al discípulo) en las promesas por medio de los beneficios de mantenerlas, los peligros de no guardarlas, y de ambos. Por tanto (el discípulo) es situado en los compromisos generales, raíces y secundarios.

Luego el discípulo es situado en la promesa de obedecer la palabra del Lama. Esto se relaciona particularmente con abstenerse de la primera infracción raíz de los votos del mantra, ridiculizar al Lama.

Luego, el Lama toma la mano derecha del discípulo y sitúa (al discípulo) de modo específico en la promesa (de guardarse de) la primera infracción:

De ahora en adelante, Yo soy tu Vajrapani. Debes hacer lo que te diga. No debes burlarte de mí, y si lo haces, sin eliminar el terror, vendrá el momento de la muerte, y tú caerás en un infierno.

Sin embargo, *Fifty Stanzas on Guru Devotion (bla ma lnga cu pa, gurupanchasika)*, de Ashvagosha que habla de cómo familiarizarse y confiar en un guru, es decir, Lama, desde el punto de vista del Tantra del Yoga Más Elevado, dice que si de entre lo que dice el Lama hay algo que no está de acuerdo con la razón o es algo que no puedes hacer, debes explicar los motivos y no hacerlo.[36] Por tanto, es necesario distinguir entre el proceder general y las excepciones a él.[37]

EXPRESAR LA VERDAD SOBRE EL DESCENSO DEL SER DE SABIDURÍA

El Ser de Sabiduría (la Deidad Real) desciende, y entonces hay una expresión del poder de la verdad (es decir, un testimonio basado en un hecho real). Primero el discípulo hace una súplica con el propósito del descenso de los seres de sabiduría:

(El discípulo) hace una súplica:

Que todos Los Que Han Ido Má Allá Así me bendigan hacia la magnificencia.
Ruego que el glorioso Kalachakra nazca en mí.

Ya que esto es con el propósito de las bendiciones hacia la magnificencia, es importante saber cómo se reciben las mismas. Primero generad, o imaginad vuestro cuerpo como un cuerpo divino, que en este caso es el de una deidad feroz, Vajravega. Luego, además, situad las sílabas semilla de los cuatro elementos, tierra, agua, fuego, y aire, fluctuando, en vuestro cuerpo; lo que afecta a vuestro pensamiento de modo que se generan en vuestro contínuo mental la sabiduría sublime del gozo y la vacuidad. Esto es lo que tenéis que imaginar.

Primero todo se purifica en la vacuidad. Al generar la deidad mientras mostráis respeto a las cuatro puertas, os volvéis Vairochana; se disuelve en vacuidad, y luego desde la vacuidad aparece una *hum*; que se transforma en un vajra, que se transforma en Vajravega.

(El Lama) disipa (los obstructores) con agua de la concha Mahavijaya y las seis sílabas (om ah hum hoh ham kshah).

Om shunyata-jñana-vajra-svabhavatmako' ham. (Yo tengo una naturaleza esencial de vacuidad y sabiduría indivisibles.)

Desde la vacuidad y desde una hum y (luego) un vajra, te generas como Vajravega,[38] con un cuerpo azul, con tres cuellos, negro el del centro, rojo el de la derecha, y blanco el de la izquierda, y con cuatro caras, azul la del centro, roja la de la derecha, blanca la de la izquierda, y amarilla la de atrás. Cada una de las caras deja asomar los colmillos y es terrorífica. Todas las caras tienen tres ojos de color naranja. El pelo naranja de la cabeza está erizado. De los hombros el primer par es negro, el segundo rojo, el tercero blanco; por tanto, hay seis hombros, con doce brazos superiores, y veinticuatro brazos inferiores. Los primeros cuatro brazos inferiores (a cada lado) son negros, el segundo rojo, el tercero blanco, y de los dos brazos inferiores restantes el derecho es negro y el izquierdo es amarillo. (Por fuera) los pulgares de las manos son amarillos, los dedos índice, blancos, los dedos (corazón) rojos, los dedos anulares negros, y los dedos meñique verdes. (El interior de) las primeras articulaciones de los dedos son negras, las segundas, rojas, y las terceras, blancas. Están adornadas con anillos y emiten luz. La pierna derecha roja y la pierna izquierda, blanca, con la derecha, extendida y presionando sobre los corazones de un dios demoníaco del Reino del Deseo y sobre un Ishvara afligido. Tienes ornamentos de hueso y serpientes y la parte inferior de la vestimenta es de piel de tigre así como una guirnalda de cabezas y cráneos colgando y todos los adornos y símbolos de mano de una naga.

Cuando confieras la iniciación a los discípulos, iden-
tifícalos individualmente.

¿Cuál es el propósito de meditar en tal deidad con todas esas
características fantásticas?. En general, el Cuerpo de Forma de un
Buda, como se dice en, *Engaging in the Bodhisatvas Deeds* de
Shantideva, se le aparece de varias formas a los principiantes,
mediante la fuerza de haber reunido las acumulaciones de mérito y
sabiduría, de modo natural y espontáneo y sin esfuerzo, de acuerdo
a las disposiciones e intereses. No es que un Buda tenga una forma
determinada tanto si hay principiantes o no.

Los Cuerpos de Forma de un Buda dependen de las situaciones
y necesidades de los practicantes. Algunos incluso dicen que los
Cuerpos de Forma están incluidos en los continuos mentales de los
practicantes; tanto si esta posición es del todo aceptable como si
no, indica la comprensión de la naturaleza de los Cuerpos de Forma. El objetivo de la apariencia de un Cuerpo de Forma es ser un
objeto de observación de meditación de un ser nacido de vientre
con los seis constituyentes, tierra, agua, fuego, aire, espacio, y
conciencia; por tanto, la apariencia de un Cuerpo de Forma concreto está relacionada con un meditador y de acuerdo a la situación
de tal practicante.

Ahora, en el caso de Kalachakra, el modo de práctica del *Tan-*
tra de Kalachakra está relacionado con la meditación de los elementos cósmicos del Kalachakra externo mencionado anteriormente. Y por eso, la forma particular de cuerpo divino sobre el
cual medita un practicante está relacionada con tal meditación. El
número de caras, de brazos, etc., su color y forma, por una parte
están relacionados con el cuerpo del meditador y por otro están
relacionados con el sol, la luna, las constelaciones, y demás.

Luego, con respecto a la visualización de los cuatro elementos:

> En tu ombligo[(39)] está una *lam,* de la que emerge un
> mandala de tierra cuadrado y amarillo, marcado por
> una rueda y sobre el cual, sobre un disco kalagni
> (amarillo), hay una *ho* amarilla. [324] En tu corazón
> hay una *yam,* de la cual emerge un mandala de aire,
> semicircular, (en forma de arco) negro, señalado por
> dos banderas ondeantes y sobre el que, encima de un
> disco *rahu* (verde), hay una *hum* negra. En tu cuello
> está una *ram,* de la cual surge un mandala de tierra,

triangular, rojo, marcado por una joya sobre el cual, encima de un sol, está una *ah* roja. En tu frente está una *bam* de la cual surge un mandala de agua, circular, blanco, marcado por una vasija y sobre el cual, encima de un disco de luna, está una *om* blanca. Los rayos de luz de las cuatro sílabas y los rayos de luz de la *hum* en el corazón del Lama, que no es otro que la Deidad Principal, invitan a las cuatro Deidades Vajra (es decir, cuerpo, palabra, mente, y conciencia de gozo), que se disuelven en las cuatro sílabas. De una *yam* bajo los pies surge un mandala de aire que inflama una *ram* que emerge un mandala triangular de fuego y marcado por una *ram* y encima del cual, sobre las plantas de los pies, una *jhai* roja empieza a emitir rayos de luz.

Llegado este punto, desde fuera de tí penetran en el interior de tu cuerpo rayos de luz que proceden del corazón del Lama y activan los cuatro elementos en el interior de tu cuerpo. Mediante estas dos condiciones, se genera en tu continuo mental una sabiduría sublime de gran gozo, una estabilización meditativa de gozo y vacuidad. De este modo, piensa que se genera en tu continuo mental una sabiduría sublime especial de gozo y vacuidad indiferenciables en la que una conciencia gozosa dilucida la vacuidad de la existencia inherente. Además, son atraídos todos los Budas de las diez direcciones y penetran en tu cuerpo, con todas las bendiciones de las deidades del cuerpo, palabra, mente y gozo sublimes. Esta es la bendición.

Al ser alcanzado por los rayos de luz procedentes del corazón del Lama, que no es diferente de la Deidad Principal, el aire se aviva, a la vez que el fuego se inflama, debido a lo cual los rayos de luz de la *jhai* entran por los poros de los pies, es decir los rayos de luz agitan las cuatro sílabas que emiten rayos de luz, llenando el cuerpo entero. Rayos de luz de la *hum* en el corazón del Lama, que no es diferente de la Deidad Principal, invitan a todos los Budas en la forma del Victorioso Supramundano Kalachakra y del Rey de los Airados. Todos ellos, que llenan el reino del espacio, entran en tu cuerpo.

Om ah ra ra ra ra, la la la la, vajra-aveshaya hum.
(Om ah ra ra ra ra, la la la la, que los los vajras puedan descender completamente hum.)

*Mientras dice esto con fuerte entonación, haz sonar
la campana. Purifica con incienso y con azafrán las
cinco carnes y las cinco ambrosías. Si el Maestro ha
hecho previamente diez millones de repeticiones de
este (mantra) y ha quemado ofrendas diez o más
veces, por sólo dirigir su mente (a esto, las deidades)
descenderán. Después da una flor que ha sido bendecida con:*

Om ah hum

*(para que se ponga) sobre la cabeza. Hasta formas
inquietas de descenso son pacificadas con esto. Los
signos de su llegada deben conocerse en detalle gracias al comentario del tantra.*[40]

(El descenso) se hace firme y está protegido con los seis linajes del
metodo y sabiduría.[41]

*Luego, con (las sílabas semilla de) los seis linajes de
método y sabiduría lleva a cabo la protección:*

En la frente (del discípulo), una *om* (blanca); en el
corazón una *hum* (negra); en la protuberancia de la
coronilla una *ham* (amarilla); en el ombligo una *hoh*
(amarilla); en la garganta una *ah* (roja); en la región
secreta una *kshah* (azul).

Luego, a los discípulos se les invita a quitarse la cinta de los ojos y
mirar el espacio intermedio para ver qué color está apareciendo. El
Lama pregunta qué se ve.

*Luego, si se ha conferido la iniciación a los discípu-
los, deben (quitarse la cinta y) mirar al espacio por
encima del mandala. Pregunta:*

¿Qué ha aparecido en tu visión?

Por las diferencias del color del cielo (que se le apa-

recen a cada discípulo), se pueden entender las actividades específicas que (deberían trabajar) en el logro.

Algunas veces se ven ciertos colores; otras veces, no hay un color concreto. Esto es en aras de determinar qué tipo de acción es la que debéis trabajar. Poneos de nuevo la cinta.

Después, como antes, imaginad que estáis circunvalando el mandala tres veces mientras repetis el mantra *Om ah hum hoh ham kshah*.

Después, el Trabajador Vajra coge los dos pulgares de los discípulos con su mano derecha y también (sostiene) un vajra; ejecutan la danza vajra, y repitiendo las seis sílabas (om ah hum hoh ham kshah), circunvalan el mandala tres veces.

Entonces, en la puerta este hago una súplica al mandala de modo que cuando los discípulos dejen caer una flor en él (aquí es una tabla cuadrada dividida en secciones), se manifestarán sin error cuáles son sus linajes y qué logros alcanzarán.

En la puerta este del mandala el Maestro hace sonar una campana y hace una bendición de la verdad:

Que el nivel del linaje divino
De estos discípulos a quien yo introduzco
En este mandala excelente,
Se muestre de acuerdo a sus méritos.

Que se muestren sus logros.
Que se muestre el linaje del que son ellos recipientes.
Que la medida del poder de su mérito se muestre tal
    como es en el mandala.

ENTRAR DE TAL MANERA QUE SE LLEGA A
POSEER LA NATURALEZA DE VER
EL MANDALA.

Todos tienen la naturaleza de Buda y por eso son aptos para llegar a la Iluminación como un Buda; sin embargo, no está claro cúal de entre los cinco linajes de Los Que Han Ido Más Allá Así es el vuestro. Ese linaje se identifica al soltar una flor en el mandala.

Coge una flor de la guirnalda de flores que se te dió anteriormente, e imagina que has llegado al interior del mandala. (Los discípulos o su representante sueltan la flor en un mandala pequeño para ver en qué sección cae.)

> *Elige una flor no marchita de la guirnalda de flores dada anteriormente, y habiéndola bendecido con tram, imagínala como una flor de joyas y ponla en los cuencos de las manos del discípulo. Imaginando que toca la cabeza de la Deidad Central del mandala, el discípulo tiene que dejarla caer de verdad sobre los cinco signos de la parte superior de la vasija Vijaya. Susurra:*
>
> Om sarva-tathagata-kula-vishodhani svaha. (Om la purificación de los linajes de todos Los Que Han Ido Más Allá Así svaha.)
>
> *Para la autoiniciación (en el mandala) es suficiente imaginar que se la deja caer mientras se dice el mantra; no es necesario hacerlo sobre los signos. Cuando la flor toca un signo concreto, se identifica el linaje divino del discípulo.*

Imaginad que, cuando la dejáis caer en el mandala, estáis ofreciendo la flor a las deidades del mismo, que la bendicen hacia la magnificencia y luego os la devuelven. Después, colocádla sobre vuestra cabeza; sólo por esto se genera en vuestro continuo mental la sabiduría sublime de gozo y la vacuidad.

> *Luego, los discípulos deben sujetar[42] esa flor en la anterior guirnalda de flores, y después ceñírsela a la cabeza, o (si haces la autoiniciación) cíñetela a tu cabeza. Di:*
>
> Om pratigrhnas tvam imam satva-mahabala.
> [Gran Ser Poderoso, cuida a este (discípulo)][326]
>
> *Llamando a la Deidad alcanzada por la flor, recomienda al discípulo a la Deidad:*

Poderoso Ser Heroico, cuida de este discípulo hasta que sea alcanzada la Iluminación.

Cuando hayáis identificado el linaje del Conquistador con el que os iluminaréis, debéis tomar como vuestra Deidad Principal la deidad de ese linaje y debéis insistir en mantener los compromisos de ese linaje particular. La determinación del mismo depende de la fuerza relativa de las emociones aflictivas de vuestra mente así como de otros muchos factores estructurados por vuestro nivel de méritos, que dan por resultado diferencias en las facultades sensoriales, disposición, etc.

Entonces, tras ceñir las flores en la cabeza o a la vez que se deja caer la flor, (el Lama) dice:

Hoy, Kalachakra se esfuerza
En abrir tus ojos.
Y al abrir se verá todo.
El ojo vajra es insuperable.
Om divyendriyanudghataya svaha.
(Om abre el poder sensorial divino svaha.)

Quita la cinta que cubre tus ojos

Quitaos ahora la cinta; pensad que la oscuridad de la ignorancia se ha disipado.

Al quitaros la venda, pensad que estáis mirando el mandala.

(El Lama) dice:

Ahora mediante el poder de la fe
Mira sólo el mandala y lo (que es simbolizado por él)[43]
Has nacido en el linaje de Buda
Y has sido bendecido hacia la magnificencia por el
  sello y el mantra.
El cumplimiento de todos los logros te llegará a ti
  como supremo (sostenedor de las) promesas.
Por jugar en los extremos del vajra y el loto
Alcanzarás los mantras secretos.
He vajra-pashya. [¡Oh!, mira el (mandala) vajra.]

"Juega en los extremos del vajra y el loto" indica que el camino del mantra debe ser alcanzado mediante el método y la sabiduría indiferenciables.

Luego, (di):

Estás viendo de forma manifiesta el mandala completo.

Mientras lo piensas, genera una fe firme. Cuando confieras la iniciación a un discípulo, identifica individualmente a las deidades de acuerdo con los Métodos del Logro (sgrub thabs, sadhana).

Ahora, mientras miráis al dibujo del mandala, yo os lo voy a explicar. Y mientras lo hago, pensad que estáis viendo las diferentes partes del mandala real. Primero, en la parte más externa hay una serie de luces de colores (que representan una montaña de fuego que rodea al mandala). Dentro, hay una sección verde que simboliza el espacio, no el espacio no compuesto, sino el espacio compuesto tal como lo encontramos en los agujeros. Los vajras en él constituyen un círculo protector (que rodea el mandala). Dentro hay cuatro franjas, gris, roja, blanca y amarilla, con esvásticas en la última, que representan aire, fuego, agua, y tierra. Por eso, las franjas desde el verde al amarillo representan los cinco elementos, espacio, aire, fuego, agua, y tierra.

Después, en su interior, mirad los diferentes colores del suelo que sirven de base a las cuatro direcciones. Ya que el este (que está abajo cuando miramos a la pintura, pero al frente desde la posición de la deidad sentada en el medio) es Amogasidi, y es negro. El sur, que es Ratnasambava, es rojo; el norte, que es Amitaba, es blanco; y el oeste, que es Vairochana, es amarillo. Los colores de las cuatro direcciones imitan principalmente los colores de las cuatro caras del Kalachakra central.

Sobre este suelo está el mandala, cuadrado, completamente adornado y de tres niveles, con cuatro puertas en cada uno; el más externo es el mandala del cuerpo sublime, a continuación el mandala de la palabra sublime, y el más interno el mandala de la mente sublime. Justo en el medio hay un loto verde de ocho pétalos, en cuyo centro está el glorioso Kalachakra y su consorte, Vishvamata. Kalachakra tiene cuatro caras, veinticuatro manos, dos piernas. Ahora no voy a entrar en más detalles sobre Kalachakra.

Deberíais pensar que os habéis encontrado y habéis visto el mandala entero igual que aparece en la representación: con una naturaleza de luz. Pensad que de manera manifiesta os encontráis con Kalachakra y consorte.

Sobre los ocho pétalos que rodean a Kalachakra y su consorte están las ocho Shaktis. El lugar donde la Deidad Principal, consorte, y las ocho Shaktis residen es el mandala del gran gozo. Justo fuera de él hay un área cuadrada con dieciséis secciones: es el mandala de la sabiduría sublime. En las cuatro direcciones están los cuatro Que Han Ido Más Allá Así, y en las direcciones intermedias las cuatro Que Han Ido Más Allá Así (representadas por lotos). Los cuatro Que Han Ido Más Allá Así abrazan a las cuatro Que Han Ido Más Allá Así, y las cuatro Que Han Ido Más Allá Así abrazan a los cuatro Que Han Ido Más Allá Así.

Ahora, vamos a identificar todas las secciones en una dirección, el este. Justo fuera del mandala de la sabiduría sublime hay un área negra que es el piso del mandala de la mente sublime. Luego, el área blanca es donde residen los seis Bodisatvas masculinos y los seis femeninos del mandala de la mente sublime y equivale a una morada de esas deidades. Luego, fuera de ahí hay una línea negra muy pequeña del piso del mandala de la mente sublime.

En el interior de cada una de las cuatro puertas están las cuatro deidades feroces (representadas por lotos) que protegen las mismas. La deidad feroz que protege la dirección superior está indicada por un segundo loto en el este. Después, justo fuera de la línea negra del piso está el muro de tres franjas del mandala de la mente sublime, blanco, amarillo y azul. Luego, fuera del muro está un área blanca que es el contrafuerte blanco donde residen las diosas de ofrecimiento. Hay también doce protectores, dos en cada una de las cuatro direcciones y dos arriba y abajo. Esto completa el mandala de la mente sublime. Pensad que encontráis y veis a las setenta deidades del mandala de la mente sublime.

Después, bajáis las escaleras hasta el siguiente nivel, el piso del mandala de la palabra sublime (representado por una línea negra). Igual que en el mandala de la mente sublime, hay un área blanca donde residen las deidades del mandala de la palabra sublime. Sobre ella hay ocho yoguinis de palabra sublime, una en cada una de las cuatro direcciones y de las cuatro direcciones intermedias (representadas por lotos). Están abrazadas por deidades masculinas y rodeadas cada una por ocho diosas. Por tanto, hay ochenta deidades.

Luego, como antes, hay una línea gris o negra que es el piso del mandala de la palabra sublime, y después está el muro de cinco franjas del mandala de la palabra sublime. Fuera del muro, sobre el contrafuerte blanco que rodea al mandala de la palabra, hay treinta y seis diosas; desde la posición de la cara correspondiente a la Deidad Principal hay cinco a la derecha de la puerta y cuatro a la izquierda de la puerta. Por tanto, hasta este momento tenemos ciento ochenta deidades; pensad que las encontráis y las estáis viendo a todas.

Después, bajando las escaleras del mandala de la palabra sublime, llegáis al mandala del cuerpo sublime. De nuevo, hay un suelo negro, siguiendo al cual está el área blanca donde residen las deidades del mandala del cuerpo sublime. En cada una de las cuatro direcciones hay dos grandes deidades principales de los días, y en cada una de la cuatro direcciones intermedias hay una, es decir suman doce (y representan los doce meses del año). Cada una de ellas está abrazando a un/a consorte y está rodeada por veintiocho deidades (totalizando treinta en cada grupo y por ello representando los días de un mes). Estas son las trescientas sesenta deidades de los días de un año.

Entonces, en cada una de las cuatro puertas del mandala del cuerpo sublime hay protectores de las cuatro puertas, y hay también protectores arriba y abajo, representados respectivamente en la parte alta y en la parte baja de la pintura sobre un círculo de agua. Luego, fuera del muro de cinco franjas del mandala del cuerpo sublime, sobre el contrafuerte blanco, hay treinta y seis diosas, equivalentes a las del mandala de la palabra sublime, cinco a la derecha y cuatro a la izquierda desde la posición de la cara correspondiente de la Deidad Principal.

Después están las deidades a la derecha e izquierda de las entradas sobre el contrafuerte blanco externo: en el lado este, está el mandala del aire, con forma de arco; en el lado sur, el mandala del fuego de forma triangular; en el lado norte, el mandala del agua de forma redonda; y en el lado oeste, el mandala de la tierra de forma cuadrada. En cada uno de ellos hay ocho nagas, abrazados por deidades femeninas muy feroces. En total, hay diez nagas, y ocho tienen asientos de loto.

A la derecha de la puerta este, está un mandala del espacio, y exactamente en el lado opuesto, en el lado oeste, hay un mandala de la sabiduría sublime; estos dos encima y debajo del mandala respectivamente. Esto concluye el mandala del cuerpo sublime.

Después, sobre los círculos de fuego y aire hay diez ruedas en diez cementerios, cuatro en las direcciones primarias, cuatro en las direcciones intermedias, encima y debajo. En los ocho radios de esas ruedas hay ocho deidades femeninas muy fieras abrazadas por nagas. Luego, entre cada uno de los ocho cementerios hay once espíritus principales o elementales, totalizando ochenta y ocho. Estas son las principales entre los millones de elementales.

Contando los ochenta y ocho elementales, el mandala entero tiene setecientas veintidós deidades. Pensad que los habéis visto realmente a todos.

El número de las deidades principales del mandala se explica por la correspondencia con el número de pétalos canales que tiene una persona. El canal central en la protuberancia de la coronilla tiene cuatro pétalos canal; el canal central en la garganta, treinta y dos; el canal central del corazón, ocho; el canal central en la coronilla de la cabeza dieciséis; el canal central en el ombligo sesenta y cuatro; y el canal central en la región secreta tiene sesenta y cuatro pétalos canal. Además, hay los seis canales de los seis linajes así como los canales derecho, izquierdo y central sobre el ombligo, *lalana, rasana* y *avadhuti* y los mismos debajo del ombligo; los últimos son los canales para la orina, las heces, y el fluído seminal. Todos juntos, ascienden a ciento sesenta y dos.

Entre las deidades antes mencionadas, setenta y ocho que están en unión con sus consortes tienen asientos de loto; contando también a las consortes, hay ciento cincuenta y seis. Cuando se añaden las seis deidades que realizan la implantación del sello, hay ciento sesenta y dos. Por consiguiente, las ciento sesenta y dos deidades principales en el mandala de Kalachakra complementan los ciento sesenta y dos canales principales del cuerpo.

Pensad que realmente os habéis encontrado con la totalidad de las setecientas veintidós deidades del mandala de Kalachakra, con el mismo significado en cuanto a factores externos e internos.

Lo siguiente es cantar con júbilo una canción al ver de modo manifiesto a las deidades.

Luego, (el discípulo) susurra la promesa:

Om yo he entrado en el mandala vajra, el gran mandala.

El "mandala vajra" se menciona porque en el Tantra del Yoga Más Elevado, el linaje de Akshobya o linaje vajra es supremo entre todos los linajes, por lo que el mandala vajra es el gran mandala.

Estoy contemplando el mandala yóguico, el gran mandala.

Se dice que la armonía del método y sabiduría es el significado de "yoga"; aquí, método es gozo inmutable, y sabiduría es comprensión de la vacuidad de la existencia inherente. La sabiduría sublime de gozo y vacuidad indiferenciables aparece bajo el aspecto de un mandala, y por tanto es un mandala yóguico. Ya que es superior a los mandalas materiales, es grande. Tú lo estás viendo.

Me está siendo conferida la iniciación en el mandala secreto, el gran mandala.

Es secreto porque es oculto para aquellos iniciados sólo en el Tantra del Yoga, etc. Por eso, este mandala de Kalachakra del Tantra del Yoga Más Elevado es superior a mandalas de los Tantras menores y en consecuencia es grande. Como estáis recibiendo iniciación en tal mandala, entonáis una canción feliz:

Samaya hoh hoh hoh hoh.

Esto concluye los temas implicados en entrar en el mandala.

(final del segundo día en Madison).

Parte Tercera
Iniciaciones

CONFERIR LAS SIETE INICIACIONES SEGÚN EL MODELO DE LA NIÑEZ

Esta sección consta de tres partes: (1) los ritos de las siete iniciaciones, (2) comprensión del momento del logro y (3) consejo para abandonar las infracciones raíces

LOS RITOS DE LAS SIETE INICIACIONES

Esta sección consta de dos partes: (1) hacer súplica común [para las siete iniciaciones] junto con purificar lo no auspicioso y (2) conferir una a una las siete iniciaciones

Orientación

Hoy vais a entrar en el mandala y va a ser conferida la iniciación. En general, existe un conferir las siete iniciaciones según el modelo de la niñez, un conferir las iniciaciones superiores y un conferir la iniciación del maestro vajra. Entre éstas, las que se van a conferir aquí son las siete iniciaciones según el modelo de la niñez.

En primer lugar, los discípulos ofrecen el mandala, y después hacen la súplica para las siete iniciaciones. Entonces el Lama elimina todo lo no auspicioso y confiere las siete iniciaciones individualmente. Al ofrecer el mandala, imaginad que, como antes, estáis al exterior de la puerta este del sublime mandala del cuerpo. Como hoy es el día en el que de hecho se recibe la iniciación, debéis ser cuidadosos al realizar las visualizaciones necesarias para cada parte según yo las voy identificando.

Al Lama, a la Deidad Personal, y a las Tres Joyas ofrezco en visualización

El cuerpo, la palabra, la mente, mis recursos y los de los demás,

Nuestras colecciones de virtud en el pasado, presente y futuro,

Y el mandala, maravilloso y precioso, con el conjunto de ofrecimientos de Samantabadra.

Al aceptarlos por tu compasión, te lo ruego, bendíceme hacia la magnificencia.

Idam guru-ratna-mandalakam niryatayami.[Ofrezco al guru este mandala adornado de joyas]

SÚPLICA PARA TODAS [LAS SIETE INICIACIO-
NES]
Y PURIFICACIÓN DE LO NO AUSPICIOSO

*Después de ofrecer el mandala, pon la rodilla dere-
cha en el suelo [327] y con las manos juntas sujetando una flor a la altura del corazón haz esta súplica
tres veces:*

Así como Bodivajra confirió
La gran ofrenda [de la iniciación] a los Budas,
Concédemela tú hoy, oh Vajra del Espacio,
Para que pueda ser liberado completamente

A Kalachakra se le llama "Vajra del Espacio" porque es una apariencia, con el aspecto de un cuerpo con una cara, brazos, etc., de
la sabiduría sublime de luz clara como el espacio, una entidad
indiferenciable de la realidad como el espacio de la vacuidad de
existencia inherente. Así Kalachakra es un Cuerpo de Forma último que tiene la capacidad de servir de medio para purificar el
sufrimiento del que practica así como sus causas. Estáis pidiendo a
ese Kalachakra que os conceda las siete iniciaciones hoy. La súplica debe repetirse tres veces reflexionando en su significado.

[PURIFICAR LO NO AUSPICIOSO]

Cuando nos lavamos necesitamos los materiales para lavarnos; de
igual manera aquí se usan distintas sustancias para limpiar y purificar los obstructores, las acciones negativas y las obstrucciones.
Cuando hago el gesto de hacer girar estas substancias delante de
mí mientras recito el mantra, pensad que están desapareciendo
todos esos factores no auspiciosos.

*Cuando se hace la autoiniciación, [lo siguiente] es
meditado o hecho en realidad por un Vajra de
Acción; cuando se está confiriendo la iniciación a un
discípulo, lo hace el Lama. Coge con ambas manos
puñados de semillas de mostaza en los que se han
repetido siete veces las seis sílabas [om ah hum hoh
ham kshah] y hazlos girar dos veces hacia la izquierda diciendo:*

Om sarva-papam dahana-vajraya vajrasatvasya, sarva-papam daha svaha. [Om quema todas las acciones negativas para que el vajra de Vajrasatva queme todas las acciones negativas svaha.]

Arroja al fuego con fuerza las semillas de mostaza. De la misma forma también dáles dos vueltas hacia la derecha. Entonces, coge agua en tus manos y haz lo mismo. Después haz lo mismo cuatro veces con alcanfor blanco, cuatro veces con pizcas de estiércol de vaca junto con brotes de hierba, cuatro veces con una pizca de gachas y cuatro veces con telas blancas[44] haciendolas girar como antes hacia la izquierda y hacia la derecha. Sin embargo, el alcanfor y lo siguiente no se arrojan al fuego.

A esto sigue una ablución, lavarse las orejas, la nariz, la boca y el cuerpo, que se hace con el gesto de tocar dichas partes con un líquido especial que simboliza esa limpieza.

Entonces, haz la ablución.

Después se hace una ofrenda al discípulo, similar a la de la preparación del discípulo.

Susurra el mantra de la deidad principal [Kalachakra], y después de hacer una ofrenda [al discípulo] de perfume en el corazón, flores en la cabeza y una ofrenda delante, rodea [al discípulo] con una lamparilla de mantequilla.

Después se usa un incensario para quemar incienso.

Mezcla incienso blanco junto con mantequilla en la que se han repetido siete veces las sílabas [om ah hum hoh ham kshah].

CONCEDER LAS SIETE INICIACIONES DE UNA EN UNA.

Esta sección consta de siete partes.

Las siete iniciaciones se conceden ahora en orden, comenzando con la iniciación del agua. La forma general de proceder en el Tantra del Yoga Más Elevado, la manera en que se logra la más elevada Iluminación no es a través de una sustancia externa, sino de tomar como base del logro un fenómeno, la conciencia sutil, que naturalmente poseemos [pero no utilizamos] en el estado ordinario. Con esto como base, el Tantra del Yoga Más Elevado presenta técnicas para perfeccionar las cualidades del cuerpo, la palabra y la mente sublimes de un Buda.

En el sistema de Kalachakra se hace referencia a cuatro factores: cuerpo, palabra, mente y gozo.[45] También se habla de cuatro gotas en el cuerpo de la persona. Con respecto a las cuatro gotas de la parte superior del cuerpo, en la coronilla está la gota que produce el estado del despertar; en la garganta la que produce el estado del sueño; en el corazón la que produce el estado del sueño profundo; y en el ombligo la que produce el cuarto estado o gozo.

La gota en la coronilla que produce el estado del despertar tiene la capacidad de causar diversas apariencias de objetos. En nuestro estado ordinario como ser conscientes, es decir, como un no-Buda, produce apariencias de objetos impuros. A lo largo del camino, uno hace uso de esta capacidad para la mera apariencia de objetos, activándola y superando el factor que hace surgir apariencias impuras; cuando se hace así, diversas formas puras, sutiles y burdas, aparecen al activar la capacidad de la gota que produce el estado del despertar. Así, en el camino es, a través de utilizar la capacidad de esta gota que diversas formas vacías se logran, y dependiendo de esto, uno logra los Cuerpos de Forma en el tiempo del resultado de la Budeidad.

La gota de la garganta que produce el estado del sueño tiene la capacidad de causar diversas apariencias de meros sonidos. Es lo que hace surgir diferentes manifestaciones de sonidos impuros. Se utiliza a lo largo del camino para conseguir el sonido invencible, dependiendo del cual, en el tiempo del resultado de la Budeidad, se logra la palabra sublime en todos los aspectos.

La gota del corazón que produce el sueño profundo tiene la capacidad de causar conciencias no-conceptuales, puras e impuras. En el estado ordinario produce no-conceptualidades impuras o no claras, mientras que a lo largo del camino se utiliza la capacidad de producir estados de conciencia despierta muy luminosos y claros. Después, dependiendo de ello, en el tiempo del resultado de la Budeidad, se logra el Cuerpo de Verdad no-conceptual, el factor de la pacificación completa de las elaboraciones de la conceptualidad en la budeidad.

La gota en el ombligo que produce el cuarto estado tiene la capacidad de producir simple gozo. En un nivel impuro produce el gozo de la emisión, siendo las predisposiciones para la emisión una causa de recorrer la existencia cíclica. Por el poder de las técnicas del camino del Tantra del Yoga Más Elevado, se utiliza y se potencia la capacidad para producir mero gozo, por lo que en el camino espiritual se generan veintiunmil seiscientos periodos de gozo inmutable. Entonces, en el tiempo del resultado de la Budeidad se logra el Cuerpo de Naturaleza *(ngo bo nyid sku, svabhavikakaya)* de gran gozo; el Tantra del Yoga Más Elevado habla de un Cuerpo de Naturaleza compuesto, no sólo no compuesto.

De esta forma la estructura completa del camino Kalachakra se resuelve alrededor de los oscurecimientos de las cuatro clases de gotas y de las predisposiciones para la emisión del constituyente esencial. La emisión de dicho constituyente no se refiere simplemente a la emisión de semen burdo sino que se refiere principalmente a las predisposiciones, porque incluso se dice que aquellos del Reino Sin Forma tienen predisposiciones para la emisión. Ciertamente, esto es una clase de deseo. A través de las predisposiciones para la emisión uno se mueve en la existencia cíclica; más aún, se dice que aquellos del Reino Sin Forma tienen predisposiciones para la emisión. Se dice también que los del Reino Sin Forma tienen "semen" (o componente esencial); el "semen" de los del Reino del Deseo tiene cinco cualidades; el de los del Reino de Forma tres; y el de los del Reino Sin Forma tiene dos cualidades. Más aún, "emisión" y "semen" tienen un significado más sutil.

En resumen, para lograr un cuerpo, palabra y mente sublimes del Buda en términos de conciencia sutil, es necesario, primero, purificar nuestros burdos agregados físicos y mentales, nuestros constituyentes y fuentes de conciencia (los campos sensoriales y órganos sensoriales). Las siete iniciaciones –la iniciación del agua, etc.– se asocian en orden gradual con la purificación de estos factores burdos impuros. La iniciación del agua purifica los factores impuros de los cinco constituyentes; la iniciación de la corona purifica los factores impuros de los cinco agregados físicos y mentales, y así sucesivamente.

1 *Iniciación del Agua*

OFRECIMIENTO Y SÚPLICA

Las iniciaciones del agua y de la corona son medios para purificar el cuerpo; por eso durante las mismas, los discípulos miran la cara-cuerpo norte, blancos, de la Deidad Principal Kalachakra y genera, es decir, se imaginan ellos mismos como la deidad blanca llamada Cuerpo Vajra.

El Lama, con su mano derecha que sostiene un vajra, conduce al discípulo por la mano izquierda y [siempre] teniendo el mandala enfrente, lo rodean hacia la derecha. En la puerta norte el discípulo frente al cuerpo y cara [blancos] de [Kalachakra], se sienta en su asiento de iniciación. Se ofrece el mandala al Lama, indiferenciable del Cuerpo Vajra de Kalachakra, como un presente, por conceder las iniciaciones que purifican el cuerpo.

Ofrece el mandala.[46]

Al Lama, a la Deidad Personal, y a las Tres Joyas
    ofrezco en visualización
Mi cuerpo, palabra y mente; mis recursos y los de los
    demás,
Nuestras acumulaciones de virtud del pasado, presen-
    te y futuro,
Y el mandala maravilloso y precioso con los conjun-
    tos de ofrecimientos de Samantabadra.
Aceptándolos por vuestra compasión, os lo ruego,
    bendecídme hacia la magnificencia.

Idam guru-ratna-mandalakam niryatayami.
[Ofrezco este mandala adornado con joyas al guru.]

Repetid este mantra después de que yo lo haga:

Haz una súplica tres veces con:

Om ham ham him him hrm hrm hum hum hlm hlm.a i
r u l vajra-dakinyau vajra-amrta-ghatair abhishiñchantu mam svaha. [Om ham ham him him hrm hrm hum
hum hlm hlm a i r u l os ruego que las Mujeres Vajra,
Viajeras del Espacio, me concedan la iniciación con
los vasos de la ambrosía vajra svaha.][(47)]

Las diez sílabas –*ham ham him him hrm hrm hum hum hlm hlm*–
son las sílabas semilla de los diez vasos, y las cinco vocales –*a i r
u l*– son las sílabas semilla de las cinco Madres en dependencia de
las cuales se da la iniciación del agua. El resto del mantra, burda-
mente hablando, significa "Viajeras Vajra del Espacio, conferidme
la iniciación con los vasos de ambrosía vajra". La misma súplica
se hace al principio de las siete iniciaciones con las variaciones
apropiadas a cada iniciación particular.

INICIACIÓN INTERNA

El siguiente paso es conferir la iniciación interna. Los discípulos
son atraídos al cuerpo del Lama que está en la forma de la Deidad
Principal, pasan a través de su cuerpo al vientre de la Consorte, se
disuelven en vacuidad, y después reaparecen generados como la
Deidad, Cuerpo Vajra. Se invita al Ser de Sabiduría [la Deidad
Real], entra dentro del discípulo generado como la misma Deidad,
se une íntimamente con toda esta creación [visualización], obtiene
placer de todo ello, y se convierte en uno solo con el discípulo. A
todos los Conquistadores y Bodisatvas, hombres y mujeres, se les
invita y se les hace ofrecimientos. El Lama hace una súplica, después de la cual los Conquistadores hombres y mujeres se sienten
atraídos el uno hacia el otro y, entrando en absorción, se funden en
una entidad de ambrosía llamada la mente de la Iluminación. La
ambrosía penetra en el cuerpo del Lama que es la Deidad Principal
y pasa a través de su cuerpo, confiriendo la iniciación a los discí-

pulos que están, como anteriormente se ha mencionado, en la forma de deidades del Cuerpo Vajra en el vientre de la Consorte. Después los discípulos salen del vientre de la Consorte y se colocan en su asiento de iniciación. Este procedimiento es el mismo para las iniciaciones restantes.

Con las seis sílabas [om ah hum hoh ham kshah] y el agua de la concha, se eliminan [las interferencias].

Te penetran rayos de luz desde el Hum en el corazón del Lama, que no es diferente de la Deidad Principal; [328] entras por su boca, pasas a través del centro de su cuerpo, y a través de la ruta vajra entras en el loto de la Madre y te fundes en una gota que se convierte en vacuidad.

Necesitáis reflejaros en dos clases de vacuidad, una combinación de (1) una vacuidad inmaculada que es la eliminación de todas las antiguas apariencias y (2) la vacuidad de existencia inherente.

Del interior de la vacuidad viene una om [que se transforma en] un loto del cual se genera una deidad de Cuerpo Vajra blanca, con tres caras de color blanco, negro y rojo y seis manos, de las cuales sus tres manos derechas sostienen un mazo, una lanza y un tridente y las manos izquierdas, un loto blanco de cien pétalos, una rueda y un rosario. Estás abrazado por Pandaravasin.

Rayos de luz salen del corazón del Lama, que no es diferente de la Deidad Principal, y se dirigen a los Seres de Sabiduría que son como los ya meditados. Jah hum bam hoh hi. [Colocaos sobre nuestra cabeza, entrad, fundíos con, estad satisfechos, y volvéos una unidad indivisible.] Ellos se convierten en una unidad indivisible.

Rayos de luz salen desde el corazón del Lama, que no es diferente de la Deidad Principal, y se dirigen hacia todos los Conquistadores de las diez direcciones, Padres, Madres, Hijos e Hijas. Vajra-bhairava akarshaya jah. [Vajra Aterrador, convoca jah.]

Haz ofrendas con:

Gandham pushpam dhupam dipam akshate naividye lasye hasye vadye nrtye gitye kame puja kuru kuru svaha.[48] [Ofreced perfume, flores, incienso, luz, fruta, comida, parte inferior de la vestimenta, sonrisas, música, danza, canto y tacto, svaha.]

De la misma forma que Vajradara concedió
A los Budas iniciaciones,
Fuentes de buenas cualidades,
Con el fin de proteger a los seres transmigrantes,
Concedédlo también igual aquí.

Por la súplica hecha de este modo, todos los Conquistadores Padres y Madres, etc., se absorben y se funden por el fuego del Gran Deseo [i. e. por el Gran Gozo], y entran por la protuberancia de la coronilla del Lama, que no es diferente de la Deidad Principal. Emergiendo del camino vajra la mente iluminada confiere sobre ti mismo la iniciación convertido en la Deidad del Cuerpo Vajra. Surges del loto de la Madre y te sientas en tu asiento de la iniciación.

Respecto a las deidades que se "funden por el gran fuego del deseo", es necesario comprender que en este contexto el gozo se genera del deseo, pero no está contaminado por las faltas de éste. Igual que, por ejemplo, la carcoma se alimenta de la misma madera en la que nace, así el yoga que se genera del deseo destruye el deseo.

Estas reflexiones sobre la vacuidad y sobre el uso de los atributos del Reino del Deseo en el camino, deben aplicarse también a todas las demás iniciaciones.

LAVADO, PURIFICACIÓN Y DEIFICACIÓN DE LOS DISCÍPULOS Y DE LAS SUSTANCIAS DE LA INICIACIÓN

A continuación se genera en la deidad, la sustancia de la iniciación, el agua de los recipientes. La concha Mahavijaya que está enfrente de mí ha sido generada –desde su estado de transformación en el momento de la preparación– algunas veces como la mente sublime del mandala, pero la mayoría de las veces como el cuerpo, palabra y mente sublimes del mandala completo, y así se ha bendecido hacia la magnificencia. Dentro de los vasos de las diez direcciones se generan los Que Han Ido Más Allá Así cinco masculinos y cinco femeninos, y del mismo modo aquellos cuyos vasos se han bendecido hacia la magnificencia. El agua de cada uno de los vasos se ha puesto en la concha Mahavijaya.

El agua de la iniciación es el medio de purificar los cinco constituyentes. Los cinco constituyentes del practicante, sin incluir el sexto, la mente prístina [gozo], son las sustancias internas que son las bases que se tienen que purificar, y la sustancia externa es el agua de los vasos. Las porciones respectivas de agua y constituyentes internos se generan como las cinco Que Han Ido Más Allá Así –Vajradhatvishvari, etc.– quienes son los factores de purificación de los cinco constituyentes. Es importante que imaginéis activamente lo que las palabras del ritual dicen.

> *Así susurrando "Om prajnaparamita hum hum phat" [el Lama] toma un poco de agua del vaso de arriba y de abajo e igualmente con "Om lochani hum hum phat" de los del oeste y el noroeste, con "Om mamaki hum hum phat" de los del norte y el noreste, con "Om pandara hum hum phat" de los del sur y el suroeste, y con "Om tara hum hum phat" de los del este y el sureste. Se juntan y se mezclan todos en la concha Mahavijaya que está colocada enfrente. El discípulo y el agua del vaso se purifican [de obstrucciones] con las seis sílabas [om ah hum hon ham kshah]. Con:*

Om shunyata-jnana-vajra-svabhavatmako ham. [Tengo la naturaleza esencial de vacuidad y sabiduría indivisibles,] los cinco constituyentes del discípulo y el agua del vaso se vuelven vacuidad. [329] Desde la vacuidad [desde dentro de la vacuidad] el constituyente espacio de tu cuerpo [el cuerpo del discípulo] y porciones de arriba [y de abajo] del agua mezcladas con el agua de la concha ritual [aparece como dos] a [las cuales se transforman en dos] vajras, desde los cuales se generan dos Vajradhatvishvaris verdes, con tres caras –verde, roja y blanca–[(50)] y seis manos que sostienen en las tres manos derechas un vajra, un cuchillo curvo y un hacha y en las tres manos izquierdas una campana vajra, un cráneo y una cabeza de Brahma. Está abrazada por Vajrasatva.

El constituyente aire de tu cuerpo y las porciones del agua del este y del sureste mezclados con el agua de la concha ritual [aparecen como dos] i [que se transforman en dos espadas desde las cuales se generan [dos] Taras negras con tres caras –negra, roja y blanca– y seis manos, que sostienen en sus tres manos derechas una espada, un cuchillo curvo y un tridente y en sus tres manos izquierdas un escudo, un cráneo y un khatvanga blanco. Está abrazada por Vairochana.

El constituyente fuego del cuerpo y las porciones de agua del sur y del suroeste mezcladas con el agua de la concha ritual [aparecen como dos] r [que se transforman en dos] joyas de las cuales se generan [dos] Pandaras rojas con tres caras –roja, blanca y negra– y seis manos, que sostienen en sus tres manos derechas una triple flecha, un gancho vajra y un retumbante tambor o damaru y en las tres manos izquierdas un arco, un lazo vajra y una joya de nueve facetas. Está abrazada por Amitaba.

El constituyente agua del cuerpo y las porciones de agua del norte y del noreste mezcladas con el agua de la concha ritual [aparecen como dos] u [que se transforman en dos] lotos de los cuales se generan [dos] Mamakis blancas, con tres caras, blanca, negra y roja y seis manos, que sostienen en sus tres manos derechas una maza, una lanza y un tridente y en las tres manos izquierdas lotos blancos con cien pétalos, un espejo y un rosario. Está abrazada por Ratnasambava.

El constituyente tierra del cuerpo y las porciones de agua del oeste y del noroeste mezcladas con el agua de la concha ritual [aparecen como dos] l [que se transforman en dos] ruedas de las cuales se generan [dos] Lochanas amarillas con tres caras, amarilla, blanca y negra, y seis manos, que sostienen en sus tres manos derechas una rueda, un báculo y un vajra terrorífico y en las tres manos izquierdas una concha, una cadena de hierro de vajras y una campana que suena. Está abrazada por Amogasidi.

En las frentes de todos ellos hay una *om*; en sus gargantas *ah*; en sus corazones *hum*; y en sus ombligos *hoh*. Del *hum* en sus corazones se emiten rayos de luz que materializa Seres de Sabiduría como los meditados. Jah, hum, bam, hoh hi. [Sed convocados, entrad, unificaos, sed complacidos y volveos uno.] Se vuelven una unidad indivisible con sus respectivos Seres de Compromiso.

Om a i r u l pañcha-dhatu-vishodhani svaha. [Om a i r u l sed fundamentados en la purificación de los cinco constituyentes.] Las Madres confieren la iniciación a las deidades de la sustancia de iniciación. Éstas son selladas respectivamente por Akshobya, Amogasidi, Ratnasambava, Amitaba y Vairochana.

TRANSFORMACIÓN DE NUEVO DE LAS DEIDADES EN SUSTANCIA PERFECCIONADA DE INICIACIÓN

Después el Lama hace ofrecimientos a las deidades.

Haz ofrecimientos con:

Gandham pushpam dhupam dipam akshate naividye lasye hasye vadye nrtye gitye kame puja kuru kuru svaha. [Haz ofrecimientos con perfume, flores, incienso, luz, fruta, comida, parte inferior de la vestimenta, sonrisa, música, danza, canciones y tacto svaha.] [330]

Las deidades Padre y Madre se absorben, a través de los cuales el fuego del gran deseo se funde con la mente de la Iluminación, que se convierte en el fluido del vaso.

INICIACIÓN DE LOS DISCÍPULOS POR MEDIO DE UTILIZAR LA SUSTANCIA DE INICIACIÓN

En relación a las deidades que confieren la iniciación real, no solo las deidades de iniciación son invitadas y atraídas desde diferentes lugares, sino que también las cinco diosas [llamadas las cinco Madres], que residen en el mandala, realizan las actividades para conferir la iniciación.

> Desde el corazón del Lama, que no es distinto de la Deidad Principal, se dirigen rayos de luz a las deidades de iniciación, Conquistadores Padres y Madres, Hijos e Hijas, que llenan la infinitud del espacio. Vajra-bhairava akarshaya jah. [Vajra Aterrador, convoca jah]

Haz ofrecimientos con:

> Gandham pushpam dhupam dipam akshate naividye lasye hasye vadye nrtye gitye kame puja kuru kuru svaha. [Haz ofrecimientos con perfume, flores, incienso, luz, fruta, comida, parte inferior de la vestimenta, sonrisas, música, danza, canto y tacto svaha.]

Haz una súplica:

> De la misma forma que Vajradara concedió
> A los Budas iniciaciones,
> Fuentes de buenas cualidades,
> Con el fin de proteger a los seres trasmigradores,
> Así os lo ruego también concededlas igualmente aquí.

Después:

> Los Conquistadores en el espacio, Padres y Madres, tienen la intención de conferir la iniciación. Los Bodisatvas manifiestan signos auspiciosos. Rupavajra, etc. hacen ofrendas y desciende una lluvia de flores. Los Airados, masculinos y femeninos, ahuyentan a los que causan obstáculos. Las Madres que residen en el mandala que ha sido logrado [están preparadas para] conferir la iniciación con recipientes blancos que sostienen ligeramente ladeados, con sus manos y están llenos de la ambrosía de la mente de la Iluminación.[51]

A continuación, el buen deseo de auspicio se expresa con una estrofa:

Que a través del deseo de buen auspicio que mora en los corazones
de todos los conscientes,
La esencia de todos [los Budas], el señor supremo de todos los
linajes,
Progenitor de todos [los Budas] conscientes, el gran gozo,
Puedas tener hoy buenos auspiciosos en el supremo acto de conferir la iniciación.

Para la buena comprensión del Mantra es una ayuda comprender el
significado de esta estrofa: algo auspicioso reside en la esencia de
todos los seres. Puede explicarse esto en términos de luz clara
como objeto, es decir la vacuidad de la existencia inherente, y en
términos de luz clara como conciencia-sujeto. En términos de luz
clara como objeto, la realidad de la mente, su vacuidad de existencia inherente, que reside en, o impregna el centro de toda conciencia es la naturaleza de todo fenómeno estable o móvil de la existencia cíclica y del nirvana, el modo de subsistencia de todo fenómeno puro e impuro y, por lo tanto, la existencia de todo.

La conciencia del gran gozo, que es de la misma entidad indiferenciable que la realidad de la vacuidad, aparece como la deidad,
Akshobya, cuyo linaje es el supremo entre los cinco linajes. Entre
los cinco agregados físicos y mentales que son las bases a purificar, el de la conciencia es el más importante, los otros son secundarios; por eso, entre los cinco linajes de los Conquistadores, Akshobya es el más importante, dado que se asocia con la purificación
del agregado de la conciencia. La sabiduría sublime del gozo indiferenciable y de la vacuidad de la existencia inherente de la mente,
ya sin obstrucciones, es el Akshobya definitivo, el definitivo Kalachakra.

Dado que esta conciencia de gran gozo genera todos los seres
conscientes puros, los Budas, los Que Han Alcanzado el Gozo, es
el progenitor de todos los conscientes, la base de emanación o progenitor de todos los seres conscientes puros y sus entornos. Más
aún, su apariencia como deidad con una cara, brazos, etc., es Akshobya, o Kalachakra, que es, de todos los otros linajes de Buda, el
supremo, el señor. Hoy, algo muy auspicioso ha sido creado al
generar esta conciencia de gran gozo en vuestro continuo mental.

Después en términos de luz clara como sujeto, lo esencialmente
auspicioso es la mente innata y fundamental de luz clara que
hemos tenido desde tiempo sin principio. También se le llama la

naturaleza de Buda. *El Tantra de Kalachakra* habla de esta esencia cuando dice: "Los seres conscientes son Budas, no existen otros grandes Budas en los reinos de este mundo." Igualmente el *Hevajra Tantra* dice:

Los seres conscientes son simplemente Budas,
Pero están subyugados por faltas circunstanciales.
Cuando éstas se eliminan, son Budas.

De igual forma, el *Vajrapanjara Tantra*, un Tantra explicativo [del ciclo de Hevajra], dice:

Aparte de la mente preciosa
No hay Budas, no hay seres conscientes.

De la misma forma que incluso la esencia del agua sucia no está polucionada con el fango, así la naturaleza de la mente innata y fundamental de luz clara no está polucionada por contaminaciones. Por eso, la mente de luz clara de un ser consciente impuro no está polucionada por las aflicciones; es la naturaleza de Buda, que es la "sustancia" que se transforma en el Cuerpo de Verdad de la Sabiduría de Buda. Más aún, la Budeidad no se ve desde fuera. Dado que esto es así, mientras no comprendáis que la mente innata y fundamental de luz clara es vuestra naturaleza, sois un ser consciente, y cuando tengáis la comprensión final de que ésta es vuestra naturaleza, seréis un Buda.

Más aún, el *Hevajra Tantra* dice:

Los Budas no se encuentran en ningún otro lugar.
En ninguno de los reinos del mundo.
Precisamente los seres conscientes son Budas completos.
Los Budas no se pueden demostrar en otra parte.

Esto se llama "existencia cíclica";
Esto es justamente el nirvana.
Debido a los oscurecimientos, tiene la forma de existencia cíclica;
Sin oscurecimientos, la existencia cíclica es simplemente pura.
La mente innata y fundamental de luz clara es llamada existencia cíclica y es llamada nirvana. Entonces, ¿a qué clase de estado se le

llama existencia cíclica? ¿A qué clase de estado se le llama nirvana? La diferencia depende de si tenéis o no algún obstáculo para reconocer vuestra propia naturaleza.

La mente innata fundamental de luz clara mora u ocupa el corazón de todos los seres conscientes. También es la esencia final y creadora de todos los entornos y seres, la base de emanación de toda la existencia cíclica y nirvana. Todos los fenómenos, el entorno y los seres, son el soporte o artífice de la mente innata fundamental de luz clara, llamada la base de todo. Es la base de emanación de los cinco linajes de los Conquistadores y así "el supremo señor de todos los linajes", dado que la mente innata fundamental de luz clara se divide en cinco sabidurías sublimes de las cuales aparecen los cinco linajes de los Conquistadores. También es el "progenitor de todos los conscientes" en el sentido de que produce toda la sensibilidad pura e impura, la base final de designación de todas las personas.

"El gran gozo" tiene dos connotaciones. Un significado se refiere a la conciencia gozosa que surge por la fuerza de fundir el constituyente esencial en el tiempo del camino, y el otro se refiere, en el estado básico, a la mente de luz clara, la cual, por tener una naturaleza de no conceptualidad, está libre de la polución de las conceptualizaciones.

Con esto como base se pueden juntar las explicaciones particulares que haya en *El Tantra Kalachakra*, el *Guhyasamaja Tantra*, el *Hevajra Tantra*, y el *Chakrasamvara Tantra*, así como los sistemas basados en estos Tantras, el gran sello (*phyag rgya chen po, mahamudra*) como se enseña en la orden Karguiupa, la visión de la indiferenciabilidad de la existencia cíclica y del nirvana en términos del continuo causal de las bases de todo, que es una unión de manifestación y de la vacuidad, como se encuentra en la orden Sakyapa; la presentación Guelugpa de la mente innata fundamental de luz clara, de acuerdo con el sistema Guhyasamaja; y la gran mayoría de la orden Ñingma, en la cual todas las apariencias de entornos y seres son consideradas definitivamente como un artificio o autoproducción de la mente básica desde la división de la mente *(sems)* y mente básica, *(rig pa)* es decir, todo lo que no va más allá del soporte de esta mente básica. Todas estas prácticas van hacia el mismo pensamiento final. Con la comprensión y análisis de muchos textos de la Escuela del Camino Medio y del Tantra Yoga Más Elevado, se ve que todos confluyen hacia el mismo pensamiento básico. Sin embargo, si no os son familiares estos textos, pensaréis que estos sistemas son radicalmente diferentes sólo al verlos y ser sorprendidos por su vocabulario[52] diferente. La mente de luz clara está presente ahora mismo en nuestro continuo mental. En el momento de recibir la iniciación del agua, probáis el agua, una sustancia externa, e igualmente hacéis las imaginaciones internas. A través de todo esto, mientras tanto, las conceptualizaciones cesan y se genera una alerta no conceptual. Incluso si no sois capaces de hacer esto, deberíais imitar imaginariamente este estado.

Cesando la distracción hacia el exterior, desarrollad la comprensión que podáis de la mera naturaleza de luminosidad y conocimiento de la mente e, incluso, de la conciencia más sutil y, después, dentro de este estado, sed conscientes de la realidad de la mente, de su vacuidad de existencia inherente. Y, cuando contemplamos la realidad de la mente, incluso aunque es necesario inducir una certeza de la vacuidad de existencia inherente, emerge la experiencia de la mente, el factor de luminosidad y conocimiento, que determina el principio, el comienzo de la vacuidad de existencia inherente. Sin embargo, probablemente sucede que en meditación estabilizada uno se sitúa en el equilibrio de meditar en el mero factor de luminosidad y conocimiento [y no simplemente en la vacuidad de existencia inherente].

Hoy habéis sido iniciados en generar esta mente innata y fundamental de luz clara como una entidad de gozo inmutable de método y sabiduría indiferenciables, en el sentido de que esto ha sido generado en vuestro continuo [mental]. Esto es lo que debéis pensar; esto es lo auspicioso. Debéis escuchar la estrofa y, mientras, reflexionar en este significado.

El Trabajador Vajra levanta el recipiente. Lo auspicioso se expresa así:

Que a través de los buenos auspicios que moran en
los corazones de todos los seres conscientes,
La esencia de todo, el supremo señor de todos los
linajes,
Progenitor de todos los seres conscientes, el gran
gozo,
Tengas hoy los buenos auspicios en el momento
supremo de conferir la iniciación.

Después vienen tres versículos de Nagaryuna que expresan lo auspicioso por medio de hablar de las cualidades de las Tres Joyas: Buda, su doctrina y la comunidad espiritual.

> Que a través del Buda que posee perfección como una
> montaña dorada,
> Protector de los tres mundos que ha abandonado los
> tres oscurecimientos, [331]
> Con una cara como los pétalos abiertos de un loto,
> Tengas hoy los buenos auspicios de la pacificación.

Las cualidades del cuerpo sublime de un Buda, adornado con sus marcas y bellezas, son como una montaña dorada. Un Buda es un protector de los mundos inferior, superior y sobre la tierra, por enseñarles cómo los seres de los tres mundos transitorios pueden lograr sus objetivos temporales y últimos. En términos de cualidades mentales, un Buda ha abandonado todas las obstrucciones: a la liberación, a la omnisciencia y al equilibrio meditativo. En términos de cualidades verbales, la boca de un Buda irradia enseñanzas como los pétalos de un loto maravilloso.

> Que a través de la enseñanza más elevada, suprema e
> inquebrantable, expuesta por él,
> Renombrada en los tres mundos, adorada por dioses y
> humanos,
> La más excelente de las doctrinas, que pacifica a
> todos los seres,
> Tengáis hoy los buenos auspicios de la pacificación.

La enseñanza expuesta por un Buda tal, que ha eliminado todas las faltas y está dotado de todos los buenos atributos, comprende la excelente doctrina verbal y de realización. Dado que los discípulos podrán lograr sus objetivos temporales y últimos basándose en los consejos infalibles sobre lo que han de adoptar y desechar, su enseñanza es suprema. Por hallarse sin contradicción o mancha, y no sujeto a disputas imparciales, su enseñanza también resulta inquebrantable.

Desde otra perspectiva, la expresión "más elevada y suprema" puede entenderse como los verdaderos caminos de entre las cuatro nobles verdades: la sabiduría que comprende directamente el significado de la talidad, la vacuidad y, en consecuencia, el actuar como un antídoto directo a las obstrucciones que deberán ser abandonadas. Debido a esto resulta ser lo "más elevado" y "supremo". En el momento de lograr el camino de la liberación es cuando se alcanza la verdadera cesación, que es un estado de haberse separado para siempre de cualquier nivel de esos objetos de abandono, dado que dicho estado ha sido extinguido en la esfera de la realidad, y es tal que jamás volverá a producirse; por ello, se dice que es "inquebrantable". Esta doctrina es el medio excelente para lograr los objetivos temporales y últimos; es aclamada y venerada por dioses y humanos, en el sentido de ser aprovechada por ellos, proporcionándoles la paz de la felicidad temporal y última.

> Que a través de la excelente comunidad espiritual,
>   rica en los buenos auspicios por haber escuchado
>   la doctrina,
> Lugar de adoración de humanos, dioses y semi-dioses,
> La más elevada y suprema de las asambleas, que
>   conoce la conciencia, y fundamento de la gloria,
> Tengáis hoy los buenos auspicios de la pacificación.

La excelente comunidad espiritual está integrada por aquellos que, practicando esta doctrina, han alcanzado la comprensión de verdaderos caminos y verdaderas cesaciones en sus continuos. Puesto que no sólo poseen estas cualidades de la realización práctica, sino que además poseen la habilidad de desarrollar e incrementar éstas en los demás, se dice que han escuchado mucha doctrina y están dispuestos y capacitados para comunicarla. No sólo pueden practicar la doctrina sino, además, pueden explicársela a otros. En el sentido de ser el supremo de los grupos, son reverenciados por los seres; son los "fundamentos de la gloria" en cuanto que constituyen un campo excelente donde los seres pueden acumular méritos.

Al efectuar la autoiniciación, cae sobre uno mismo una lluvia de flores, y sobre el discípulo si recibe él la iniciación. Es un gran error pensar que las flores caen sobre el jarrón.

Cuando recito la siguiente estrofa y mantra y hago el gesto de tocar con la concha llena de agua vuestros cinco lugares: protuberancia de la coronilla, hombros, brazos, muslos y caderas, imaginad que esto realmente se hace y así obtendréis la iniciación del agua. Pensad que en vuestro continuo mental se genera la entidad de la iniciación del agua, que es una sabiduría especial, sublime y no conceptual, de gozo y vacuidad. La iniciación se denomina "gran vajra" porque la entidad de la iniciación que se genera en el continuo mental del discípulo, la sabiduría sublime de gozo y vacuidad indiferenciables, es capaz, cual vajra o diamante, de superar los objetos de abandono, y es tal que aquellas corrupciones no podrán afectarlo o penetrarlo. Es digno de reverencia por parte de los seres de los Reinos del Deseo, de la Forma y Sin Forma.

Entonces, el Maestro, con la pierna derecha extendi-
da, dice:

Concederé la iniciación del gran vajra,
Reverenciada por los de los tres reinos,
Surgida de la fuente de las tres
Intimidades de todos los Budas.
    Om a i r u l pancha-dhatu-vishodhani svaha.
    [Om a i r u l, que se fundamente en la
    purificación de los cinco constituyentes.]

Con el agua toca los cinco lugares: protuberancia de
la coronilla, hombros, brazos, muslos y caderas, y,
después de rociar un poco de agua, el discípulo debe-
rá beber un poco y lavarse, confiriéndose así la ini-
ciación.

Imaginad que, como se ha dicho antes, se genera una conciencia no conceptual mediante la unión de las condiciones internas y externas y, a través de esto, se genera gran gozo en vuestro contínuo mental. La conciencia del gran gozo determina la vacuidad de la existencia inherente y, así, se genera una sabiduría especial y sublime de gozo y vacuidad indiferenciables.

Según el proceder no común del *Tantra de Kalachakra*, debéis imaginar que, al cesar la conceptualidad, quedando un firme estado de no conceptualidad, se generan naturalmente apariencias de formas vacías, teniendo la primera de ellas la apariencia de humo. Poco a poco, las formas vacías se vuelven más sutiles, hasta el punto en que, finalmente, nace el Cuerpo del Disfrute Completo del Buda.

Ahora bien, salvo el constituyente de la mente prístina [el gozo], los cinco restantes constituyentes de vuestro propio cuerpo –tierra, agua, fuego, aire y espacio– adoptan los *aspectos* de las cinco diosas que se denominan las cinco Madres, aunque *sus entidades* continúan siendo las de los cinco constituyentes. En la protuberancia de la coronilla se encuentra la entidad del constituyente espacio de vuestro cuerpo, transformada en el aspecto de un Vajradhatvishvari de color verde. En la frente, la entidad del constituyente aire, transformada en el aspecto de Tara. En la garganta, la entidad del constituyente fuego, transformada en el aspecto de Pandara. En el corazón, la entidad del constituyente agua, transformada en el aspecto de Mamaki. En el ombligo la entidad del constituyente tierra, transformada en el aspecto de Lochana.

> Al rociar con el agua y lavar así, se purifican los sufrimientos y las corrupciones; al beber el agua, se experimenta gran gozo. Los cinco constituyentes del cuerpo se transforman en las cinco Madres.

Desde ellas emanan rayos de luz que atraen a los dobles de las cinco Madres del mandala; éstas se disuelven en las cinco Madres visualizadas en los lugares respectivos de vuestro cuerpo. Pensad también que son atraídas las deidades de la iniciación, que se disuelven en las cinco Madres.

> Emanan rayos de luz de las cinco Madres, atrayendo a las cinco Madres del mandala como si una segunda lamparilla se separara de la primera. Estas cinco Madres se disuelven en las cinco Madres del propio cuerpo. Además, se invocan a todas las deidades de la iniciación y se disuelven éstas en los cinco constituyentes, clarificados como las cinco Madres.

> *Haz el ofrecimiento con:*

> Gandham pushpam dhupam dipam akshate naividye lasye hasye vadye nrtye gitye kame puja kuru kuru svaha. [Haz ofrecimientos con perfume, flores, incienso, lámparas, fruta, comida, parte inferior de la vestimenta, sonrisas, música, danza, canto y tacto svaha.]

SIGNIFICADO DE LA INICIACIÓN

Entonces, explica el significado de la iniciación y su purificación: [332]

Correspondiéndose con la madre que lava a su hijo recién nacido, esta iniciación limpia las corrupciones de los cinco constituyentes. Permite lograr proezas y actividades que dependen de las cinco Madres. Establece las potencias para tener a las cinco Madres en el continuo mental y hace que se tenga la capacidad para obtener el primer nivel como fruto.

Las siete iniciaciones según el modelo de la niñez, que son medios para madurar el contínuo mental, establecen potencias para alcanzar los siete primeros niveles del Bodisatva. Sin embargo sólo se alcanza un nivel del Bodisatva durante el estadio de consumación

En el Gran Vehículo, el logro del primer nivel del Bodisatva es simultáneo al logro del camino de un Superior *(phags pa, aryan)*. Así, la correspondencia del estadio de generación con los primeros siete niveles se entiende desde el punto de vista de que, cuando se concluye el estadio de generación, la acumulación de méritos que se ha producido es igual a la de un Bodisatva del Vehículo de la Perfección. Dado que incluso un Bodisatva del primer nivel ha comprendido directamente la vacuidad, un practicante del Mantra del Yoga Más Elevado, que ha completado el estadio de generación, es inferior a este respecto, pero desde el punto de vista de haber acumulado méritos, un seguidor del mantra semejante es equivalente a uno del séptimo nivel.

De esta manera, las siete iniciaciones según el modelo de la niñez se asocian a los siete niveles del Bodisatva, y la iniciación del agua ha establecido las potencias para alcanzar el primer nivel.

2 *Iniciación de la Corona*

El procedimiento básico para la iniciación de la corona es el mismo que para la iniciación del agua. La diferencia radica en que los cinco agregados mentales y físicos y la corona de cinco partes se generan en serie en la forma de Akshobya, etc.

OFRECIMIENTO Y SÚPLICA

Se ofrece el mandala al Lama, indiferenciable del Cuerpo Vajra de Kalachakra, como un presente por conceder la iniciación de la corona que limpia las corrupciones de los cinco agregados.

Ofrece el mandala:

Al Lama, a la Deidad Personal, y a las Tres Joyas, ofrezco en visualización
El cuerpo, la palabra, la mente y mis recursos, y los de otros,
Nuestras colecciones de virtud del pasado, presente y futuro,
Y el mandala maravilloso y precioso con el conjunto de ofrecimientos de Samantabadra.
Al aceptarlos por tu compasión, te lo ruego, bendíceme hacia la magnificencia.
Idam guru-ratna-mandalakam niryatayami.
[Ofrezco al guru este mandala adornado de Joyas.]

Haz esta súplica tres veces con:[53]

Om am im rm um lm sarva-buddha-vajra-mukutam
mama pañcha-buddha-atmakam bandhayantu hum
hum phat. [Om am im rm um lm, ruego que todos los
Budas coloquen sobre mí las coronas vajra que pose-
en la naturaleza de los cinco Budas hum hum phat.]

LAVADO, PURIFICACIÓN Y DEIFICACIÓN DE LOS DISCÍPULOS Y DE LAS SUSTANCIAS DE INICIACIÓN

Dado que en este momento no es necesario repetir la
iniciación interna, limpia los obstáculos del discípulo
y la corona con las seis sílabas [om ah hum hoh ham
kshah] y el agua de la concha. Con:

Om shunyata-jñana-vajra-svabhavatmako 'ham.
[Poseo la naturaleza esencial de vacuidad y sabiduría
indivisibles]. Los cinco agregados del [discípulo] y la
corona, la sustancia de la iniciación, se transforman
en vacuidad. Desde el interior de la vacuidad, vuestro
agregado de la conciencia y la corona verde [aparecen
como dos] a, [que se transforman en] vajras, desde los
cuales se generan Akshobyas de color verde con tres
rostros –verde, rojo y blanco– y seis manos. En las
tres manos de la derecha sostienen un vajra, un cuchillo curvo y un hacha, y en las tres de la izquierda vajra y campana, cráneo y una cabeza de Brahma. Son
abrazados por Prajnaparamita.

Vuestro agregado de los factores de composición y
la corona de color negro [aparecen como dos] i [que
se transforman en] espadas, desde las cuales se generan Amogasidis de color negro con tres rostros
–negro, rojo y blanco– y seis manos. En las tres
manos derechas sostienen una espada, un cuchillo
curvo y un tridente, y en las tres izquierdas un escudo,
un cráneo y un khatvanga de color blanco. Es abrazado por Lochana.

Vuestro agregado de las sensaciones y la corona de

color rojo [aparecen como dos] r, [que se transforman en] joyas, desde las cuales se generan Ratnasambavas de color rojo con tres rostros –rojo, blanco y negro– y seis manos. En las tres manos derechas sostienen una triple flecha, un gancho vajra y un tambor damaru que resuena, y en las tres izquierdas un arco, un lazo vajra y una joya de nueve facetas. Son abrazados por Mamaki.

Vuestro agregado de la discriminación y la corona de color blanco [aparecen como dos] u, [que se transforman en] lotos, desde los cuales se generan Amitabas de color blanco con tres rostros –blanco, negro y rojo– y seis manos. En las tres manos derechas sostienen un martillo, una lanza y un tridente, y en las tres izquierdas un loto blanco de cien pétalos, un espejo y un rosario. Son abrazados por Pandara.

Vuestro agregado de las formas y la corona de color amarillo [aparecen como dos] l [que se transforman en] ruedas, desde las cuales se generan Vairochanas de color amarillo con tres rostros –amarillo, blanco y negro– y seis manos. En las tres manos derechas sostienen una rueda, un bastón y un vajra aterrador, y en las tres izquierdas una concha, una cadena vajra de hierro y una campana que suena. Son abrazados por Tara

En sus frentes se encuentra la sílaba *om*; en sus gargantas *ah*; en sus corazones *hum*; y en sus ombligos *hoh*. Se emite luz desde el *hum* en sus corazones, que atrae a los Seres de Sabiduría iguales a los meditados. Jah hum ban hoh hi. [Sed convocados, entrad, fundíos con ellos, sed complacidos y volveos uno.] Se vuelven una unidad indivisible con sus respectivos Seres de Promesa.

Om a i r u l pañcha-dhatu-vishodhani svaha. [Om a i r u l, que esté fundamentado en la purificación de los cinco constituyentes.] Las Madres confieren la iniciación a las deidades de la sustancia de la iniciación. Estas son, respectivamente, selladas por Vajrasatva, Amogasidi, Ratnasambava, Amitaba y Vairochana.

NUEVA TRANSFORMACIÓN DE LAS DEIDADES EN SUSTANCIA PERFECCIONADA DE INICIACIÓN

Haz ofrecimientos con:

Gandham pushpam dhupam dipam akshate naividye lasye hasye vadye nrtye gitye kame puja kuru kuru svaha. [Haz ofrecimientos con perfume, flores, incienso, lamparillas, fruta, comida, parte inferior de la vestimenta, sonrisas, música, danza, canto y tacto svaha.] [333]

Se absorben las Deidades Padre y Madre; al ser fundidas por el fuego del gran deseo, se convierten en la corona, la sustancia de la iniciación.

INICIACIÓN DE LOS DISCÍPULOS A TRAVÉS DE UTILIZAR LA SUSTANCIA DE INICIACIÓN

Emanan rayos de luz del corazón del Lama, que no es distinto de la Deidad Principal, atrayendo a las deidades de la iniciación –los Conquistadores Padre y Madre, Hijos e Hijas–, que llenan la infinitud del espacio. Vajra-bhairava akarshays jah. [Vajra, el aterrador, convoca, jah.]

Haz ofrecimientos con:

Gandham pushpam dhupam dipam akshate naividye lasye hasye vadye nrtye gitye kame puja kuru kuru svaha. [Haz ofrecimientos con perfume, flores, incienso, lamparillas, fruta, comida, parte inferior de la vestimenta, sonrisas, música, danza, canto y tacto svaha.]

Haz una súplica:

Al igual que Vajradara concedió
Iniciaciones, fuentes de buenas cualidades,
A los Budas en aras de proteger a los seres transmigradores,
Así te rogamos concedas aquí lo mismo.

Entonces:

Los Conquistadores en el espacio –Padres y Madres–
tienen la intención de conceder la iniciación. Los
Bodisatvas emiten expresiones de buenos auspicios.
Rupavajra y otros hacen ofrecimientos, y desciende
una lluvia de flores, etc. Los Airados, masculinos y
femeninos, expulsan a los obstáculos. Los cinco
Budas, que moran en el mandala que se ha logrado y
que sostienen las coronas, confieren la iniciación.

*El Trabajador Vajra levanta la corona. Se desean
buenos auspicios*[54] *con:*

Que a través de los buenos auspicios que moran en
   los corazones de todos los seres conscientes,
La esencia de todo, el señor supremo de todos los
   linajes,
Progenitor de todos los seres conscientes, el gran
   gozo,
Tengáis hoy los buenos auspicios en el momento
   supremo de conferir la iniciación.

Que a través del Buda que posee la perfección como
   una montaña dorada,
Protector de los tres mundos que ha abandonado los
   tres oscurecimientos,
Con una cara como los pétalos abiertos del loto,
Tengáis hoy los buenos auspicios de la pacificación.

Que a través de la enseñanza más elevada, suprema e
   inquebrantable, expuesta por él,
Renombrada en los tres mundos, adorada por dioses y
   humanos,
La más excelente de las doctrinas, que pacifica a
   todos los seres,
Tengáis hoy los buenos auspicios de la pacificación.

Que a través de la excelente comunidad espiritual,
Rica por los buenos auspicios de haber escuchado la
   doctrina,

Lugar de adoración por humanos, dioses y semi-dioses,
La más elevada y suprema de las asambleas, que
   conoce la conciencia y el fundamento de la gloria,
Tengáis hoy los buenos auspicios del apacigüamiento.

*Cuando se efectúa la autoiniciación cae una lluvia de
flores sobre uno mismo y, cuando se confiere la iniciación a un discípulo, cae sobre él. Entonces, el
Maestro, con la pierna derecha extendida, dice:*

Voy a concederte la gran iniciación vajra,
Reverenciada por aquellos de los tres reinos,
Surgida de la fuente de las tres
Intimidades de todos los Budas.

Cuando hago el gesto de tocar con la corona tu cabeza, etc., imagina que los cinco Que Han Ido Más Allá Así, que residen en el
mandala, colocan sobre tu cabeza la corona, que es la sustancia de
la iniciación. Piensa que, dependiendo de esto, se genera en tu
continuo mental una conciencia de sabiduría especial, no conceptual, y que por ello se establecen en tu continuo las potencias para
lograr el cuerpo de un Buda con las marcas mayores y menores.

   Om a i r u l pancha-tathagata-parishuddha svaha.[Om
   a i r u l, que esté fundamentado en la total pureza de
   los cinco Que Han Ido Más Allá Así.]

   *Con la corona se tocan los cinco lugares [protube-
   rancia de la coronilla, hombros, brazos, muslos y
   caderas] y se coloca sobre la cabeza.*

Luego se concede una iniciación de agua como apéndice a la iniciación de la corona.

   Entonces,[55] *el Mestro, con la pierna derecha extendida, dice:*

Voy a conferirte la gran iniciación vajra,
Reverenciada por los de los tres reinos,
Surgida de la fuente de las tres

Intimidades de todos los Budas.
Om a i r u l pañcha-dhatu-vishodhani svaha.[Om a i r u l, que esté fundamentado en la purificación de los cinco constituyentes.]

Con el agua se tocan los cinco lugares –protuberan-cia de la coronilla, hombros, brazos, muslos y cade-ras– y, después de rociarla, se bebe un poco y se lava, concediéndose así la iniciación.

Con esto se completa el apéndice.

Al haber recibido de esta manera la iniciación, vues-tros cinco agregados se convierten en los cinco Budas.

En la coronilla de vuestra cabeza, la entidad del agregado de la conciencia se transforma en Akshobya. En vuestra frente, la enti-dad del agregado de los factores de composición se transforma en Amogasidi. En la garganta, la entidad del agregado de sensaciones se transforma en Ratnasambava. En el corazón, la entidad del agre-gado de discriminación se transforma en Amitaba. En el ombligo, la entidad del agregado de forma se transforma en Vairochana.

De ellos emanan rayos de luz que atraen a los cinco Budas del mandala como si una segunda lamparilla de mantequilla se sacara de la primera. Los cinco Budas se disuelven en los cinco Budas del propio cuerpo. Además, se invocan a todas las deidades de la inicia-ción y se disuelven éstas en los cinco agregados, cla-rificados como los cinco Budas.

Haz ofrecimientos con:

Gandham pushpam dhupam dipam akshate naividye lasye hasye vadye nrtye gitye kame puja kuru kuru svaha. [Haz una ofrenda con perfume, flores, incien-so, lamparillas, fruta, comida. parte inferior de la ves-timenta, sonrisas, música, danza, canto y tacto svaha.]

SIGNIFICADO DE LA INICIACIÓN

A continuación manifiesta el significado de la iniciación y su purificación:

Esto corresponde a recoger el pelo en lo alto de la cabeza de un niño. Limpia las corrupciones de los cinco agregados. Permite alcanzar logros mediante los cinco Budas. Fija potencias en el continuo para los cinco Budas y hace que uno tenga la capacidad de lograr el segundo nivel como fruto.

Luego, expresa la purificación común a estas dos iniciaciones:

Igual que en la matriz se forman inicialmente los constituyentes y los agregados, las dos iniciaciones en la zona de la cara norte del cuerpo sublime limpian las corrupciones físicas y establecen las semillas para un cuerpo vajra, para establecer potencias tales que los constituyentes y agregados impuros, que son factores del propio cuerpo, queden libres de corrupciones como entidades de los Que Han Ido Más Allá Así, masculinos y femeninos. Estas dos iniciaciones te permiten lograr un cuerpo vajra.

3 *Iniciación de la Cinta de Seda*

Las dos primeras iniciaciones purifican el cuerpo y las dos siguientes, la palabra. Dado que la raíz de la palabra es el aire, o las energías interiores, que moran principalmente en los dos canales, la iniciación de la cinta de seda y la de vajra y campana purifican los diez aires y los dos canales, respectivamente. Para estas iniciaciones los discípulos pasan a la puerta sur del mandala para ponerse frente al rostro de la palabra sublime de la Deidad Central, Kalachakra.

OFRECIMIENTO Y SÚPLICA

> De nuevo, caminando en círculo hacia la derecha, el discípulo es llevado a la puerta sur. [334] Frente al rostro rojo de la palabra sublime de Kalachakra, el discípulo se sienta en el asiento de iniciación. Se ofrece el mandala al Lama, indiferenciable de la Palabra Vajra de Kalachakra, como presente por conceder la iniciación de la cinta de seda que purifica las corrupciones de los diez aires.

> *Ofrece el mandala.*

> Al Lama, a la Deidad Personal, y a las Tres Joyas,
>   ofrezco en forma de visualización
> El cuerpo, la palabra, la mente y mis recursos, y los
>   de otros,
> Nuestras acumulaciones de virtud del pasado, presen-
>   te y futuro,
> Y el mandala maravilloso y precioso con el conjunto
>   de ofrendas de Samantabadra.

Aceptándolos en tu compasión, te lo ruego, bendíceme hacia la magnificencia.
Idam guru-ratna-mandalakam niryatayami.
[Ofrezco al guru este mandala adornado de joyas.]

Recitando un mantra, el discípulo solicita la iniciación. El mantra significa, "Que las diez Shaktis, que poseen la naturaleza de las diez perfecciones, me confieran la iniciación de la cinta de seda".

Haz esta súplica tres veces con:

Om a a am ah ha ha ham hah phrem hoh sarvaparamita mama vajra-pattam bandhayantu hum hum phat.
[Om a a am ah ha ha ham hah phrem hoh os lo ruego, que todas las Diosas de las Perfecciones me aten la cinta vajra de seda hum hum phat.]

INICIACIÓN INTERNA

Dado que la iniciación de la cinta de seda y la del vajra y la campana son medios para purificar la palabra, para estas iniciaciones los discípulos han de generarse en forma de Deidades de la Palabra Vajra. Por lo tanto, debéis imaginar esto de acuerdo con el rito.

Con las seis sílabas [om ah hum hoh ham kshah] y el agua de la concha, se eliminan los obstructores.

Emanan rayos de luz del hum en el corazón del Lama, que no es distinto de la Deidad Principal, y te atraen hacia su interior; penetras por la boca, pasando por el centro de su cuerpo y a través del camino vajra, hasta entrar en el loto de la Madre y fundirte en una gota, que se vuelve vacuidad. Desde el interior de la vacuidad sale una sílaba ah, que se transforma en una joya, de la cual se genera una Deidad de la Palabra Vajra de color rojo, con tres rostros –de color rojo, blanco y negro– y seis manos. En las tres manos derechas sostiene una triple flecha, un gancho vajra y un tambor que resuena, y en las tres manos izquierdas sostiene un arco, un lazo vajra y una joya de nueve facetas. Está abrazado por Mamaki.

Emanan rayos de luz del corazón del Lama, que no es distinto de la Deidad Principal, atrayendo a los Seres de Sabiduría, iguales a los meditados. Jah hum bam hoh hi. [Sed convocados, entrad, fundíos con ellos, sed complacidos y volveos uno.] Se vuelven del mismo sabor.

Emanan rayos de luz del corazón del Lama, que no es distinto de la Deidad Principal, atrayendo a todos los Conquistadores de las diez direcciones, Padres, Madres, Hijos e Hijas. Vajra-bhairava akarshiyi jah. [Vajra, el aterrador, convoca, jah.]

Haz ofrecimientos con:

Gandham pushpam dhupam dipam akshate naividye lasye hasye vadye nrtye gitye kame puja kuru kuru svaha. [Haz ofrecimientos con perfume, flores, incienso, lamparillas, fruta, comida, parte inferior de la vestimenta, sonrisas, música, danza, canto y tacto svaha.]

Al igual que Vajradara concedió
Iniciaciones, fuentes de buenas cualidades,
A los Budas en aras de proteger a los seres transmi-
    gradores,
Así te rogamos que concedas aquí lo mismo.

Haciendo la súplica de este modo, todos los Conquistadores, Padres y Madres, etc., se absorben, son fundidos por el fuego del gran deseo [es decir, por el gran gozo] y entran por la protuberancia de la coronilla del Lama, que no es distinto de la Deidad Principal. Emergiendo del camino vajra, la mente de la Iluminación confiere la iniciación a uno mismo, que se ha convertido en Deidad de la Palabra Vajra. Emerges del loto de la Madre y te sientas sobre el asiento de iniciación.

PURIFICACIÓN Y DEIFICACIÓN DE LOS DISCÍPULOS Y DE LAS SUSTANCIAS DE LA INICIACIÓN

Las cintas de seda que son las sustancias externas de la iniciación serán generadas en forma de diosas que se denominan las diez Shaktis *(nus ma)*, y los diez aires de los discípulos se generarán también como deidades semejantes.

Entonces elimina [los obstructores] del discípulo y de la cinta de seda,[con las seis sílabas, om ah hum hoh ham kshah, y el agua de la concha], y purifícalos. Con:

Om shunyata-jñana-vajra-svabhavatmako 'ham. [Poseo la naturaleza esencial de la vacuidad y sabiduría indivisibles], los diez aires y las cintas de seda se transforman en vacuidad.

El aire que acompaña al fuego y el aire de la tortuga son aires del constituyente aire. El aire ascendente y el aire del camaleón, del constituyente fuego. El aire omnipresente y el aire *devadatta,* del constituyente agua. El aire de la serpiente y el aire *dhamnajaya,* del constituyente tierra. El aire vitalizador es un aire del constituyente espacio. El aire descendente es un aire del constituyente de la mente prístina [o gozo].

Desde el interior de la vacuidad, el aire que acompaña al fuego y el aire de la tortuga y dos cintas de seda de color negro [aparecen como dos] a [y dos] ha, [que se transforman en] incensarios y abanicos de cola de yak de color negro, de los cuales se generan Krshnadiptas de color negro con cuatro rostros –negro, rojo, amarillo y blanco– y ocho manos. En las cuatro manos derechas sostiene vasos de incienso, madera de sándalo, azafrán y una mezcla de alcanfor y almizcle, y en las cuatro izquierdas sostiene una campana, un loto, una flor del árbol *deva* y una guirnalda de varias flores, además de Dhumas negro con cuatro rostros –negro, rojo, amarillo y blanco– y ocho manos, que sostienen ocho abanicos de cola de yak.

El aire ascendente y el aire del camaleón y dos cintas de seda de color rojo [aparecen como dos] ah [y dos] hah, [que se transforman en] lámparas de mantequilla y abanicos de cola de yak de color rojo, [335] de los cuales se generan Raktadiptas de color rojo con rostros de color rojo, amarillo, blanco y azul y ocho manos. En las manos derechas sostiene una lamparilla de mantequilla, un collar de perlas, una corona y un brazalete, y en las manos izquierdas sostiene una prenda de ropa, un cinturón, un arete y una tobillera, además de Marichis con rostros de color rojo, amarillo, blanco y azul, y ocho manos que sostienen ocho abanicos de cola de yak de color rojo

El aire omnipresente y el aire devadatta y dos cintas de seda de color blanco [aparecen como dos] am [y dos] ham, [que se transforman en] alimento divino y abanicos de cola de yak de color blanco, de los cuales se generan Shretadiptas de color blanco con rostros de color blanco, negro rojo y amarillo y ocho manos. En las manos derechas sostiene vasos de leche, agua, la más importante de las medicinas y cerveza, y en las manos izquierdas sostiene vasos de ambrosía, gusto cumplido, fruta de ambrosía y comida, además de Khadyotas de color blanco con rostros de color blanco, negro, rojo y amarillo, y ocho manos que sostienen ocho abanicos de cola de yak de color blanco.

El aire de la serpiente y el aire dhamnajaya y dos cintas de seda de color amarillo [aparecen como dos] a [y dos] ha, [que se transforman en] conchas religiosas y abanicos de cola de yak de color amarillo, de los cuales se generan Pitadiptas de color amarillo con rostros de color amarillo, blanco, azul y rojo, y ocho manos. En las manos derechas sostiene una concha, una flauta, una joya y un damaru, y en las manos izquierdas sostiene una guitarra, un tambor, un gong que resuena y una concha de cobre, además de Pradipas de color amarillo con rostros de color amarillo, blanco, azul y rojo, y ocho manos que sostienen ocho abanicos de cola de yak de color amarillo.

El aire vitalizador y la cinta de seda de color verde [aparecen como dos] ho, [que se transforman en] vajras, de los cuales se generan Vajradhatvishvaris de color verde con tres rostros –verde, rojo y blanco– y seis manos. En las manos derechas sostiene un vajra, un cuchillo curvo, y un hacha, y en las manos izquierdas una campana, un cráneo y una cabeza de Brahma.

El aire descendente y la cinta de seda de color azul [aparecen como dos] phrem, [que se transforman en] cuchillos curvos, de los cuales se generan Vishvamatas de color azul con tres rostros –azul, blanco y rojo– y seis manos. En las manos derechas sostiene un vajra, una campana y un hacha, y en las manos izquierdas sostiene una campana, un cráneo y una cabeza de Brahma.

En sus frentes se encuentra una sílaba *om*, en sus gargantas una sílaba *ah*, en sus corazones una sílaba *hum* y en sus ombligos una sílaba *hoh*. Emanan rayos de luz del *hum* en sus corazones, atrayendo a los Seres de Sabiduría iguales a los meditados. Jah hum bam ho hi. [Sed convocados, entrad, fundíos con ellos, sed complacidos y volveos uno.] Se vuelven de un solo sabor con sus respectivos Seres de Promesa.

Om a i r u l pañcha-dhatu-vishodhani svaha.

[Om a i r u l, que esté fundamentado en la purificación de los cinco constituyentes.] Las Madres confieren la iniciación a las deidades de las sustancias de la iniciación. Éstas son selladas por Vajrasatva.

NUEVA TRANSFORMACIÓN DE LAS DEIDADES EN SUSTANCIA PERFECCIONADA DE LA INICIACIÓN

Haz ofrecimientos [a estas deidades] con:

Gandham pushpam dhupam dipam akshate naividye lasye hasye vadye nrtye gitye kame puja kuru kuru svaha. [Se hacen ofrecimientos con perfume, flores, incienso, lamparillas, fruta, comida, parte inferior de la vestimenta, sonrisas, música, danza, canto y tacto svaha.]

Se funden las diez Shaktis, transformándose así en las cintas de seda que son las sustancias de la iniciación.

INICIACIÓN DE LOS DISCÍPULOS A TRAVÉS DE UTILIZAR LA SUSTANCIA DE LA INICIACIÓN

Emanan rayos de luz del corazón del Lama que no es distinto de la Deidad Principal, atrayendo a las deidades de la iniciación –los Conquistadores Padre y Madre, Hijos e Hijas–, llenando todo el espacio. Vajra-bhairava akarshaya jah. [Vajra, el aterrador, convoca, jah.]

Haz ofrecimientos con:

Gandham pushpam dhupam dipam akshate naividye lasye hasye vadye nrtye gitye kame puja kuru kuru svaha. [Haz ofrecimientos con perfume, flores, incienso, lamparillas, fruta, comida, parte inferior de la vestimenta, sonrisas, música, danza, canto y tacto svaha.]

Haz una súplica:

Al igual que Vajradara concedió
Iniciaciones, fuentes de buenas cualidades,
A los Budas en aras de proteger a los seres transmigradores,
Así te rogamos concedas aquí lo mismo.

Entonces:

Los Conquistadores en el espacio, Padres y Madres, tienen la intención de conferir la iniciación. Los Bodisatvas emiten expresiones de buenos auspicios. Rupavajra y otros hacen ofrecimientos, y desciende una lluvia de flores, etc. Los Airados, masculinos y femeninos, expulsan a los obstructores. Las diez Shaktis, que moran en el mandala que se ha logrado y que sostienen las cintas de seda, confieren la iniciación.

El Trabajador Vajra levanta las cintas de seda. Se expresan buenos auspicios con:

Que a través de los buenos auspicios que moran en los corazones de todos los seres conscientes,

La esencia de todo, el señor supremo de todos los
linajes,
Progenitor de todos los seres conscientes, el gran
gozo,
Tengáis hoy buenos auspicios en el momento supremo de la iniciación.

Que a través del Buda que posee perfección como una
montaña dorada,
Protector de los tres mundos que ha abandonado las
tres corrupciones,
Con un rostro como los pétalos abiertos del loto,
Tengáis hoy los buenos auspicios de la pacificación.

Que a través de las enseñanzas más elevadas inquebrantables y supremas, expuestas por él,
Renombradas en los tres mundos, adoradas por dioses
y humanos,
La más excelente de las doctrinas, que apacigua a
todos los seres,
Tengáis hoy los buenos auspicios de la pacificación.

Que a través de la excelente Comunidad Espiritual,
rica con los buenos auspicios de haber escuchado
la doctrina,
Lugar de adoración por humanos, dioses y semi-dioses,
La más elevada y suprema de las asambleas, que
conoce la conciencia; y fundamento de la gloria,
Tengais hoy los buenos auspicios de la pacificación.

*Cuando se efectúa la autoiniciación, cae una lluvia
de flores sobre uno mismo y, sobre el discípulo, si
recibe la iniciación. Entonces, el maestro, con la
pierna derecha extendida, dice:*

Voy a conferirte la gran iniciación del vajra,
Reverenciada por aquellos de los tres reinos,
Surgida de la fuente de las tres
Intimidades de todos los Budas.

Las diez Shaktis son las ocho Shaktis realmente visibles en el mandala, además de dos Shaktis, Prajnaparamita *(shes rab kyi pha rol tu phyin ma)* y Jnanaparamita *(ye shes kyi pha rol tu phyin ma)*, que son de una sola entidad indiferenciable con la consorte de Kalachakra, Vishvamata, y se encuentran aquí para separarse de ella. Cuando hago el gesto de tocar tu cabeza con las cintas de seda, etc., imagina que estas diez Shaktis que moran en el mandala, te confieren la iniciación de la cinta de seda.

La función de la iniciación de la cinta de seda es la de bendecir los diez aires hacia la magnificencia, haciéndolos útiles. Pensad que cesa la fluctuación de la conceptualidad impura, dependiendo de lo cual se genera una sabiduría especial, no conceptual, y gozo. Imaginad que se engendra en el continuo mental una sabiduría exaltada de gozo indiferenciable y vacuidad.

> Om a a am ah ha ha ham hah hoh phrem dashaparamita paripurani svaha. [Om a a am ah ha ha ham hah hoh phrem las Cumplidoras Femeninas de las diez perfecciones svaha.]

> *Con las cintas de seda toca los cinco lugares [protuberancia de la coronilla, hombros, brazos, muslos y caderas]*[57] *y átalas a la frente.*

Luego se concede una iniciación del agua como apéndice a la de la corona.

> *Entonces el maestro, con la pierna derecha extendida dice:*

> Voy a concederte la gran iniciación vajra,
> Reverenciada por aquellos de los tres reinos,
> Surgida de la fuente de las tres
> Intimidades de todos los Budas.
>   Om a i r u l pañcha-dhatu-vishodhani svaha.
> [Om a i r u l, que esté fundamentado en la purificación de los cinco constituyentes.]

> *Con el agua se tocan los cinco lugares –protuberancia de la coronilla, hombros, brazos, muslos y caderas– y, después de rociarla, el discípulo bebe un poco y se lava, concediéndose así la iniciación.*

Con esto se completa el apéndice.

Al haber conferido de este modo la iniciación, los diez aires se convierten en las diez Shaktis.

Según el sistema de Kalachakra, los diez aires están asociados a los ocho pétalos de los canales del corazón y los canales por encima y por debajo del corazón. Por encima del corazón se encuentra el aire vitalizador y por debajo, el aire descendente; los ocho aires restantes están asociados a los ocho pétalos del corazón. Se han de generar en estos lugares vuestros diez aires en forma de las diez Shaktis.

De ellos emanan rayos de luz que atraen a las diez Shaktis del mandala como si una segunda lamparilla de mantequilla se separara de la primera. Las diez Shaktis se disuelven en las diez Shaktis del propio cuerpo. Además, se invocan a todas las deidades de la iniciación y se disuelven éstas en los diez aires, clarificados como las diez Shaktis.

Haz ofrecimientos con:

Gandham pushpam dhupam dipam akshate naividye lasye hasye vadye nrtye gitye kame puja kuru kuru svaha. [Haz ofrecimientos con perfume, flores, incienso, lamparillas, fruta, comida, parte inferior de la vestimenta, sonrisas, música, danza, canto y tacto svaha.]

SIGNIFICADO DE LA INICIACIÓN

Luego, expresa el significado de la iniciación y su purificación:

Corresponde al acto de perforar las orejas de un niño y colgarle adornos. [336] Limpia las corrupciones de los diez aires. Permite alcanzar logros mediante las diez Shaktis. Fija potencias en el continuo mental para las diez perfecciones y hace que uno tenga la capacidad de lograr el tercer nivel como fruto.

4 *Iniciación del Vajra y la Campana*

OFRECIMIENTO Y SÚPLICA

De nuevo al Lama, indiferenciable de la palabra vajra de Kalachakra, se le ofrece el mandala como un presente por conceder la iniciación del vajra y la campana que purifica los dos canales.

Se ofrece el mandala.

Al Lama, a la Deidad Personal, y a las Tres Joyas, ofrezco en visualización
Mi cuerpo, palabra, mente y mis recursos, y los de los demás,
Nuestras acumulaciones de virtud del pasado, presente y futuro,
Y el mandala maravilloso y precioso con el conjunto de ofrendas de Samantabadra.
Aceptándolos en tu compasión, te lo ruego, bendíceme hacia la magnificencia.
Idam guru-ratna-mandalakam niryatayami.
[Ofrezco al guru este mandala de joyas.]

The Sutra of Teaching to Nanda on Entry to the Womb (tshe dang ldan pa dag' bo mngal du 'jug pa bstan pa, ayushmannandagar bhabhavakrantinirdesha) dice que en nuestros cuerpos hay ochenta mil canales. En el mantra, se cuentan setenta y dos mil. Entre ellos, los canales principales son tres: el de la derecha, el de la izquierda y el central. De entre ellos, el practicante busca utilizar el central.

Cuando están activos los canales de la derecha y de la izquierda
–*rasana* y *lalana*–, se generan concepciones de sujeto y objeto. De
ahí que, para purificar estos dos canales, los discípulos hagan
súplicas para recibir las iniciaciones del vajra y la campana.

Haz la súplica tres veces con:

Om hum hoh vijñana-jñana-svabhave karuna prajña-
atmake vajra-vajra-ghante savyetarakarayor mama
vajrasatvah saprajño dadatu hum hum phat. [Om hum
hoh, que Vajrasatva junto con su Mujer de Sabiduría
conceda el vajra y la campana vajra que poseen la
naturaleza de conciencia y sabiduría sublimes, y una
esencia de compasión y sabiduría en mi mano derecha
y en la otra mano hum hum phat.]

LAVADO, PURIFICACIÓN Y DEIFICACIÓN DE LOS DISCÍPULOS Y DE LAS SUSTANCIAS DE INICIACIÓN

Entonces se generan los canales derecho e izquierdo del discípulo
y las sustancias de la iniciación, vajra y campana, en forma de
dobles de Kalachakra y su consorte Vishvamata. Por tanto, se
deben escuchar con atención las instrucciones del ritual e imaginar
el proceso tal como se indica.

*Elimina los obstáculos del discípulo y del vajra y la
campana [con las seis sílabas, om ah hum hoh ham
kshah y el agua de la concha] y purifícalos. Con:*

Om shunyata-jñana-vajra-svabhavatmako 'ham
[Poseo la naturaleza esencial de la vacuidad y sabiduría indivisibles], tú y la campana vajra os transformáis
en vacuidad. Desde el interior de la vacuidad, tu canal
derecho y el vajra, que es la sustancia de la iniciación
[aparecen como dos] hum, [que se transforman en]
vajras, de los cuales se generan Kalachakras de color
azul con un rostro y dos manos que sostienen un vajra
y una campana; son abrazados por Vishvamatas, que
sostienen un cuchillo curvo y un cráneo. Tu canal
izquierdo y la campana [aparecen como dos] phrem,
[que se transforman en] cuchillos curvos, de los cua-

les se generan Vishvamatas de color amarillo con un rostro y dos manos que sostienen un cuchillo curvo y un cráneo; son abrazadas por Kalachakras. En sus frentes se encuentra una sílaba *om*, en sus gargantas una sílaba *ah*, en sus corazones una sílaba *hum* y en sus ombligos una sílaba *hoh*. Emanan rayos de luz del *hum* en sus corazones, atrayendo a los Seres de Sabiduría iguales a los meditados. Jah hum bam hoh hi. [Sed convocados, entrad, fundíos con, sed complacidos, y volveos uno.] Se vuelven una unidad indivisible con sus respectivos Seres de Promesa.

Om a i r u l pañcha-dhatu-vishodhani svaha. [Om a i r u l, que esté fundamentado en la purificación de los cinco constituyentes.] Las Madres confieren la inicicación a las deidades de las sustancias de la iniciación. La Deidad Padre [Kalachakra] es sellada por Akshobya, y la Deidad Madre [Vishvamata] es sellada por Vajrasatva.

NUEVA TRANSFORMACIÓN DE LAS DEIDADES EN SUSTANCIA PERFECCIONADA DE LA INICIACIÓN

Haz ofrecimientos [a estas deidades] con:

Gandham pushpam dhupam dipam akshate naividye lasye hasye vadye nrtye gitye kame puja kuru kuru svaha. [Haz ofrecimientos con perfume, flores, incienso, lamparillas, fruta, comida, parte inferior de la vestimenta, sonrisas, música, danza, canto y tacto svaha.]

Las deidades Padre y Madre se absorben; al ser fundidas por el fuego del gran deseo, se convierten en el vajra y la campana que son las sustancias de la iniciación.

INICIACIÓN DE LOS DISCÍPULOS A TRAVÉS DE UTILIZAR LA SUSTANCIA DE INICIACIÓN

Emanan rayos de luz del corazón del Lama, que no es distinto de la Deidad Principal, atrayendo a las deida-

des de la iniciación, los Conquistadores Padre y
Madre, Hijos e Hijas, llenando la infinitud del espacio. Vajra-bhairava akarshaya jah. [Vajra, el aterrador,
convoca, jah.]

Haz ofrecimientos con:

Gandham pushpam dhupam dipam akshate naividye
lasye hasye vadye nrtye gitye kame puja kuru kuru
svaha. [Haz ofrecimientos con perfume, flores,
incienso, lamparillas, fruta, comida, parte inferior de
la vestimenta, sonrisas, música, danza, canto y tacto
svaha.]

Haz una súplica:

Al igual que Vajradara concedió
Iniciaciones, fuentes de buenas cualidades,
A los Budas en aras de proteger a los seres transmi-
    gradores,
Así te rogamos que concedas aquí lo mismo.

Entonces:

Los Conquistadores en el espacio –Padres y Madres–
tienen la intención de conceder la iniciación. Los
Bodisatvas emiten expresiones de buenos auspicios.
Rupavajra y otros, hacen ofrecimientos, y desciende
una lluvia de flores, etc. Los Airados, masculinos y
femeninos, expulsan a los obstructores. Las principales Deidades Padre y Madre, que moran en el mandala que se ha logrado y que sostienen el vajra y la campana, confieren la iniciación.

*El Trabajador Vajra levanta el vajra y la campana. Se
expresan buenos auspicios con:*

Que a través de los buenos auspicios que moran en
    los corazones de todos los seres conscientes,
La esencia de todos, el señor supremo de todos los
    linajes,

Progenitor de todos los seres conscientes, el gran
gozo,
Tengas hoy buenos auspicios en el momento supremo
de conferir la iniciación.

Que a través de los Budas que poseen perfección
como una montaña dorada,
Protector de los tres mundos que ha abandonado las
tres corrupciones,
Con un rostro como los pétalos abiertos del loto,
Tengas hoy los buenos auspicios del apaciguamiento.

Que a través de las enseñanzas inquebrantables,
supremas y más elevadas expuestas por él,
Renombradas en los tres mundos, adoradas por dioses
y humanos,
La más excelente de las doctrinas, que pacifica a
todos los seres,
Tengas hoy los buenos auspicios de la pacificación.

Que a través de la excelente Comunidad Espiritual,
rica con los buenos auspicios de haber escuchado
la doctrina,
Lugar de adoración de humanos, dioses y semi-dioses,
La más elevada y suprema de las asambleas, que
conoce la conciencia; y fundamento de la gloria,
Tengas hoy los buenos auspicios de la pacificación.

*Cuando se efectúa la autoiniciación, cae una lluvia
de flores sobre uno mismo y, sobre el discípulo si la
recibe.*

Al hacer el gesto de tocar con el vajra y la campana los cinco lugares, pensad que los canales derecho e izquierdo se vuelven útiles,
de modo que, en lugar de actuar como circunstancias desfavorables que impiden la entrada del aire en el canal central, estos dos
canales actúan como circunstancias favorables para ello. Dependiendo de esto, de ahora en adelante los aires presentes en los
canales derecho e izquierdo quedan contenidos en el sentido de ser
reunidos en el canal central, donde los aires permanecen y se
disuelven. Mediante ello se genera el nivel de atención subsiguien-

te, en el que se actualiza el gran sello de forma vacía y el nivel de estabilización meditativa inamovible. Pensad que se establecen predisposiciones para la generación gradual de estos niveles del camino, y que se engendra una estabilización meditativa especial y no conceptualizada.

> *Entonces, el Maestro, con la pierna derecha extendida, dice:*

> Voy a conceder la gran iniciación vajra,
> Reverenciada por los de los tres reinos,
> Surgida de la fuente de las tres
> Intimidades de todos los Budas.
>   Om hum hoh surya-chandra-vishodhaka svaha.
> [Om hum hoh el sol y la luna totalmente purificadores svaha.]

> *Con el vajra y la campana toca los cinco lugares [protuberancia de la coronilla, ambos hombros, brazos, muslos y caderas], y tras colocarlos sobre la cabeza ponlos entre las manos del discípulo, que asume la postura del abrazo.*

Luego se confiere una iniciación del agua como apéndice a la del vajra y la campana.

> *Entonces el Maestro, con la pierna derecha extendida, dice:*

> Voy a concederte la gran iniciación vajra,
> Reverenciada por los de los tres reinos,
> Surgida de la fuente de las tres
> Intimidades de todos los Budas.
>   Om a i r u l pancha-dhatu-vishodhani svaha.
> [Om a i r u l, que esté fundamentado en la purificación de los cinco constituyentes.]

> *Con el agua toca los cinco lugares –protuberancia de la coronilla, hombros derecho e izquierdo, brazos, muslos y caderas– y, después de rociarla, que el discípulo beba un poco y se lave, concediéndose así la iniciación.*

Con esto se completa el apéndice.

Al haber recibido de esta manera la iniciación, los canales derecho e izquierdo se convierten en las principales Deidades Padre y Madre.

De ellos emanan rayos de luz que atraen a las principales Deidades Padre y Madre del mandala como si una segunda lámpara de mantequilla se separara de la primera. Las principales Deidades Padre y Madre se disuelven en los canales derecho e izquierdo, clarificados como las principales Deidades Padre y Madre. Además, se invocan a todas las deidades de iniciación y se disuelven estas en los canales derecho e izquierdo, clarificados como las principales Deidades Padre y Madre.

Haz ofrecimientos con:

Gandha pushpam dhupam dipam akshate naividye lasye hasye vadye nrtye gitye kame puja kuru kuru svaha. [Haz ofrecimientos con perfume, flores, incienso, lamparillas, fruta, comida, parte inferior de la vestimenta, sonrisas, música, danza, canto y tacto svaha.]

Luego, expresa el significado de la iniciación y su purificación:

Corresponde a la risa y al habla de un niño. Limpia las corrupciones de los canales derecho e izquierdo. [337] Fija potencias para atar los aires de los canales derecho e izquierdo en el canal central y establece las semillas para la mente sublime –el inmutable gran gozo– y la palabra sublime en todas sus formas. Permite que realices las proezas de las principales Deidades Padre y Madre, y hace que tengas la capacidad de purificar el sol y la luna[58] internos juntos y alcanzar el cuarto nivel.

SIGNIFICADO DE LA INICIACIÓN

Luego, expresa la purificación común a estas dos iniciaciones:

Al igual que se forman en la matriz los aires y los canales, las dos iniciaciones en la zona de la cara sur de la palabra sublime limpian las corrupciones de los aires, que son la raíz de la palabra. Te capacitan con respecto a las actividades de la palabra vajra; implantan semillas de la palabra vajra en tu continuo mental y permiten que logres la palabra vajra.

5 *Iniciación de la Conducta*

Las iniciaciones quinta y sexta son medios para purificar la mente, ya que las dos primeras han purificado el cuerpo y la tercera y cuarta han purificado la palabra. El discípulo pasa a la puerta este para encontrarse frente al rostro de la mente de Kalachakra.

OFRECIMIENTO Y SÚPLICA

> De nuevo, caminando en círculo hacia la derecha, se lleva al discípulo a la puerta este. Orientado hacia el rostro, negro, de la mente sublime de Kalachakra, el discípulo se sienta sobre el asiento de iniciación. Se ofrece el mandala al Lama, indiferenciable de la Mente Vajra de Kalachakra, como un presente por conceder la iniciación de la conducta que purifica las corrupciones de las facultades y objetos de los sentidos.

> *Ofrece el mandala.*

> Al Lama, a la Deidad Personal, y a las Tres Joyas,
> ofrezco en forma de visualización
> Mi cuerpo, palabra, mente, mis recursos, y los de los demás,
> Nuestras acumulaciones de virtud del pasado, presente y futuro,
> Y el mandala maravilloso y precioso con las colecciones de ofrendas de Samantabadra.
> Aceptándolos en tu compasión, te lo ruego, bendíceme para llevarme a la magnificencia.

Idam guru-ratna-mandalakam-niryatayami.
[Ofrezco al guru este mandala de joyas.]

Haz súplicas tres veces con:

Om a a e ai ar ar o au al al am ah sarva-bodhisatvah sabharyah sarvada-sarvakama-upabhogam vajra-pratam mama dadantu svaha. [Om a a e ai ar ar o au al al am ah, ruego que todos los Bodisatvas y sus consortes me concedan la conducta vajra de gozo total de todos los deseos en todo momento svaha.]

INICIACIÓN INTERNA

Los discípulos ahora se generan en Deidades de Mente Vajra, de acuerdo con el rito.

Con las seis sílabas [om ah hum hoh kam kshah] y el agua de la concha, limpia, como antes, lo que obstruye.

Emanan rayos de luz del *hum* en el corazón del Lama, que no es distinto de la Deidad Principal, atrayéndote hacia el interior; penetras por la boca, pasando por el centro del cuerpo y a través del camino vajra hasta entrar en el loto de la Madre y fundirte en una gota, que se vuelve vacuidad. Desde el interior de la vacuidad sale una sílaba *hum*, que se transforma en un vajra, del cual se genera una Deidad de Mente Vajra de color negro, con tres rostros –de color negro, rojo y blanco– y seis manos. En las tres manos derechas sostiene una espada, un cuchillo curvo y un tridente, y en las tres izquierdas sostiene un escudo, un cráneo y un khatvanga de color blanco. Tú estás abrazado por Lochana.

Emanan rayos de luz del corazón del Lama, que no es distinto de la Deidad Principal, que atraen a los Seres de Sabiduría, que son iguales a los meditados. Jah hum bam hoh hi. [Sed convocados, entrad, fundíos con ellos, sed complacidos y volveos uno.] Se vuelven una unidad indivisible.

Emanan rayos de luz del corazón del Lama, que no es distinto de la Deidad Principal, y atraen a todos los Conquistadores de las diez direcciones, Padres, Madres, Hijos e Hijas. Vajra-bhairava akarshaya jah. [Vajra, el Aterrador, convoca, jah.]

Haz ofrendas con:

Gandham pushpam dhupam dipam akshate naividye lasye hasye vadye nrtye gitye kame puja kuru kuru svaha. [Haz ofrecimientos con perfume, flores, incienso, lamparillas, fruta, comida, parte inferior de la vestimenta, sonrisas, música, danza, canto y tacto svaha.]

Al igual que Vajradara concedió
Iniciaciones, fuentes de buenas cualidades,
A los Budas en aras de proteger a los seres transmigradores,
Así te rogamos que concedas aquí lo mismo.

Haciendo la súplica de este modo, todos los Conquistadores, Padres y Madres, etc., se absorben, son fundidos por el fuego del gran deseo [es decir, por el gran gozo] y entran por la protuberancia de la coronilla del Lama, que no es distinto de la Deidad Principal. Emergiendo del camino vajra, la mente de la Iluminación te concede la iniciación a tí, convertido en Deidad de Palabra Vajra. Emerges del loto de la Madre y te sientas sobre el asiento de iniciación.

LAVADO, PURIFICACIÓN Y DEIFICACIÓN DE LOS DISCÍPULOS Y DE LAS SUSTANCIAS DE LA INICIACIÓN

En la iniciación de la conducta, se bendicen las facultades de los sentidos de los discípulos y sus respectivos objetos para que sean transformados en la magnificencia y se vuelvan útiles. En los doce eslabones de la originación dependiente de la existencia cíclica, la unión de la facultad sensorial, el objeto y la conciencia produce el factor mental del contacto que distingue a los objetos como atractivos, no atractivos y neutros. Dependiendo de ello, existen sensaciones de placer, dolor o neutralidad, y en consecuencia, aumentan el deseo, el odio y el oscurecimiento.Todos estos son engendrados mediante la unión de las facultades sensoriales y los objetos; de ahí que en esta iniciación se bendigan las facultades sensoriales y sus objetos para que participen de la magnificencia, de modo que se produzcan únicamente conciencias virtuosas y se corte el continuo de la conceptualidad. En lugar de la generación de conciencias no virtuosas y de conceptualidad, la unión de la facultad sensorial y el objeto sirve así de condición para la generación de la no conceptualidad. Para lograr esto, en la iniciación se generan en forma de deidades las facultades sensoriales y sus objetos.

Al igual que se restringen las facultades sensoriales y se experimentan sus objetos dentro de los confines del gozo y la vacuidad, así la sustancia externa de esta iniciación es un anillo que actúa como una restricción al dedo. Podrían existir cinco anillos para los cinco dedos, que están asociados con la tierra, el agua, el fuego, el aire y el espacio, pero cuando se hace con un solo anillo, éste se coloca en el pulgar, que se identifica con el color amarillo, dado que este color está asociado con la tierra; el constituyente tierra, a su vez, está relacionado con las cinco facultades sensoriales. El anillo único, denominado el "pulgar vajra", se genera como una serie de deidades.

En relación a la manera de generar el anillo en forma de deidades, escuchad la descripción del rito de iniciación.

> *Entonces elimina [los obstructores] del discípulo y del pulgar vajra [con las seis sílabas, om ah hum hoh ham kshah, y el agua de la concha], y purifícalos. Con:*

Om shunyata-jñana-vajra-svabhavatmako 'ham [Poseo la naturaleza esencial de la vacuidad y sabiduría indivisibles], las facultades sensoriales y sus objetos,[59] además del pulgar vajra, se transforman en vacuidad.

En lo que sigue, las facultades sensoriales no se encuentran aparejadas con sus respectivos objetos, sino con objetos diferentes. Por ejemplo, los objetos de la facultad sensorial del oído son los sonidos, pero en la primera pareja, la facultad sensorial del oído se apareja con el constituyente de los fenómenos, que hace referencia a los objetos especiales de la conciencia mental.

Desde el interior de la vacuidad, tu facultad sensorial del oído y los objetos −el constituyente de los fenómenos−, además del pulgar vajra, [aparecen como dos] a [y dos] a, [que se transforman en] vajras, de los cuales se generan Vajrapani y Dharmadhatuvajra de color verde con tres rostros −verde, rojo y blanco− y seis manos. En las tres manos derechas sostiene un vajra, un cuchillo curvo y un hacha, y en las tres izquierdas sostiene una campana vajra, un cráneo y una cabeza de Brahma. Son abrazados, respectivamente por Shabdavajra y Samantabadra.

La facultad sensorial del olfato y los objetos −objetos tangibles−, además del pulgar vajra, [aparecen como dos] e [y dos] ai, [que se transforman en] espadas, de las cuales se generan Khagarbha y Sparshavajra de color negro con tres rostros −negro, rojo y blanco− y seis manos. En las tres manos derechas sostiene una espada, un cuchillo curvo y un tridente, y en las tres izquierdas sostiene un escudo, un cráneo y un khatvanga de color blanco. Son abrazados, respectivamente, por Gandhavajra y Sarvanivaranavishkambhi. [338]

La facultad sensorial del ojo y los objetos −sabores−, además del pulgar vajra, aparecen como dos ar y dos ar, que se transforman en joyas de las cuales se generan Kshitigarbha y Rasavajra de color rojo con tres rostros −rojo, blanco y negro− y seis manos. En las tres manos derechas sostiene una triple flecha, un gancho vajra y un tambor damaru que resuena, y en las tres izquierdas sostiene un arco, un lazo vajra y una joya de nueve facetas. Son abrazados, respectivamente, por Rupavajra y Lokeshvara.

La facultad sensorial de la lengua y los objetos −formas visibles−, además del pulgar vajra, [aparecen como dos] o [y dos] au, [que se transforman en] lotos, de los cuales se generan Lokeshvara y Rupavajra de color blanco con tres rostros −blanco, negro y rojo− y seis manos. En las tres manos derechas sostiene un martillo, una lanza y un tridente, y en las tres izquierdas sostiene un loto blanco de cien pétalos, un espejo y un rosario. Son abrazados, respectivamente, por Rasavajra y Kshitigarbha.

La facultad sensorial del cuerpo y los objetos –olores–, además del pulgar vajra, [aparecen como dos] al [y dos] al, [que se transforman en] ruedas, de las cuales se generan Sarvanivaranavishkambhi y Gandhavajra de color amarillo con tres rostros –amarillo, blanco y negro– y seis manos. En las tres manos derechas sostiene una rueda, un bastón y un vajra aterrador, y en las tres izquierdas sostiene una concha, una cadena vajra de hierro y una campana que suena. Son abrazados, respectivamente, por Sparshavajra y Khagarbha.

La facultad sensorial de la mente y los objetos –sonidos–, además del pulgar vajra, [aparecen como dos] am [y dos] ah, [que se transforman en] vajras, de los cuales se generan Samantabadra y Shabdavajra de color azul con tres rostros –azul, rojo y blanco– y seis manos. En las tres manos derechas sostiene un vajra, un cuchillo curvo y un hacha, y en las tres izquierdas sostiene una campana vajra, una cráneo y una cabeza de Brahma. Son abrazados, respectivamente, por Dharmadhatuvajra y Vajrapani.

En sus frentes se encuentra una sílaba *om*, en sus gargantas una sílaba *ah*, en sus corazones una sílaba *hum* y en sus ombligos una sílaba *hoh*. Emanan rayos de luz de *hum* en sus corazones, atrayendo a los Seres de Sabiduría iguales a los meditados. Jah hum bam hoh hi. [Sed convocados, entrad, fundíos con ellos, sed complacidos y volveos una unidad indivisible.] Se vuelven una unidad indivisible con sus respectivos Seres de Promesa.

Om a i r u l pañcha-dhatu-vishodhani svaha. [Om a i r u l, que esté fundamentado en la purificación de los cinco constituyentes.] Las Madres confieren la iniciación a las deidades de las sustancias de la iniciación. Las deidades negras son selladas por Amogasidi, las rojas por Ratnasambava, las blancas por Amitaba, las amarillas por Vairochana, las verdes por Vajrasatva y las azules por Akshobya.

NUEVA TRANSFORMACIÓN DE LAS DEIDADES EN SUSTANCIA PERFECCIONADA DE LA INICIACIÓN

Haz ofrecimientos con:

Gandham pushpam dhupam dipam akshate naividye lasye hasye vadye nrtye gitye kame puja kuru kuru svaha. [Haz ofrecimientos con perfume, flores, incienso, lamparillas, fruta, comida, parte inferior de la vestimenta, sonrisas, música, danza, canto y tacto svaha.]

Las Deidades Padre y Madre se absorben; al ser fundidas por el fuego del gran deseo, se convierten en el pulgar vajra, que es la sustancia de la iniciación.

Con respecto al significado de la meditación, el pulgar vajra se funde y se convierte en dos letras, de las cuales se generan dos deidades; no es que el pulgar vajra se vuelva una deidad, que se funde y se convierte en otra deidad, etc., esto mismo se ha de entender también, más adelante, con respecto a los brazaletes.

INICIACIÓN DE LOS DISCÍPULOS A TRAVÉS DE USAR LA SUSTANCIA DE LA INICIACIÓN

Emanan rayos de luz del corazón del Lama, que no es distinto de la Deidad Principal, atrayendo a las deidades de la iniciación –los Conquistadores Padre y Madre, Hijos e Hijas–, llenando la infinitud del espacio. Vajra-bhairava akarshaya jah. [Vajra, el Aterrador, convoca, jah.]

Haz ofrecimientos con:

Gandham pushpam dhupam dipam akshate naividye lasye hasye vadye nrtye gitye kame puja kuru kuru svaha. [Haz ofrecimientos con perfume, flores, incienso, lamparillas, fruta, comida, parte inferior de la vestimenta, sonrisas, música, danza, canto y tacto svaha.]

Haz una súplica:

Al igual que Vajradara concedió

Iniciaciones, fuentes de buenas cualidades,
A los Budas en aras de proteger a los seres transmi-
gradores,
Así te rogamos que concedas aquí lo mismo.

Entonces:

Los Conquistadores en el espacio –Padres y Madres–
tienen la intención de conceder la iniciación. Los
Bodisatvas emiten expresiones de buenos auspicios.
Rupavajra y otros hacen ofrecimientos, y desciende
una lluvia de flores, etc. Los Airados, masculinos y
femeninos, expulsan a los obstructores. Los Bodisatvas, masculinos y femeninos, que moran en el mandala que se ha logrado y que sostienen el pulgar vajra,
conceden la iniciación.

El Trabajador Vajra levanta el vajra y la campana. Se
expresan buenos auspicios con:

Que a través de los buenos auspicios que moran en
los corazones de todos los seres conscientes,
La esencia de todos, el señor supremo de todos los
linajes,
Progenitor de todos los seres conscientes, el gran
gozo,
Tengáis hoy buenos auspicios en la suprema concesión de la iniciación.

Que mediante los Budas que poseen perfección como
una montaña dorada,
Protector de los tres mundos que ha abandonado las
tres corrupciones,
Con un rostro como los anchos pétalos de un loto,
Tengáis hoy los buenos auspicios del apaciguamiento.

Que a través de las enseñanzas más elevadas, inquebrantables y supremas, expuestas por él,
Renombradas en los tres mundos, adoradas por dioses
y humanos,
La más excelente de las doctrinas, que apacigua a
todos los seres,
Tengáis hoy los buenos auspicios del apaciguamiento.

Que mediante la excelente Comunidad Espiritual, rica
con los buenos auspicios de haber escuchado la
doctrina,
Lugar de adoración de humanos, dioses y semi-dioses,
La más elevada y suprema de las asambleas, que
conoce la conciencia; y fundamento de la gloria,
Tengáis hoy los buenos auspicios del apaciguamiento.

*Cuando se efectúa la autoiniciación, una lluvia de
flores cae sobre uno mismo y, sobre el discípulo si la
recibe.*

Al hacer yo el gesto de tocar con el anillo, que es la sustancia de la
iniciación, tus cinco lugares, imagina que lo hacen los Bodisatvas
masculinos y femeninos, que moran en el mandala, concediendo
así la iniciación de la conducta. Piensa que, mediante esto, las
facultades interiores de los cinco sentidos y sus respectivos objetos, quedan bendecidos hacia la magnificencia y se vuelven útiles,
induciendo a la generación de una conciencia especial y no conceptual, que engendra una estabilización meditativa inamovible en
la que la sabiduría sublime que comprende la vacuidad de existencia inherente y el gozo, forman una sola entidad indiferenciable.

*Entonces, el Maestro, con la pierna derecha extendi-
da, dice:*

Voy a conferir el gran vajra de la iniciación
Reverenciada por los de los tres reinos,
Surgida de la fuente de las tres
Intimidades de todos los Budas.
    Om a a e ai ar ar o au al al am ah vishayendriya-vis-
hodhani svaha. [Om a a e ai ar ar o au al al am ah
purificación de los objetos y las facultades de los sentidos svaha.]

*Después de tocar los cinco lugares [protuberancia de
la coronilla, hombros, brazos, muslos y caderas], di:*

Esto descansa sobre las manos de todos los
Budas, Vajrasatvas.
Deberás mantener siempre
La conducta firme de Vajrapani. [339]

Da el pulgar vajra. Pon flores en las orejas, etc...

De ahora en adelante, no importan las apariencias buenas o malas que se presenten ante las facultades de los sentidos, tú no deberías caer bajo la influencia de conceptos de lo ordinario, sino contemplar lo que aparezca como el juego de la vacuidad y como el juego del gozo y, desde esta perspectiva, aprovechar las formas visibles, los sonidos, olores, sabores y objetos del tacto del Reino de los Deseos.

Por ejemplo, si antes de ponerse unas gafas de sol de color amarillo uno contempla una hoja verde, se ve que es verde; entonces, aunque después de ponerse las gafas de sol parece ser de color amarillo, esta misma apariencia de amarillo sirve como condición para pensar que el color amarillo de la hoja se debe a las gafas y que la hoja no es amarilla. El ver amarilla la hoja sirve de condición para la verificación de que la hoja no existe tal como aparece. Del mismo modo, una vez que se haya desarrollado en la mente una buena comprensión de que los fenómenos son de originación dependiente y así carecen de existencia inherente, entonces debido a la apariencia innegable de los objetos como si de hecho tuvieran existencia inherente, esta misma apariencia sirve como condición para inducir a la verificación de que, salvo la apariencia que presentan, estos objetos no existen de forma inherente. Por la misma apariencia de los objetos, como si existieran por sí mismos, se encuentra la verificación de la carencia de existencia inherente.

Al encontrarse uno con objetos, en lugar de caer bajo la influencia de su apariencia, como si realmente existiesen de forma inherente, la misma apariencia sirve para ayudar a la verificación de que dichos objetos no tienen existencia inherente. Asimismo, durante el equilibrio meditativo, la conciencia que verifica el significado de la vacuidad es de naturaleza gozosa, surgida al fundirse los constituyentes esenciales internos. Cuando esta conciencia gozosa verifica la vacuidad meditando en un solo punto, como consecuencia de este equilibrio meditativo todo lo que aparezca lo hace no sólo como un juego de la vacuidad, sino también como el juego del gozo, debido a la fuerza de la previa concentración, de considerar la vacuidad y el gozo como indiferenciables durante el equilibrio meditativo.

Cuando te acostumbras a esta práctica, no es necesario apartar los sentidos de sus objetos para controlarlos. Más bien, cuando se permite que los sentidos se encuentren con sus objetos, tú no caes bajo la influencia de la conceptualidad. Este es el significado y propósito esencial de la iniciación de la conducta. Esta es la conducta vajra, conducta indivisible e inquebrantable, que utilizando los atributos del Reino de los Deseos, no cae bajo la influencia de la mala conceptualización que, de otro modo, sería ruinosa. Así las formas visibles, los sonidos, olores, sabores y objetos del tacto del Reino de los Deseos, no pueden abrumarte, contaminarte o interrumpirte; por el contrario, tú tienes control sobre ellos. De ahí que se llama conducta vajra: un vajra o diamante que simboliza la indivisibilidad y la inquebrantabilidad.

Luego se concede la iniciación del agua como apéndice a la del vajra y la campana.

Entonces, el Maestro, con la pierna derecha extendida, dice:

Voy a concederte el gran vajra de la iniciación
Reverenciada por los de los tres reinos,
Surgida de la fuente de las tres
Intimidades de todos los Budas.
    Om a i r u l pañcha-dhatu-vishodhani svaha.
[Om a i r u l, que esté fundamentado en la purificación de los cinco constituyentes.]

Con el agua se tocan los cinco lugares –protuberancia de la coronilla, hombros, brazos, muslos y caderas– y, después de rociarla, el discípulo bebe un poco y se lava, confiriéndose así la iniciación.

Con esto se completa el apéndice.

Al haber sido conferida la iniciación así, las facultades de los sentidos y los objetos de tu continuo mental se convierten en Bodisatvas masculinos y femeninos. De ellos emanan rayos de luz que atraen a los Bodisatvas masculinos y femeninos del mandala como si una segunda lámpara de mantequilla se separara de la primera. Los Bodisatvas masculinos y femeninos se disuelven en las facultades de los sentidos y los objetos en tu propio continuo, clarificados como los Bodisatvas masculinos y femeninos. Además, se invocan a todas las deidades de la iniciación y se disuelven estas en las facultades de los sentidos y los objetos de tu propio continuo, clarificadas como los Bodisatvas masculinos y femeninos.

Haz ofrecimientos con:

Gandham pushpam dhupam dipam akshate naividye lasye hasye vadye nrtye gitye kame puja kuru kuru svaha. [Haz ofrecimientos con perfume, flores, incienso, lamparillas, fruta, comida, parte inferior de la vestimenta, sonrisas, música, danza, canto y tacto svaha.]

SIGNIFICADO DE LA INICIACIÓN

Luego, expresa el significado de la iniciación y su purificación:

Esto corresponde al disfrute, por parte del niño, de los cinco atributos del Reino del Deseo. Limpia las corrupciones de las facultades de los sentidos y sus objetos. Permite que realices las proezas de los Bodisatvas masculinos y femeninos y que disfrutes de los cinco atributos del Reino del Deseo, conociendo su naturaleza. Hace que tengas la capacidad de alcanzar unas facultades de sentidos vajra y campos sensoriales *(skye mched, ayatana)* y lograr el quinto nivel como su fruto.

6 Iniciación del Nombre

Para recibir la sexta iniciación, la del nombre, que purifica las facultades de acción y sus actividades, los discípulos ofrecen el mandala y, luego, hacen una súplica.

OFRECIMIENTO Y SÚPLICA

Se ofrece el mandala al Lama, indiferenciable de la Palabra Vajra de Kalachakra, como un presente por conceder la iniciación del nombre que purifica las facultades de acción y sus actividades.

Ofrece el mandala.

Al Lama, a la Deidad Personal, y las Tres Joyas,
   ofrezco en forma de visualización
Mi cuerpo, palabra, mente y mis recursos, y los de los
   demás,
Nuestras acumulaciones de virtud del pasado, presen-
   te y futuro,
Y el mandala maravilloso y precioso con los conjun-
   tos de ofrendas de Samantabadra.
Aceptándolos en tu compasión, te lo ruego, bendíce-
   me para llevarme a la magnificencia.
Idam guru-ratna-mandalakam niryatayami.
[Ofrezco al guru este mandala adornado de joyas.]

Haz la súplica tres veces con:

Om ha ha ya ya ra ra va va la la sarva-krodha-rajah
sabharya maitri-karuna-mudita-upeksha-sarva-sama-

ta-svabhavam vajra-purvamgamam nama me dadantu
hum hum phat. [Om ha ha ya ya ra ra va va la la, que
todos los Reyes de los Airados con sus consortes me
concedan el nombre que precede al vajra, que posee
la naturaleza del amor, compasión, alegría y ecuanimidad totalmente iguales hum hum phat.]

LAVADO, PURIFICACIÓN Y DEIFICACIÓN DE LOS DISCÍPULOS Y DE LAS SUSTANCIAS DE LA INICIACIÓN

Entonces se generan como deidades las facultades de acción del
discípulo y sus actividades. Aquí, se asocian Deidades del Método
y de la Sabiduría con los elementos que se oponen unos a otros. El
oponente de la tierra es el fuego; el oponente del fuego es el agua,
etc.

> *Elimina [los obstructores] del discípulo y de los bra-*
> *zaletes [con las seis sílabas, om ah hum hoh ham*
> *kshah, y el agua de la concha] y purifícalos. Con:*

> Om shunyata-jñana-vajra-svabhavatmako 'ham
> [Poseo la naturaleza esencial de la vacuidad y sabidu-
> ría indivisibles,] tus facultades de acción y sus activi-
> dades, además de los brazaletes, se transforman en
> vacuidad.

En lo que sigue, las facultades de acción no van asociadas con sus
respectivas actividades, sino con las actividades de otras facultades.

> Desde el interior de la vacuidad, la facultad de orinar
> y la actividad de emitir el líquido regenerador, ade-
> más del brazalete, que es la sustancia de la iniciación,
> [aparecen como dos] ha [y dos] ha, [que se transfor-
> man en] vajras, de los cuales se generan Ushnishacha-
> kravarti y Raudrakshi con tres rostros −verde, rojo y
> blanco− y seis manos. En las tres manos derechas sos-
> tiene un vajra, un cuchillo curvo y un hacha, y en las
> tres izquierdas sostiene una campana vajra, un cráneo
> y una cabeza de Brahma. Son abrazados, respectiva-
> mente, por Atinila y Subharaja.
> La facultad de la boca y la actividad de defecar

además del brazalete, que es la sustancia de la iniciación, [aparecen como dos] ya [y dos] ya, [que se transforman en] espadas, de las cuales se generan Vighnantaka [Atibala] y Atibala de color negro [340] con tres rostros –negro, rojo y blanco– y seis manos. En las tres manos derechas sostiene una espada, un cuchillo curvo y un tridente, y en las tres izquierdas sostiene un escudo, un cráneo y un khatvanga de color blanco. Son abrazados, respectivamente, por Stambhaki y Yamantaka.

La facultad del brazo y la capacidad de desplazarse, además del brazalete, que es la sustancia de la iniciación, [aparecen como dos] ra [y dos] ra, [que se transforman] en joyas, de las cuales se generan Prajnantaka [Jambhaka] y Jambhaki, con tres rostros –rojo, blanco y negro– y seis manos. En las tres manos derechas sostiene una triple flecha, un gancho vajra y un tambor damaru que resuena, y en las tres manos izquierdas sostiene un arco, un lazo vajra y una joya de nueve facetas. Son abrazados, respectivamente, por Manaki y Padmantaka de color blanco.

La facultad de la pierna y la actividad de asir, además del brazalete, que es la sustancia de la iniciación, [aparecen como dos] va [y dos] va, [que se transforman en] lotos, de los cuales se generan Padmantaka y Manaki de color blanco, con tres rostros –blanco, negro y rojo– y seis manos. En las tres manos derechas sostiene un martillo, una lanza y un tridente, y en las tres manos izquierdas sostiene un loto blanco de cien pétalos, un espejo y un rosario. Son abrazados, respectivamente, por Jambhaki y Prajnantaka de color rojo.

La facultad del ano y la actividad de hablar, además del brazalete, que es la sustancia de la iniciación, [aparecen como dos] la [y dos] la, [que se transforman en] ruedas, de las cuales se generan Yamantaka y Stambhaki de color amarillo con tres rostros –amarillo, blanco y negro– y seis manos. En las tres manos derechas sostiene una rueda, una vara y un vajra terrorífico, y en las tres izquierdas sostiene una concha, una cadena vajra y una campana que resuena. Son abrazados, respectivamente, por Atibala y Vighnantaka de color negro.

La facultad suprema y la actividad de emitir orina, además del brazalete, que es la sustancia de la iniciación, [aparecen como dos] ham [y dos] hah, [que se transforman en] vajras, de los cuales se generan Sumbharaja y Atinila de color azul con tres rostros –azul, rojo y blanco– y seis manos. En las tres manos derechas sostiene un vajra, un cuchillo curvo y un hacha, y en las tres izquierdas sostiene un vajra y campana, un cráneo y una cabeza de Brahma. Son abrazados, respectivamente, por Raudrakshi y Ushnishachakravarti de color verde.

Aquí el color, los rostros y las manos de todos los Airados masculinos y femeninos, las Deidades Padre y Madre, se realizan de acuerdo con los seis linajes, de modo que difieren de otras ocasiones.

En sus frentes se encuentra la sílaba *om*; en la garganta la sílaba *ah*; en sus corazones la sílaba *hum* y en el ombligo la sílaba *hoh*. Emanan rayos de luz del *hum* en sus corazones, atrayendo a los Seres de Sabiduría iguales a los meditados. Jah hum bam hoh hi. [Reuníos, entrad, fundíos con ellos, sed complacidos y volveos una unidad indivisible.] Se vuelven una unidad indivisible con sus respectivos Seres de Promesa.

Om a i r u l pañcha-dhatu-vishodhani svaha.

[Om a i r u l, que esté fundamentado en la purificación de los cinco constituyentes.]

Las Madres confieren la iniciación a las deidades de las sustancias de la iniciación. Estas son selladas, respectivamente, por Vajrasatva, Amogasidi, Ratnasambava, Amitaba, Vairochana y Akshobya.

NUEVA TRANSFORMACIÓN DE LAS DEIDADES EN SUSTANCIA PERFECCIONADA DE LA INICIACIÓN

Haz ofrecimientos con;

Gandham pushpam dhupam dipam akshate naividye lasye hasye vadye nrtye gitye kame puja kuru kuru svaha. [Haz ofrecimientos con perfume, flores, incienso, lamparillas, fruta, comida, parte inferior de la vestimenta, sonrisas, música, danza, canto y tacto svaha.]

Se absorben las deidades masculinas y femeninas; al fundirse en el fuego del gran deseo, se transforman en los brazaletes, que son las sustancias de la iniciación. [341]

INICIACIÓN DE LOS DISCÍPULOS A TRAVÉS DE USAR LA SUSTANCIA DE INICIACIÓN

Emanan rayos de luz del corazón del Lama, que no es distinto de la Deidad Principal, atrayendo a las deidades de la iniciación –los Conquistadores Padre y Madre, Hijos e Hijas–, que llenan la infinitud del espacio Vajra bhairava akarshaya jah. [Vajra, Aterrador, convoca, jah.]

Haz ofrecimientos con:

Gandham pushpam dhupam dipam akshate naividye lasye hasye vadye nrtye gitye kame puja kuru kuru svaha. [Haz ofrecimientos con perfume, flores, incienso, lamparillas, fruta, comida, parte inferior de la vestimenta, sonrisas, música, danza, canto y tacto svaha.]

Haz una súplica:

Al igual que Vajradara concedió
Iniciaciones, fuentes de buenas cualidades,
A los Budas en aras de proteger a los seres transmi-
	gradores,
Así te rogamos que concedas aquí lo mismo.

Entonces:

Los Conquistadores en el espacio –Padres y Madres– tienen la intención de conferir la iniciación. Los Bodisatvas emiten expresiones de buenos auspicios.

Rupavajra y otros hacen ofrecimientos, y desciende una lluvia de flores, etc. Los Airados, masculinos y femeninos, expulsan a los obstructores. Los Airados, masculinos y femeninos, que moran en el mandala que se ha logrado y que sostienen los brazaletes, confieren la iniciación.

El Trabajador Vajra levanta los brazaletes. Se expresan buenos auspicios con:

Que a través de los buenos auspicios que moran en los corazones de todos los seres conscientes,
La esencia de todos, el señor supremo de todos los linajes,
Progenitor de todos los seres conscientes, el gran gozo,
Tengáis hoy buenos auspicios en la suprema concesión de la iniciación.

Que mediante los Budas que poseen perfección como una montaña dorada,
Protector de los tres mundos que ha abandonado las tres corrupciones,
Con un rostro como los anchos pétalos del loto,
Tengáis hoy los buenos asupicios del apaciguamiento.

Que a través de las enseñanzas más elevadas, inquebrantables y supremas expuestas por él,
Renombradas en los tres mundos, adoradas por dioses y humanos,
La más excelente de las doctrinas, que apacigua a todos los seres,
Tengáis hoy los buenos auspicios de la pacificación.

Que mediante la excelente Comunidad Espiritual, rica con los buenos auspicios de haber escuchado la doctrina,
Lugar de adoración de humanos, dioses y semi-dioses,
La más elevada y suprema de las asambleas, conociendo la conciencia; y fundamento de la gloria,
Tengáis hoy los buenos auspicios del apaciguamiento.

*Cuando se hace la autoiniciación, una lluvia de flores
cae sobre uno mismo y, cuando se concede la iniciación a un discípulo, una lluvia de flores cae
sobre éste.*

Las Deidades Airadas, masculinas y femeninas, del mandala, sosteniendo los brazaletes, que son las sustancias de la iniciación, os
los entregan. Al tocar con los brazaletes vuestros cinco lugares, las
facultades de acción de éstos y sus actividades son bendecidas
hacia la magnificencia de modo que se vuelvan útiles. Pensad que
se ha generado en el continuo mental una sabiduría especial, no
conceptual.

*Entonces, el Maestro, con la pierna derecha extendi-
da dice:*

Voy a concederte el gran vajra de la iniciación,
Reverenciada por los de los tres reinos,
Surgida de la fuente de las tres
Intimidades de todos los Budas.
Om ha ha ya ya ra ra va va la la chatur-brahma-viha-
ra-vishuddha svaha. [Om ha ha ya ya ra ra va va la la,
la pureza total de las cuatro moradas de la pureza sva-
ha.]

*Con los brazaletes de joyas o flores, etc., toca los cin-
co lugares [protuberancia de la coronilla, hombros,
brazos, muslos y caderas] y colócalos en los brazos y
piernas.*

La razón por la que ésta se llama la iniciación del nombre es que,
cuando a alguien se le denomina maestro o ingeniero, por ejemplo,
el nombre está designado en dependencia de una actividad, y esta
iniciación se ocupa principalmente de la purificación de las facultades de acción y sus respectivas actividades, mediante lo cual se
designa o se profetiza, que los discípulos alcanzarán la Iluminación.

Luego se concede una iniciación del agua como apéndice a la del
nombre.

*Entonces, el Maestro, con la pierna derecha extendi-
da dice:*

Voy a concederte el gran vajra de la iniciación
Reverenciada por los de los tres reinos,
Surgida de la fuente de las tres
Intimidades de todos los Budas.
    Om a i r u l pañcha-dhatu-vishodhani svaha.
[Om a i r u l, que esté fundamentado en la purifica-
ción de los cinco constituyentes]

Con el agua se tocan los cinco lugares –protuberan-
cia de la coronilla, hombros, brazos, muslos y cade-
ras– y, después de rociarla, el discípulo bebe un poco
y se lava, confiriéndose así la iniciación.

Con esto se completa el apéndice.

Ahora, para designarte con un nombre, el Lama se pone los hábi-
tos exteriores a la manera del guru Buda Shakiamuni, y se pone de
pie. Sostiene una esquina del hábito a la manera de una oreja de
león, para simbolizar la ausencia de miedo. Entonces, concede al
discípulo un nombre que concuerda con el linaje determinado
anteriormente cuando se dejó caer la flor sobre una madera cuadrada, profetizando que con este nombre, el discípulo se transformaría
en uno de los Que Han Ido Más Allá con Cuerpos de Verdad y de
Forma. Cuando el Lama pronuncia el nombre, imaginad que se
engendra en vuestra mente un estado no conceptual, y se genera en
vuestro contínuo gran gozo y una sabiduría sublime especial de
gozo y vacuidad indiferenciables, en que la conciencia del gozo
verifica la ausencia de existencia inherente.

El Lama asume el modo de uno de los Que Han Ido
Más Allá; con su puño izquierdo sostiene dos esqui-
nas de su hábito sobre el corazón y con la mano dere-
cha, forma el sello de la concesión de la ausencia de
miedo. Dice:

Yo, con todos los Vajrasatvas, los Que Han Ido Más
    Allá,
Profetizo aquí que tú,
Habiendo sido aliviado de las malas transmigraciones
De la existencia cíclica, pacificarás completamente la
    misma.

Se profetiza que tú te convertirás en Buda al hacer realidad los Cuerpos de Forma, que tienen la función de aliviar a los transmigradores de sus malos renacimientos en la existencia cíclica, y hacer realidad un Cuerpo de Verdad, que es la extinción de la existencia cíclica en la esfera de la paz profunda.

¡Oh Vajra! (Aquí el nombre Mantra), tathagata-siddhi-samayas tvam bhur bhuva[h]svah. [Oh, dado que eres capaz de comprender la realidad (de los tres reinos) bajo el suelo, sobre el suelo y los cielos, quedarás establecido como el Que Ha Ido Más Allá Vajra (tu nombre Mantra).]

Usa el nombre que concuerda con el linaje que indicó la flor [cuando se dejó caer sobre el mandala].

Al ser concedida la iniciación y mediante la profecía en este sentido, las facultades de acción y sus actividades se convierten en Deidades Airadas masculinas y femeninas. De ellas emanan rayos de luz que atraen a las Deidades Airadas, masculinas y femeninas, del mandala como si una segunda lámpara de mantequilla se separara de la primera. Estas Deidades se disuelven en las facultades de acción y sus actividades, clarificadas como las Deidades Airadas, masculinas y femeninas. Además, se invocan a todas las deidades de la iniciación y se disuelven éstas en las facultades de acción y sus actividades, clarificadas como las Deidades Airadas masculinas y femeninas.

Haz ofrecimientos con:

Gandham pushpam dhupam dipam akshate naividye lasye hasye vadye nrtye gitye kame puja kuru kuru svaha. [Haz ofrecimientos con perfume, flores, incienso, lamparillas, fruta, comida, parte inferior de la vestimenta, sonrisas, música, danza, canto y tacto svaha.]

SIGNIFICADO DE LA INICIACIÓN

Luego, expresa el significado de la iniciación y su purificación:

Esto corresponde a dar un nombre a un niño. Limpia las corrupciones de las facultades de acción y sus actividades y te permite realizar las proezas de las Deidades Airadas masculinas y femeninas. Concede la capacidad de poder someter a los cuatro demonios mediante los cuatro inconmensurables y lograr el sexto nivel como su fruto.

Luego, expresa la purificación común a esas dos iniciaciones:

Al igual que las facultades de la acción y sus actividades se establecen en el vientre de la madre, las dos iniciaciones de la zona de la cara este de la mente sublime limpian las manchas de la mente que causan que los sentidos se ocupen de los objetos y las facultades de la acción, de las actividades. Establecen potencias [en vuestro continuo mental] de mente vajra sublime y os autorizan a realizar hazañas de mente vajra sublime.

7 Iniciación del Permiso y Apéndices

Esta sección consta de dos partes: la iniciación del permiso real y sus apéndices. [342]

INICIACIÓN DEL PERMISO

Concierne a la iniciación del permiso el autorizar a los discípulos a enseñar a personas de los diferentes linajes, como el linaje de Vairochana, de acuerdo con sus respectivos intereses y disposiciones. Para ello, los discípulos inicialmente ven al Lama como indiferenciable de la Deidad de Conciencia Prístina Vajra, ofrecen el mandala y hacen una súplica.

OFRECIMIENTO Y SÚPLICA

De nuevo, girando hacia la derecha, se conduce al discípulo hasta la puerta Oeste, se sienta en su asiento de iniciación de cara al rostro [amarillo] de la conciencia prístina [de Kalachakra]. Se le ofrece el mandala al Lama, indiferenciable de la Conciencia Prístina Vajra de Kalachakra, como un presente por dar la iniciación del permiso que limpia la conciencia prístina (o sea, el gozo).

Ofrece el mandala.

Al Lama, a la Deidad Personal y a las Tres Joyas
ofrezco en visualización
Mi cuerpo, palabra, mente y mis recursos y los de los
demás

Nuestra virtud acumulada del pasado, presente y futuro

Y el maravilloso y precioso mandala con los conjuntos de ofrendas de Samantabadra.

Aceptándolos por tu compasión, te lo ruego, bendíceme hacia la magnificencia.

Idam guru-ratna-mandalakam-niryatayami.

[Ofrezco al guru este mandala de joyas.]

Haz una súplica tres veces con:

Om evam padma-vajra-chihnau prajñopayau mandala-adhipati-vajra-sukha-jñanamgam mama dada-tam ham hah hum phat. [Om evam, ruego, que la sabiduría y el método simbolizados por loto y vajra me sean conferidos como la rama de la sabiduría sublime del gozo vajra del señor del mandala ham hah hum phat.]

INICIACIÓN INTERNA

Entonces, se confiere una iniciación interna durante la cual los discípulos se generan como Deidades de Conciencia Prístina Vajra.

Elimina [los obstructores de los discípulos con las seis sílabas om ah hum hoh ham kshah y agua de la concha.]

Rayos de luz en el *hum* en el corazón del Lama, que no es diferente de la Deidad Principal, te atraen; entras en su boca, atraviesas el centro de su cuerpo y, a través del sendero vajra, entras en el loto de la Madre y te fundes en una gota, que se convierte en vacuidad. De la vacuidad aparece un *ho* [que se transforma en] una rueda, de la que se genera una Deidad de Conciencia Vajra Prístina amarilla, con tres caras –amarilla, blanca y negra– y seis manos, sosteniendo en las manos derechas una rueda, báculo y vajra terrorífico y en las izquierdas una concha, cadena vajra y campana resonante; está abrazado por Tara.

Rayos de luz desde el corazón del Lama, que no es diferente de la Deidad Principal, atraen a los Seres de

Sabiduría como los meditados. Jah hum bam hoh hi. [Reuníos, entrad, fundíos, sed complacidos y volveos una unidad indivisible.]

Se vuelven una unidad indivisible. Rayos de luz desde el corazón del Lama, que no es diferente de la Deidad Principal, atraen hacia dentro a todos los Conquistadores de las diez direcciones, Padres, Madres, Hijos e Hijas. Vajra–bhairava akarshaya jah. [Vajra, Aterrador, convoca, jah.]

Haz ofrecimientos con:

Gandham pushpam dhupam dipam akshate naividye lasye hasye vadye nrtye gitye kame puja kuru kuru svaha. [Haz ofrecimientos con perfume, flores, incienso, lamparillas, fruta, comida, parte inferior de la vestimenta, sonrisas, música, danza, canto y tacto svaha.]

Al igual que Vajradara concedió
Iniciaciones, fuentes de buenas cualidades,
A los Budas en aras de proteger a los seres transmigradores,
Te lo ruego, concede también aquí lo mismo.

Al hacer la súplica de esa manera, todos los Conquistadores, Padres y Madres, etc., se absorben, se funden por el fuego del gran deseo [por el gran gozo] y entran por la protuberancia de la coronilla del Lama, que no es diferente de la Deidad Principal. Emergiendo del camino del vajra, la mente de la Iluminación te confiere la iniciación, convertido en una Deidad de Conciencia Prístina Vajra. Emerges del loto de la Madre y te sientas en el asiento de iniciación.

LAVADO, PURIFICACIÓN Y DEIFICACIÓN DE LOS DISCÍPULOS Y DE LAS SUSTANCIAS DE LA INICIACIÓN

Las sustancias externas de la iniciación son los símbolos de mano [vajra, espada, joya, loto y rueda], y el factor interno es el agregado de conciencia prístina del discípulo. De entre las treinta y seis categorías de agregados y constituyentes físicos y mentales, se han generado treinta y cuatro como deidades. La iniciación del permiso es un medio de purificar el agregado y constituyente de la conciencia prístina.

Aquí "conciencia prístina" se refiere a la gota del cuarto estado y por lo tanto, al factor que genera el gozo y la no-conceptualidad. Este factor de conciencia prístina, así como los símbolos de mano se generan como las deidades Vajrasatva y Prajñaparamita.

Luego, elimina [obstructores] de los discípulos y los símbolos de mano [con las seis sílabas om ah hum hoh ham kshah, y agua de la concha] y purifícalos con:

Om shunyata-jñana-vajra-svabhavatmako 'ham. [poseo la naturaleza esencial de vacuidad y sabiduría indivisibles], tu agregado de la conciencia prístina y el constituyente de la conciencia, así como los símbolos de mano, se convierten en vacuidad. Desde la vacuidad, tu agregado de conciencia prístina [gozo], el constituyente de la conciencia y los símbolos de mano, que son las sustancias de iniciación [aparecen como dos grupos de] ham [y] kshah [que se transforman en] vajras, desde los que se generan Vajrasatva y Prajñaparamita azules con tres rostros, azul, rojo y blanco, y seis manos; las tres manos derechas sostienen un vajra, un cuchillo curvo y un hacha, y las tres izquierdas una campana vajra, un cráneo y una cabeza de Brahma. Están abrazados, respectivamente, por Dharmadhatvishvari y Akshobya.

En sus frentes está *om*; en sus gargantas *ah*; en sus corazones *hum* y en sus ombligos *hoh*. La *hum* en sus corazones emite rayos de luz que atraen a Seres de Sabiduría como los ya meditados. Jah hum bam hoh hi. [Reuníos, entrad, fundíos, sed complacidos y volveos una unidad indivisible.] Se vuelven una unidad indivisible con sus respectivos Seres de Promesa.

Om a i r u l pancha-dhatu-vishodhani svaha. [Om a i r u l basaos en la purificación de los cinco constituyentes.]

Las Madres confieren la iniciación a las deidades de las sustancias de iniciación que son selladas por Akshobya.

NUEVA TRANSFORMACIÓN DE LAS DEIDADES EN LA SUSTANCIA PERFECCIONADA DE LA INICIACIÓN

Haz ofrecimientos con:

Gandham pushpam dhupam dipam akshate naividye lasye hasye vadye nrtye gitye kame puja kuru kuru svaha. [Haz ofrecimientos con perfume, flores, incienso, lamparillas, fruta, comida, parte inferior de la vestimenta, sonrisas, música, danza, canto y tacto svaha.]

Las deidades Padre y Madre se absorben por lo que se funden con el fuego del Gran Deseo y se convierten en los símbolos de mano que son las sustancias de la iniciación.

INICIACIÓN DE LOS DISCÍPULOS A TRAVÉS DE UTILIZAR LA SUSTANCIA DE LA INICIACIÓN

Del corazón del Lama, que no es diferente de la Deidad Principal, emanan rayos de luz y atraen a las deidades de iniciación, Conquistadores Padre y Madre, Hijos e Hijas, y colman la inmensidad del espacio. Vajra-bhairava akarshaya jah [Vajra Aterrador, convoca, jah.]

Haz ofrecimientos con:

Gandham pushpam dhupam dipam akshate naividye lasye hasye vadye nrtye gitye kame puja kuru kuru svaha. [Haz ofrecimientos con perfume, flores, incienso, lamparillas, fruta, comida, parte inferior de la vestimenta, sonrisas, música, danza, canto y tacto svaha.]

Haz súplicas con:

Al igual que Vajradara concedió
Iniciaciones, fuentes de buenas cualidades,
A los Budas en aras de proteger a los seres transmi-
    gradores,
Así os rogamos que concedáis aquí lo mismo.

Luego:

Los Conquistadores en el espacio, Padres y Madres, hacen la intención de conferir la iniciación. Los Bodhisatvas emiten expresiones de buenos auspicios. Rupavajra y demás hacen ofrecimientos, y desciende una lluvia de flores, etc. Los Airados, masculinos y femeninos, expulsan a los obstructores. Vajrasatva y Prajñaparamita, que residen en el mandala, confieren la iniciación mientras sostienen los símbolos de mano.

El Trabajador Vajra alza los símbolos de mano. Se expresan buenos auspicios con:

Que a través de los buenos auspicios que moran en los corazones de todos los seres conscientes,
La esencia de todo, el señor supremo de todos los linajes,
Progenitor de todos los seres conscientes, el gran gozo,
Tengáis hoy buenos auspicios en el momento supremo de conferir la iniciación.

Que gracias al Buda que posee perfección como una montaña dorada,
El protector de los tres mundos que ha abandonado las tres corrupciones,
Con un rostro como los pétalos abiertos del loto,
Tengáis hoy los buenos auspicios del apaciguamiento.

Que gracias a las enseñanzas más elevadas, inquebrantables y supremas, expuestas por él,
Renombradas en los tres mundos, adoradas por dioses y humanos,
La más excelente de las doctrinas que pacifica a todos los seres,
Tengáis hoy los buenos auspicios de la pacificación

Que gracias a la excelente Comunidad Espiritual, rica por lo auspicioso de haber oído la doctrina,
Lugar de adoración de humanos, dioses y semi-dioses,

La más alta y suprema de las asambleas, que conoce
la conciencia; y fundamento de gloria,
Tengas hoy los buenos auspicios de la pacificación.

*Cuando se hace la autoiniciación, una lluvia de flores
cae sobre uno mismo, y sobre el discípulo si la recibe.*

Tocando los cinco lugares del discípulo con los cinco símbolos de
mano juntos, se confiere una iniciación del permiso de los cinco
linajes en general. Imagina que Vajrasatva y Prajñaparamita, que
residen en el mandala, sosteniendo los cinco símbolos de mano,
tocan tus cinco lugares, con lo cual la sabiduría sublime del gran
gozo se genera en tu contínuo mental. Así es como se confiere la
iniciación.

A fin de ayudar a todos los seres conscientes
En todos los mundos, de todas las formas
Gira la rueda de la doctrina
Conforme al adiestramiento de los distintos seres.

Puesto que se va a ayudar a todos los seres conscientes y esos
seres tienen diferentes linajes, intereses y disposiciones, debéis
enseñar la doctrina según cada linaje, es decir, de acuerdo con sus
intereses y disposiciones. Debéis enseñar lo que sea adecuado para
adiestrar a esos linajes particulares: los linajes del vajra, espada,
loto, joya y rueda.

Om ham kshah dharma-chakra-pravartaka svaha.
[Om ham kshah el que gira la rueda de la doctrina svaha.]

*Confiérela tocando los cinco lugares [protuberancia
de la coronilla, los hombros, brazos, muslos y cade-
ras] con los cinco símbolos de mano juntos.*

A fin de ayudar a todos los seres conscientes
En todos los mundos, de todas las maneras,
Gira la rueda del vajra
Conforme al adiestramiento de los distintos seres.
Om ham kshah vajra-chakra-pravartaka svaha.
[Om ham kshah el que gira la rueda del vajra svaha.]

A fin de ayudar a todos los seres conscientes
En todos los mundos, de todas las maneras,

Gira la rueda de la espada
Conforme al adiestramiento de los distintos seres.
Om ham kshah khadga-chakra-pravartaka svaha.
[Om ham kshah el que gira la rueda de la espada svaha.]

A fin de ayudar a todos los seres conscientes
En todos los mundos, de todas las maneras,
Gira la rueda de la joya
Conforme al adiestramiento de los distintos seres.
Om ham kshah ratna-chakra-pravartaka svaha.
[Om ham kshah el que gira la rueda de la joya svaha.]

A fin de ayudar a todos los seres conscientes
En todos los mundos, de todas las maneras,
Gira la rueda del loto
Conforme al adiestramiento de los distintos seres
Om ham kshah padma-chakra-pravartaka svaha.
[Om ham kshah gira la rueda del loto svaha.]

A fin de ayudar a todos los seres conscientes
En todos los mundos, de todas las maneras,
Gira la rueda de la rueda
Conforme al adiestramiento de los distintos seres.
Om ham kshah chakra-chakra-pravartaka svaha.
[Om ham kshah gira la rueda de la rueda svaha.][343]

Pon en las manos de los discípulos los cinco símbolos
de mano: vajra, etc., [uno a uno].

Los discípulos son de distintos linajes, unos del linaje de Akshobya, otros de Vairochana, otros de Ratnasambava, etc.; por lo tanto, debes enseñar la doctrina a los practicantes de los distintos linajes de acuerdo con sus disposiciones.

Lo siguiente es una iniciación del agua como apéndice a la iniciación del permiso.

Entonces, el Maestro, con la pierna derecha extendi-
da, dice:

Voy a conceder la iniciación del gran vajra,
Venerado por los de los tres reinos,
Surgida de la fuente de los tres
Secretos de todos los Budas.

Om a i r u l pañcha-dhatu-vishodhani svaha.
[Om a i r u l basaos en la purificación de los cinco constituyentes svaha.]

Toca con agua los cinco lugares –protuberancia de la coronilla, hombros, brazos, muslos y caderas– y, habiendo rociado un poco, [haz que el discípulo] beba un poco y que también se lave, confiriendo la iniciación.

Esto completa el apéndice.

Por haberos sido conferida la iniciación de esta manera, vuestro agregado de conciencia prístina (gozo) y constituyente de la conciencia se vuelven Vajrasatva, Padre y Madre. De ellos salen rayos de luz que entran en los Vajrasatvas del mandala, masculinos y femeninos, como se separa una segunda lamparilla de manteca de la primera. Los Vajrasatvas masculinos y femeninos, se disuelven en vuestro agregado de conciencia prístina y constituyente de la conciencia purificados como Vajrasatvas, masculinos y femeninos. Además, todas las deidades de la iniciación se reúnen y disuelven en vuestro agregado de conciencia prístina y constituyente de la conciencia.

Haz ofrecimientos con:

Gandham pushpam dhupam dipam akshate naividye lasye hasye vadye nrtye gitye kame puja kuru kuru svaha. [Haz ofrecimientos con perfume, flores, incienso, lamparillas, fruta, comida, parte inferior de la vestimenta, sonrisas, música, danza, canto y tacto svaha.]

Para que el discípulo se vea impulsado a causar el bienestar de otros seres, se da una rueda que simboliza esto.

Luego:

De *bhrum* surge una rueda.
Om vajra-hetu mam [Om causa vajra mam.]

Entrégala enfrente de ti o en el asiento.

¿Cómo se va a lograr el bienestar de los demás? Principalmente por medio de explicar la doctrina. Por lo tanto, vais a causar el bienestar de los demás proclamando el sonido de la caracola de la doctrina.

De la vocal final *ah* surge una caracola.
Om vajra-bhasha ram.[Om palabra vajra ram]
Entrégala en la mano derecha.

¿Qué doctrina se va a enseñar? Por ahora debéis enseñar cualquier doctrina que sea apropiada a los intereses y temperamento de los seres conscientes, conduciéndoles finalmente al camino del *Tantra de Kalachakra*.

De la primera vocal a surge un libro [del *Tantra de Kalachakra*.]
A.

Desde este momento, hoy, de generar la intención [de hacer girar la rueda de la doctrina],
Habiéndote llenado completamente y de todas las maneras
De la no superada caracola de la doctrina,[63]
Haz girar la rueda de la doctrina.

Ponla entre las dos manos del discípulo.

También, al enseñar la doctrina, debéis tener presente, en todos los sentidos, el conocimiento de la vacuidad de existencia inherente y con ese conocimiento verlo todo como las ilusiones de un mago. Con ese conocimiento del modo de existencia de los fenómenos y motivados por un firme altruismo, debéis causar el bienestar de los seres conscientes.

De la vocal final *ah* surge una campana.
Ah.
Entrégala en la mano izquierda y que [el discípulo] la haga sonar.

Repetid las siguientes estrofas después de que yo lo haga y al final del último verso haced sonar la campana. El significado de las estrofas es: "Todos los fenómenos tienen la naturaleza del espacio." ¿Cuál es el carácter del espacio? "Espacio" se designa desde el punto de vista de una mera negación de contacto obstructor. De igual forma, todos los fenómenos están vacíos de existencia inherente y, al igual que el espacio se designa sólo desde el punto de vista de una eliminación de contacto obstructor y no se designa por medio de ningún fenómeno positivo, así la naturaleza última de todos los fenómenos es una simple eliminación de la existencia inherente y se establece sólo de manera nominal. "Mediante establecer la igualdad de vuestro conocimiento con la naturaleza de estos fenómenos que es como el espacio, la naturaleza suprema de los fenómenos, su realidad, se aclara en todos los aspectos." Porque, cuando se ve la vacuidad de existencia inherente de un fenómeno, se puede, dependidendo justamente de esa comprensión, entender también la vacuidad de todos los demás fenómenos. Por lo tanto, debéis enseñar la doctrina que se deriva del significado de la vacuidad de existencia inherente de todos los fenómenos.

Todo tiene la naturaleza del espacio.
El espacio tampoco tiene naturaleza [de existencia inherente.]
Por medio del yoga de igualdad con el espacio,
Lo supremo de todo se aclara en igualdad.

Desde este momento, hoy, de generar la intención [de hacer girar la rueda de la doctrina],
Habiéndote llenado completamente y de todas las maneras
De la no superada caracola de la doctrina,
Haz girar la rueda de la doctrina.

A fin de ayudar a todos los seres conscientes en todos los mundos de todas las maneras,
Gira la rueda de la doctrina,
Conforme al adiestramiento de los distintos seres.

Ahora causa el bienestar de los seres conscientes
Sin desaliento y libre de dudas
Mediante (la doctrina) que tiene la naturaleza esencial de la sabiduría y el método,
Elevada como una joya que concede los deseos.

De esa manera, debéis causar el beneficio de los seres conscientes, sin permitir que el método [la motivación altruista] y la sabiduría se separen.

Ahora declaráis que haréis tal y como se os ha instruido.

El discípulo, habiendo rendido homenaje al Lama, dice:

Como dice el Soberano, así lo haré.

APÉNDICES

La sección de los apéndices de la iniciación del permiso tiene dos partes: (1) las cuatro ramas añadidas: dar el mantra, etc., y (2) dar la iniciación del maestro, el apéndice principal.

LAS CUATRO RAMAS AÑADIDAS: DAR EL MANTRA, MEDICINA DEL OJO, ESPEJO, ARCO Y FLECHA.

DAR EL MANTRA

El Lama ruega:

Oh Victoriosos Supramundanos, voy a concederlo.
Os lo ruego, prestad atención.

Para recibir estas bendiciones hacia la magnificencia los discípulos hacen una súplica.

El discípulo dice:

Victorioso Supramundano, lo asumiré.
Te lo ruego, préstame atención.

El primer apéndice es el de dar los mantras de Kalachakra. Las actividades de pacificación, etc., se logran dependiendo de los mantras de significado provisional durante el estadio de generación, mientras que durante el estadio de consumación se alcanzan logros supremos y comunes dependiendo del mantra de significado definitivo, es decir, la sabiduría sublime de gozo y vacuidad indiferenciables. Para el éxito de tal práctica de mantra, se necesita desarrollar una potencia especial por medio de la visión que comprende la vacuidad. Por consiguiente, a fin de establecer predisposiciones para la comprensión inicial de la vacuidad por medio de la ruta de generalidades de significado conceptual en el camino de acumulación y en el de preparación, se da medicina para el ojo después de dar el mantra. Luego, se da un espejo a fin de establecer predisposiciones para percibir todos los fenómenos como ilusiones tras salir de tal equilibrio meditativo sobre la vacuidad. A continuación se dan un arco y una flecha a fin de establecer predisposiciones para percibir directamente la vacuidad tras practicar una unión de ese equilibrio meditativo y el consiguiente logro. Tras eso se confiere la verdadera iniciación del maestro vajra.

Durante la primera parte, repetís los mantras después de decirlos el Lama. Primero, os visualizáis instantáneamente como Kalachakras. Con la repetición inicial del mantra emerge de la boca del Lama visualizado como Kalachakra una serie de letras del mantra que están en su corazón y entran en vuestra boca y se establecen en vuestro corazón. Con la segunda repetición se hace indiferenciable con las series del mantra que están en vuestro corazón y, con la tercera repetición, se hace firme, de tal forma que recibís por ello todas las magníficas bendiciones del mantra.

> *Luego:*
>
> Del corazón del Lama, que no es distinto de la Deidad Principal, emergen series del mantra, salen de su boca, entran en la tuya y se quedan en tu corazón rodeando a la sílaba *hum*.

Repite tres veces después del Lama el mantra de la esencia, el de la esencia condensada y el mantra raíz:

> Om ah hum hoh hamkshahmalavaraya hum phat.

El segundo mantra es el mantra de la esencia condensada.

> Om hram hrm hram hrm hrum hrl hrah svaha.

El tercero es el mantra del cuerpo vajra sublime.

> Om shri-kalachakra hum hum phat.

> Este es el permiso del mantra para eliminar obstructores, lograr la pacificación, etc., y purificar los campos de hazañas por medio del mantra último.

DAR MEDICINA PARA LOS OJOS

El propósito de dar medicina para los ojos es establecer predisposiciones para engendrar la comprensión especial de la vacuidad de existencia inherente, lográndose esta comprensión por medio de una generalización del significado (es decir, una imagen conceptual) en los caminos de acumulación y preparación. Los discípulos imaginan que sobre cada uno de sus ojos está la sílaba negra *pram;* se considera que éstas contienen todas las acciones dañinas y obstrucciones del discípulo y, en particualr, los factores que impiden la percepción de la realidad. Cuando hago el gesto de abrir vuestros ojos con la cucharilla especial para esto, imaginad que las sílabas se eliminan repentinamente.

Luego con una cuchara de oro coge de un recipiente de oro y plata medicina para los ojos, hecha de mantequilla y miel y aplícala a los ojos. Piensa que:

En cada uno de tus ojos hay una *pram* negra.

Piensa que todas las obstrucciones se eliminan con la punta de la cuchara y que se os abren los ojos con la cuchara de oro.

Om vajra-naitra-apahara-patalam hrih.
[Om retira lo que cubre el ojo vajra obstruyéndolo hrih.]

Al igual que un rey de los oculistas
En el mundo elimina las cataratas,
Así, Hijo, eliminarán los Conquistadores
La oscuridad de vuestros[64] desconocimientos.
Om divya-nayana-mudghatayami svaha.
[Om estoy abriendo el ojo divino svaha.]

Liberados de la oscuridad de la ignorancia, se ha abierto el ojo de la sabiduría sublime.

DAR UN ESPEJO.

Después de percibir la vacuidad de existencia inherente durante el equilibrio meditativo por medio de una generalización de significado, durante el período siguiente al equilibrio meditativo se pueden percibir todos los fenómenos como ilusiones o como reflejos en un espejo en el que, aunque parecen tener existencia inherente, están vacíos de la misma. Se da un espejo para que podáis establecer predisposiciones de manera que podáis actualizar tal comprensión.

Piensa que:

De *ah* surge un espejo

Luego, muéstralo.

Los fenómenos son como reflejos,
Luminosos y claros, sin mancha,
Inaprehensibles e inexpresables,
Surgidos de causas y acciones [*las, karma*].

Al igual que esos son como un espejo,
Luminosos, claros y sin mancha,
De igual modo yo, Kalachakra, la esencia de todos los
     Budas,
Permaneceré en tu corazón, Oh Hijo.

Conocer los fenómenos de este modo
Como sin existencia inherente y sin base,
Causa el incomparable bienestar de los seres cons-
     cientes. [345]
Naces como hijo de los Protectores.

Sabed que, en general, todos los fenómenos son como reflejos en un espejo y, en particular, que el Kalachakra que reside en vuestro corazón es como un reflejo en un espejo.

Debéis entender que la bendición de Kalachakra, así como el aire muy sutil y la mente muy sutil de luz clara, en la que entran las bendiciones y que es la creadora de todos los fenómenos que aparecen y ocurren, carecen de existencia inherente como los reflejos en un espejo.

DAR ARCO Y FLECHA.

A continuación se dan un arco y una flecha. Al igual que una flecha atraviesa de lado a lado su blanco, cuando os acostumbráis contínuamente a percibir la vacuidad de existencia inherente por medio de una imágen conceptual, se extinguen finalmente todas las poluciones de apariencia dualista, de forma que vuestra conciencia que comprende la vacuidad y la vacuidad misma son como agua puesta en el agua, es decir sujeto y objeto que se vuelven de una entidad indiferenciable. La percepción directa del yogui que comprende la talidad se alcanza de esa manera. Así, el arco y la flecha se dan como un medio de madurar vuestro contínuo mental, de forma que tal comprensión se genere rápidamente.

[Piensa que]:

De *hoh* se generan arco y flecha. *Hoh.*

Om sarva-tathagatan anuragayasva.
[Om complaced a todos Los Que Han Ido Más Allá Así.]

Diciendo eso, entrégalos al discípulo.

Mientras hago el gesto de disparar flechas en las cuatro direcciones, así como hacia arriba y hacia abajo, repetid este mantra después de mí:

Om sarva-tathagatan anuragayami.
[Om complazco a todos Los Que Han Ido Más Allá Así.]

Con el pensamiento de que todos los factores de obstrucción están siendo atravesados, muestra la manera de disparar flechas en las cuatro direcciones, así como hacia arriba y hacia abajo.

DAR LA INICIACIÓN DEL MAESTRO, EL APÉNDICE PRINCIPAL.

Esta sección tiene dos partes: la iniciación real del maestro e indicar los fenómenos de purificación.

LA VERDADERA INICIACION DEL MAESTRO.

El apéndice principal es la iniciación del maestro, en la que se dan los tres compromisos de vajra, campana y sello, siendo estos compromisos de la mente, palabra y cuerpo sublimes. El aspecto[65] de aprehensión de la sabiduría sublime de gozo no dual y vacuidad aparece en la forma de una deidad; en este punto de la iniciación de Kalachakra esto es la iniciación del maestro. Primero, los discípulos y el vajra y la campana se generan como deidades.

Disipa [obstructores] del discípulo y del vajra y la campana [con las seis sílabas om ah hum hoh ham kshah y agua de la caracola] purifícalos. Con:

Om Shunyata-jñana-vajra-svabhavatmako 'ham [Poseo la naturaleza esencial de la vacuidad y sabiduría indivisibles], tú y el vajra y la campana os volvéis vacuidad. De la vacuidad tú mismo y el vajra [aparecéis como dos] hum [que se transforman en] vajras, de los que se generan [dos] Vajrasatvas. La campana [aparece como] ah [que se transforma en] un cuchillo curvo, del que se genera Prajñaparamita. Los tres tienen cuerpos azules con tres caras, azul, roja y blanca, y seis manos, sosteniendo en las tres manos derechas un vajra, un cuchillo curvo y un hacha y en las tres izquierdas una campana-vajra, un cráneo y una cabeza de Brahma. En sus frentes está *om*; en el cuello *ah*; en su corazón *hum*; en sus ombligos *hoh*. La luz emitida desde el *hum* de sus corazones entra en los Seres de Sabiduría como los meditados.
Jah hum bam hoh hi. [Reuníos, entrad, fundíos, sed complacidos y volveos una unidad indivisible.]
Se vuelven uno con sus respectivos Seres de Promesa.
Om a i r u l pañcha-dhatu-vishodhani svaha.
[Om a i r u l basaos en la purificación de los cinco constituyentes.]
Las Madres confieren la iniciación a las deidades de las sustancias de iniciación con el fluído de ambrosía. Son selladas por Akshobya. Se funden y se convierten en un vajra y una campana.

La mente heroica sin principio y sin final
Es el Vajrasatva profusamente enjoyado,
El completamente bueno, la esencia de todo,
La esencia que es señor de Dignidad Vajra,

> Victorioso Supramundano, glorioso y supremo ser
> primordial.

La mente de luz clara innata y fundamental no tiene principio ni fin; cuando se genera como una entidad de gozo inmutable, se la llama el "Vajrasatva profusamente enjoyado". Puesto que es virtuoso al principio, en el medio y al final, es "todo bueno". Como símbolo de la indiferenciabilidad de entidad de método y sabiduría, Vajrasatva se representa en unión con la diosa Dignidad Vajra.

> Om maha-vajra hum [Om gran vajra hum.] [346]

> La sabiduría sublime no dual, la mente del Conquistador indistinguible de la vacuidad, es el vajra secreto. Para recordar esto se mantiene sostenido el vajra por medio del principio vajra.

> *Diciendo esto, entrégaselo en la mano derecha al discípulo.*

El vajra simboliza la sabiduría sublime del gran gozo; éste es el vajra definitivo. Puesto que siempre tenéis que utilizar la sabiduría sublime del gran gozo, debéis sostener un vajra que lo simbolice.

La campana simboliza la sabiduría que comprende la vacuidad de existencia inherente. Ahora, la sabiduría sublime del gran gozo, simbolizada por el vajra y la sabiduría que comprende la vacuidad, simbolizada por la campana, se van a generar como una entidad de establecimiento y acatamiento.

> Esta [campana] y aquello [lo simbolizado por ella] se
> explican como concordantes
> Con el tono de la sabiduría de todos los Budas.
> Tú también debes sostenerla siempre.
> Los conquistadores afirman esto como Iluminación
> suprema.

"Esta" se refiere al símbolo, la campana; "aquello" se refiere a lo simbolizado, la campana definitiva, la sabiduría que comprende la vacuidad, el principal objeto de expresión de las cualidades sublimes de la palabra de todos los Budas, quienes, al proclamar el sonido de la vacuidad de existencia inherente, superan en el continuo mental de los practicantes lo que es desfavorable y necesita ser abandonado. Debéis sostener esa campana.

Pensando que la campana proclama el sonido de la ausencia de existencia inherente de todos los fenómenos, seguid haciendo sonar la campana por medio del principio de la campana.

Entrégala en la mano izquierda.

Imaginad que, mientras repetís esta estrofa, el sonido de la campana proclama el significado de la vacuidad de existencia inherente.

Haciendo sonar la campana, di:

La existencia cíclica es naturalmente pura.
Por medio de esta realidad, uno se separa de la existencia cíclica.
Por poseer una mente de [tal] pureza natural,
Se hará la existencia excelente.

La existencia cíclica es naturalmente pura, debido a lo cual es posible liberarse de la existencia cíclica. Por poseer una mente naturalmente pura, se puede obtener la excelente existencia de la Budeidad.

Di eso y haz sonar la campana.

El discípulo, en realidad o por imitación, genera la sabiduría sublime del gozo y la vacuidad indiferenciables, que están simbolizados por vajra y campana. Por lo tanto, en este punto del *Tantra de Kalachakra* la firme creencia de que el factor de aprehensión de la propia conciencia de sabiduría sublime aparece como el cuerpo de Vajrasatva es la verdadera iniciación del maestro vajra. Observando este cuerpo divino del gran sello de Vajrasatva, que es una apariencia del aspecto de aprehensión de la sabiduría sublime del gozo y la vacuidad indiferenciables, simbolizados por vajra y campana, un cuerpo innato de método y sabiduría indiferenciables, pensad que la entidad de la iniciación del maestro vajra se ha generado en vuestro continuo mental.

Piensa:

Me he purificado como el cuerpo divino y gran sello, que es la apariencia del aspecto de aprehensión de la sabiduría sublime del gozo y la vacuidad indiferenciables como el cuerpo sublime de Vajrasatva.

Teniendo presentes los principios del vajra y la campana, sostén éstos cruzados a la altura del corazón.

Sed causa de que el significado del gran gozo y el significado de la vacuidad aparezcan en vuestras mentes y, pensando que precisamente esta sabiduría sublime que comprende la vacuidad aparece como el cuerpo divino de Vajrasatva, observad el cuerpo divino con concentración.

A continuación, hay una iniciación del agua como apéndice a la iniciación del maestro.

Entonces, el Maestro, con la pierna derecha extendida, dice:

Conferiré la iniciación del gran vajra,
Venerado por los de los tres reinos,
Surgida de la fuente de los tres
Secretos de todos los Budas.
Om a i r u l pañcha-dhatu-vishodhani svaha.
[Om a i r u l básate en la purificación de los cinco constituyentes.]

Con el agua toca los cinco lugares, protuberancia de la coronilla, hombros, brazos, muslos y caderas, y, habiendo rociado un poco, [haz que el discípulo] beba un poco y que también se lave, confiriendo la iniciación.

Sois sellados por Akshobya.

Haz ofrecimientos con:

Gandham pushpam dhupam dipam akshate naividye lasye hasye vadye nrtye gitye kame puja kuru kuru svaha. [Haz ofrecimientos con perfume, flores, incienso, lamparillas, fruta, comida, parte inferior de la vestimenta, sonrisas, música, danza, canto y tacto svaha.]

Con referencia a esto, el apéndice principal que se menciona en el Tantra [de Kalachakra] donde dice:[66]
"El Señor de los Conquistadores confiere completa-

*mente [la iniciación de] permiso, así como los apén-
dices", es la iniciación del Maestro. Aún más, el tantra dice:*[67] *"Por medio de conferir en su totalidad el
vajra y la campana, se indica la doctrina de la purificación con completa compasión suprema". Mediante
su mención explícita de conferir los compromisos de
vajra y campana, se entiende implícitamente que también es necesario conferir el compromiso del sello.
Sobre cómo hacer esto, otros [afirman que hay que
hacerlo] de acuerdo con [el modo de procedimiento
del Guhyasamaja Tantra, etc., que se describe así]:*

*Abraza a una [Mujer de] Sabiduría de dieciseis años,
Junto con vajra y campana.
Se afirma ésto como la iniciación del Maestro.*

*Dicen que mediante la meditación de los discípulos
[en sí mismos] bajo el aspecto de Vajrasatva, Padre y
Madre, abrazado, se enseña el principio del Sello con
estas palabras: "Habiendo bendecido el Sello de la
Sabiduría [es decir, la consorte imaginada] hacia la
magnificencia..." [Su afirmación, no obstante,] no es
factible [347] puesto que, en ese caso, uno [absurda-
mente] tendría que asumir que la sabiduría sublime
de gozo generada por haber meditado en el abrazo de
un Sello de Sabiduría Sublime [esto es, una consorte]
etc., es la iniciación del Maestro, en esta ocasión [en
El Tantra de Kalachakra], y en ese caso no sería diferente de la iniciación del vaso en el hecho de conferir
las iniciaciones superiores por un Sello de Sabiduría.
Por lo tanto, mientras que eso no se menciona en el
Tantra [de Kalachakra], mantienen que sea por faltas
de su propia mente y, aunque se obtenga tal iniciación del maestro [como se describe en El Tantra de
Kalachakra], dado que como se dice que esto le permite a uno ser un maestro autorizado para explicar,
etc., el Tantra del Yoga e inferiores, [tendrían que
mantener absurdamente] que, aunque alguien obtu-
viera la iniciación del maestro indicada [en el sistema de Guhyasamaja, etc.], por medio de esa estrofa
uno no sería apto como un Maestro autorizado para*

explicar, etc., el Tantra del Yoga Más Elevado, estarían, con gran esfuerzo, echándose sobre sí mismos la pesadísima obstrucción kármica de abandonar la doctrina, [sosteniendo que] "No hay iniciación del maestro vajra completamente cualificado en otras clases de iniciaciones, como las de Guhyasamaja, Hevajra y Chakrasamvara". Por lo tanto, aquí, [en El Tantra de Kalachakra, el término] "compromiso de sello no se refiere a un sello que es una Mujer de Conocimiento [una consorte], sino el gran sello del cuerpo divino [es decir, el imaginarse a uno mismo en forma divina]. No obstante, difiere del modo de enseñar el gran sello del cuerpo divino en el Tantra del Yoga; esto puede entenderse de lo que se ha explicado anteriormente, y yo he explicado esto extensamente en otro sitio.

INDICAR LOS FENÓMENOS DE PURIFICACIÓN

Los del linaje vajra deberían ciertamente quitar la vida; los de la espada [decir] palabras falsas.

Los de la joya deberían robar la riqueza de otros; los del linaje del loto deberían quitarle la compañera a otros.

Los de la rueda deberían hacer uso de intoxicantes, de las lamparillas de Buda [las cinco carnes y las cinco ambrosías] y de todos los objetos buenos.

Los del cuchillo curvo no deberían burlarse del loto del cielo de ninguna mujer, de aquellas de clase baja, etc.

Debiérais dar este cuerpo, y la riqueza, en beneficio de los seres conscientes; no deberíais guardarlo [egoistamente].

Oh Hijo de buen linaje, el Conquistador dice que [por medio de esto] serás un Buda y que, de lo contrario, no lo serás ni siquiera en ilimitados eones.[68]

De esta forma, indica los compromisos en su sentido relativo y último. La afirmación del Tantra que empieza con "Agua (chu)" y que termina con "van a

ser otorgadas por completo (rab sbyin bya)"[69] *es un
resumen del significado explicado anteriormente:
"De esa forma el Maestro otorga por completo al discípulo las siete iniciaciones, la del agua, etc." [348]
Lo que no significa que el Maestro deba dirigir estas
palabras al discípulo cuando confiere la iniciación.*

Tales afirmaciones se explican en dos sentidos, relativo y último. Por ejemplo, en el *Guhyasamaja Tantra* una afirmación tal como "Si [vosotros] matáis a los grupos de los Que Han Ido Más Allá Así, [vosotros] obtendréis el logro sumamente supremo", debe ser explicado en sentidos muy diferentes, llamándose a éstos los seis modos y las cuatro formas.

Aquí, en la afirmación de estos compromisos, se dice que los del linaje vajra, es decir, los del linaje de Akshobya, "ciertamente deberían quitar la vida". En su sentido relativo esto significa que los del linaje de Akshobya, motivados por la compasión y en circunstancias especiales podrían matar a personas que son perjudiciales para las enseñanzas o que odian a los seres conscientes y que están a punto de cometer horribles maldades y a los que no se puede contener de otra manera. En su sentido último, esto significa que los del linaje de Akshobya deberían unir a la protuberancia de la coronilla la mente blanca de la Iluminación, que es la base del gozo y deberían quitar la vida a los aires que causan la emisión.

Se dice que los del linaje de Amogasidi, simbolizado por la espada, deberían decir "palabras falsas". En su sentido provisional, esto significa que los del linaje de Amogasidi deberían manifestar varias doctrinas, interpretables y definitivas, de acuerdo con los intereses y predisposiciones de los seres conscientes, permitiendo así que, por un propósito válido de enseñanza o por los seres conscientes, se podrían comunicar significados en los que el modo de la apariencia de los fenómenos y su modo verdadero de ser no coincidieran. En su sentido último, esto significa que los del linaje de Amogasidi deberían hablar la palabra completamente falsa e impermanente de la inconquistable *a* breve del corazón tras recoger los aires en el canal central. En el *Guhyasamaja Tantra,* se dice que pese a que los fenómenos no existen inherentemente, parecen existir así, y por eso se debería hablar de la vacuidad de existencia inherente que no coincide con el falso modo de apariencia de los fenómenos.

Se dice que los del linaje de la joya de Ratnasambava "deberían robar la riqueza de los demás". En su sentido relativo, esto significa que los del linaje de Ratnasambava, cuya aflicción predominante es una gran avaricia, para vencerla, en circunstancias especiales podrían robar la riqueza de los demás para usarla en ayudar a los seres conscientes. En su sentido último, significa que los del linaje de Ratnasambava deberían robar la joya que concede los deseos de la gota inmutable de la garganta, siendo esto como la afirmación del *Guhyasamaja Tantra* de que se debería coger la Budeidad sin que se haya dado, puesto que es algo que no puede darse, sino que debe ser obtenido por uno mismo.

Se dice que los del linaje del loto de Amitaba "deberían quitarle la compañera a otros". En su sentido relativo, esto significa que los del linaje de Amitaba, a fin de ayudar a un ser consciente que está particularmente apegado a su compañero o compañera y que debido a lo cual está acumulando un mal karma, podría, en circunstancias especiales y para ayudar a esa persona, quitarle a su compañero o compañera. En su sentido último, significa que los de este linaje deberían robar la mujer del gran sello con gozo inmutable, que posee todos los aspectos supremos, que está en la frente. En el *Guhyasamaja Tantra*, a la vacuidad de existencia inherente se le da el nombre de "compañera" y, cuando se dice que se podría usar la compañera de otro, esto se entiende como queriendo decir que uno debería siempre familiarizarse con la vacuidad de existencia inherente.

Se dice que los del linaje de Vairochana, simbolizado por la rueda, deberían usar intoxicantes, las lamparillas de Buda, las cinco carnes y las cinco ambrosías, y todos los buenos objetos. En su sentido relativo, significa que los del linaje de Vairochana podrían usar las sustancias indicadas en los compromisos sin ningún apego. En su sentido último, significa que los del linaje de Vairochana deberían, con alegría innata, unir en el ombligo la esencia de todas las facultades y constituyentes, que es como ambrosía, sin emisión.

Se dice que los del linaje de Vajrasatva, simbolizado por un cuchillo curvo, "no deberían burlarse del loto de cielo de ninguna mujer", de aquellas de clase baja, etc. En su sentido relativo, significa que los del linaje de Vajrasatva no deberían burlarse de ninguna mujer de cualquiera de los cinco linajes, incluso si fuera de humilde condición. En su sentido último, significa que los de este linaje deberían usar sellos [consortes], pero dentro de la unión, sin emisión, de la mente blanca de la Iluminación que es la base del gozo.

Todas esas actividades han de hacerse estando motivado por la compasión y el altruismo y, para acumular mérito; lo indica la afirmación de que "Deberíais dar este cuerpo, así como la riqueza, para el beneficio de los seres conscientes; no deberíais guardarlo [egoistamente]". Mediante el adiestramiento en dicha práctica unificada para acumular mérito y sabiduría, uno se atiene a los principios del camino del Mantra, por el que se puede alcanzar fácilmente la Budeidad que no se puede alcanzar sin él, por la mera práctica del camino del Vehículo de la Perfección, incluso durante un inconmensurable período de eones.

SIGNIFICADO DE LA INICIACIÓN

Ahora, escuchad la purificación producida por la iniciación del permiso y por las siete iniciaciones.

Luego, expresa el significado de la iniciación y su purificación:

La iniciación del permiso en la zona del rostro de la conciencia prístina del oeste corresponde a cuando un padre enseña a leer a su hijo. Al igual que un aire de conciencia prístina [gozo] circula después de que se ha concebido a un hijo, la iniciación del permiso, así como sus apéndices, limpia las manchas de la conciencia prístina [gozo]. Al implantar la semilla de Vajrasatva [en el continuo mental], purifica el constituyente de la conciencia prístina [gozo] y es causa de que tengas la capacidad de obtener el séptimo nivel como fruto.

Luego, expresa la purificación de las siete iniciaciones en común:

De esa forma, de entre los cuatro tipos de mandala, en uno de partículas coloreadas has recibido las siete iniciaciones, llamadas "iniciaciones del agua"porque van seguidas de un rito de agua. Limpian las manchas de las acciones dañinas. Autorizan a cultivar el estadio de generación y el logro de las hazañas mundanas últimas de la Tierra Pura Más Elevada. Fijan potencias en el continuo mental para la acumulación de mérito y conceden prácticas y autorizaciones relacionadas con el estadio de generación. Habiéndote convertido en un aspirante *(dge bsnyen, upasaka)* del Mantra Secreto, si durante esta vida haces real la rueda del mandala te convertirás en esta vida en señor del séptimo nivel. Si, no obstante, no ocurre durante esta vida pero permaneces libres de las diez acciones no virtuosas, alcanzarás en siete vidas el señorío del séptimo nivel.

Luego, con la intención de obtener el séptimo nivel del Bodisatva y con los brazos cruzados delante del pecho, repetid este mantra:

Di este mantra y mantén el orgullo de ser la deidad:

Om sarva-tathagata-sapta-abhisheka-sapta-bhumi-prapto 'ham. [Om, a través de conceder manifiestamente todos los Que Han Ido Más Allá Así las siete iniciaciones, he obtenido los siete niveles.]

Las peticiones de las siete iniciaciones, los mantras para conferir la iniciación y el mantra para asumir el orgullo [de ser la deidad] se hallan expuestos en los medios del logro (sgrub thabs, sadhana).[70]

Cuarta Parte
Conclusión

1 *Entender el Tiempo del Logro.*

Lo que viene a continuación no es necesario para la autoiniciación sino cuando se confiere una iniciación a discípulos. Dice (el Maestro) a este respecto: "Aquí en tal y tal año cuando tal y tal rey kulika enseñaba la doctrina, en tal y tal mes, en tal y tal período con tales y tales planetas y constelaciones, con tales y tales medios, yo el Maestro vajra tal y tal he conferido a tales y tales discípulos la iniciación a través de siete iniciaciones en un mandala del Buda primordial. He profetizado sus logros de la proeza temporal de su existencia final en la (Tierra Pura) Más Elevada y su logro del fruto del mérito y sabiduría sublime, que es el guía de todos los seres, y les ha (otorgado) el permiso." Esto es para que se vea la antigüedad de la iniciación.

Con relación al tiempo de conceder la iniciación completa aquí, en el mandala de Kalachakra con las siete iniciaciones.[71] Según Kaydrup-jay, Buda Shakiamuni, el Maestro inigualable, se iluminó totalmente en el año del caballo de agua llamado "el diverso"; así han pasado 2857 años y por tanto éste es el año 2858. Han pasado dos mil ochocientas cincuenta y seis años desde que Buda Shakiamuni estableciera el Tantra raíz de Kalachakra en el año de la oveja de agua en la stupa de Dhanyakataka (*'bras spungs*); así éste es el año 2857 a partir de entonces. Entre los siete Reyes Religiosos y Kulikas (mantenedores del linaje) en Shambala hacia el norte, desde que el vigésimo primer Kulika Aniruda (*ma 'gags pa, aniruddha*) asumiera el trono han pasado cincuenta y tres años, y así éste es el año cincuenta y cuatro.

Según la interpretación que prevalece entre los Teravadas, este es el año 2525 a partir de que Buda Shakiamuni pasara más allá.

Dentro del ciclo décimosexto éste es el año de la pájara de hierro. Según el sistema de Kalachakra, éste es el mes del medio del verano; en términos burdos, el mes de ñön (*snron, jyestha*), y en términos más sutiles, el mes de chu-dö (*chu stod, purvashadha*), el día decimoquinto. El sol está en la casa de la conyugalidad.

Según otro sistema de cálculo, éste es el año del gran mono de tierra en fase creciente.

Según el sistema de Kalachakra, este año es la vocal l y la consonante t; en cuanto al constituyente es tierra; en cuanto a los atributos del deseo es olor; en cuanto a planeta es Venus (Viernes); en un tiempo tal se ven favorecidas las actividades de crecimiento y explicación de la doctrina. La constelación es chü-dö (*chu stod, purvashadha*); así, se propician consagraciones e iniciaciones. La conjunción es wang-bo (*dbang po*), y por ello se propicia el estudio. De entre los doce vínculos de la originación interdependiente, es la codicia, y por ello se propicia el ir al sur y al norte. El trö-chung (`*phrod chung*) es tierra y agua, y así es (la oportunidad) muy feliz para el esplendor físico y la riqueza, con ocasiones festivas y de situarse en un rango más alto, buena para lucir trajes especiales, adornos, y juegos. El trö-chen (´*phrod chen*) es incremento, debido a lo cual las riquezas y los recursos aumentan.

En el tiempo de tales cualidades, yo como Maestro Vajra, os he conferido a vosotros, discípulos, la iniciación por medio de las siete iniciaciones y también de los apéndices, en un mandala de partículas de colores del Glorioso Buda Primordial, Kalachakra. Se explica que si se observan los votos y las promesas, al cabo de site vidas serás capaz de hacer real el estado del séptimo nivel del Bodisatva.

2 Consejo para Abandonar las Infracciones Raíz

El pasaje que detalla las catorce infracciones raíz procede del,
Condensed Kalachakra Tantra:[72]

> Si por estar engañados cometéis una infracción raíz,
> iréis al infierno, porque son esas (condiciones) de
> sufrimiento.

Si, habiendo recibido los votos, no los mantenéis de una manera
correcta por estar bajo la influencia de emociones aflictivas, esto
será condición para que comience el sufrimiento. Por tanto debéis
mantener correctamente los votos.

> Hay purificación de las infracciones raíz para los que
> habitan con las siete iniciaciones y poseen las cua-
> lidades (de la intención de abstenerse en el futuro
> repitiendo el mantra de su deidad treinta y seis mil
> veces).[73]

Si se comete una infracción raíz, debe purificarse generando un
gran sentimiento de pesar por la infracción y una decidida intención de abstenerse de tal acción en el futuro. Los que ya han recibido las siete iniciaciones según el modelo de la niñez deberían
repetir el mantra de la deidad, en la que ha caído la flor, treinta y
seis mil veces, con lo cual se dice que la infracción será purificada

> Los que tienen las iniciaciones del vaso y secreta,
> (purifican infracciones) asumiendo un modo
> (especial) de conducta. Los que tienen las más
> altas (iniciaciones) no purifican(sólo por estos
> medios).

Los que han recibido también las iniciaciones del vaso y secreta pueden purificar infracciones involucrándose en acumulaciones serias y especiales de méritos. Para ellos no es suficiente sólo repetir el mantra de su deidad; sino que deben hacer un esfuerzo especial en acumular méritos y en un sincero ejercicio de la ética.

Los que han recibido iniciaciones más altas que las iniciaciones secretas y del vaso, es decir, la iniciación de la sabiduría-conocimiento y más, no pueden purificar infracciones sólo repitiendo el mantra o asumiendo un modo especial de conducta sino recibiendo también las bendiciones magníficas de los Budas y Bodisatvas tras asumir un modo especial de conducta ética. Al hacerse más y más alto nuestro estatus por recibir iniciaciones más altas, las responsabilidades se hacen más y más grandes de manera que incluso pequeñas desviaciones incurren en una gran falta. Incluso si la infracción es la misma, incurren en mayor falta aquellos con iniciaciones más altas, y por eso hay diferentes medios de purificación.

> Los que han incurrido en una infracción raíz, deben,
> para purificar tal infracción, entrar en este mandla,
> Pero a pesar de haber logrado este permiso (es decir,
> restablecido el voto) vuestro nombre se hace
> menor en la asamblea.

Para purificar la infracción raíz, se debe volver a entrar en el mandala y recibir la iniciación y así restablecer los votos, pero por haber incurrido anteriormente en una falta, desciende la propia posición en la asamblea de yoguis.

¿En qué consisten, entonces, las infracciones raíz?

> Por inquietar la mente del Lama glorioso, incurre el
> pueril en la primera[74] infracción raíz.

Si no seguís la palabra del Lama de quien recibís la gloriosa iniciación de Kalachakra, sabiendo que su palabra está de acuerdo con la doctrina, y por ello inquietáis la mente del Lama, esto constituye la primera infracción. Kulika Pundarika dice en el *Great Commentary on the "Kalachakra Tantra", the Stainless Light,* que no seguir las instrucciones del Lama que no son conformes a la enseñanza, no es una falta. Como se dice: "Actúa conforme a una doctrina virtuosa; actúa en desacuerdo con una doctrina no virtuosa".

Con disculpas y explicación de las razones, debéis absteneros de hacer lo que no es conforme a la doctrina; no es conveniente tomar el desacuerdo del Lama con la doctrina como condición para generar falta de respeto y de fe.

> Al desviarse de su palabra, hay otra; así como en el enfado con los hermanos (y hermanas) está la tercera.

Transgredir los preceptos establecidos por el Lama sin ninguna consideración hacia ellos, es la segunda infracción, diferente a la primera. La tercera es, por enfado, criticar o pelearse con hermanos o hermanas vajra, es decir, los que han recibido una iniciación del mismo Lama, sea antes, después, o al mismo tiempo.

> Al abandonar el amor, está la cuarta; al perder la mente de la Iluminación, la quinta.

La cuarta infracción es perder el amor por los seres conscientes. En cuanto a la quinta infracción, el medio más excelente para lograr la total y perfecta Iluminación es la sabiduría sublime del gozo inmutable y el constituyente esencial, cuyo color es el blanco como la flor kunda y a la que se le da el nombre de la "mente de la Iluminación", es la base de este gozo. Por tanto, si un practicante no mantiene esa blanca "mente de la Iluminación" sin emisión y por el contrario se apega al gozo de esta emisión, permitiéndola por tanto, constituye una infracción. De igual manera, el perder la intención altruista de aspirar a iluminarse es también una infracción raíz.

> La sexta es ridiculizar los principios (del Vehículo de la Perfección); la séptima es desvelar secretos a personas inmaduras.

La sexta infracción es ridiculizar el Vehículo de la Perfección como inútil simplemente porque a través de su práctica *sola* no puede lograrse la Budeidad. La séptima es desvelar los secretos a aquellos cuyos continuos mentales no han sido madurados por una iniciación o que no tienen fe.

> El afligir a tus agregados (físicos y mentales) es la octava; una vez más, la novena es el no tener fe en la pureza de los fenómenos.

Los agregados físicos y mentales de un yogui, que permiten la práctica de la sublime sabiduría del gozo y la vacuidad, son de gran valor. Por tanto, la octava infracción es afligir a vuestros propios agregados físicos y mentales con la intención de que vuestro cuerpo se deteriore. La novena es el no tener fe en la pureza natural de los fenómenos, su talidad o modo de existir, que es la vacuidad de existencia inherente. Si no tenéis un interés leal en la visión de la vacuidad sea de la Escuela de Sólo Mente o de la Escuela del Camino Medio y les volvéis la espalda, esto constituye una infracción.

> El falso amor es la décima, y (tener) escrúpulos para
> el ofrecimiento del gozo sin nombres, etc., es la
> décimoprimera.

"Amor falso" significa que hay desacuerdo entre vuestra palabra y vuestro corazón. Si en vuestro corazón anida la aversión, pero, con el deseo de engañar, pretendéis con la boca ser dulces y amorosos, es la décima infracción. "La doctrina carente de nombres" es la vacuidad, y así el abandonar la sabiduría sublime del gozo y de la vacuidad inmutables, sin hacer esfuerzos para comprenderla, es la décimoprimera infracción.

> Decir mal de los seres conscientes puros, es la déci-
> mosegunda; abandonar los votos que se han logra-
> do es otra (la décimotercera).

"Seres conscientes puros" aquí son yoguis; hablar mal de ellos es la décimosegunda infracción. La inobservancia de los compromisos que requieren que se use sellos, vajra, campana, etc., por considerar que no son necesarios en la propia práctica constituye la décimotercera infracción.

> Ridiculizar a una mujer es la décimocuarta. Son estos
> para quienes moran en el Vehículo Vajra.

En general las mujeres son muy amables y, en particular, ayudan mucho en la generación de la sabiduría sublime del gran gozo y la vacuidad. Por tanto todas las mujeres deben ser respetadas como lo haríamos con nuestra propia madre. Por el contrario, si ridiculizáis a cualquier mujer, es la décimocuarta infracción raíz. Estos son preceptos que deben mantener los que han entrado en el mandala del Vehículo del Mantra y han recibido los votos del Mantra.

Al conferir la iniciación al discípulo, (el Lama) debe explicar estos significados detalladamente.[75]

A continuación, el discípulo acepta hacer lo que el Lama le ha aconsejado.

Entonces, el discípulo dice tres veces:

Haré todo
Lo que la Deidad Principal ha aconsejado

Lo anterior completa la concesión de las siete iniciaciones a la manera en que se cuida a un niño, junto con las iniciaciones de agua correspondientes. Al final se celebra la virtud del acontecimiento, seguido por un ofrecimiento de mandala.

Entonces :[76]

Ahora mi nacimiento es fructífero.
Mi estar vivo es fructífero también.
Hoy he nacido en el linaje de Buda.
Hoy me transformo en un Hijo de Buda.

Ofrecer el mandala.

Al Lama, a la Deidad Personal, y a las Tres Joyas
    ofrezco en visualización
El cuerpo, la palabra, la mente, mis recursos y
    los de otros,
Nuestras acumulaciones de virtud del pasado, presen-
    te, y futuro,
Y el magnífico y precioso mandala con grandes canti-
    dades de ofrendas de Samantabadra.
Al aceptarlas por vuestra compasión, os ruego que
    con vuestras bendiciones me deis poder.
Idam guru-ratna-mandalakam niryatayami.
(Ofrezco al guru este mandala de joyas).[77]

3 *Oración de Deseo*

Todos deben hacer sinceras oraciones de deseo. Recitemos los deseos que encontramos en el rito de la práctica diaria (págs. 403-411):

Por el poder de la gran crecida del vasto lago
De los conjuntos de virtud debido a la acumulación, una y otra vez
En el lago de mi mente, de la corriente impecable de la meditación,
De la repetición, y de la ofrenda desde la montaña nevada de un pensamiento puro y especial.

Y por el poder de reunir mentalmente
Todas las guirnaldas de virtudes relacionadas con el pasado, presente, y futuro,
Puedan cuidarme vida tras vida
Sagrados protectores, guías espirituales del vehículo supremo.

Por las instrucciones felizmente concedidas por ellos
Pueda llegar yo a saber cómo aunar las doctrinas
De los tres vehículos y por practicar sus significados
Madurar mi continuo mental con los caminos comunes.

Por haber obtenido las siete iniciaciones puras
Puedan establecerse bien las potencias de los siete niveles, quedar limpias las siete máculas de los constituyentes,
Y sea yo autorizado a practicar el yoga del primer estadio y realizar las hazañas comunes.

Por las iniciaciones supremas, mundanas y supramundanas,
Puedan establecerse las semillas de los cuatro vajras de los Cuatro Cuerpos

Y sea yo autorizado a escuchar, explicar y cultivar las cuatro ramas de la aproximación y logro del segundo estadio.

Bien sentado en el trono de las cuatro iniciaciones puras
En la suprema e inestimable mansión del Vehículo Vajra
Sobre el escabel de votos y compromisos no deteriorados
Pueda transformarme en un monarca universal de la doctrina de los dos estadios.

Con un cuerpo, palabra, mente y sabiduría sublimes, limpios y purificados,
Por el yoga de meditar en los seis linajes y las seis ramas,
Por la luz de vajras situados en lugares determinados del cuerpo,
Ardiendo intensamente, puedan quemarse demonios y obstructores.

Puedan generarse mandalas de los cuatro elementos
En medio de la inmensidad del espacio
Y al reunirse en una, pueda crearse una valla de cinco y tres niveles
Y también un palacio con un asiento.

En cuyo centro yo como el glorioso Vajravega
Por la firme estabilización meditativa del Rey de los Airados
Pueda dar fin a los demonios y obstructores externos e internos
Al emitir una hueste de sesenta guardianes de puertas.

Considerando que por el ejercicio de dispersar y reunir
El campo de la acumulación colma la inmensidad del espacio,
Puedan verse totalmente completados los conjuntos, poderosos como olas,
Por llevar a cabo la colección de acumulaciones, la preparación según el rito.

Que por cultivar el orgullo del Cuerpo de Verdad al final
De la disolución de los seis constituyentes como en los estadios de la muerte
Complete yo la estabilización meditativa de las cuatro puertas de la liberación
Causando, instantáneamente, la Iluminación total.

Que por meditar en el espacio, aire, fuego, agua, tierra y Monte Meru,

Comprenda yo el estatus del cuerpo vajra,
Con los círculos chakras de energía, etc., en la coronilla, frente,
cuello, corazón, y región secreta.

Que por meditar adecuadamente en la tienda vajra
Sobre loto, luna, sol, rahu,y kalagni,
Puedan ser detenidos los conjuntos de aires de los canales derecho
e izquierdo
En el canal-con-caracola a través del supremo vajra yoga.

Por meditar en una inestimable mansión
Con la luz de impecables joyas dentro de la tienda vajra
Pueda ser purificada la tierra en que me iluminaré como un Buda
Y mi soporte físico quede libre de mentira.

Meditando en los pares, luna y sol, vocales y consonantes,
Aire y mente, y las dos letras, combinándose en una, la letra *ham*,
Pueda generarse el gran gozo al reunir en el canal central
los constituyentes blanco y rojo y el aire sutil y la mente.

Entonces por meditar en las deidades del mandala del gran gozo,
El cuerpo sublime de Kalachakra de la naturaleza del gran gozo,
completo en todos los aspectos y,
Que posee lo supremo de todos los aspectos
Junto con su Mujer de Conocimiento,

Puedan (esas meditaciones) servir de causa para generar
Los estadios supremos de la consumación en los que el Gran Sello
De forma de naturaleza de vacío se llena con el sabor del gozo
innato e inmutable,
Ambas, de hecho, en abrazo mutuo con los sellos con apariencia y
sin apariencia.

Al cultivar la Iluminación manifestada en los cinco aspectos,
El rey supremo de los mandalas, la rama de la aproximación,
Que de la semilla de la absorción del Padre y la Madre genera
El círculo supremo completo de las deidades en el útero

Y situándolos correctamente en sus respectivos lugares,
pueda yo generar las realizaciones supremas del camino
Al purificar los agregados, constituyentes, facultades sensoriales,
Objetos, facultades de acción, y actividades.

Con el diamantino Victorioso Supramundano y también una Mujer
de Sabiduría
Que moran en el loto de la rueda del gran gozo
Y habitan en la forma de una gota de gran gozo
Por la fuerza de haber sido fundida en el ombligo por el fuego de
la mujer salvaje,

Pueda yo cultivar en la meditación la rama del logro-cercano,
supremo
Rey de actividades, por medio de la Iluminación en veinte aspec-
tos,
O sea, los cinco despertares por las placenteras canciones de las
diosas
Las cinco construcciones, y las cinco comprendidas por las cinco
Salvajes,

Atrayendo (los seres de sabiduría) al círculo de los seres de compromiso,
Entrada, unión, estar deleitado, llegar a ser una unidad indivisible,
Y a través de conceder la iniciación, impresión del sello, y atención de pureza, puedan, así, estos significados ser actualizados.

Por el ardor que asciende por el canal central,
Del fuego de la mujer salvaje incitado por el aire que desciende
Bendiciendo el espacio secreto hacia la magnificencia y llegando a
ser absorbido
Y desde eso, el descenso gradual de la mente de la Iluminación

Debido a fundirse la letra *ham* en la coronilla
Y detenerse el movimiento de los aires en los canales derecho e
izquierdo,
Pueda actualizarse el yoga de las gotas, la rama suprema del logro
Causándome el entender bien los cuatro deleites del proceso pro-
gresivo.

A través de los cuatro deleites de la estabilidad del paso desde aba-
jo
Que asciende otra vez por el mismo procedimiento,
Pueda yo llevar a la consumación la rama del gran logro,
El yoga sutil, y la Iluminación manifiesta de la red mágica.

Resumiendo, que lleve yo a la consumación el esfuerzo de cultivar
en cuatro sesiones

El supremo estadio de generación que purifica las bases de purificación externa e interna,
Agua que limpia la apariencia ordinaria y el concepto de ordinario,
Camino que madura para la generación total del estadio de consumación.

También, que prepare yo a ilimitados transmigrantes a través de la
falta de obstáculos
Para conseguir las proezas del logro final
Del más alto tipo por esforzarme
En la repetición, ofrecimientos al fuego, y dar ofrendas.

Pueda yo familiarizarme con el yoga de las seis ramas:
Las dos virtudes al principio, la renuncia individual y la concentra-
ción,
Las dos virtudes en el medio, los caminos de detener la vitalidad, y
retener,
Y las dos virtudes al final, atención y estabilización meditativa.

Pueda mi mente estabilizarse en un punto, libre de laxitud y exci-
tación,
En el lugar en el que se contempla que el extremo de los ojos
Penetra por lo alto del canal central
A través de la mirada de ojos semicerrados, vueltos hacia lo alto.

Que puedan por esto manifestarse las cuatro señales de la noche,
como el humo, el espejismo, las chispas, y la luz de la vela,
Señal inequívoca de la reunión de los conjuntos
De aires de los canales derecho e izquierdo en el canal central.

También, que por meditar bien como antes
Como se mira al espacio sin nubes,
Puedan completarse los seis signos: arder, luna, sol, rahu, relámpa-
go, y gota.

Que por la concentración en un punto de la observación de formas
Según mi deseo, sobre la retirada gradual
De las formas de naturaleza de vacío en el área del cuerpo, gota,
Pueda inducirse el gozo de la flexibilidad física y mental.

Que por la familiarización concentrada en un punto con los dos
yogas

De realizar formas cuya naturaleza es el vacío de dicha forma
Y hacer estable lo logrado,
Pueda realizar la palabra de la verdad y las cinco clarividencias.

Que por la familiarización con detener la vitalidad de la repetición
    vajra espontánea
En la que aire y mantra son inseparables en el camino de rahu
Y parar la vitalidad en el vaso (como control del aire)
En donde los aires de arriba y de abajo se detienen en el ombligo,

Puedan las señales especiales del conjunto de los aires
Entrar completamente y quedarse un rato
En el centro de la rueda de la emanación
Y ser actualizada la melodía ensalzada por los Bodisatvas.

Que por el yoga de mantener con estabilidad mi mente despues de
    generar
Los cuatro gozos del descenso desde arriba y de la estabilidad des-
    de abajo
Sin fluctuaciones en el centro de la unión en uno del aire vitaliza-
    dor
Y del aire descendente en el centro de las seis ruedas,

Pueda surgir por mi propia mente en un cuerpo de forma de natu-
    raleza del vacío
Y se supriman los grupos de demonios de la muerte intempestiva.
Que habiendo logrado bien el poder del control sobre todas las for-
    mas y vitalidad,
Pueda yo surgir de hecho en un cuerpo de forma de naturaleza del
    vacío

En unión padre-madre
Desde el gozo innato motivado
Al arder de nuevo el fuego de la mujer salvaje,
Y puedan esparcirse rayos de luz de variados colores desde los
    poros de mis cabellos.

Pueda yo hacer la meditación en la que se junta con la vacuidad el
    inmutable gran gozo
Movido correctamente por el poder del Sello,
A través de la unión con un Gran Sello
De esa forma vacía.

Que por el poder de juntar los constituyentes blanco y rojo,
En número de veintiun mil seiscientos,
Arriba y abajo en el canal central,
Puedan consumirse los constituyentes materiales de mi cuerpo
como el hierro con el mercurio.

Que puedan los veintiun mil seiscientos inmutables
Grandes gozos que comprenden vacuidad
Detener ese número de aires kármicos, purificar rápidamente
Las predisposiciones obstructivas, y lograr el cuerpo sublime de
un Conquistador.

Que pueda lograr con facilidad esos deseos,
Sin obstáculos, convirtiéndome en capitán supremo
Liberando a los transmigrantes por este camino supremo
Hacia la tierra suprema de joyas de un Conquistador.

Resumiendo, que a través de cualquier colección de sana virtud,
Como se ilustra aquí, que se haya acumulado,
Pueda rápidamente nacer en Shambala, el tesoro de las joyas,
Y completar los estadios del camino del Tantra del Yoga Más Elevado.

4 *Práctica Diaria*

Se han concedido siete iniciaciones según el modelo de la niñez.
Esto autoriza a escuchar, reflexionar y cultivar en meditación el
estadio de generación. A continuación, cuando los discípulos han
logrado las cualificaciones necesarias para ser recipientes adecuados para cultivar el estadio de consumación, en ese punto son
necesarias las cuatro altas iniciaciones y las cuatro altísimas iniciaciones. Además, si alguien no sólo cultiva los dos estadios, de
generación y consumación, que son el significado del *Tantra de
Kalachakra*, sino que también va a enseñar todo el tantra a otros,
esa persona necesita las cuatro altísimas iniciaciones así como la
iniciación de un gran señor y maestro vajra. De momento no son
necesarias las iniciaciones para el estadio de consumación; más
adelante, podrán considerarse, cuando sean apropiadas según la
evolución del discípulo.

Ya que habéis obtenido la iniciación, o autorización, para el
estadio de generación, vuestro objetivo debiera ser cultivar ese
estadio en la práctica. Es más, cuanto más se cultiva el estadio de
generación en el sentido amplio, tanto más profunda es la práctica.
La versión más condensada del cultivo meditativo del estadio de
generación es la autogeneración en un mandala de mente sublime,
pero incluso esto se hace difícil para algunos. Así, puede hacerse
una autogeneración muy breve como Kalachakra en conexión con
el yoga de las seis sesiones.

Tomando la práctica de los preceptos de los votos del Bodisatva y los votos del Mantra como la base de vuestra práctica, debéis
cultivar el yoga de las seis sesiones. No es absolutamente necesario que recitéis las palabras del ritual; es suficiente con reflexionar
en su significado. El yoga de las seis sesiones es un compendio de
todas las prácticas que es preciso hacer tres veces durante el día y

tres veces durante la noche; es necesario que reflexionéis en su significado. Es como recargar una batería. Si la dejáis mucho tiempo sin recargar, entonces el día que la queréis usar, no sirve. De manera similar, el cultivar el yoga de las seis sesiones, no trae forzosamente gran progreso, pero, por lo menos, mantiene el que tenéis.

Así, será bueno si sois capaces de recitar y reflexionar en el yoga de las seis sesiones en conexión con la autogeneración como Kalachakra. Si gradualmente os familiarizáis con el significado de los temas, no es absolutamente necesario recitar las palabras; más bien podéis hacer una meditación reflexiva del significado de los mismos, haciendo que cada uno de ellos aparezca en vuestra mente. Se precisa de una meditación que unifique la estabilidad y análisis meditativo.

La práctica principal es el yoga de la deidad. Cuando se ha desarrollado la apariencia clara como deidad y el "orgullo" de ser esa deidad hasta el punto de que podéis manteneros en esa apariencia clara y "orgullo" durante cuatro horas ininterrumpidas por ningún otro concepto, suponiendo que no tenéis enfermedad alguna, etc., habéis desarrollado bien el estadio de generación. En ese punto, en cualquier objeto de observación del cuerpo en que pongáis vuestra mente, dado que actuan la mente y los aires al unísono, estos se juntan en ese lugar. Si ahora cuando realicemos tales imaginaciones conectadas con los aires, la parte alta de la cabeza puede empezar a dolernos.

Cuando de esta manera, se ha cultivado en su totalidad el estadio de generación, debéis mezclar vuestra mente por completo con cultivar el estadio de consumación. Este estadio en *El Tantra de Kalachakra* es el yoga de las seis ramas, que no es necesario explicar aquí.

En el punto de la sexta rama en el estadio de consumación, llamada la rama de la estabilización meditativa, uno logra la unión del gozo inmutable y la forma vacía de existencia inherente. Se actualizan de manera gradual veintiun mil seiscientos períodos de gozo inmutable, inmediatamente después de lo cual la mente muy sutil de luz clara se transforma en una entidad de conciencia omnisciente que conoce todos los aspectos de los objetos del conocimiento. En este punto, como base del gozo inmutable, uno ha completado veintiun mil seiscientas unidades de constituyente esencial llamado "mente de la Iluminación", y dependiendo de esto, uno ha actualizado veintiun mil seiscientos períodos de gozo inmutable, a través de los que han cesado veintiun mil seiscientos aires kármicos y se han consumido veintiun mil seiscientos factores materiales del cuerpo. En el momento siguiente se actualiza el estado de los Cuatro Cuerpos de un Buda.

Para practicar tales caminos del estadio de generación y del estadio de consumación, es preciso lograr primero una iniciación pura. Para lograr una iniciación pura es necesario tener la experiencia de la intención altruista de devenir iluminado. También es necesaria la visión de la vacuidad, ya que, como se ha explicado durante la iniciación, está implicada al principio, a la mitad, y al final del proceso de iniciación. Cuando la visión de la vacuidad se combina con la intención altruista de devenir iluminado, la visión de la vacuidad puede servir como antídoto a las obstrucciones para la omnisciencia.

Para tener tal intención altruista de devenir iluminado, es decir, de desarrollar el deseo de establecer a todos los seres conscientes en el estado de la Budeidad en que todos los sufrimientos y sus causas se han extinguido, es indispensable haber desarrollado previamente una compasión total que toma conocimiento de los seres conscientes que son torturados por el sufrimiento, así como tener total conocimiento de los tipos de sufrimiento con los que son torturados. Ya que esto es así, es vital identificar primero, en uno mismo, los tipos de sufrimiento generales y específicos en la existencia cíclica y como consecuencia desarrollar un estado de no desearlos. Para desarrollar una vigilancia extrema de no querer tales sufrimientos generales y específicos de la existencia cíclica y el deseo de quedar libre de ellos, es necesario, en tanto que divisiones internas de este proceso, al ser unos más burdos que otros, superar la atracción por las apariencias de esta vida antes de la atracción por las apariencias de las futuras.

Siendo así debe haber, paso a paso, un entrenamiento mental. Estas iniciaciones recopilan factores para el surgimiento interdependiente del cultivo de tales series completas de caminos.

Lo más importante es nuestra vida diaria. Como lo digo siempre, nosotros, ahora, como seres humanos, tenemos una oportunidad muy buena; así debemos ser buenas personas, honestas. Esto es de máxima importancia. Luego, como practicantes debemos practicar sinceramente lo que creemos; si incorporamos estas ideas a nuestra vida diaria, recibiremos el beneficio mientras que si quedan como mero conocimiento, no nos beneficiaremos. Por tanto es muy importante ponerlas en práctica.

Además, tampoco un principiante debe esperar mucho desde el comienzo. Demasiada expectativa llevará al fracaso. Al principio, debéis ser conscientes de que el desarrollo interno tomará su tiempo; que no es para nada fácil. Según mi propia experiencia, lleva tiempo.

Entonces es de máxima importancia el esfuerzo constante, la determinación. Cuando nos enfrentamos con una situación difícil, no debemos perder nuestra voluntad, nuestro ánimo. Si tenemos ánimo podemos superar cualquier obstáculo. Por tanto nuestra propia voluntad y determinación son muy importantes.

Si hubiera otras formas a través de las cuales pudiéramos conseguir una paz real y permanente, la práctica del dharma no sería demasiado importante. Sin embargo si no podemos encontrar otro medio de lograr la felicidad última, entonces no hay otra alternativa que no sea el camino espiritual. Debemos tener una fuerte determinación de practicar.

Al mismo tiempo debemos tener profundo respeto por las religiones no budistas. En esencia todas las religiones tienen el mismo mensaje de compasión y mejora humana. Como la mente humana tiene tantas variantes, religiones como el Cristianismo, Judaismo, Hinduismo, Islam, y demás serán de mayor efectividad, de mayor beneficio para determinadas personas. Por eso debemos respetar todas las religiones y no ser sectarios.

Luego, entre nosotros mismos, los budistas, están el Vehículo Menor y el Vehículo Mayor, y dentro del último hay diferencias menores, y dentro del Budismo Tibetano están los que se llaman Gorros Rojos, Gorros Amarillos, Gorros Negros, etc. De hecho Buda Shakiamuni no llevaba gorro, y parece que sus seguidores se han ocupado más de las modas. Si la enseñanza real se tratara del gorro ¡no habría enseñanzas de Buda! Debemos ser conscientes de que todos los budistas siguen al mismo maestro, a Buda Shakiamuni.

Debido a nuestra ignorancia algunas veces generamos sentimientos como: "Esta es mi tradición". "Esta es mi religión". Esto es muy, muy lamentable; debemos mantenernos genuinamente no sectarios. Como practicantes debemos criticarnos a nosotros mismos y no a otros. Cuando ocurre algo desfavorable, debemos apuntar hacia adentro y no hacia afuera, "hicieron esto", "hicieron aquello". Quejarse de lo de fuera es un error total. ¿Está claro?

Como dijo Buda: "Sois vuestros propios maestros". Por ejemplo, en lo que se refiere a mí, mi propio futuro depende de mí mismo. No puedo confiar en los otros para mi futuro; si es bueno o malo, depende enteramente de mí. Si hago algo mal, deberé afrontar sus últimas consecuencias; Buda no puede. De igual manera vuestro futuro depende de vosotros. Por eso debemos ser buenos, honestos, sinceros, verdaderos, valientes, y seres humanos de corazón cálido. Así nuestro futuro será brillante. Si nuestras mentes se hacen demasiado débiles, dudosas, y atemorizadas, nuestro futuro será más difícil.

Es importante no esperar demasiado desde el principio sino mantener una gran determinación. Con tal actitud, el futuro mejorará.

Ritos para la Práctica Diaria:
Tres Versiones
del Yoga de las Seis Sesiones

Introducción

Aquí se traducen tres versiones del yoga de las seis sesiones, un sistema de práctica diaria que se lleva a cabo tres veces durante el día y tres veces durante la noche, preferentemente con intervalos convenientes. El yoga básico de las seis sesiones, el segundo texto, fue creado por el Primer Panchen Lama Lo-sang-chö-gyi-gyiel-tsen (*blo bzang chos kyi rgyal mtshan*, 1567?-1662). Por orden de Su Santidad el Dalai Lama, este básico yoga de las seis sesiones fue adaptado a la práctica de Kalachakra por su Tutor Mayor, el nonagésimo séptimo ocupante del trono de Gan-den, Tup-den-lung-dok-ñam-gyel-trin-lay (*thub bstan lung rtogs rnam rgyal 'phrin las*) conocido como Ling Rin-bo-chay (*gling rin po che*, 1903-1983). Esta adaptación considerablemente divulgada es el primer texto.

Gran parte del primer texto está también tomada de otro Método de Realización (sgrub thas, sadhana), y no está claro qué partes fueron escritas por el Dalai Lama y cuales por Ling Rin-bo-chay; en cualquier caso, el texto representa un sistema de práctica aconsejada por ellos para los que no pueden acoplar a su práctica diaria el Método de Realización del mandala completo del cuerpo, palabra y mente sublimes tal como *Means of Achievement of the Complete Mandala of Exalted Body Speech and Mind of the Supramundane Victor, the Glorious Kalachakra: the Sacred Word of Scholars and Adepts* del Séptimo Dalai Lama o simplemente un mandala de mente sublime como el del *Means of Achievement of the Mandala of Exalted Mind of the Glorious Kalachakra: Good Vase of all Feats* del Séptimo Dalai Lama. Pero, como dice el Dalai Lama en las notas de su traducción, lo mejor es hacer la versión de tal práctica tan amplia como nos sea posible, el texto nos provee un sistema de práctica bastante corto que satisface ampliamente los requerimientos del yoga de las seis sesiones. Sin embargo, para llevar a cabo la práctica del estadio de generación se necesita una versión más amplia.

El texto final es una muy breve interpretación del yoga de las seis sesiones para aquellos que no pueden ni siquiera hacer la versión básica en su práctica diaria. Su brevedad sugiere que algo es mejor que nada y refleja una actitud flexible que tiene en cuenta las capacidades humanas en este punto de su desarrollo.

El yoga de las seis sesiones contiene en sí la actualización de todas las facetas de la práctica a las que, quienes hayan tomado refugio en las Tres Joyas, los votos del Bodisatva, y los votos de Mantra y compromisos, se han comprometido. Están individualmente identificadas en el texto con comentarios separados del proceso de meditación. Se practica de manera que en la mente aparezca el significado de cada sección, utilizándose el recitado de las palabras para estimular la reflexión en su significado. Se enfatizan determinadas secciones insertando elaboraciones sobre esa parte en la propia práctica según el propio nivel de realización.

1 El Yoga del Guru de Kalachakra en Conexión con las Seis Sesiones, en Versión muy Fácil.

Este texto fué creado por Su Santidad el Décimocuarto Dalai Lama y versificado por el Principal Protector Ling Rin-bo-chay. Ha sido traducido siguiendo las instrucciones de Su Santidad el Décimocuarto Dalai Lama y Gan-den Tri Rin-bo-chay Jam-bel-shen-pen.

El texto incluye material explicativo, y el propio rito de la meditación, en verso intercalado. Las explicaciones posteriores que Su Santidad el Dalai Lama dio oralmente al traductor se ofrecen en notas a pie de página; varias explicaciones de Gan-den Tri Rin-bo-chay Jam-belshen-pen están también a pie de página, especificándose que son suyas; las notas del traductor van entre paréntesis.

Namo guru-shri-kalachakraya.

Habiéndome inclinado ante el Buda Original, [1]

---

(1) Jam-bel-shen-pen: "Buda Original" se identifica como "Buda cuyo origen es el gozo inmutable" o como el Cuerpo de Completo Goce en el sentido de que es la base de emanación de los Cuerpos de Emanación.

Unión del Vajra del Gran Gozo[2] con el Gran Sello sin aspecto,
Voy a elaborar aquí el modo de practicar el muy profundo Yoga
    del Guru.[3]
En conexión con las seis sesiones.

Los que quieren el bien no deben mantenerse apegados a las meras
maravillas de lo que aparece en esta vida como siendo la esencia,
sino que, como actividad suya, deben alcanzar las grandes metas
últimas de esta vida y de las futuras (liberación de la existencia
cíclica y la gran liberación de la Budeidad). También, para conseguir la esencia de la aspiración última, debéis adiestraros en los
caminos que tienen esencia de vacuidad y compasión.[4] Para ello,
debéis familiarizaros y confiar en la guía de un maestro espiritual
de manera correcta, tanto de pensamiento como de obra. Es indispensable tomar ese yoga del guru como la vida del camino.

Además, los que han entrado en el mandala de cualquiera de los
dos grupos de los Tantras más altos (Tantra del Yoga y Tantra del
Yoga Más Elevado)[5] y han obtenido alguna iniciación deben revisar[6] diariamente los compromisos y votos raíces y secundarios.
De manera particular, si no se mantienen diariamente en seis sesiones las promesas de los cinco linajes de Budas, uno incurre en grave indecoro, ya que está dicho que una contravención grave del
Mantra es una falta más pesada que incluso la de cometer las cuatro faltas de los votos de la liberación individual, (matar a un

(2)   El "vajra del gran gozo" es el método-gran gozo inmutable. El
      "Gran Sello sin aspecto", es la vacuidad, mientras que el Gran Sello
      con aspecto es la consorte Vishvamata. La unión del vajra del gran
      gozo y el Gran Sello sin aspecto es la sabiduría sublime de gozo y
      vacuidad indiferenciables. El aspecto de aprehensión (*bzung rnam*)
      de la sabiduría sublime del gozo y vacuidad indiferenciables aparece
      como Kalachakra. Se rinde un homenaje inicial a este Kalachakra.
(3)   Jam-bel-shen-pen: a esto se le llama yoga del guru porque uno está
      viendo al propio Lama (*guru*) como indiferenciable de Kalachakra.
(4)   Hay diferentes interpretaciones del camino que tienen la esencia de
      vacuidad y compasión según el Sutra, los tres Tantras menores, el
      Tantra del Yoga Más Elevado, y *El Tantra de Kalachakra* [Ver nota
      108 de la introducción.]
(5)   Ambos incluyen el tomar votos Mántricos, y por tanto el yoga de las
      seis sesiones debe hacerse en ambos.
(6)   El significado de "revisar" es tener presente cada uno de ellos, con-
      siderar lo que se supone debe ser hecho, y corregirse uno mismo.

humano, robar, tener una conducta sexual incorrecta y mentir sobre logros espirituales). El mantener las seis sesiones sin interrupción es muy importante.

Aquí, respecto a cómo practicar el yoga del guru dependiendo del Victorioso Supramundano Kalachakra en conexión con el yoga de las seis sesiones, presentada en una versión muy fácil,[7] el practicante debe haber entrenado su propio continuo mental por medio del camino común. Entonces, el yogui que, tras haber obtenido la iniciación pura de esta deidad personal (Kalachakra), mantiene correctamente los compromisos y votos, debe limpiar bien el lugar de meditación que tiene las cualificaciones mencionadas en el (cuarto) capítulo sobre el Logro (*Tantra de Kalachakra*). Así debéis disponer cuidadosamente, frente a las bases del cuerpo, palabra y mente sublimes (como una imagen, un libro, y una estupa) ofrecimientos que podáis obtener, ofrecimientos que no incurran en ningún falta de engaño en su motivación, consecución, etc.[8]

Sentados correctamente en un cojín de concentración, en la

(7) Literalmente, *nag 'gros su 'god pa* "indicado de tal manera que puede uno ir en la oscuridad" significa que el sentido del texto produce tal claridad que uno puede proceder fácilmente incluso, por así decirlo, en la oscuridad. El texto fué compuesto de tal manera que es un yoga del Tantra del Yoga Más Elevado y también una breve auto-generación de Kalachakra.

(8) Si los objetos religiosos se disponen para hacer que una casa o una habitación estén preciosos, la motivación es imperfecta; si los objetos se han obtenido engañosamente de otros o provienen de una manera de vivir errónea, el modo de consecución es erróneo. Sobre este engaño dice Nagaryuna en, *Precious Garland: [estrofas 413-415ab]*

Es hipocresía controlar los sentidos
Para obtener bienes y respeto,
Es adulacióm decir frases agradables
Por bienes y respeto.

Es adquisición indirecta el ensalzar
La riqueza ajena para obtenerla,
Es adquisición amañada reirse
De otros para obtener sus bienes.
Desear añadir provecho al provecho
Es ensalzar adquisiciones previas...

Ver Nagaryuna y Kaysang Gyatso, *The Precious Garland and the Four Mindfulnesses,* (Londres: George Allen y Unwin, 1975), p.80.

postura de los siete puntos de Vairochana,[9] debéis imaginar que a vuestro alrededor están los seres conscientes llenando el espacio entero; de entre ellos los principales son vuestros padres de esta vida. De hecho están sobrellevando los sufrimientos correspodientes a las seis transmigraciones (seres infernales, espíritus hambrientos, animales, humanos, semi-dioses, y dioses) pero (los imaginamos) en forma humana.

Se dice que al principio y al final (de un esfuerzo virtuoso) hay dos actividades, (la de ajustar la propia motivación y la dedicación). Así, al principio debéis analizar vuestro contínuo mental y eliminar cualquier motivación que busque paz y felicidad sólo para uno mismo, buscando maravillas en la existencia cíclica en esta vida y en las futuras, etc. Debéis contemplar la importancia y dificultad de obtener ocio y fortuna, contemplar la impermanencia y la muerte, los sufrimientos de las malas transmigraciones, el refugio, las acciones y sus efectos, los tres y seis sufrimientos de la existencia cíclica,[10] etc., generando por ello tanto como sea posible una actitud de intentar abandonar este modo de existencia.

Entonces, deduciendo de la experiencia propia, debéis contemplar bien cómo los seres conscientes en el espacio todo, vuestras madres previas, vagan en formas ilimitadas y sin fin de existencias

(9) [Los siete puntos de la postura recomendada son:
   1 sentarse en un cojín suave y cómodo en la postura del loto o del medio loto
   2 mantener los ojos semiabiertos, medio cerrados, enfocados en la punta de la nariz
   3 mantener el cuerpo recto con la columna como si fuera una torre de monedas
   4 mantener el nivel de los hombros
   5 mantener la cabeza ni alta ni baja, inmóvil en línea recta desde la nariz hasta el ombligo
   6 tener los dientes y labios de manera natural con la lengua apoyada detrás de los dientes superiores
   7 respirar tranquila y suavemente.

   Adaptado de *Practice and Theory of Tibetan Buddhism,* de Geshe Lhundup Sopa y Jeffrey Hopkins (Londres: Rider. y Co.,1976), p. XVI]
(10) [Los tres sufrimientos son el físico y el mental, el sufrimiento del cambio, y el sufrimiento omnipresente de estar bajo la influencia de las acciones contaminadas y las aflicciones. Los seis sufrimientos se describen brevemente en *Practice and Theory of Tibetan Buddhism,* p. 24]

cíclicas al tomar lo impermanente como permanente, lo doloroso como placentero, y lo carente de existencia inherente como si la tuviera. Debéis contemplar bien cómo experimentan sufrimiento impensable, fuerte y brutal, y que, desde el tiempo sin principio, se han comportado como vuestras madres manifestándoos, directa e indirectamente, su bondad y sosteniéndoos con ella. Viendo que la responsabilidad de librarles del sufrimiento tanto como de sus causas y ser la causa de que posean la felicidad ha recaído sobre vosotros, debéis desarrollar el deseo de llevar a cabo el estado de unión (del cuerpo y la mente sublimes, la Budeidad,) en una sola vida de la era degenerada para que esos seres conscientes se establezcan en el estado de la suprema unión que no reside en los extremos de la existencia cíclica ni de la paz (solitaria).

Junto con la fuerza de esa preciosa intención altruista de iluminarse que incluye las dos aspiraciones (la de buscar el bien de los otros y la propia Iluminación como medio para lograrlo), debéis visualizar bien, conforme a lo que se muestra en las instrucciones esenciales, los objetos de refugio en el espacio, directamente enfrente de vosotros.[11] Completando la acumulación de causas para el refugio extraordinario del Gran Vehículo (es decir, preocupación por la condición de los seres conscientes, sus obstrucciones a la liberación y la omnisciencia, la convicción de que las Tres Joyas tienen el poder de proteger a esos seres), debéis imaginar que todos los seres conscientes, vosotros y todos los que os rodean, tomáis refugio:[12]

(11) Según un sistema, hay un gran asiento de loto con cinco asientos más pequeños en él. Buda Shakiamuni se sienta en el del medio; en frente está el Dalai Lama; a la derecha, Maitreya; a la izquierda, Manyusri; detrás, Vajradara. Rodeándolos: delante están vuestros lamas directos y los de sus linajes; a la derecha los lamas del linaje de las grandes prácticas altruistas; a la izquierda los lamas del linaje de la visión profunda de la vacuidad, y detrás los lamas del linaje de la práctica con bendiciones magníficas. Entre ellos y a su alrededor están las deidades personales, los caminantes del espacio, los guardianes de la doctrina, los héroes, las heroínas, los Budas, y los Bodisatvas. O, en lo que se llama el sistema de la joya que todo lo incluye podéis simplemente imaginar a Kalachakra como una entidad que incluye a todos los lamas, deidades personales, Budas, Bodisatvas,

(12) [Esta estrofa se encuentra en *Means of Achievement of the Complete Mandala of Exalted Body, Speech and Mind of the Supramundane Victor, the Glorious Kalachakra: the Sacred Word of Scholars and Adepts,29.1,* del Séptimo Dalai Lama].

Con (la fe de) la gran claridad tomo refugio
En el Buda, el maestro de quien se ha obtenido la iniciación suprema,
En la doctrina del indiferenciable método y sabiduría enseñado por ellos,[13]
Y en las dos clases de aspirantes a la virtud que viven en esta (doctrina).[14]

Generad entonces la intención altruista de alcanzar la Iluminación:[15]

Desde ahora hasta la Iluminación
Voy a generar la intención altruista de iluminarme,
Voy a generar el pensamiento muy puro[16]
Y a abandonar la idea de yo y mío (existiendo inherentemente).

Repetir (las estrofas) de refugio y la generación mental tres veces, baña de manera definitiva vuestro continuo mental con la actitud del refugio. Esto cumple con la decisión de que como precepto del mismo debéis tomar refugio tres veces de día y tres veces de noche y completa el compromiso de Vairochana de tomar refugio en las Tres Joyas. Luego, repetid tres veces:

Cultivaré (el amor que desea) que los seres conscientes tengan felicidad,
(La compasión que desea) que estén libres de sufrimiento,
Júbilo por su vivir siempre en el gozo,

(13) Según el sistema de Kalachakra, las dos verdades indiferenciables son específicamente el gozo, supremo e inmutable, y la forma vacía. Igualmente, el gozo y la vacuidad indiferenciables son el gozo inmutable supremo y el gran sello de la vacuidad. Se rinde obediencia a la doctrina de tal método y sabiduría indiferenciables.

(14) Jam-bel-shen-pen: Los dos tipos de comunidad espiritual son seguramente los que han logrado el camino del ver y los que no.

(15) [Esta estrofa se encuentra en *Means of Achievement of the Complete Mandala of Exalted Body, Speech and Mind of the Supramundane Victor, the Glorious Kalachakra: the Sacred Word of Scholars and Adepts*, 29.3 del Séptimo Dalai Lama].

(16) Se debe interpretar "la intención altruista de iluminarse" como la generación de la aspiración a la más alta Iluminación en beneficio de otros a través de las siete instrucciones esenciales de causa y efecto y entonces tomar "el pensamiento muy puro" como desarrollo de la misma aspiración a través de igualarse y cambiarse por otros.

Y la ecuanumidad de la igualdad.[17]

La primera línea cumple el compromiso de Ratnasambava de dar amor. (El resto) con el compromiso de Ratnasambava de dar seguridad. Entonces:

> De aquí en adelante hasta lograr la Budeidad
> Mantendré sin abandonar, incluso costándome la
> vida,
> La actitud de desear lograr la total Iluminación
> Para librar a todos los transmigrantes de los terrores
> de la existencia cíclica y la paz (en solitario).

Esto cumple con la decisión de que una vez tomada ritualmente la intención de aspirar a la Iluminación, debe generarse en seis sesiones, a lo largo del día y de la noche, la intención altruista de iluminarse. Entonces, para tomar el voto de la intención práctica de iluminarse, imaginad que estáis repitiendo lo siguiente tres veces después de los Conquistadores y sus Hijos, (Bodisatvas), los objetos del refugio, situados enfrente de vosotros:[18]

> Lamas, Conquistadores e Hijos,
> Os lo ruego, prestadme atención
> De la misma manera que
> Aquellos que Han Alcanzado el Gozo
> Generaron la intención altruista de iluminarse
> Y moran en las etapas del aprendizaje de los
> Bodisatvas,
> Yo también para poder ayudar a los transmigrantes
> Generaré la intención altruista de iluminarme
> Y me adiestraré en los estadios de aprendizaje de los
> Bodisatvas.

(17) Amor es el deseo de que todos los seres conscientes tengan felicidad y causas de felicidad; compasión es el deseo de que todos los seres conscientes estén apartados del sufrimiento y de las causas del sufrimiento; júbilo es el deseo de que todos los seres conscientes se mantengan siempre en la felicidad, y ecuanimidad es el deseo de que todos los seres conscientes se estabilicen en una felicidad por igual.

(18) [Este fragmento, desde el tercer verso hasta el final, está tomado del *Engaging in the Bodhisattva's Deeds* de Shantideva, III, 22-23. Para la versión en Sánscrito ver nota. 26 de las Notas al Comentario]

Repitiendo esto tres veces, tomad el voto de la intención práctica de iluminaros, y reunid entonces los objetos de refugio (en vosotros mismos). Haced crecer la alegría al generar una intención altruista de iluminaros:[19]

> Ahora mi vida es fructífera
> He logrado una buena existencia humana.
> Hoy he nacido en el linaje de Buda
> Me he transformado en un Hijo de Buda

Cultivad escrupulosidad:

> Hoy, no importa lo que pase,
> Actuaré de manera de no ensuciar
> Este linaje impecable de Budas,
> Comenzando acciones acordes con ese linaje.

Estas dos estrofas cumplen el compromiso de que debéis, como parte del precepto de la intención de aspiración a iluminaros, contemplar en seis sesiones el beneficio de generar la intención altruista de iluminaros. Entonces, generad (o sea imaginad) el campo de la acumulación (de mérito):

> En el gran sello de luz clara carente de elaboraciones
> (de existencia inherente),[20]
> En el ancho camino de dioses inmortales frente a mí,
> En el centro de un océano de nubes de ofrecimientos
> de Samantabadra

---

(19) [Estas dos estrofas están tomadas de la obra de Shantideva *Engaging in the Bodhisattva's Deeds*, III, 25-26. El sánscrito dice:
adya me saphalam janma sulabdho manusbo bhavah
adya buddhakule jato buddhaputro `smi sampratam

tathadhuna maya karyam svakulochitakarinam
nirmalasya kulasyasya kalanko na bhavedyatha.
Ver: Vidhushekara Bhattacharya ed., Boddhicharyavatara, Bibliotheca Indica, Vol. 280 (Calcuta: the Asiatic Society 1960) págs. 36-37]

(20) Esto es la vacuidad de existencia inherente, la luz clara objetiva. En el actualizar y meditar en el gran sello de luz clara, la vacuidad de existencia inherente, aparece Kalachakra, como se ha descrito, en el espacio frente a vosotros. El "ancho camino de los dioses inmortales" es el espacio.

Como arco iris[21] de cinco colores totalmente engala-
nados,
Hay un trono de joyas levantado por cinco leones.
Sobre él, en un placentero loto de mil pétalos abiertos
Hay discos de luna (blanca), de sol (rojo), de rahu
(negro), y de planetas kalagni (amarillos)
Sobre ellos está mi amable Lama, unificación
De todas las innumerables formas de refugio,
No diferenciable del Victorioso Supramundano, el
gran Kalachakra,
Vestido del brillo del zafiro y radiante de magnificen-
cia,
Con un rostro y dos manos, manteniendo dorje y cam-
pana. Para simbolizar el camino no común de la
unión del método y de la sabiduría[22]

Está en posición de unión con Vishvamata
Que tiene el color del alcanfor y sostiene un cuchillo
curvo y un cráneo.
Él tiene la pierna roja derecha extendida y la pierna
blanca izquierda doblada
Danza alegremente sobre Mara y Rudra (que simboli-
zan las aflicciones emocionales).
Encanta con cientos de posturas
Su cuerpo se engalana con muchos tipos de asombro-
sos ornamentos,
Morando en medio de cinco luces impecables brilla
Como la inmensidad del espacio ornado por las cons-
telaciones.
Los tres lugares en su cuerpo están adornados con la
forma
De letras de luz divina natural de los tres vajras[23]

(21) [Literalmente, "imagen del arco de los sentidos."] Jam-bel-shen-pen:
Como hay cinco sentidos, el arco iris tiene cinco colores.
(22) Método aquí es el gran gozo inmutable, y sabiduría es conocimiento
de la vacuidad. El camino del supremo gozo inmutable, unión del
método y de la sabiduría o unión de las dos verdades, es generado o
conocido dependiendo de una consorte de forma vacía. (Así "simboliza" aquí tiene el sentido de llegar a conocer, de generar tal camino.)
(23) Las tres letras o tres sílabas son *om, ah, hum* que, respectivamente,
están en la coronilla, la garganta, y el corazón.

De la letra semilla de su corazón se emiten Vajravegas,[24]
Muy terroríficos, empuñando varias armas;
Atrayendo felizmente a grupos de protectores que
moran en innumerables tierras
Que se vuelven una unidad indivisible como los seres
de compromiso,[25]
Por lo que se transforma en un gran ser, unión de
todos los refugios.

Esto completa el compromiso de Akshobya de guardar (consideración) a vuestro maestro. Lo siguiente es la primera rama del servicio de las siete ramas, obediencia:

Obediencia respetuosa al Lama de los Tres Cuerpos
indiferenciables,
El Cuerpo de Verdad de gran gozo libre primordialmente de elaboraciones (dualistas),
El Cuerpo de Goce Completo con los cinco distinti-
vos, que son autoapariencias de sabiduría sublime,
Y el baile de Cuerpos de Emanación en los océanos
de reinos de transmigrantes.

Esto es para mantener alejada a la mente de la primera falta en
relación a (la disciplina) del Bodisatva y para obedecer al Lama
según la exposición de Ashvaghosha en *Fifty Stanzas on the Guru,*
(bla ma Inga bcu pa, gurupanchashika) de hacerla tres veces al día
con máxima fe[26] Luego viene la rama de los ofrecimientos:

Para agradar al bondadoso Lama, campo supremo
(para acumular mérito),
Ofrezco con mente sin apego, sin descorazonamiento,
y libre de los conceptos de las tres esferas (de la
existencia inherente del agente, acción, y objeto)

(24) Vajravega es una deidad feroz con cuatro caras, veintiseis brazos, y
dos piernas.
(25) [La deidad imaginada es llamada "ser de compromiso" *(dam tshig*
sems pa, samayasattva), y la deidad real, "ser de sabiduría" *(ye shes*
sems pa, jnanasattva).]
(26) [Por sugerencia de Su Santidad el Dalai Lama se han omitido los
ocho versos de alabanzas a Heruka y ocho versos de alabanzas a
Vajra Yoguini.]

Inmensas, nubes ondeantes de ofrecimientos externos,
internos, y secretos[27]
Preparados realmente o surgidos de la actividad de la
estabilidad meditativa,
Doce atractivas (diosas) de cuerpo fino concediendo
gozo,
Cuyas manos de loto están adornadas con sustancias
apropiadas para ser ofrecidas
Y también ofrecimientos comunes y no comunes,[28]
Mi cuerpo, bienes, y acumulación de virtudes.

Así es como se mantiene el compromiso de ofrecimiento de Amogasidi. En este momento, si hay tiempo, ofrecer un mandala extenso. Abreviado, el ofrecimiento del mandala es:

Al Lama, a la Deidad Personal, y a las Tres Joyas
ofrezco en visualización
El cuerpo, la palabra, la mente y mis recursos y los de
los otros,
Nuestras colecciones de virtud del pasado, presente y
futuro,
Y el maravilloso y precioso mandala, con cantidades
de ofrecimientos de Samantabadra,[29]

(27) Jam-bel-shen-pen: Los ofrecimientos externos son tales como la obla-
ción, baño de pies, flores, luces, agua perfumada, ofrecimiento de formas visibles placenteras, sonidos, olores, sabores, y objetos del tacto,
etc. El ofrecimiento interno es ofrecer al Lama las cinco carnes y las
cinco ambrosías en forma purificada. El ofrecimiento secreto implica el
emanar diosas que se ofrecen al Lama y con ello entrar en unión con el
Lama, generando gran gozo. Con esa conciencia de gozo, el Lama
medita en vacuidad asociando la conciencia de gozo con la conciencia
de la sabiduría que comprende la vacuidad, y se dice así que es un ofrecimiento de talidad. Entonces, con la comprensión de la vacuidad, el
Lama emana varios Cuerpos de Forma llevando a cabo el bien de los
seres conscientes, y así se llama a esto el ofrecimiento de la unión [de
cuerpo y mente sublimes].
(28) Como se describe en los libros del sistema de Kalachakra, los ofrecimientos comunes son objetos como flores, incienso, agua perfumada,
etc., y los ofrecimientos no comunes son la carne del cuerpo, la piel, la
sangre, huesos, corazón, hígado, pulmones, etc.
(29) Jam-bel-shen-pen: "Samantabadra" (*kun tu bzang po*) [literalmente,
"todo bien"] en el sistema del Sutra hace referencia, por ejemplo, a
emanar cientos de miles de cuerpos que hacen ofrecimientos [tal y
como el Bodisatva Samantabadra lo hizo] y en el sistema del Mantra
hace referencia a ofrecimientos que son apariencias de la sabiduría
sublime de gozo y la vacuidad indiferenciables [que es todo bien]

Aceptándolos por vuestra compasión, bendecidme[30]
os lo ruego, hacia la magnificencia.
Guru idam ratna-mandalakam niryatayami.
(Ofrezco este mandala con joyas al guru.)

Esto completa el precepto establecido en *Fifty Stanzas on the Guru*
de Ashvagosha de ofrecer tres veces al día el mandala al Guru.
Luego viene la rama de revelar las acciones erróneas:

Con gran pesar y con la intención de abstenerme en el
futuro
Revelo una a una en todos sus aspectos mis acciones
erróneas,
Todas las acciones dañinas e infracciones cometidas
por mi mismo y por otros incitados por mi
Debido al caballo de la mente, indómito desde el
tiempo sin principio
Enloquecido con la cerveza de la inconsciencia de los
tres venenos,[31]
Y sobre todo perturbando la mente del maestro vajra,
no manteniendo su palabra, etc,
Contraviniendo las promesas de los cinco linajes en
general y en especial de mi propio linaje,
Y no manteniendo correctamente las veinticinco formas de conducta,[32] etc.

De manera más extensa, recita la *Disclosure of Infractions*, la
General Disclosure, etc. Luego vienen las ramas restantes (la
admiración, el ruego, la súplica, y la dedicación):

Admiro los océanos de mis buenas acciones y las de
los otros
Creadoras de miles de burbujas de efectos placenteros.
Te lo ruego, permite que caiga la lluvia de la doctrina
de los tres vehículos

(30) Jam-bel-shen-pen: "me" debe entenderse como todos los seres conscientes.
(31) [Lee *dug gsum* por *dus gsum* (15.3). Los tres venenos son el deseo,
el odio, y el obscurecimiento.]
(32) [ver págs 224-5 y 401-2].

Conforme a los intereses y pensamientos de los tres
adiestramientos, el menor, el medio, y el supremo.
Puedan mantenerse estables los Cuerpos de Forma
burdos sin desintegrarse ni cambiarse
Durante cientos de eones a la vista de los que carecen
de ella.[33]
Mis virtudes así ilustradas se dedican
A ser causas del rápido logro del estado de Kalachakra

Además, cuando haya tiempo, debéis familiarizar vuestro continuo
mental con los caminos comunes según lo que se muestra en *Self-
Generation of Kalachakra* del Séptimo Dalai Lama:[34]

Desde ahora hasta la Iluminación
Generaré la intención altruista de iluminarme,
Generaré el pensamiento muy puro,
Y abandonaré el concepto de yo y mío (con existencia
inherente).
Por las tres acumulaciones (de mérito, ética, y sabidu-
ría sublimes)
Completaré las perfecciones de dar, ética,
Paciencia, esfuerzo, concentración, sabiduría,
Método, deseos, poder, y sabiduría sublime.[35]
Cultivaré (el amor que desea) que todos los seres
conscientes tengan la felicidad,
(La compasión que desea) que todos estén libres del
sufrimiento
Júbilo por su morar por siempre en el gozo,
Y la ecuanimidad de la igualdad.

(33) El cuerpo sutil permanece para siempre por cuanto permanecen para
siempre el aire muy sutil (que es la forma), y de este modo el cuerpo
sutil fundamental e innato, y la mente muy sutil. Los Cuerpos de
Forma burdos de un Buda aparecen y desaparecen, pero aquí hacéis
una súplica para que permanezcan durante muchos eones sin desaparecer los Cuerpos de Forma burdos.
(34) [Séptimo Dalai Lama: *Means of Achievement of the Complete Mandala of Exalted Body, Speech and Mind of the Supramundane Victor, the Glorious Kalachakr: the Sacred Word of Scholars and
Adepts*, 29.3.]
(35) Las cuatro últimas perfecciones son divisiones de la perfección de la
Sabiduría.

Porque he convocado a los discípulos con el gesto
de dar,
Voy a elaborar un discurso agradable de oír y como
me he vuelto ecuánime por conducirme con intención,
Ofreceré el gran consejo para cumplir objetivos.

Abandonaré las diez no-virtudes,
Las tres formas de acciones físicas,
Las cuatro formas de acciones verbales,
Y las tres formas de acciones mentales.[36]

Abandonaré las cinco contaminaciones
Que impiden los tres entrenamientos,[37]
Lamentación, aletargamiento, sueño,
Excitación y duda.

Abandonaré las cuatro aflicciones
Que sirven de raíz a la existencia cíclica,
Deseo, odio,
Oscurecimiento, y orgullo.

Abandonaré los cuatro contaminantes,
Causas de la existencia cíclica, el contaminante del
deseo,
Los contaminantes de la existencia (cíclica)[38] y de la
ignorancia,
Y el contaminante de las visiones (erróneas).

Voy a alcanzar la Iluminación total
Por las cuatro puertas de la liberación completa,

(36) [Las diez no-virtudes se componen de tres no-virtudes físicas (matar,
robar, y conducta sexual incorrecta), cuatro no-virtudes verbales
(mentir, palabras que dividen, palabras groseras y charlatanería), y
tres no-virtudes mentales (codicia, malas intenciones, e ideas equi-
vocadas.]
(37) Los tres entrenamientos son el entrenamiento en la ética, la estabilización meditativa, y la sabiduría más elevadas.
(38) Jam-bel-shen-pen: Los cuatro contaminantes están implicados en la
existencia cíclica pero el deseo por los Reinos de Forma y de no-
Forma es llamado contaminante de la existencia cíclica (*srid pa'i
zag pa*) para enfatizar que incluso los Reinos de Forma y de no-Forma, que muchos consideran estados de liberación, están ligados a la
existencia cíclica.

Vacuidad, ausencia de signos,
Ausencia de deseos, y no-acción.

Teniendo presente los significados de estas palabras, haced también la firme promesa de adiestraros, según el camino, en esos senderos. Haced entonces la súplica:

Súplica al bondadoso Lama, síntesis de los tres refugios,
La fuente más grande que concede los deseos, y produce cuando se confía en él
Toda virtud y bondad en la existencia cíclica y paz.
Bendice mi continuo mental hacia la magnificencia.

Teniendo en cuenta los beneficios de confiar en un guía espiritual y las desventajas de no hacerlo, etc., promete confiar adecuadamente de pensamiento y obra en un guía espiritual. Esa es la esencia de cómo confiar en un guía espiritual y de cómo mantener los compromisos de *Fifty Stanzas on the Guru*, de Ashvagosha. Reflexionando en las buenas cualidades del cuerpo, palabra, y mente sublimes del Lama, suplica de manera firme con fuerte fe y respeto, no sólo con los labios sino desde lo profundo del corazón. Mientras, repite el mantra del Lama tanto como sea posible, junto con la visualización de que desciende por ello ambrosía y purificación,[39]

Om ah guru-vajradhara-vagindra-sumati-shasana-dhara-samudra-shribhadra sarva-siddhi hum hum.

Una vez más, haz la súplica de la iniciación:

Ruego que el Lama, Kalachakra, conceda
las iniciaciones completas. Bendíceme hacia la magnificencia

(39) [Se repite el nombre del Lama que confiere la iniciación, en sánscrito. Aquí, *vagindra-sumati-shasanadhara-samudra-shribhadra* es el nombre del Dalai Lama, que en Tibetano es Nga-wang-lo-sang-den-dzin-gya-tso-bel-sang-bo (*ngag dbang blo bzang bstan `dzin rgya mtsho dpal bzang po*): vagindra (*ngag dbang*) sumati (*blo bzang*) shasanadhara (*bstan `dzin*) samudra (*rgya mtsho*) shribhadra (*dpal bzang po*).]

De manera que los cuatro tipos de corrupciones[40]
puedan ser purificados
Y pueda así yo lograr los Cuatro Cuerpos.[41]

Haced tres veces la súplica anterior.

Desde el corazón de Kalachakra se emiten
Los Que Han Alcanzado el Gozo, en el aspecto de
padre y madre,
Y también el círculo del mandala.
Las deidades de iniciación conceden iniciaciones
De agua, corona, cinta de seda, vajra y campana,
Conducta, nombre y permiso.
De igual manera, conceden los dos grupos
De altas y altísimas iniciaciones,
También la del maestro vajra.
A través de ellas los canales físicos y los aires
Se hacen útiles, y quedo autorizado para cultivar los
dos estadios.[42]
Vengo para tener la fortuna de actualizar en esta vida
El gran estado de Kalachakra con las siete cualida-
des[43]

(40) Estas son las corrupciones asociadas con las cuatro gotas (ver págs.
101-25 y 254-55). Los seres de los tres reinos, Reino del Deseo, de
la Forma y de la No-Forma, tienen esas gotas aunque difieren en su
estructura en el reino de la no-forma. Con esas cuatro gotas hay factores que producen fenómenos materiales que se purifican practicando el camino; la forma vacía de existencia inherente está más allá de
la materia.
(41) Jam-bel-shen-pen: Los Cuatro Cuerpos en el sistema de Kalachakra
son de manera especial el Cuerpo de Verdad, el Cuerpo del Deleite
Completo, el Cuerpo de Emanación, y el Cuerpo de Conciencia Prístina [Cuerpo de Gozo]. Las iniciaciones de Kalachakra se toman a la
manera de bendiciones hacia la magnificencia. Sin que sean necesarios todos los objetos rituales tales como vasos, se reciben bendiciones similares a las de las iniciaciones.
(42) El estadio de generación y el estadio de consumación.
(43) [Estas son cualidades del estado de efecto de un Buda; se identifican
como deleite completo, unión, gran gozo, existencia no inherente,
compasión, continuidad ininterrumpida, y no cesación. Ver las notas
de Tsongkapa en *Tantra en Tibet,* (Londres: George Allen y Unwin,
1977), n. 84]

En donde se consumen completamente los veintiun
 mil seiscientos aires kármicos
Y todos los factores materiales del cuerpo.[44]

Es muy bueno si en este punto puedes hacer una reflexión meditativa de todo el camino, por ejemplo, con la *Basis of Good Qualities (yon tan gzhi gyur ma)*.[45] Entonces:

Por suplicar respetuosamente de todo corazón,
Al Lama, Gran Vajradara, esencia compuesta
De todos los múltiples refugios, bendice, te lo ruego,
mi contínuo mental hacia la magnificencia.
Por la fuerza de pedir de esta manera con gran senti-
 miento
Mi Lama Raíz, el gran Kalachakra,
Llega a mi coronilla
Y, disolviéndose feliz, se transforma conmigo en uno.
Todos los fenómenos, causas, efectos, entidades,
Y actividades, son vacíos de existencia inherente,
Desde el mismo principio, como las ilusiones de un
 mago, como los sueños.

Una clara manifestación de lo que hayáis descubierto sobre la
vacuidad y una estabilidad meditativa en gozo y vacuidad es el
verdadero yoga del guru, (un medio de) reunir gran cantidad de
sabiduría sublime, la protección suprema, y es para mantener la
mente apartada de las once infracciones, que es concebir a fenómenos como nombres, (significados), etc., que carecen (de la existencia inherente para existir inherentemente).[46]

(44) Veintiun mil seiscientos aires kármicos y veintiun mil seiscientos
 factores materiales se consumen totalmente al actualizar veintiun
 mil seiscientos períodos de gozo. Por tanto, se logra el estado de
 Buda Kalachakra.
(45) [Para la traducción de la *Foundation of all Excellence* y también un
 comentario sobre él ver *The Door of Liberation* de Geshe Wangyal,
 (Nueva York: Lotsawa, 1978), págs 172-200.]
(46) Jam-bel-shen-pen: La infracción aquí no es sólo concebir que los
 fenómenos existen inherentemente sino más bien que el hacerlo a
 través de la fuerza de sistemas de creencias; así la referencia no sería
 una conciencia innata que concibe la existencia inherente sino una
 concepción artificial de la existencia inherente.

Como burbujas que surgen desde la vacuidad
Son los discos planetarios de luna (blanca), sol (rojo),
   rahu (negro) y kalagni (amarillo).
Sobre ellos en un loto de pétalos abiertos
Están (una vez más) la luna y el sol,[47] entidades
   de los constituyentes blanco y rojo,
Cuyas superficies están adornadas con series
De vocales y consonantes, entidades de las marcas
   mayores y menores (de un Buda).[48]
En el centro están las sílabas *hum* y *hi*, (que represen-
   tan) aire y mente.
Estas se mezclan en la forma de la sílaba *ham*.[49]
Por su transformación yo (aparezco como) Kalacha-
   kra,
Luciendo el brillo del zafiro y resplandeciendo con
   magnificencia, con cuatro caras y veinticuatro
   manos, las dos primeras
Sostienen el vajra y la campana, que simbolizan el
   gran gozo,
Supremo e inmutable, y la realidad de la vacuidad,
La naturaleza libre de elaboraciones (dualistas).
Manteniéndolos, abrazo a la Madre.

Contemplar esto es el modo de mantener los tres compromisos de
Akshobya del vajra, la campana, y el sello.

Las restantes manos-loto, a derecha e izquierda, se
   adornan
Con símbolos de mano, espada, escudo, etc.
Mi pierna derecha roja extendida, y la izquierda blan-
   ca doblada
Juegan bailando sobre Mara y Rudra.

(47) Aquí el sol está abajo y la luna arriba.
(48) Como se presenta en el *Means of Achievement of the Complete
   Mandala of Exalted Body, Speech, and Mind of the Supramundane
   Victor, the Glorious Kalachakra: the Sacred Word of Scholars and
   Adepts* del Séptimo Dalai Lama, hay treinta y dos vocales y ochenta
   consonantes [dos grupos de cuarenta] que representan las treinta y
   dos marcas mayores y las ochenta marcas menores.
(49) La sílaba *ham* representa la sabiduría sublime del gran gozo.

Yo hechizo con cientos de rasgos como estos
Mi cuerpo está adornado con muchos tipos de asom-
brosos ornamentos,
Morando en medio de las cinco luces impecables res-
plandezco,
Como el vasto espacio adornado por las constelacio-
nes.
Mirando a la Victoriosa Supramundana, Vishvamata
De color azafrán con cuatro rostros y ocho manos
Con varios símbolos en las manos, cuchillo,
cráneo, etc.
Con la pierna izquierda extendida
Abraza al Victorioso Supramundano
Rodeados por ocho Shaktis en los asientos
De los ocho pétalos[50] auspiciosos en las direciones
principales e intermedias,
La figura principal, bien emplazada, emite desde su
corazón
Vajravegas, muy terribles, que sujetan armas varias;
Atraen a los grupos de protectores que moran en
innumerables tierras
Que se vuelven uno con los seres de compromiso.
Las deidades de iniciación conceden iniciaciones y
hacen las impresiones del sello
Del señor del linaje sobre las cabezas de todas las
figuras, principales y de alrededor.

Luego, en cuanto a la repetición del mantra, piensa:

Las sílabas semillas en el corazón de la Deidad
Principal y las circundantes
Están rodeadas de sus respectivos mantras
Desde los que se emiten grupos de deidades del man-
dala
Afectando al bienestar de los transmigrantes y vol-
viéndose a reunir
Y disolviéndose en la sílaba semilla del corazón.

---

(50) La palabra *bkra shis* significa aquí "ocho" en relación a que hay ocho
renombrados signos de suerte.

Repite tanto como puedas, sin ninguna de las cinco faltas de la repetición,[51] el mantra esencia de la figura principal y el mantra de la Madre y los mantras de las ocho Shaktis:[52]

> Om ah hum hoh hamkshahmalaveraya hum phat.
> Om phrem vishvamata hum hum phat.
> Om dana-paramita hum hum phat
> Om shila-paramita hum hum phat.
> Om kshanti-paramita hum hum phat.
> Om virya-paramita hum hum phat.
> Om dhyana-paramita hum hum phat.
> Om prajna-paramita hum hum phat.
> Om upaya-paramita hum hum phat.
> Om pranidhana-paramita hum hum phat.
> Om bala-paramita hum hum phat.
> Om jnana-paramita hum hum phat.
> Om vajrasatva samayan anupalaya, vajrasatva, tvenopatshtha, drdho me bhava, sutoshyo me bhava, suposhyo me bhava, anurakto me bhava sarva.siddhim me prayachchha, sarva-karmasu cha me chittam shriyam kuru, hum ha ha ha ha hoh, bhagavan-sarva-tathagata-vajra, ma me muncha, vajri bhava, mahasamaya-satva, ah hum phat. [Om Vajrasatva, mantén (tu) compromiso. Vajrasatva, mora (en mi). Hazme firme. Satisfáceme. Cólmame. Hazme compasivo. Concédeme todos los valores. Haz, también mi mente virtuosa en todas las acciones. Hum ha ha ha ha hoh todos los victoriosos supramundanos Que Habéis Ido Más Allá no me abandonéis, hacedme indivisible. Gran ser de Compromiso, ah hum phat.]

Con el mantra (previo) de las cien sílabas, subsanad omisiones y excesos y haced firmes las bendiciones. Luego presentaos ofreci-

---

(51) Jam-bel-shen-pen: Se trata de errores de pronunciación y elocución como el hablar demasiado despacio o demasiado deprisa.

(52) [De los trece mantras el primero es el de Kalachakra; el segundo es de Vishvamata, y los diez siguientes son de las diez shaktis, dos de las cuales están unidas con Vishvamata. El mantra final es el mantra de las cien sílabas, que se usa aquí para subsanar las omisiones repetición del mantra.]

mientos a vosotros mismos generados (como Kalachakra), pensando:

>Diosas de ofrecimiento emitidas desde mi corazón hacen ofrecimientos (a mi, generado como Kalachakra).
>
>Om shri-Kalachakra-saparivara argham pratichchha namah. (Om glorioso Kalachakra y cortejo, aceptad una oblación, homenaje.)
>
>Om shri-Kalachakra-saparivara padyam-pratichchha namah. (Om glorioso Kalachakra y cortejo, aceptad un baño de pies, homenaje.)
>
>Om shri-Kalachakra-saparivara prokshanam pratichchha namah.(Om glorioso Kalachakra y cortejo, aceptad una aspersión, homenaje).
>
>Om shri-Kalachakra-saparivara amchamanam pratichchha namah. (Om glorioso Kalachakra y cortejo, aceptad agua para el rostro, homenaje.)
>
>Om shri-Kalachakra-saparivara pushpe pratichchha namah. (Om glorioso Kalachakra y cortejo, aceptad flores, homenaje.)
>
>Om shri-Kalachakra-saparivara dhupe pratichchha namah. (Om glorioso Kalachakra y cortejo, aceptad incienso, homenaje.)
>
>Om shri-Kalachakra-saparivara aloke pratichchha namah. (Om glorioso Kalachakra y cortejo, aceptad luces, homenaje).
>
>Om shri-Kalachakra-saparivara gandhe pratichchha namah. (Om glorioso Kalachakra y cortejo, aceptad perfume, homenaje).
>
>Om shri-Kalachakra-saparivara naividya pratichchha namah. (Om glorioso Kalachakra y cortejo, aceptad comida, homenaje.)
>
>Om shri-Kalachakra-saparivara shabda pratichchha namah.(Om glorioso Kalachakra y cortejo, aceptad música, homenaje.)
>
>Om shri-Kalachakra-mandala-saparivaribhyah namah. (Om homenaje al glorioso mandala de Kalachakra y cortejo.)

Con el (anterior) haced el ofrecimiento interno. Luego, la alabanza:

> Homenaje al glorioso Kalachakra,
> Cuya esencia es vacuidad y compasión,[53]
> Que carece de producción y desintegración[54] de la triple[55] existencia inherente,
> Cuerpo en el que la mente y el objeto mental son lo mismo.[56]
>
> Obediencia a Kalachakra,
> Cuerpo nacido de lo inmutable
> Aunque la absorción de *ali* y *kali* [57] y las sílabas *hum, phat,* etc, hayan sido abandonadas.[58]
>
> Obediencia a la Mujer del gran sello,
> Más alla de la naturaleza de partículas materiales,
> De la naturaleza de configuración profética,

(53) Aquí "vacuidad y compasión" se refiere a la vacuidad y gozo indiferenciables, siendo la vacuidad la verdad última que es la ausencia de existencia inherente, el gran sello sin aspecto, y siendo la compasión el gran gozo.

(54) La "producción de la existencia cíclica" hace referencia al extremo de la misma existencia cíclica; la "desintegración de la existencia cíclica" hace referencia al extremo del nirvana [solitario]. Igualmente en el *Chakrasamvara Tantra,* se hace referencia al extremo de la permanencia o existencia cíclica y al extremo de la aniquilación o nirvana. El nirvana impermanente de un Buda está libre de los dos extremos de la desintegración y de la producción, o de la existencia cíclica y el nirvana [solitario]

(55) Jam-bel-shen-pen: La "triple existencia cíclica" hace referencia, no a los tres reinos, sino al cuerpo, la palabra y la mente.

(56) Aquí "mente" hace referencia al gozo supremo inmutable, y "objeto de la mente" al gran sello aparente de la forma vacía; tal mente y cuerpo sublimes son una entidad indiferenciable, no dual. Se rinde obediencia a tal Kalachakra.

(57) Jam-bel-shen-pen: Los constituyentes blanco y rojo se simbolizan con vocales y consonantes, llamadas *ali y kali.*

(58) Se rinde obediencia a Kalachakra que "nace de", es decir, tiene la naturaleza de, el gozo inmutable que se genera, no de un sello de acción [una consorte real], un sello de sabiduría [una consorte imaginada], o del movimiento entre los canales, aires, y gotas de fluído esencial, sino del gran sello de la forma vacía de existencia inherente.

Mujer que posee lo supremo de todos los aspectos.[59]
Homenaje a Vishvamata,
Progenitora de todos los budas,[60]
Que ha abandonado la producción y la desintegración,
Dotada de todas las buenas acciones.

Entonces, llevad a cabo la retirada (de todas las apariencias):

Las Shaktis, tanto como sus asientos, se disuelven
en luz y se disuelven en mi.
También yo me disuelvo en luz y luego desde dentro
de la vacuidad de la imperceptibilidad
Me transformo una vez más en el aspecto del gran
Kalachakra
Con un rostro y dos manos.

En este punto es apropiado cultivar también el estadio de cosumación. Entonces:

En beneficio de todos los seres conscientes, mis
madres,
Desde ahora abandono sin pesar
Mi cuerpo, mis recursos, y cualquier cantidad
de virtudes del pasado, presente y futuro.

Este aumentar la actitud de la generosidad es la práctica del dar del Bodisatva y es el modo en que se cumplen los dos compromisos restantes de Ratnasambava, el dar cosas, que es entregar el cuerpo y los recursos, y el dar la doctrina, que es entregar las raíces de la virtud. Cuando haya tiempo, por lo menos debierais revisar el

---

(59) El cuerpo de Vishvamata, la "Mujer Gran Sello", está más alla de la materialidad de las partículas. Como una configuración que aparece en el espejo en una cierta forma de profetizar, su cuerpo, desde dentro de la mente fundamental e innata de luz clara luz, está dotado con lo supremo de todos los aspectos. Se rinde obediencia a tal Vishvamata.

(60) Jam-bel-shen-pen: La definitiva Vishvamata es la sabiduría sublime que comprende directamente la vacuidad; ya que hace surgir a todos los Budas, la diosa que representa es la progenitora de todos los Budas. La Vishvamata provisional es la apariencia de esa sabiduría como diosa en forma física.

compendio de los compromisos y los votos uno a uno como se dice más adelante (en este texto).

En forma abreviada, contemplad sólo los tres votos:

Cumpliré según la palabra del Conquistador
Los preceptos formulados en los votos
De liberación individual, Bodisatvas y Vehículo Vajra,
Sin transgredir ni los más sutiles, ni siquiera en
    sueños.

Este pensamiento completa la manera breve de observar conscientemente los tres votos, el compromiso Vairochana de abstenerse de acciones dañinas relacionadas con las tres formas de ética, y el compromiso de Amogasidi de poseer los tres votos.

Acorde con el pensamiento del Conquistador, asumiré
    bien
Todas las palabras y comprensiones de la doctrina
    excelente, sin excepción,
Contenidas en los tres vehículos y los cuatro grupos
    de Tantra.

Pensar en esto completa los tres compromisos del linaje del loto de comprender la doctrina de los tres vehículos en la clase del Sutra (Oyente, Realizador Solitario, y Bodisatva), y las dos doctrinas externas en la clase del Mantra, Tantra de la Acción y de la Ejecución, y las dos doctrinas secretas en la clase del Mantra. Yoga y Tantra Yoga Más Elevado. Completa esto también el compromiso Vairochana de mantener un comportamiento ético, que es la síntesis de las prácticas virtuosas.

Liberaré totalmente a los transmigrantes con métodos
    que les sean apropiados.

Pensar en esto es la manera de cumplir el compromiso Vairochana de la ética de intervenir en el bienestar de los seres conscientes. Expresa deseos luego de lo que se está pidiendo y dedica la virtud para la más alta Iluminación:

De la misma manera que los del linaje de sabios
    junto con Ravi llegaron a lograr la sabiduría-cono-
    cimiento de este (Tantra)

Puedan así los seres conscientes que moran en las tres formas de existencia cíclica transformarse igualmente por la benignidad del *(Tantra) de Kalachakra.*[61]

De la misma manera que mi mente-vajra habita la tierra para poder liberar a los seres conscientes,

Pueda también así habitar en las tres formas de la existencia cíclica de los seres conscientes por la fuerza de Kalachakra.[62]

(61) Como tantos del linaje de sabios incluído el sabio *(dran srong,rshi)* Suryaratha *(nyi ma'i shing rta)* [mencionado como Ravi *(nyima)*] lograron los frutos comunes y no comunes del camino y se iluminaron por este Tantra, puedan todos los seres conscientes de los tres niveles de la existencia obtener los logros comunes y no comunes por la bondad de este *Tantra de Kalachakra.*

[Estas dos líneas son del *Tantra de Kalachakra* (V. 253 cd): prajnajnanasya labhi saravimunikulam vai tathasmadbabhuva evam sattva bhavantu trividhabhavagatah kalachakraprasadat.

Ver el *Kalachakra Tantra and Other Texts. Parte 1, pag. 377 para el sánscrito y p. 328.5 para el Tibetano* que difieren ligeramente pero sin importancia, de lo que se cita en este texto. Ver también el *Easily Understandable Annotations*, volumen 1, Collected Works, 294.7-295.1. de Bu-don, donde identifica las "tres formas de la existencia cíclica" como los Reinos del Deseo, de Forma y de No Forma y de donde se están tomando los añadidos entre corchetes.]

(62) [Estas dos líneas son del *Tantra de Kalachakra (V.258cd):* sattvanam mokshahetoh sakalabhuvigatam chittavajram yatha me sattvanam eva yatu trividhabhavagatam kalacharkraprabhavat.

Ver el *Kalachakra Tantra and Other Texts*, Part. 1, p. 379 para el sánscrito y p. 329.8 para el Tibetano que presenta algunas diferencias pero no importantes con lo que se cita en este texto. Ver también *Easily Understandable Annotations,* volumen 1, Collected Works, 296.7-297.2, que presenta las dos líneas como sigue:

Sólo para que los seres conscientes puedan ser liberados por mi mente vajra, es decir, de Manjushrikirti, –mente libre de obstrucciones–, habita por toda la tierra, pueda por tanto el vajra de la mente sublime habitar y manifestarse en las tres formas de la existencia cíclica –Reinos de Deseo, de Forma y de No Forma– de los seres conscientes por la fuerza de Kalachakra.

Manjushrikirti es la persona que reunió el *Condensed Kalachakra Tantra*; éste, como los dos versos anteriores, es un deseo manifestado por él al final del Tantra.

En el *Guru Yoga of Kalachakra* (30.5 que se lee *dag gi rnam* por *dag gis rnam* de acuerdo con Bu-dön y el Tantra *(sattvanam)* como se acaba de decir.]

Puedan los seres que por malas amistades van siempre por la oscuridad de la falta de verdad y cuyo camino ha degenerado
Completar este camino y venir a la casa de la joyavajra en un tiempo no demasiado lejano.[63]

También:

Por el poder de la virtud significativa que se siga de esto
Pueda yo, por el poder de Vajradara, no transgredir
Los límites de lo formulado en todas las vidas
Y completar los estadios del camino de los dos estadios.[64]

Resumiendo, que a través de cualquier acumulación de significativa virtud,
Como se ha ilustrado, que se haya acumulado,
Pueda renacer yo rápidamente en Shambala, el tesoro de las joyas
Y completar los estadios del camino del Tantra del Yoga Más Elevado.

Que pueda disfrutar en todas mis vidas la gloria de la doctrina
Sin ser separado de lamas verdaderos
Y, al completar totalmente las cualidades de las bases y caminos,
Logre rápidamente el estado de Vajradara.

Haced la impresión que sella tales deseos y dedicaciones. Adornad, entonces la práctica con una expresión final de buen augurio:

Que los Bodisatvas sobre (la tierra) que aterran sobremanera a los semi-dioses que habitan en la clase de los demonios,

---

(63) Puedan aquellos que, bajo la influencia de malos amigos, van siempre por el camino de la mentira de la oscuridad y se han apartado del camino de la verdad, lograr este bien, el camino sin error y se acerquen rápidamente a la casa de la joya vajra, el estado de Vajradara.
(64) [Estadio de generación y estadio de consumación.]

Los reyes airados y sus consortes que habitan en las
    direcciones y en las direcciones intermedias en los
    mundos de los humanos,
Y los reyes de las serpientes encapuchadas bajo la
    tierra que en todo tiempo unen a los grupos de
    malos espíritus y los no virtuosos,
Protejan todos ellos cada día a los ignorantes seres
    mundanos en todos los aspectos.[65]

La revisión extensa de los tres votos empieza, si tienes los votos de
la liberación individual de la plena ordenación, revisando las dos-
cientos cincuenta y tres reglas. (Esta parte la omiten los que no tienen los votos de un monje totalmente ordenado):

De entre los cinco grupos de infracciones
De los votos de la liberación individual
Abandonaré las cinco derrotas,
Los trece restantes, las treinta caídas (que requieren)
    abandono,
Las noventa meras (infracciones), las cuatro que
    deben desvelarse individualmente,
Y ciento doce faltas, y también infracciones incluidas
    en los (diecisiete) tópicos, etc.

(65) Que los seres protectores de encima, sobre y debajo del suelo protejan del mal augurio a todos los seres mundanos, llevándoles de acuerdo con la virtud a un camino sin error.
    [Estos cuatro versos son del *Kalachakra Tantra* (V. 260):
    urdhvam ye bodhisattvah paramabhayakara marapakshe sthtanam
    daityanam martyaloke dishi-vidishi-gatah krodharajah sabharyah
    patale ye phanindra grahaparamashubham sarvada bandhayanti
    te sarve palayantu pratidinasamaye `jñanalokam samanatat.
Ver el *Kalachakra Tantra and Other Texts*, Parte 1, p. 379 para el
Sánscrito y p. 329.8 para el Tibetano que presenta algunas diferencias
pero sin importancia de lo citado en este texto. Ver también de Bu-
don *Easily Understandable Annotations*, volume 1, Collected Works,
297.4-7, donde los desconocedores seres mundanos se identifican
como los que no conocen el significado de la realidad (*yang dag pa`i
don*).
En el *Yoga del Guru de Kalachakra* (30.5) se lee *mi shes* por *mi shis*
según Bu-dön y el Tantra (*jnana*) como se ha dicho justo antes.)

La revisión de las dieciocho infracciones raíz de los votos del Bodisatva es:

Me abstendré de las dieciocho infracciones raíz:

Alabarme a mi y ridiculizar a otros, no dar doctrina o riqueza,

No perdonar aunque me pidan perdón, abandonar el Gran Vehículo,

Robar propiedades de las Tres Joyas, abandonar la doctrina,

Robar un hábito azafranado, las cinco acciones de retribución inmediata,

Visión errónea, destruir ciudades, etc,

Enseñar vacuidad a los no entrenados,

Desviar la intención (de alguien) de iluminarse totalmente,

Hacer que (alguien) abandone (los votos de) la liberación individual, ridiculizar el Vehículo de los Oyentes,

Aclamar en falso (el haber realizado) lo profundo, recibir propiedades de las Tres Joyas,

Mala ética, y abandonar la actitud de la promesa altruista.

Para los dieciséis, para que haya una infracción raíz son necesarios los cuatro engaños cabales:

No considerar las desventajas, no superar el deseo de hacerlo,

Darse placer y disfrute en ello, y falta de conciencia y vergüenza.

Para dos, visión errónea y abandonar la actitud altruista,

No son necesarios los cuatro engaños (para una infracción raíz)

Revisad las infracciones raíz, etc., del voto del Mantra:

A riesgo de mi vida, abandonaré las cuatro infracciones raíz, o sea

Despreciar y ridiculizar al Lama, desdeñar los preceptos,

Contar errores de hermanos y hermanas vajra, abandonar el amor,

Abandonar las intenciones altruistas de aspiración y
práctica,
Desdeñar las doctrinas del Sutra y del Mantra.
Proclamar el secreto a los no aptos
Despreciar mis propios agregados, abandonar la
vacuidad,
Confiar en un amigo venenoso, no recoger la visión,
Desenraizar la actitud de alguien con fe,
No observar los compromisos, despreciar a las muje-
res.

También revisar las infracciones raíz y las veinticinco formas de
conducta, etc., que se mencionan en *El Tantra de Kalachakra*:

Me libraré bien e impecablemente:
De las infracciones raíz y también de los conjuntos de
errores
Establecidos en *El Tantra de Kalachakra*: los grupos
de infracciones raíz, es decir
Perturbar la mente del Lama, incumplir su palabra,
Emitir fluido esencial, mantener la vacuidad del
Sutra y el Mantra
Como siendo respectivamente superior e inferior y así
mofarse,
Amor engañoso, abandono del gozo inmutable, y con-
tar errores de los yoguis.
Las veinticinco formas de conducta son para abando-
nar
Las cinco acciones dañinas: matar, mentir, robar,
El adulterio, el beber cerveza;
Las cinco acciones dañinas secundarias, apuestas,
dados, y juegos de azar,
Comer carne impura, hablar sin sentido,
Realizar sacrificios a los antepasados paternos y
maternos,
Y sacrificar animales para llevar a cabo sacrificios
cruentos;
Los cinco asesinatos: de rebaños, niños, mujeres y
hombres y destruir las bases del cuerpo, palabra y
mente sublimes;

> Los cinco conceptos erróneos: desconfianza en la
>   doctrina de Buda
> Enemistad para con amigos, guías y comunidad espi-
>   ritual
> Y decepcionar a aquellos que confían en mí;
> Los cinco deseos: apego por formas visibles, sonidos,
>   olores, sabores y objetos tangibles.

Revisad las promesas secundarias:

> Mantendré, sin excepción alguna, las promesas secun-
>   darias:
> Abandonar las cuatro raíces,[66] alcohol y no-actividades,
>   des,
> Confiar en un protector sagrado, respetar y servir a
>   los amigos,
> Mantener las diez virtudes y abandonar las causas
>   para separarse del Gran Vehículo
> Así como despreciar y pisar objetos sagrados.

Revisad las infracciones burdas;

> También evitaré las infracciones groseras:
> Servirse de un Sello no cualificado (consorte), impli-
>   cándose en absorción sin las tres discriminaciones,
> Mostrar objetos sagrados a quienes no son recipientes,
>   tes,
> Pelearse y discutir en una ofrenda asamblea,
> Dar respuestas mal intencionadas a una pregunta justa,
> Permanecer siete días en la casa de un Oyente,
> Proclamar que se es un yogui, cuando realmente no se
>   es,
> Enseñar la doctrina excelente a los sin fe.

> Involucrarse en actividades del mandala sin completar
>   la aproximación, etc.,
> Transgredir intencionadamente los preceptos de libe-
>   ración individual y los votos del Bodisatva,

(66) [Matar, robar, conducta sexual incorrecta y mentir sobre logros espi-
    rituales.]

Contradecir (los preceptos que se establecen en) *Fifty Stanzas on the Guru*[67]

Revisad los compromisos no comunes establecidos en los Tantra Madre:

No despreciar lo que se hace con la mano izquierda
Hacer elogios a hombres y mujeres
Abandonar la absorción con el no cualificado,
No dejar la contemplación durante la unión,
Mantener inamovible interés en utilizar el deseo en el camino,
No descuidar los dos tipos de Sellos,
Trabajar principalmente con métodos externos e internos,
No emitir el kunda, mantener una conducta pura,
Y abandonar la náusea al tomar la mente de la Iluminación.

Si los deseos se hacen de manera más extensa son:[68]

Por el poder de la crecida del vasto lago

(67) [Ver: *The Mahamudra Eliminating the Darkness of Ignorance Supplemented by Ashvagosha's Fifty Stanzas*, traducido y editado por Alexander Berzin (Dharamsala: Library of Tibetan Works and Archives, 1978]

(68) [Esta sección final de los deseos, a excepción de la última estrofa, se toma literalmente de *Prayer-Wishes of the Glorious Kalachakra Together with An Expression of Auspiciousness (dpal dus kyi 'khor lo'i smon lam shis brjod dang bcas pa)*, 553-559.8 por el monje budista Lo-drö *(shakya btsun pa blo gros)*. En el colofón, Lo-Drö dice que compuso el texto, que tiene una sección que aquí no parece, para completar una referencia dada al final de la obra de Kay-drup *Rosary of Offering of Kalachakra (dus kyi 'khor lo'i mchod phreng)*, para expresar amplios deseos y expresiones de buenos augurios. El texto aparece en el mismo volumen que *Mandala Rite*, de Kay-drup, *Initiation Rite of Kalachakra, Stated in an Easy Way*, de Lo-sangt-sul-trim-den-bay-gyel-tsen, sin fecha de publicación. Los deseos van dirigidos a la práctica de la estructura completa de los caminos de los estadios de generación y consumación del sistema de Kalacha-kra. Una explicación de las estrofas requiere una explicación completa de la totalidad de la estructura del camino del Tantra y, por eso, no será considerado aquí. Espero publicar una separata sobre el estadio de generación de Kalachakra.]

De la reunión de virtud y acumulación una y otra vez
En el lago de mi mente, del fluir inmaculado de la
   meditación, la repetición y la ofrenda desde la
   montaña de nieve de tal pensamiento puro y especial,
Y por la fuerza de reunir mentalmente
Todo el conjunto de virtudes relacionadas con el pasado, presente y futuro
Me guarden vida tras vida
Santos protectores, guías espirituales del Vehículo
   supremo.

Que por las enseñanzas impartidas felizmente por
   ellos
Llegue yo a saber el modo de reunir las doctrinas
De los tres vehículos y por practicar sus significados
Madure mi contínuo mental en los caminos comunes.

Por lograr las siete iniciaciones puras
Se establezcan adecuadamente las potencias de los
   siete niveles
Se limpien las siete manchas de los constituyentes, etc.
Y sea yo autorizado a practicar el yoga del primer
   estadio y realice los actos comunes.

Que por las cuatro iniciaciones supremas, mundanas y
   supramundanas
Se planten las semillas de los cuatro vajras de los
   Cuatro Cuerpos
Y sea yo autorizado a escuchar, explicar y cultivar
Las cuatro ramas de aproximación y logro del segun-
   do estadio.

Bien asentado en el trono de las cuatro iniciaciones
   puras
En la suprema e inestimable mansión del Vehículo
   Vajra
Con el escabel de los votos y promesas no deteriora-
   dos
Me convierta yo en el monarca universal de la doctri-
   na de los dos estadios.

Que por el cuerpo, la palabra y la mente sublimes y la
   sabiduría, limpio y purificado,

Por el yoga de meditar en los seis linajes y las seis
ramas
Y por la luz de la serie de vajras en lugares determinados del cuerpo
Que brillan con fuerza se destruyan los demonios y
los obstructores.

Que se generen los mandalas de los cuatro elementos
En medio de la inmensidad del espacio
Y, al combinarse en uno, se establezca
Una valla de cinco y tres niveles (estadios) y un pala-
cio.

Que en el centro de éste como el glorioso Vajravega
Por la firme estabilización meditativa del
Rey de los Airados
Yo ponga fin a demonios y obstructores internos y
externos
Al emitir una hueste de sesenta guardianes de las
puertas.

Considerando que por el ejercicio de dispersar y reu-
nir
El campo de acumulación colma la inmensidad del
espacio
Se completen las uniones, potentes como olas,
Llevando a cabo todas las acumulaciones la –prepara-
ción–, según el rito.
Cultivando el orgullo del Cuerpo de Verdad al final
De la disolución de los seis constituyentes como en
los estadios de la muerte
Pueda yo completar la estabilización meditativa de las
cuatro puertas de la liberación
Ocasionando inmediatamente la Iluminación

Meditando en el espacio, el aire, el fuego, el agua, la
tierra, y el Monte Meru,
Pueda comprender yo el estatus del cuerpo vajra,
Con ruedas de canales, etc., en la coronilla,
Frente, cuello, corazón, ombligo y región secreta.

Al meditar bien en la tienda vajra
Sobre el loto, luna, sol, rahu, y kalagni,

Pueda detenerse el conjunto de aires de los canales
   derecho e izquierdo
En el canal con caracola a través del supremo yoga
   del vajra

Que por el poder de meditar en la mansión inestima-
   ble
Con la luz de la joya límpida dentro de la tienda vajra
Se purifique la tierra en la que me iluminaré como un
   Buda
Y mi soporte físico quede libre de corrupción.

Que por meditar en los pares, luna y sol, vocales y
   consonantes,
Aire y mente, y las dos letras, combinadas en una, la
   letra *ham*,
Se genere el gran gozo al reunirse en el canal central
El constituyente blanco y el rojo y el aire sutil y la
   mente.

Entonces que por el poder de meditar en las deidades
   del mandala del gran gozo, es decir,
El cuerpo sublime de Kalachakra, completo en todos
   los aspectos,
De la naturaleza del gran gozo que posee lo supremo
   de todos los aspectos
Junto con su Mujer de Conocimiento,

Puedan (esas meditaciones) servir de causas que
   generan
Los estadios supremos de consumación donde el Gran
   Sello
De forma vacía de existencia inherente se llena del
   sabor del gran gozo innato e inmutable,
Abrazado en realidad[69] a los sellos con aspecto y sin
   aspecto, respectivamente.

Que al cultivar la Iluminación manifiesta por medio
   de los cinco aspectos,

(69) [Leed ´khyud pa´i en lugar de *brgyud pa* ´i (43.1)]

El rey supremo de los mandalas, la rama de la aproximación,
Generando desde la semilla de la absorción de Padre
y Madre
El círculo supremo y completo de deidades en el
vientre

Y asentándolos bien en sus lugares correspondientes,
Genere yo las realizaciones supremas del camino
A través de purificar los agregados, constituyentes,
facultades de los sentidos,
Objetos, facultades de acción, y actividades.

Con el Victorioso, Supramundano y vajrico, y con su
Mujer de Conocimiento
Que habitan en el loto de la rueda del gran gozo
Y moran en la forma de una gota de gran gozo
Por la fuerza de haber sido disuelto por el fuego de la
mujer salvaje en el ombligo,

Pueda yo cultivar meditativamente la rama del logro-
cercano,
El supremo rey de las actividades, por medio de la
Iluminación en veinte aspectos:
Las cinco incitaciones por la canción placentera de las
diosas,
Las cinco construcciones, y las cinco que comprenden
las Cinco Salvajes

Dirigiendo (a los seres de sabiduría) al círculo de los
seres de compromiso,
Entrada, unión, estar deleitado, y hacerse una unidad
indivisible
Y a través de conceder iniciación, impresión de sello
y atención de pureza,
Puedan por tanto sus significados de actualizar esto.

Por el ardor ascendente en el canal central
Del fuego de la mujer feroz incitado por el aire descendente
Sobre la bendición del espacio secreto hacia la magnificencia y ser absorbido

Y, desde ahí, el descenso gradual de la mente de la
Iluminación

Que debido a la disolución de la letra *ham* en la coronilla
Y a cesar el movimiento de aires en los canales derecho e izquierdo,
Se actualice el yoga de las gotas, la rama suprema del
logro
Dando lugar a que entienda yo bien los cuatro gozos
del proceso siguiente.

Que a través de los cuatro deleites de la estabilidad
del paso por abajo
Que asciende otra vez por el mismo procedimiento
Pueda yo completar la rama del gran logro,
El yoga sutil, y la Iluminación manifiesta de la red
mágica.

Resumiendo, que pueda yo consumar el esfuerzo de
cultivar en cuatro sesiones
El estadio supremo de generación que purifica las
bases externas e internas de purificación,
Agua que limpia la apariencia ordinaria y el concepto
de lo ordinario,
El camino que madura para la generación total del
estadio de consumación.

También, que pueda yo madurar a los transmigrantes
ilimitados por la impasibilidad de obstrucción
A consumar las hazañas del logro final
De la clase más alta, a través de esforzarse
En la repetición, ofrecimientos de fuego, y del dar
ofrecimientos.

Pueda yo familiarizarme con el yoga de las seis ramas:
Las dos virtudes al principio, retiro individual y concentración,
Las dos virtudes en el medio, los caminos de parar la
vitalidad y retención,
Y las dos virtudes al final, atención y estabilidad
meditativa.

Pueda mi mente concentrarse unidireccionalmente,
    libre de laxitud y excitación,
En donde se contempla que un punto de la mirada fija
    de los ojos semicerrados vueltos hacia arriba
Entra en la parte superior del canal central.

A través de esto puedan los cuatro signos como
    humo, espejismo,
Chispas y lámpara de aceite, manifestarse,
Señales inequívocas de la reunión del conjunto
De los aires en el canal central.

También, al meditar bien como antes
A la manera en que se mira al espacio sin nubes,
Puedan los seis signos, ardor, luna, sol, rahu,
Relámpago y gota, completarse.

Por la concentración en un punto en la observación de
    las formas
Según mi deseo, sobre la renuncia gradual
De las formas vacías de existencia inherente en el
    área de la gota-cuerpo,
Pueda inducirse el gozo de la flexibilidad física y
    mental.

Por el poder de la familiarización concentrada en un
    punto de los dos yogas
De actualizar de esta manera las formas vacías
Y de estabilizar las conseguidas,
Pueda yo completar la palabra de verdad y las cinco
    clarividencias.

Al familiarizarme con el parar-la-vitalidad de la repe-
    tición vajra espontánea
Donde aire y mantra son inseparables en el camino de
    rahu
Y el detener-la-vitalidad del vaso (como control del
    aire)
Donde los aires inferiores y superiores cesan en el
    ombligo,

Puedan los signos especiales de los conjuntos de aires
Entrar y mantenerse en su totalidad por un momento

En el centro de la rueda de la emanación
Y actualizarse lo melodioso que alaban los Bodisatvas.

Que a través del yoga de sujetar resueltamente mi
mente al final de generar
Los cuatro deleites del descenso desde lo alto y estabilidad desde lo bajo,
Sin fluctuaciones, en el centro de la mezcla de los
aires
Vitalizantes y los descendentes en uno en el medio de
las seis ruedas,

Surja yo por mi propia mente en un cuerpo vacío de
forma
Y que los grupos de demonios de la muerte a des-
tiempo sean suprimidos.
Habiendo conseguido bien el poder de control sobre
todas las formas y vitalidad,
Pueda realmente surgir en un cuerpo de forma vacía

En unión de padre y madre
Inducido desde el gozo innato
Al encender otra vez el fuego de la mujer salvaje,
Y que se esparzan rayos de luz de colores desde los
poros de mis cabellos.

Pueda yo realizar la meditación en la que el gran gozo
inmutable,
Bien inducido por el poder del Sello
Al unirse con el Gran Sello
De tal forma vacía, se une con la vacuidad.

Que por el poder de poner uno sobre otro los constitu-
yentes blanco y rojo,
Veintiun mil seiscientos en número,
Arriba y abajo por el canal central,
Se consuman los constituyentes materiales de mi
cuerpo, como lo hace el hierro con el mercurio.

Que los veintiun mil seiscientos inmutables
Grandes gozos que comprenden la vacuidad

Hagan cesar el mismo número de aires kármicos,
rápidamente purifiquen
Las predisposiciones obstructivas, y logre el cuerpo
sublime de un Conquistador.

Que pueda llevar a cabo esos deseos con facilidad
Sin obstáculos, transformándome en capitan supremo
Que libera a los transmigrantes a través de este cami-
no supremo
Hacia la suprema tierra de joyas de un Conquistador.

Resumiendo, que a través de cualquier cúmulo de
sana virtud,
Que como se ha ilustrado aquí, se haya acumulado,
Pueda renacer rápidamente en Shambala, el tesoro de
joyas,
Y completar los estadios del camino del Tantra del
Yoga Más Elevado.

(Fin de la recitación y meditación)

Colofón

¡En donde más sino en este camino profundo
Del divino yoga del guru y el yoga de las seis sesiones
Está el rey de las joyas que conceden los deseos que otorga facil-
mente en una vida
El cuerpo-vajra con una esencia de vacuidad y compasión!

Por tanto ese gran racimo de frutas que todo lo incluyen (árbol que
concede los deseos) de formulaciones rituales
Que crece del campo de oro del pensamiento especial
Se ofrece como una nube de ofrecimientos que complace al que
lleva el loto en la mano,
Como bien se le ha imaginado y que resplandece en cien mil
lunas.

Pueda el gran río de enseñanzas inapreciables del Que ha Ido al
Gozo
Ornado en todas las direcciones con olas de explicaciones y
logros,

Ser exaltado con el juego de los tres tipos de estudio[70]
Por los reyes de los nagas esplendorosos con las capuchas de los
tres adiestramientos.[71]

Que aquel que tiene la naturaleza de aparecer como amigo de
todos los seres de los tres niveles,
Baile de compasión de todos los océanos de Conquistadores que
colman el espacio,
Se afirme en el cielo de la mente de los transmigrantes
Subyugando la oscuridad de las preocupaciones con el resplandor
de los rayos cálidos de su actividad

Por este buen camino extraordinariamente superior los seres igua-
les en número a las partículas
Puedas vencer totalmente en la batalla de las cuatro corrupciones
Y actualizar sin tardanza el estado de Kalachakra
Con la destreza total de los diez poderes sin miedo.

Esta "Manera de Practicar el Yoga del Guru en Dependencia De el
Victorioso Supramundano Kalachakra en Conexión Con el Yoga
de las Seis Sesiones, Racimo de Frutos del Árbol que Concede los
Deseos Que Todo lo Incluye" fue escrito muy respetuosamente por
el nonagésimo séptimo ocupante del trono de Gan-den, el respe-
tuoso sirviente, el Tutor Ling (Rin-bo-chay) llamado Tup-den-
lung-dok-ñam-gyel-trin-lay (*thub bstan lung rtogs rnam rgyal
'phrin las*) por orden del supremo gran refugio y protector (Su
Santidad el Décimocuarto Dalai Lama), la divina joya de la coronilla de la existencia cíclica y paz, que pidió que, por el bien de
mantener la práctica de su meditación, se formulara un rito basado
en sus indicaciones de la naturaleza de los contenidos y cómo
ponerlos en orden. Pueda esto que está siendo ofrecido servir a
todos los transmigrantes de causa de ser cuidados con deleite por
el señor y guru omnipresente, Kalachakra.

(70) Jam-bel-shen-pen: Las tres formas de estudio son, la explicación, el
debate y la composición.
(71) Jam-bel-shen-pen: Los tres adiestramientos son los de las más éti-
cas, la estabilización meditativa y la sabiduría.

2 El Yoga de las Seis Sesiones

Este texto fue creado por el primer Panchen Lama Lo-sang-chö-gyi-gyel-tsen (blo bzang chos kyi rgyal mtshan, 1567?-1662). Sólo se ha traducido el rito en si de meditación, y no las breves indicaciones sobre qué votos, qué compromisos, y demás se están llevando a cabo, ya que estos se dieron en el primer texto. La sección que al final revisa los votos uno a uno aparece como añadida por Pa-bong-ka (ver págs. 132-33).

Hasta la Iluminación voy por refugio al Buda,
La Doctrina, y la Suprema de las Comunidades.
Por el mérito de dar y otras perfeccionesque yo haya practicado
Pueda yo lograr la Budeidad para poder ayudar a los transmigradores.
(tres veces)

Puedan todos los seres conscientes, despojados ya del apego y la aversión
De (sentir a algunos) cercanos y (a otros) distantes, alcanzar el gozo superior.
Habiéndose liberado del océano del sufrimiento, difícil de soportar,
Puedan no verse nunca separados del gozo de la excelente liberación.

Desde ahora y hasta lograr la Budeidad
Mantendré sin abandono, aún a costa de mi vida,
La actitud de desear el logro de la Iluminación completa
Para liberar a todos los seres transmigradores de los terrores de la existencia cíclica y de la paz (solitaria)

Lamas, Conquistadores e Hijos
Os lo ruego, escuchadme.
Como los primeros Que Han Alcanzado el Gozo, generaron una
    intención altruista de iluminarse
Y vivieron los estadios de las prácticas de los Bodisatvas.
También para poder ayudar a los transmigradores
Generaré yo la intención altruista de iluminarme
Y adiestrarme en los estadios de las mismas prácticas.
(3 veces)

Ahora mi vida es fructífera,
He conseguido una buena existencia humana.
Hoy he nacido en el linaje de Buda.
Me he convertido en un hijo de Buda.

Ahora, pase lo que pase,
Actuaré de manera de no mancillar
Este impecable linaje sagrado de Buda,
Iniciando acciones acordes con este linaje.

En el espacio frente a mí en un trono de joyas cautivadoras sobre
    discos de sol, luna y loto abierto
Está mi lama raíz, el Omnipresente Maestro Vajradara;
De color azul, con un rostro, sostiene el vajra y la campana en sus
    manos.

Abraza a una consorte de aspecto similar a él,
Resplandece con la magnificencia de las marcas mayores y meno-
    res y viste ricos ornamentos,
Está cubierto de finas vestiduras de sustancia divina que cautivan
    la mente.
Su sólo recuerdo elimina toda angustia.

Esencia que contiene todos los refugios supremos,
Se sienta en la postura de las piernas cruzadas; los tres lugares (de
    su cuerpo)
Están adornados con las tres letras. Por la luz de la letra *Hum,*
El Lama Vajradara (es invitado) desde su mansión natural;
Jah hum bam hoh. Se hacen una unidad indivisible.

Me inclino ante los pies de loto de Vajradara,
Lama como una joya

A través de cuya bondad el gran gozo mismo
Surge en un instante.

Ofrezco con océanos de nubes
Diversos ofrecimientos de externos, internos y secretos,
Cosas que tienen dueño y que no lo tienen,
Objetos realmente dispuestos y emanados por la mente.

Al Lama, a la Deidad Personal, y a las tres Joyas ofrezco en visua-
   lización
El cuerpo, palabra y mente, mis recursos y los de otros,
Nuestros conjuntos de virtudes del pasado, presente y futuro,
Y el magnífico mandala precioso con cantidades de ofrecimientos
   de Samantabadra
Aceptándolos por vuestra compasión, os lo ruego, autorizadme
   con vuestras bendiciones.
(Idam guru-ratna-mandalakam niryatayami) (Ofrezco este mandala
   de joyas al guru)

Hago una petición al Lama precioso,
Dotado de las hazañas de un Conquistador en tierras innumerables
Por la acción de azafrán de todos Los Que Alcanzaron el Gozo, los
   de los tres tiempos
Y las diez direcciones, de acuerdo con lo que subyugará (practi-
   cantes).

Hago una petición al Lama precioso,
Loado como campo excelente que sobrepasa
Las ruedas todas de los múltiples Conquistadores
Para el pensamiento de los de mente menor, (emanado) por Vajra-
   dara.

Habiendo visto ¡oh Protector! que toda proeza suprema y común,
   sin excepción,
Se sigue de una relación correcta contigo,
Pueda yo, abandonando mi cuerpo y mi vida,
Ser bendecido para lograr sólo aquello que es de tu agrado.

Al hacer tales peticiones, el Lama supremo
Viene a mi coronilla, samajah,
Y una vez más se hace conmigo una unidad indivisible

Todos los entornos y seres, como ilusiones de un mago, los sueños,
Y la luna (reflejada) en el agua, son vacíos de existencia inherente.
Aun no existiendo en verdad, las apariencias designadas por nombres y pensamientos
Aparecen como burbujas de agua que surgen de ella.[1]

Con el orgullo de ser Vajrasatva,
Manteniendo los símbolos, el vajra secreto del gran gozo innato
Y la campana secreta del estar libre de las elaboraciones de la existencia inherente,
Abrazo a la Victoriosa Supramundana.

Por todos los seres conscientes, mis madres,
Desde ahora en adelante, abandono sin pesar
Mi cuerpo, bienes, y cualquier cantidad
De virtud del pasado, presente y futuro.

Me abstendré de las dieciocho infracciones raíz:
Alabarme a mí y ridiculizar a otros; no dar doctrina o riqueza;
No perdonar aunque me lo pidan; abandonar el Gran Vehículo;
Robar la propiedad de las Tres Joyas; abandonar la doctrina;
Robar un hábito azafrán, y las cinco acciones de inmediato resultado,
Visión incorrecta, destruir ciudades, etc.;
Enseñar vacuidad a los no entrenados;
Desviar la intención de alguien de iluminarse completamente;
Ser causa de que alguien abandone la liberación individual ridiculizando el Vehículo de los Oyentes;
Recibir la propiedad de las Tres Joyas aclamando en falso (el haber realizado) lo profundo,
Mala conducta ética, abandonar la actitud de la promesa altruista.
Para dieciseis son necesarias las cuatro implicaciones totales,
Para que sea una infracción raíz:
No considerar las desventajas, no superar el deseo de hacerlo,
Disfrutar y complacerse en ello, y falta de conciencia y vergüenza,
Para dos, visión incorrecta y abandonar la actitud altruista,
No se necesitan de las cuatro (para que sea una infracción raíz).

(1) Esta estrofa añadida, de acuerdo con las instrucciones de S.S. el Dalai Lama, procede de una obra de Gung-tang Gön-chock-den-bay-drön may (gung Hrang dKon mchog bstan pa'i sgron me, 1762-1823).

A riesgo de mi vida, me abstendré de las catorce infracciones raíz:
Burlar y ridiculizar al Lama, despreciar los preceptos,
Criticar a los hermanos y hermanas vajra, abandonar el amor,
Dejar de lado las intenciones altruistas aspiracionales y prácticas,
Despreciar las doctrinas del Sutra y del Mantra,
Proclamar el secreto a los no maduros,
Despreciar los propios agregados, abandonar la vacuidad,
Confiar en amigo venenoso, no recordar la visión,
Desarraigar la actitud de fe de alguien,
No observar los compromisos, y despreciar a la mujer.

Mantendré, sin excepción, los compromisos secundarios:
Abandonar las cuatro raíces, alcohol y no actividades.
Confiar en un protector sagrado, respetar y servir a los amigos,
Mantener las diez virtudes y abandonar las causas
De desviarse del Gran Vehículo
Así como burlarse y pisar (artículos sagrados).

También me abstendré correctamente de las infracciones burdas:
Usar un Sello inadecuado, involucrarme en absorción sin las tres discriminaciones,
Mostrar cosas secretas a quienes no son recipientes,
Pelear y disputar en una asamblea, de ofrecimiento,
Responder perversamente a una pregunta de un creyente,
Quedarse siete días en casa de un Oyente,
Pretender ser un Yogui sin serlo,
Enseñar la doctrina excelente a los no creyentes,
Involucrarse en las actividades del mandala sin completar la aproximación, etc.,
Transgredir a propósito los preceptos de la liberación individual
y los votos del Bodisatva,
Y contradecir (los preceptos instaurados en) las *Fifty Stanzas on the Guru.*

No despreciaré las prácticas hechas con la mano izquierda
Alabaré (a las mujeres),
Abandonaré la absorción con no cualificados,
No perderé la visión en la unión,
Mantendré invariable interés en usar el deseo como camino,
En no desconsiderar los dos tipos de Sellos,
En trabajar sobre todo en métodos externos e internos,

En no emitir el kunda, mantener conducta limpia,
Y en rechazar la náusea al tomar la mente de la Iluminación.

Llevaré a cabo según la palabra del Conquistador
Los preceptos que se formulan en los votos
De liberación individual, Bodisatvas, y Vehículo Vajra,
Sin transgredir los más sutiles, ni siquiera en sueños.

Según el pensamiento del conquistador, asumiré correctamente
Todo, sin excepción, de la excelente doctrina, verbal y de realización,
Contenida en los tres vehículos y los cuatro grupos de Tantra.
Liberaré totalmente a los transmigradores con métodos que les
    sean apropiados.

Por el poder de las virtudes significativas que se derivan de esto
Pueda yo, por el poder de Vajradara, no transgredir
En todas mis vidas los límites de lo formulado
Y completar los niveles del camino de los dos estadios.

En resumen, que a través de cualquier conjunto de virtudes significativas,
Que yo haya acumulado,
Pueda renacer rápidamente en Shambala, el tesoro de las joyas,
Y completar los estadios del camino del Tantra del Yoga Más Elevado.

Que pueda disfrutar la gloria de la doctrina en todas las vidas
Sin quedar separado de verdaderos Lamas,
Y, completando totalmente las cualidades de las bases y caminos,
Alcanzar con rapidez el estado de Vajradara.

3 *Yoga Abreviado de las Seis Sesiones*

Este texto fue creado por Lo-sang-den-dzin (blo bzang bstan 'dzin)

Desde mi corazón me refugio en las Tres Joyas,
Liberaré del dolor a todos los seres conscientes y los instalaré en el
  gozo último.
Para hacerlo, generaré la intención altruista de lograr la Ilumina-
  ción perfecta
Y por tanto me adiestraré en las prácticas de los Bodisatvas.

En un trono, en el espacio frente a mí, sobre discos de sol, luna y
  loto
Está mi Lama raíz, el Omnipresente Maestro Vajradara,
De color azul, manteniendo el vajra y la campana,
Abrazando a Vajradatu-Ishvari y moviéndose en el gozo innato.

Los tres lugares (de su cuerpo) están marcados con las tres letras.
Con la luz de la letra *Hum,* los seres de sabiduría quedan invitados
  y se vuelven una unidad indivisible (con los seres imaginados).
Homenaje a los pies de loto de Vajradara.
Hago ofrendas con océanos de nubes de ofrecimientos externos,
  internos y secretos
Y con los ofrecimientos inigualables de Samantabadra,
Montañas, tierras, vasos de tesoros de joyas, sol, luna y demás.

Al haber visto que toda proeza supremo y común sin excepción,
Se sigue del apoyarse adecuadamente en tí, ¡Protector!
Pueda yo, más allá de mi cuerpo y mi vida,
Quedar bendecido para lograr sólo aquello que te agrada.

Por haber hecho tales peticiones, el Lama viene a mi coronilla
Y disolviéndose en mí se hace una unidad indivisible conmigo.
Soy Vajrasatva, con vajra y campana

Y, abrazando a la Supramundana Victoriosa, me muevo en el gozo
innato.

Por el bien de mis madres, abandono sin pena
Mi residencia, cuerpo, bienes y conjuntos de virtudes del pasado,
del presente y del futuro,
Incluso a riesgo de mi vida no transgrediré los límites formulados
Para los tres votos de liberación individual, Bodisatva, y Mantra
Secreto.

Habiendo asumido bien la doctrina, verbal y de realización, contenida en los tres vehículos
Y los cuatro grupos de Tantra, libraré totalmente a los transmigradores con los métodos.

Por estas virtudes puedan cumplirse los deseos que hicieron Los
Que Alcanzaron el Gozo y los Bodisatvas
Dedico esta virtud al mantenimiento de la doctrina.
Por el poder ineluctable de las espléndidas bendiciones de las Tres
Joyas y del surgimiento dependiente
Puedan mis buenos deseos cumplirse y lograr yo rápidamente la
Budeidad.

Apéndice

1 Mantras de la Iniciación de Kalachakra, Estadio de Generación

Como ya se mencionó en la introducción, el texto de las iniciaciones para el estadio de generación en el sistema de Kalachakra es *Mandala Rite of the Glorious Kalachakra: Illumination of the Thought (dpal dus kyi ´khor lo ´i dkyil chog dgongs pa rab gsal)* de Kay-drup, suplementado con textos de la obra, *Rite of Kalachakra, Stated in an Easy Way (dus ´khor dbang chog nag gros su bkod pa)* de Lo-sang-tsul-trim-den-bay-gyel-tsen. Así, los mantras que se dan a continuación provienen de estos dos textos.

Se incluyen también traducciones al Tibetano de varios mantras tal y como se encuentran en, *Means of Achievement of the Complete Mandala of Exalted Body, Speech and Mind of the Supramundane Victor, the Glorious Kalachakra: Sacred Words of Scholars and Adepts (dpal bcom ldan ´das dus kyi ´khor lo ´i sku gsung thugs yongs su rdzogs pa ´i dkyil ´khor gyi sgrub thabs mkhas grub zhal lung)* del Séptimo Dalai Lama, Gel-sang-gya-tso *(bskal bzang rgya mtsho*, 1708-1757*)*. Se hace también referencia a la fuente de las traducciones del Séptimo Dalai Lama, *Commentarial Explanation of the "Initiation Chapter" [of the Kalachakra Tantra], annotations to (Kulika Pundarika´s) "Stainless Light" (dbang gi le ´u ´grel bshad dri med ´od kyi mchan)* de Bu-dön Rin-chen *(bu ston rin chen grub)*, encontrado en el segundo volumen de sus Obras Completas. Las traducciones de Bu-dön son casi exactamente las mismas que las que da el texto del Séptimo Dalai Lama, pero éste último tiene algunas que no aparecen en el texto de Bu-dön.

Se señalan también algunas variantes, que se encuentran en el, *Mandala Rite of the Glorious Kalachakra: Source on Good Qualities (dpal dus kyi ´khor lo ´i dkyil ´byung)* en el volumen cinco de sus Obras Escogidas y su obra *Means of Achievement of the Supramundane Victor, the Glorious Kalachakra: Fruit Clusters of the Wish-Granting [Tree] (dpal dus kyi 'khor lo'i srub thabs dpang bsam snye ma)* del mismo volumen. Bu-dön tiene también un texto dedicado a dar cuarenta genealogías de la transmisión de diferentes escuelas de Tantras (los de Kalachakra estan al principio) y también listados de trescientos cincuenta y cinco mantras encontrados en diversos Tantras; se llama *Collection of the Retention [Mantras] of the tantra Sets of Secret Mantra (gsang sngags rgyudsde bzhi'i gzungs 'bum)* y se encuentra en el volumen dieciseis de sus Obras Completas.

Los mantras se ordenan por orden de aparición en el texto, bajo el encabezamiento de su respectivo capítulo. Se da primero una transcripción del mantra seguido, la mayoría de las veces, de una traducción al español. A continuación están las referencias al *Mandala Rite* de Kay-drup o el *Initiation Rite* de Lo-sang-tsul-trim-den-bay-gyel-tsen, con la traducción al tibetano cuando ha sido facilitada: éstas a su vez, van seguidas de referencias a los trabajos de Bu-dön junto con la traducción al tibetano cuando ha sido facilitada. El orden de palabras en tibetano es a veces extraño ya que proviene del orden de las palabras en sánscrito. Tras la primera versión, se dan variantes en itálica.

Se hacen varias referencias también a la *Explanation of the Initiations of the Supramundane Victor, the Glorious Kalachakra, garland of Rubies (bcom ldan'das dus kyi 'khor lo'i dbang gi bshadpa padma ra ga'i phreng ba)* de Lo-sang-tsul-trim-den-bay-gyek-tsen, que tiene traducciones al tibetano de varios mantras que no figuran en las obras ya citadas. Estos han sido incluidos al final de sus respectivos grupos, utilizándose "Kangsar" como referencia al texto (que está en el tercer volumen de sus Obras Completas), ya que fue también conocido como Dre-wo Kang-sar-gyap-gon Rin-bo-chay *(tre bo khamg gsar skyabs mgon)* y para distinguirlo fácilmente de su *Initiation Rite of Kalachakra, Stated in an Easy Way.* Se encuentran también algunas referencias de la obra del Séptimo Dalai Lama *Explanation of the Mandala Rite of the Glorious Guhyasamaja, Akshobhyavajra, Illumination Brilliantly Clarifying the Principles of the Meaning of Initiation, Sacred Word of Vajrasattva (dpal gsang ba 'dus pa mi bskyod rdorje'i dkyil 'khor gyi cho ga'i rnam par bshad pa dbang don de nyid yang gsal snang ba rdo rje sesdpa'i zhal lung)* como *"Seventh Dalai Lama's*

Explanation". Estos dos últimos textos son de particular ayuda no sólo por las traducciones de mantras que proveen, sino también por poner sus significados dentro del contexto. Debe quedar claro con estas citas que no sólo son importantes los sonidos de los mantras a lo largo de estos rituales, sino también sus significados.

Los principios de la edición son conservadores; casi todos los cambios son mantenidos, al menos, en una edición.

I.4 PALITO, AGUA, HIERBA KUSHA Y CINTA

Om ah hum hoh ham kshah vajra-danta-kashtha-chatur-vomokis-ha-mukha-vishuddha-svabhavam kaya-vak-chitta-jñana-mukha-dantadi-malam vishodhaya svaha

"Pueda la sílaba semilla de los seis linajes –*om ah hum hoh ham kshah*– y el palito, que tienen la naturaleza de la pureza de las cuatro puertas de la liberación, purificar las contaminaciones de la primera cara, etc., del cuerpo, palabra, mente y conciencia prístina sublimes *svaha*".

Kay-drup, *Mandala Rite* 298.5: Om ah hum hoh ham *ksha* vajra-danta-kashtha-chatur-vimoksha, mukha-vishuddha-svabhavam kaya-vak-chitta-jñana-mukha-dantadi-malam vishodhaya svaha.

Bu-don, *Initiation chapter* volumen 2, 297.7: Om ah hum hoh ham kshah *vajra*-danta-kashthachatur-vimoksha, mukha-vishuddha-svabhavam kaya-*vag*-chitta-jñana-mukha-dantadi-malam *vishodhaya* svaha (rdo rje so shing bzhi rnam par thar pa rnam par dag pa´i rang bzhin sku gsung thugs ye shes zhag dang po la sogs dri ma rnam par sbyang bar mdzod rnam par sbyang bar mdzod).

Kang-sar, 382.2: rdo rje so shing rnam par thar pa *bzhi´i sgo* rnam par dag pa´i rang bzhin sku gsung thugs ye shes *zhal* dang po [so?] la sogs dre ima rnam par *sbyong*.

Om hrih suvishuddha-dharma-sarva-papam nichamasya shod-haya sarva-vikalpana-apanaya hum.

"*Om hrih* purifica toda acción dañina de los agregados por la pureza total de los fenómenos; elimina todo concepto *hum*."

Kay-drup, *Mandala Rite* 298.6: Om hrih suvi-shuddha-*dharma*-sarva-*papa-nicha-asya* shodhaya sarva-*vikala-pana* apanaya hum.

Bu-dön, *Mandala Rite,* volumen 5, 187.3: Om hrih suvishuddha-dharma-sarva-*papa*-nichamasya shodhaya sarva-*vikala pana* apanaya hum.

Kang-sar, significa, 382.4: chos thams cad shin tu rnam par dag pas sgrib pa thams cad rnam par sol cig/rnam par rtog pa thams cad sol cig.

Om vajra-tikshna bam.
   "Om vajra agudeza bam."
   Kay-drup, *Mandala Rite* 299.1: Idem
   Bu-dön, *Mandala Rite*, volumen 5, 187.4: Idem.
   Dalai Lama *Explanation* 309.2: rdo rje rnon po.

Om buddha-maitri-raksha raksha sarvan svaha.
   "Om protege, protege contra todo (lo desfavorable) con el amor de Buda *svaha."*
   Kay-drup, *Mandala Rite* 299.2: Idem.
   Bu-dön, *Mandala Rite*, volumen 5, 187.4: Om buddha-maitri-raksha *sarvam* svaha.
   Séptimo Dalai Lama *Explanation* 310.6: sangs rgyas byams pa srungs shig srungs shig thams cad.

I.5 LOS SEIS LINAJES Y VAJRASATVA

Om a a am ah vajrasatva-mahasukha-vajra-kalachakra shishyasya abhimukho bhava samtushto bhava varado bhava, kayavak-chittadhishthanam kuru svaha.

"Vajrasatva, Kalachakra Vajra del gran gozo, aproxímate al discípulo, agrádale totalmente (al discípulo) concede lo supremo, bendice hacia la magnificencia el cuerpo, palabra y mente sublimes."

Kay-drup, *Mandala Rite* 299.3: Om a a am ah vajrasatva-mahasukha-vajra-kalachakra shish-yasya abhimukho bhava *santushta* bhava *rado* bhava, kaya-vak-*chittadhishthanam* kuru svaha.

Bu-dön, *Initiation Chapter*, volumen 2, 298.3: Om a a am ah vajrasatva-mahasukha-vajra-kalachakra shishyasya abhimukho bhava santushto bhava varoda

bhava, kaya-vak-chittadhishthanam kuru *kuru* svaha
(rdo rje sems dpa´ chen po bde ba rdo rje dus kyi
´khor lo slob ma´i mngon du phyogs par mdzod yang
dag par mnyes par mdzod mchog stsol bar mdzod sku
gsung thugs byin gyis brlab par mdzod).

II.2 FUERA DE LA CORTINA

Om pravishaya bhagavan mahasukha-moksha-puram sarva-siddhi-sukha-pradam paramasukha-uttamasiddhya jah hum bam hoh prasiddhyasva.

"Supramundano Victorioso, déjame entrar para el
gran gozo en la ciudad de la liberación (el mandala).
El gozo jubiloso de toda proeza. Mediante la hazaña
del excelente gozo supremo sea totalmente logrado
jah hum bam hoh."

Kay-drup, *Mandala Rite* 318.2: Om pravishaya
bhagavan mahasukha-moksha-puram sarva-siddhi-
sukha-pradam paramasukha-uttama-siddhya jah hum
bam hoh *Prasiddhyasva* (dngos grub kun gyi bde ba
nyams dga´ ba// thar pa´i grong de bcom ldan bde
chen ´jug// mchog tu bde ba dam pa´i dngos grub
kyis// dzah hum bam hoh rab tu grub par mdzod).

Bu-dön, *Mandala Rite*, volumen 5, 206.6: Om pravishaya bhagavan mahasukha-moksha-*suram* siddhi-
sukha-pradam paramasukha-uttama-siddhya jah hum
bam hoh prasiddhyasva.

Kang-sar, 378.5: om´jug pa bcom ldan´das bde ba
chen po thar pa grong du dngos grub kun bde ba rab
tu dga´ba mchog tu bde ba dam pa dngos grub rab tu
grub par mdzod. (Traducción completa igual a la
anterior en 379.3).

Om sarva-tathagata-anuttara-bodhi-alamkara-vastra-puja-me gha-samudra-spharana samaya shriye hum om vajra-raksha ham, om vajra-ushnisha hum phat.

"*Om* la promesa que emite un océano de nubes de
ofrecimientos de vestimentas como adornos de la Iluminación más elevada de Los Que Han Ido Más Allá
shriye hum. Om protector vajra *ham. Om* protuberancia de la coronilla vajra *hum phat.*"

Kay-drup, *Mandala Rite* 318.4: Om sarva-tathagata, anuttara-bodhi-alamkara-vastra-puja-megha-samu-
dra-spharana samaya shriye *hum* om vajra-raksha
ham, om vajra-ushnisha hum phat.

Bu-dön, *Mandala Rite*, volumen 5, 209.3: Om
sarvva-tathagata, anuttara-bodhi-alamkara-vastra-
puja-megha-samudra-spharana samaya shriye hum
om vajra-raksha *hum*, om vajra-ushnisha hum phat.

Kang-sar, 380.4: de bzhin gshegs pa thams cad kyi
bla na med pa´i byang chub rgyan gos kyi mchod pa´i
sprin gyi (según el texto gyis) ni rgya mtsho ´phro
ba´i dam tshig go// rdo rje´i bsrung ba// rdo rje´i gtsug
tor.

Om dvadasha-anga-nirodha-karini hum phat
"*Om* que hace cesar las doce ramas *hum phat*."
Kay-drup, *Mandala Rite* 318.5: Idem
Bu-dön, *Mandala Rite*, volume 5, 209.3: Om
dadasha-amga-nirodha-karini hum phat.
Kang-sar 381.2: bcu gnyis yan lag ´gog pa byed
pa.

Ah kham-vira hum.
Kay-drup, *Mandala Rite* 318.5: A kham-vira hum
(pero más tarde igual que arriba)
Bu-dön´s, *Mandala Rite,* volumen 5, 209.3: A
kham-vira hum.

Séptimo Dalai Lama *Explanation* 457.5: *ah* es la
sílaba semilla de Vairochana; *kha* es la sílaba semilla
de Amogasidi; *vi* es la primera letra del nombre de
Vairochana; [ra] es la primera letra del nombre de
Ratnasambava; *hum* es la sílaba semilla de Akshobya.
Así mientras se recita el mantra, se da a cada discípulo una guirnalda de flores, que surge de la apariencia
de lo que son en entidad las sabidurías sublimes de
los cinco linajes como dichas sílabas, y están marca-
das con dichas sílabas produciendo (aquellas deidades) respectivamente. Cierto (erudito) afirma que el
significado de este mantra *ah kham-vira hum* es
"Héroe del espacio" (*nam mkha´i dpa´bo*).

Om sarva-yoga-chittam utpadayami.
"Estoy causando que sea generada la mente del yoga que-todo-lo-abarca."
Kay-drup, *Mandala Rite* 320.2: Idem.
Bu-dön, *Mandala Rite,* volumen 5, 209.7: Om sarva-yoga-*chitta*-utpadayami.
Kang-sar, 390.6: thams cad rnal ´byor sems bskyed par bgyi´o.

Om surata-samayas tvam hoh siddhya-vajra-yatha-sukham.
"*Om* puedas tú, que tienes el compromiso del deleite completo, lograr el vajra (de Budeidad) como querías."
Kay-drup, *Mandala Rite* 320.3: Idem.
Bu-dön, *Mandala Rite* volumen 5, 209.7: Om *surate* samayas tvam hoh siddhi-vajra-yatha-sukham.
Kang-sar, significa 391.3: shin tu dga´ ba´i dam tshig dang ldan pa khyod kyi ji ltar dga´ba´i rdo rje ste sangs rgyas bsgrub par bya´o.

II.3 VIENDO EL MANDALA

Om vighnantakrt hum.
Kay-drup, *Mandala Rite* 320.5: Idem.
Bu-dön, *Mandala Rite,* volumen 5, 210.2: Om *vighnantakrt* hum.

Om maharata, sudriddha sutoshyo, sususho, vajrasatva adya-siddhya mam.
"*Om* pueda el gran deleite, la completa firmeza, la completa felicidad, el completo gozo Vajrasatva, ser establecido hoy en mí."
Kay-drup, *Mandala Rite* 320.5: Om maharata, sudriddha, *sutosho,* sususho, vajrasatva adya-siddhya mam.
Bu-dön, *Mandala Rite,* volumen 5, 210.4: Idem. que en la primera versión.
Kang-sar, significa 392.6: dga´ba chen po shin tu brtan// shin tu dgyes dang shin tu bde// rdo rje sems dpa´ de ring ni// grub par mdzod cog bdag la´o.

Om sarva-tathagata-puja-upasthanaya atmanam niryatayami, sarva-tathagata-vajrasatva adhitishthasva mam hum.

"Ya que me ofrezco al culto y servicio de Todos los Que Han Ido Más Allá. Que Vajrasatva, el ser de Todos Los Que Han Ido Más Allá me bendiga hacia la magnificencia."

Kay-drup, *Mandala Rite* 320.7: Om sarva-tathaga-ta-puja-upasthanaya atmanam niryatayami, sarva-ta-thagata-vajrasatva *adhitishthasva ma* hum (de bzhin gshegs pa thams cad la mchod pa dang bsnyen bkur ba´i phyir bdag ´bul bas de bzhin gshegs pa thams cad kyi ngo bo rdo rje sems dpas bdag la byin gyis brlab tu gsol).

Bu-dön, *Mandala Rite*, volumen 5, 210.4: el *hum* final está omitido.

Om sarva-tathagata-puja-karmane atmanam niryatayami, sarva-tathagata vajra-karma kuru mam.

"Ya que me ofrezco a la actividad del culto a Todos Los Que Han Ido Más Allá. Os lo ruego, Todos Los Que Habeis Ido Más Allá, concedédme las actividades vajra".

Kay-drup, *Mandala Rite* 321.2: Om sarva-tathaga-ta-puja-*karmana* atmanam niryatayami sarva-tathaga-ta vajra-karma kuru mam (de bzhin gshegs pa thams cad la mchod pa´i las kyi phyir bdag ´bul bas de bzhin gshegs pa thams cad kyis bdag la rdo rje las mdzad de gsol)

Bu-dön, *Mandala Rite*, volumen 5, 210.4: Om sar-va-tathagata-puja-karmane *atmanam* niryatayami, sar-va-tathagata vajra-*karmma kuruta* mam.

Om sarva-tathagata-puja-abhishekaya atmanam niryatayami, sar-va-tathagata vajra-ratna abhishimcha mam.

"Ya que me ofrezco al culto de Todos Los Que Han Ido Más Allá y, a conferir la iniciación, puedan Todos Los Que Han Ido Más Allá otorgarme la iniciación de la joya vajra".

Kay-drup, *Mandala Rite* 321.2: Om sarva-tathaga-ta-puja-*abhishekaya* atmanam *niryatayami* sarva-ta-thagata vajra-ratna *abhishincha mam* (de bzhin gshegs pa thams cad la mchod pa dang dbang bskur ba´i phyir bdag ´bul bas de bzhin gshegs pa thams cad kyi[s] bdag la rdo rje rin chen gyi dbang bskur du gsol).

Bu-dön, *Mandala Rite*, volumen 5, 210.5: Om sarva-tathagata-puja-abhishekaya *atmanam* niryatayami sarva-tathagata vajra-ratna *abhishiñcha* mam.

Om sarva-tathagata-puja-pravaratanaya atmanam niryatayami, sarva-tathagata vajra-dharma-pravarataya mam.

"Ya que me ofrezco a Todos Los Que Han Ido Más Allá para girar completamente (la rueda de las enseñanzas). Que Todos Los Que Han Ido Más Allá giren por completo (la rueda) de la enseñanza vajra para mí.

Kay-drup, *Mandala Rite* 321.6: igual en Sánscrito (de bzhin gshegs pa thams cad la mchod pa rab tu skor ba´i phyir bdag ´bul bas de bzhin gshegs pa thams cad kyis bdag la rdo rje´i chos skor du gsol).

Bu-dön, *Mandala rite*, volumen 5, 210.6: Om sarva-tathagata-puja-pravaratanaya *atmanam* niryatayami, sarva-tathagata vajra-*dharmah*-pravarataya mam.

Om sarva-buddha-puja-upasthanaya atmanam niryatayami, sarva-tathagata-vajra-vairochana adhitishtha mam.

"Ya que me ofrezco a Todos Los Que Han Ido Más Allá para culto y servicio, que Vairochana, el ser de Todos Los Que Han Ido Más Allá me bendiga hacia la magnificencia.

Kay-drup, *Mandala Rite* 322.1: Om-sarva-buddha-puja-upasthanaya atmanam *niryatayama* sarva-tathagata vajra-vairochana-adhitishtha mam (de bzhin gashegs pa thams cad la mchod pa dang bsnyen bkur ba´i phyir bdag ´bul bas de bzhin gshegs pa thams cad kyi ngo bo rnam par snang mdzad kyis bdag la byin gyis brlab tu gsol).

Bu-dön, *Mandala Rite*, volumen 5, 210.5: Om sarva-buddha-puja-upasthanaya *atmanam* niryatayami sarva-tathagata vajra-vairochana-adhitishtha mam.

Om guru-charana-puja-upasthanaya atmanam niryatayami, sarvasatva-paritranaya atmanam niryatayami.

"Ya que me ofrezco para culto y servicio a los pies

del guru, me ofrezco a mi mismo para ayudar a todos los seres".

Kay-drup, *Mandala Rite* 322.4: Om guru-charana-puja-upasthanaya atmanam niryatayami, sarvasatva-*paritranaya*, atmanam niryatayami.

Bu-dön, *Mandala Rite*, volumen 5, 210.7: Om guru-*charshana*-puja-*upasthanaya atmanam* niryata-yami.

Om vajra-udakathah.

"*Om* bebe el agua vajra".

Kay-drup, *Mandala Rite* 322.3: Idem.

Bu-dön, *Mandala Rite*, volumen 5, 211.4: Om *panca-amrta*-vajra-udakathah.

Séptimo Dalai Lama, *Explanation* 491.4: rdo rje chu ´thung zhig.

Om shunyata-jñana-vajra-svabhavatmako´ ham.

"Poseo una naturaleza esencial de vacuidad y sabiduría indivisibles".

Kay-drup, *Mandala Rite* 323.6: abreviado.

Om ah ra ra ra ra, la la la la, vajra-aveshaya hum.

"*Om ah ra ra ra ra, la la la la,* que todos los vajras desciendan totalmente) *hum*".

Kay-drup, *Mandala Rite* 324.6: Idem.

Bu-dön, *Mandala Rite*, volumen 5, 212.4: Idem.

Séptimo Dalai Lama, *Explanation* 501.3: rdo rje kun tu phob.

Om sarva-tathagata-kula-vishodhani svaha.

"*Om* la purificación de los linajes de Todos Los Que Han Ido Más Allá *svaha*".

Kay-drup, *Mandala Rite* 325.6: Idem.

Bu-dön, *Mandala Rite*, volumen 5, 213.6: Idem.

Bu-dön, *Initiation Chapter*, volumen 2, 391.5:

Om sarva-tathagata-kula-*vishvadhani* svaha (thams cad be bzhin gshegs pa rnam par sbyongs).

Kang-sar 405.1: de bzhin gshegs pa thams cad *kyi rigs* rnam par sbyong.

Om pratigrhnas tvam imam satva-mahabala.
> "*Om* Ser de Gran Poder, cuida a este (discípulo)".
> Kay-drup, *Mandala Rite*, 325.7: Om *pratigrhnas-tva* imam satva-mahabala.
> Bu-dön, *Mandala Rite*, volumen 5, 214.1: igual a la primera versión.
> Kang-sar, significado, 405.3: sems dpa´ stobs po che slob ma byang chub ma thob par rjes su zungs shig.

Om divyendriyanudghataya svaha.
> "*Om* abre el poder del sentido divino *svaha*".
> Kay-drup, *Mandala Rite* 326.2: (poco claro) Om *devyintrayandyiddorahgha aya* svaha.
> Lo-sang-tsul-trim-den-bay-gyel-tsen, *Initiation Rite*, 488.4: Om *devyintraya-ah ntudaghataya* svaha.
> Bu-dön, *Mandala Rite*, volumen 5, 213.7: Om *divyendriyanudghataya* svaha.
> Kang-sar 406.2: lha´i dbang po rab tu dbye bar mdzod.

He vajra-pashya.
> "Oh, mira el vajra (mandala)".
> Kay-drup, *Mandala Rite* 326.4: Idem.
> Bu-dön, *Mandala Rite*, volumen 5, 214.1: Idem.
> Kang-sar 407.1: kye rdo rje ltos shig.
> Séptimo Dalai Lama, *Explanation*, significado, 524.3: rdo rje dkyil ´khor la ltos.

Samaya hoh hoh hoh hoh.
> Kay-drup, *Mandala Rite* 326.6: Idem.
> Bu-dön, *Mandala Rite*, volumen 5, 214.4: *hoh hoh hoh.*

III. ORIENTACIÓN

Om sarva-papam dahana-vajraya vajrasatvasya, sarva-papam daha svaha.
> "*Om* quema todas las acciones dañinas para que el vajra de Vajrasatva queme todas las acciones dañinas *svaha*".
> Kay-drub *Mandala Rite*, 326.6.Idem

Bu-don *Mandala Rite*, volumen 5, 214.7: Om sarva-papam dahana-vajraya vajrasatvasya, sarva-papam *daha daha* svaha.

Kang-sar, significado, 420.3: rdo rje sems dpa´ rdo rje´i ched du sdig pa thams cad bsregs la gzhi tshugs.

III.1 INICIACIÓN DEL AGUA

Om ham ham him him hrm hrm hum hum hlm hlm a i r u l vajra-dakinyau vajra-amrta-ghatair abhishiñchantu mam svaha.

"*Om ham ham him him hrm hrm hum hum hlm hlm a i r u l* os lo ruego, viajeras del espacio, conferidme la iniciación con vasos de ambrosía vajra *svaha*".

Séptimo Dalai Lama, *Means of Achievement,* 56.3:
Om ham ham him him hrm hrm hum hum hlm hlm a i r u l vajra-*dakinyau* vajra-amrta-ghatair *abhishanchatu* mam svaha (rdo rje mkha´ ´gro ma la rdo rje bdud rtsi´i bum pa rnams kyis mngon par dbang bskur du gsol).

Bu-dön, *Initiation Chapter*, volumen 2, 300.7: Om ham ham him him hrm hrm hum hum hlm hlm a i r u l vajra-dakinyau *vajramrta*-ghatair *abhishishchantu mam* svaha (rdo rje bdud rtsi´i bum pa rnams kyis mngon par dbang bskur du gsol bdag la).

Bu-dön, *Mandala Rite*, volumen 5, 215.7: Om ham ham him him hrm hrm hum hum hlm hlm a i r u l vajra-dakinyau, vajra-amrta-ghatair *abhishiñhchantu* svaha.

Jah hum bam hoh hi.

"Sed convocados, entrad, fundíos, gozad y volveos una unidad indivisible".

Kay-drup, *Commentary on the Initiation Chapter*, 604.5: dgug gzhug bcin mnyes par byed pa... ro mnyam du byed pa.

Vajra-bhairava akarshaya jah.

"Vajra Airado, convoca, *jah*".

Kay-drup, *Mandala Rite*, 328.3: Idem.

Bu-dön, *Initiation Chapter*, volumen 2, 300.1, tie-

ne un mantra parecido: Vajra-*bhairava* akarshaya...jah
(rdo rje 'jigs byed 'gugs par mdzod).

Gandham pushpam dhupam dipam akshate naividye lasye hasye vadye nrtye gitye kame puja kuru kuru svaha.
"Ofrece perfume, flores, incienso, luces, frutos, comida, parte inferior de la vestimenta, sonrisas, música, danza, canciones y tacto *svaha*".
Kay-drup, *Mandala Rite*, 271.7. Ver nota 48

Om prajñaparamita hum hum phat.
Om lochani hum hum phat.
Om mamaki hum hum phat.
Om pandara hum hum phat.
Om tara hum hum phat.
Kay-drup, *Mandala Rite*, 328.6.

Om a i r u l pancha-dhatu-vishodhani svaha.
" *Om a i r u l* basaos en la purificación de los cinco constituyentes".
Séptimo Dalai Lama, *Means of Achievement*, 56.4: idem en Sánscrito (khams lnga rnam par sbyong ma).
Bu-dön, *Mandala Rite*, volumen 5, 217.4: Idem en Sánscrito
Bu-dön, *Initiation Chapter*, volumen 2, 392.1: Idem en Sánscrito (khams lnga rnam par sbyong *ba*).
Kang-sar, significado, 428.4: yum lnga'i sa bon brjod pas de rnams kyi khams lnga rnam par sbyong ba la gzhi tshugs.

III.2 INICIACIÓN DE LA CORONA

Om am im rm um lm sarva-buddha-vajra-mukutam mama pancha-buddha-atmakan bandhayantu hum hum phat.
Om am im rm um lm que todos los Budas me ciñan las coronas vajra que poseen la naturaleza de los cinco Budas *hum hum phat*.
Séptimo Dalai Lama, *Means of Achievement*, 56.5:
Om am im *rm* um lm sarva-buddha-vajra-mukutam mama pancha-buddha-atmakam bandhayantu hum hum phat (sangs rgyas thams cad rdo rje cod pan bdag

la lnga sangs rgyas bdag nyid can bcing du gsol).

Bu-dön, *Initiaton Chapter*, volumen 2, 300.7 y volumen 5, 217.6 para Sánscrito: Idem en Sánscrito como en la versión (sangs rgyas thams cad dang rdo rje cod pan bdag la lnga sangs rgyas bdag nyid cad bcing du gsol).

Kang-sar, 430.5: om mgo ´dren am sogs lnga sangs rgyas lnga´i sa bon dang sangs rgyas thams cad kyis bdag las rdo rje cod pan sangs rgyas lnga´i bdag nyid can bcing du gsol.

Om a i r u l pañcha-tathagata-parishuddha svaha.

"*Om a i r u l* se encuentre en la pureza completa de los Cinco Que Han Ido Más Alla Así".

Séptimo Dalai Lama, *Means of Achievement*, 56.6: Idem en sánscrito (de bzhin gshegs pa lnga yongs su dag pa).

Bu-dön, *Mandala Rite*, volumen 5, 218.1: Idem en Sánscrito.

Bu-dön, *Initiation Chapter*, volumen 2, 392.2: Idem en Sánscrito y Tibetano.

Kang-sar 433.3: de bzhin gshegs pa lnga yongs su dag pa gzhi tshugs.

III.3 INICIACIÓN DE LA CINTA DE SEDA

Om a a am ah ha ha ham hah phrem hoh sarva-paramita mama vajra-pattam bandhayantu hum hum phat.

"*Om a a am ah ha ha ham hah phrem hoh* os ruego que todos las Diosas de la Perfección anuden en mí la cinta vajra de seda *hum hum phat*".

Séptimo Dalai Lama, *Means of Achievement*, 56.7: Idem en Sánscrito (thams cad pha rol tu phyin ma bdag [la] rdo rje dar dpyangs bcing du gsol).

Bu-dön, *Initiation Chapter*, volumen 2, 301.1: Idem en Sánscrito (thams cad pha rol tu phyin *pa* bdag la rdo rje dar dpyangs bcing du gsol).

Bu-dön, *Mandala Rite*, volumen 5, 218.5: Om a a am ah ha ha ham hah phrem hoh sarva-paramita mama vajra-*pattam* bandhayantu hum hum phat.

Kang-sar, 436.4: a sogs nus ma'i so bon dang pha rol tu phyin ma thams cad kyis bdag la rdo rje'i dar dpyangs bcing du gsol.

Om a a am ah ha ha ham hah hoh phrem dasha-paramita paripurani svaha.

"*Om a a am ah ha ha ham hah hoh phrem* las Hembras Realizadoras de las diez perfecciones".

Séptimo Dalai Lama, *Means of Achievement*, 57.1: Idem en Sánscrito (pha rol tu phyin ma bcu yongs su rdzogs ma).

Bu-dön, *Initiation Chapter*, volumen 2, 392.5: Idem en Sánscrito (pha rol tu phyin ma bcu yongs su rdzogz *pa*).

Kang-sar 440.4: pha rol tu phyin *pa* bcu yongs su rdzogs ma (preferible leído).

III.4 INICIACIÓN DEL VAJRA Y LA CAMPANA

Om hum hoh vijñana-jiñana-svabhave karuna-prajña-atmake vajra-vajra-ghante savyetarakarayor mama vajrasatvah saprajño dadatu hum hum phat.

"*Om hum hoh* os ruego que Vajrasatva junto con su Mujer de Sabiduría concedan a mis manos derecha e izquierda el vajra y la campana que poseen la naturaleza de conciencia y sabiduría sublimes [y] esencia de compasión y sabiduría *hum hum phat*".

Séptimo Dalai Lama, *Means of Achievement*, 57.1: Idem en Sánscrito (rnam shes dang ye shes kyi rang bzhin snying rje shes rab kyi bdag nyid can rdo rje dang rdo rje dril bu g yas pa dang cig shos kyi lag pa dag la rdo rje sems dpa'i shes rab dang bcas pa stsal du gsol).

Bu-dön, *Initiation Chapter*, volumen 2, 301.2: Om hum hoh vijñana-jñana-*svabhava*-karuna-prajña-atmake vajra-vajra-ghante savyetarakarayor mama *vajrasatva*-saprajño dadatu (rnam shes dang ye shes kyi rang bzhin snying rje shes rab kyi bdag nyid can rdo rje rdo rje dril bu gyas pa dang cig shos kyi lag pa dag la). Bu-dön añade "La traducción de Rva has:

hum hum phat, y dado que aparece en todos antes y
después, es apropiada".

Bu-dön, *Mandala Rite*, volumen 5, 219.3: Om
hum hoh vijñana-jñana-svabhave karuna-prajña-atmake vajra-vajra-*ghantai* savyetarakarayor mama vajrasatvah saprajño dadatu.

Kang-sar 441.6...vajrasatvah...

Om hum hoh surya-chandra-vishodhaka svaha.
  "*Om hum hoh* purificando completamente sol y
luna".

Séptimo Dalai Lama, *Means of Achievement*, 57.3:
Idem en Sánscrito (nyi ma zla ba rnam par sbyongs).

Bu-dön, *Mandala Rite*, volumen 5, 219.4: Idem en
Sánscrito.

Bu-dön, *Initiation Chapter*, volumen 2, 392.6:
Idem en Sánscrito (nyi ma zla ba rnam par sbyong
ba).

III.5 INICIACIÓN DE LA CONDUCTA

Om a a e ai ar ar o au al al am ah sarva-bodhisatvah sabharyah
sarvada-sarvakama-upabhogam vajra-pratam mama dadantu
svaha.

  "*Om a a e ai ar ar o au al al am ah* os ruego que
todos los Bodisatvas con sus consortes me concedan
la conducta vajra de gozar completamente y en todo
momento de todos los deseos *svaha*".

Séptimo Dalai Lama, *Means of Achievement*, 57.4:
Idem en Sánscrito (thams cad byang chub sems dpa´
btsun mo dang gcas pa thams cad kyi tshe ´dod pa
tham cad nyer bar longs spyod pa rdo rje brtul zhugs
bdag la stsal du gsol).

Bu-dön, *Initiation Chapter*, volumen 2, 301.3: Om
a a e ai ar ar o au al al am ah sarva *bodhisatvah sa-*
bharyah sarvada-sarvakama-upabhogam vajrapratam
mama dadantu svaha (thams cad byang chub sems
dpas thams cad kyi tshe ´dod pa tham ad nyer baar
longs spyod pa rdo rje brtul zhugs bdag la stsal du
gsol).

Bu-dön, *Mandala Rite,* volumen 5, 220.2: Om a a
e ai ar ar o au al al am ah sarva-bodhisatvah *sabhar-*
yah sarvada-sarvakama-upabhogam vajra-pratam
mama dadantu svaha.

Om a a e ai ar ar o au al al am ah vishayendriya-vishodhani sva-
ha.

"*Om a a e ai ar ar o au al al am ah* purificación
de los objetos y de los poderes de los sentidos *svaha".*

Séptimo Dalai Lama, *Means of Achievement,* 57.5:
Idem en Sánscrito (yul dang dbang po rnam par
sbyong ma).

Bu-dön, *Initiation Chapter,* volumen 2, 393.2:
Idem en Sánscrito, pero su nota de *am ah* no aparece
en el texto indio (yul dang dbang po rnam par
sbyong).

Bu-dön, *Mandala Rite,* volumen 5, 220.2: Om a a
e ai ar ar o au al al am ah *vishayendraya*-vishodhani
svaha.

III.6 INICIACIÓN DEL NOMBRE

Om ha ha ya ya ra ra va va la la sarva-krodha-rajah sabharya
maitri-karuna-mudita-upeksha-sarva-samata-svabhavam vajra-
purvamgamam nama me dadantu hum hum phat.

"*Om ha ha ya ya ra ra va va la la* que todos los
Reyes de los Airados y sus consortes me otorguen el
nombre que precede al Vajra, que es de la naturaleza
del amor completamente equitativo, la compasión, el
júbilo y la ecuanimidad *hum hum phat".*

Séptimo Dalai Lama, *Means of Achievement,* 57.6:
Idem en Sánscrito (thams cad khro ba´i rgyal po gtsun
mo dang bcas pa byams pa snying rje dga´ba btang
snyoms thams cad mnyam nyid rang bzhin rdo rje
sngon du ´gro ba´i ming bdag la stsal du gsol).

Bu-dön, *Initiation Chapter,* volumen 2, 301.4: Om
ha ha ya ya ra ra va va la la sarva-krodha-*rajah sa-*
bharya maitri-karuna-*mudati*-upeksha-sarva-samata-
svabhavam vajra-*purvagami* nama me dadantu hum
hum phat (thams cad khro ba´i rgyal po gtsun mo

dang bcas pa byams pa snying rje dga´ba btang
snyoms thams cad mnyam nyid rang bzhin sngon du
´gro ba´i ming bdag la stsal du gsol).

Bu-dön, *Mandala Rite*, volumen 5, 220.6: Om ha
ha ya ya ra ra va va la la sarva-krodha-rajah *sadhadya*
maitri-karuna-mudita-upeksha-sarva-samata-*svabhavam* vajra-*purvamgamam* nama me dadantu hum hum
phat.

*Om ha ha ya ya ra ra va va la la chatur-brahma-vihara-vishud-
dha svaha.*

"*Om ha ha ya ya ra ra va va la la* la pureza completa de las cuatro moradas de pureza *svaha*".

Séptimo Dalai Lama, *Means of Achievement*, 58.1:
Idem en Sánscrito (tshang pa´i gnas bzhi rnam par
dag pa).

Bu-dön, *Initiation Chapter*, volumen 2, 393.3:
Idem en Sánscrito y Tibetano.

Bu-dön, *Mandala Rite*, volumen 5, 220.6: Idem en
Sánscrito.

Oh, Vajra (aquí tu nombre Mantra) *tathagata-siddhi-samayas
tvam bhur bhuva[h]svah.*
"Ya que puedes actualizar la realidad [de los tres reinos] bajo la
tierra, en la tierra y en los infiernos, serás instituido como el Que
Ha Ido Más Allá Así [tu nombre Mantra]".

Kay-drup, *Mandala Rite*, 341.3: tathagata-siddhi-
samayas tvam *bhurabhuvasvah.*

Bu-dön, *Mandala Rite*, volumen 5, 221.6: Tathagata-siddhi-samayas tvam bhur *bhubasvah.*

Kang-sar, significado, 458.1; sa ´og sa steng mtho
ris kyi ´jig rten gsum las ´das pa´i de bzhin gshegs pa
khyod kyi grub pa´i dam tshig la gnas par byas so. ·

Séptimo Dalai Lama 617.2: *siddhi* grub pa, *samaya...* bkabs´dir rtogs pa yin la/ sus rtogs na *tvam* zhes
pa ste khyod/ gang rtogs na/ *bhur* [el texto dice
bhuru] rlung gi dkyil ´khor te de la sogs pa´i sa ´og/
bhuva sa steng/ *svah* mtho ris srid rtse´i bar kyi
khams gsum gyi de kho na nyid/ *ah* yig dgag tshig gis
mtshon pa de rtogs nus pa yin no// zhes pa ste don go
bde bar brjod na khyod kyis khams gsum gyi chos

nyid de sa [el texto dice; des] rab tu dga´ ba la sogs
pa´i rim pas rtogs nus pas na/ de bzhin gshegs pa ´di
zhes bya bar grub pa ste ´tshang rgya bar ´gyur ro//
zhes pa yin nam snyam.

III.7 INICIACIÓN DEL PERMISO

Om evam padma-vajra-chihnau prajñopayau mandala-adhipati-
vajra-sukha-jñanamgam mama dadatam ham hah hum phat.
  "*Om evam* por favor os ruego que me sean conce-
didos la sabiduría y el método, cuyos símbolos son el
loto y el vajra, como la rama de la sabiduría sublime
del gozo vajra de un señor del mandala *ham hah hum*
phat".
  Séptimo Dalai Lama, *Means of Achievement*, 58.1:
Idem en Sánscrito (padma rdo rje mtshan ma shes rab
dang thabs dag dkyil ´khor mnga´bdag rdo eje bde ba
ye shes kyi yan lag la bdag la tstsal du gsol).
  Bu-dön, *Initiation Chapter*, volumen 2, 301.5: Om
evam padma-vajra-chihnau *prajñopayo mandala-dhi-*
pati-vajra-sukha-jñanamgam mama dadatam ham hah
hum phat (padma rdo rje mtshan ma shes rab dang
thabs dkyil ´khor mnga´ bdag rdo rje bde ba ye shes
kyi *mnga´bdag* la bdag la tstsal du gsol).
  Bu-dön, *Mandala Rite*, volumen 5, 222.1: Om
evam padma-vajra-*chihno* prajñopayau mandala-
adhipati-vajra-sukha-jñanamgam mama dadatam ham
hah hum phat.

Om ham kshah dharma-chakra-pravartaka svaha.
  "*Om ham kshah* el que gira la rueda de las ense-
ñanzas *svaha*".
  Séptimo Dalai Lama, *Means of Achievement*, 58.3:
Idem en Sánscrito (chos kyi´khor lo bskor bar byed
pa).
  Kay-drup, *Mandala Rite*, 342.6: Idem en Sánscri-
to, con instrucciones para las cinco siguientes.
  Bu-dön, *Initiation Chapter*, volumen 2, 393.6:
Idem en Sánscrito, (chos kyi ´khor lo *rab tu* bskor bar
byed pa).

Bu-dön, *Mandala Rite*, volumen 5, 222.3: Om ham kshah *dharmmah*-chakra-pravartaka svaha.

Om ham kshah vajra-chakra-pravartaka svaha.
"*Om ham kshah* el que hace girar la rueda vajra *svaha*".

Om ham kshah khadga-chakra-pravartaka svaha.
"*Om ham kshah* el que hace girar la rueda espada *svaha*".

Om ham kshah ratna-chakra-pravartaka svaha.
"*Om ham kshah* el que hace girar la rueda joya *svaha*".

Om ham kshah padma-chakra-pravartaka svaha.
"*Om ham kshah* el que hace girar la rueda loto *svaha*".

Om ham kshah chakra-chakra-pravartaka svaha.
"*Om ham kshah* el que hace girar la rueda rueda *svaha*".

Om vajra-hetu mam.
"*Om* causa vajra *mam*".
Kay-drup, *Mandala Rite*, 343.2: Idem en Sánscrito.
Bu-dön, *Mandala Rite*, volumen 5, 222.6: Idem en Sánscrito.
Kang-sar 466.1: rdo rje rgyu.

Om vajra-bhasha ram.
"*Om* palabra vajra *ram*".
Kay-drup, *Mandala Rite*, 343.3: Idem en Sánscrito.
Bu-dön, *Mandala Rite*, volumen 5, 222.6: Idem en Sánscrito.
Kang-sar 466.2: rdo rje smra ba.

Om ah hum hoh hamkshahmalavaraya hum phat.
Om hram hrm hram hrm hrum hrl hrah svaha.
Om shri-kalachakra hum hum phat.
Lo-sang-tsul-trim-den-bay-gyel-tsen, *Initiation Rite*, 520.1: Om ah hum *ho* hamkshahmalavaraya hum phat. Om hram *hri hr hum hrl* hrah svaha.
Kay-drup, *Means of Achievement*, volumen 5, 127.4: Om ah hum hoh hamkshahmalavaraya *hum* phat. Om hram *hri hrm hrum hrl* hrah svaha.

Bu-dön, *Means of Achievement*, volumen 5, 150:
Om ah hum *ho* hamkshahmalavaraya hum phat.Om
hram hrim hr hrum hrl hrah *hum phat.*

Kang-sar 468.4: los tres como en la primera versión.

Om vajra-naitra-apahara-patalam hrih.

"*Om* quita la envoltura que cubre y obstruye el ojo
vajra *hrih*".

Kay-drup, *Mandala Rite*, 344.4: Om vajra-naitra-
apahara-*patalam* hrih.

Bu-dön, *Mandala Rite*, volumen 5, 223.7: Om vajra-naitra-apahara-patalam *hrih*.

Kang-sar 469.4: rdo rje´i mig gi sgrib g.yogs sol
cig.

Séptimo Dalai Lama, *Explanation*, 608.6: Hrih
simboliza la generación de la sabiduría que comprende la vacuidad.

Om divya-nayana-mudghatayami svaha.

"Yo estoy abriendo por completo el ojo divino".

Kay-drup, *Mandala Rite*, 344.5: Om divya-*niya-
na-mudghatayami* svaha.

Bu-dön, *Mandala Rite*, volumen 5, 223.7: Idem
como en la primera versión.

Bu-dön, *Initiation Chapter*, volumen 2, 391.6: Om
divya-nayana-*mudghatayami* svaha (lha´i spyan rab
tu dbye bar bgyi´o).

Om sarva-tathagatan anuragayasva.

"*Om* haz que sean complacidos todos Los Que
Han Ido Más Allá Así".

Kay-drup, *Mandala Rite*, 345.2: Om sarva-*tatha-
gata-anuragayasva.*

Bu-dön, *Mandala Rite*, volumen 5, 224.5: Sarva
tathagatan *anuragayasva.*

Kang-sar 471.1: de bzhin gshegs pa thams cad
mnyes par gyis shig.

Om sarva-tathagatan anuragayami.

"*Om* yo hago que sean complacidos todos Los
Que Han Ido Más Allá ".

Kay-drup, *Mandala Rite*, 345.2: Om sarva-*tatha-gata-anuragayami*.

Bu-dön, *Mandala Rite*, volumen 5, 224.5: Sarva-tathagatan *anuragayami*.

Kang-sar 471.2: de bzhin gshegs pa thams cad mnyes par bgyi´o.

Om maha-vajra hum.
   "*Om* gran vajra *hum*"
   Kay-drup, *Mandala Rite*, 345.7: Idem.

Séptimo Dalai Lama, *Explanation*, 629.5: *maha-vajra* no rdo rje chen po/ *hum* thugs mtshon byed yin pas rdo rje chen po sangs rgyas kyi thugs rdo rje de sgoms shig// ces pa´i don du rjes ´brang gi mkhas pa´gas bshad la.

Om sarva-tathagata-sapta-abhisheka-sapta-bhumi-prapto ´ham.
   "*Om* por medio de Todos Los Que Han Ido Más Allá y que manifiestamente conceden las siete inicia-ciones, yo he logrado los siete niveles".

Séptimo Dalai Lama, *Means of Achievement*, 58.4: Idem en Sánscrito (thams cad de bzhin gshegs pa bdun mngon par dbang bskur bas sa bdun thob pa nga´o).

Bu-dön, *Initiation Chapter*, volumen 2, 301.7: Om sarva-tathagata-saptabhisheka-sapta-bhumi-
labdho ´ham (thams cad de bzhin gshegs pa bdun *pa* mngon par dbang bskur bas sa bdun *pa* thob pa nga´o).

Bu-dön, *Mandala Rite*, volumen 5, 230.6; Om sar-va-tathagata-sapta-abhhisheka-sapta-
bhumi-prapto ´ham.

Bibliografía y Obras Citadas

NOTA:

Los Sutras y Tantras van ordenados alfabéticamente de acuerdo con el título en inglés y aparecen en primer lugar. Los tratados indios y tibetanos van por orden alfabético según el autor y aparecen en segundo lugar. Otras obras aparecen por orden alfabético de autores en tercer lugar.

"P" se establece para "Peking edition" y hace referencia a Tibetan Tripitaka (Tokyo-Kyoto: Tibetan Tripitaka Research Foundation, 1956).

1 *Sutras y Tantras*

Brief Explication of Initiations
shekhoddesha
dbang mdor bstan
P3, vol.1
Comentario: Mario E. Carelli, ed. *Sekoddesatika of Nadapada (Naropa) being a commentary of the Sekoddesa section of the Kalachakra Tantra*, (Baroda: Oriental Institute, 1941).
Chakrasamvara Tantra
dpal 'khor lo sdom pa'i rgyud kyi rgyal po dur khrod kyi rgyal rmad du 'byung ba
shrichakrasambaratantrarajadbhutashmashanalamkara-nama
P57, vol. 3
Traducción: *Shrichakrasambhara Tantra, a Buddhist Tantra.*
Texto tántrico, bajo la dirección general de Arthur Avalon, vol.VII. Ed. por Kazi Dawa-Samdup, (London: Luzac; Calcuta: Thacker, Sprink, 1919)
Condensed Kalachakra Tantra. Ver *Kalachakra Tantra.*
General Secret Tantra
sarvamandalasamanyavidhiguhyatantra
dkyil 'khor thams cad kyi spyi i cho ga gsang ba'i rgyudP429, vol.9
Guhyasamaja Tantra
sarvatathagatakayavakchittarahasyaguhyasamajanamamahakal-paraja
de bzhin gshegs pa thams cad kyi sku gsung thugs kyi gsang chen gsang ba 'dus pa zhes bya ba brtag pa'i rgyal po chen po
P81, vol. 3

448 *El Tantra de Kalachakra: Bibliografía y Obras Citadas*

Hevajra Tantra
hevajratantraraja
kye'i rdo rje zhes bya ba rgyud kyi rrgyal po
P10, vol. 1
Traducción: *Hevajra Tantra*, Parts. I y II. Ed. y tr. D.L. Snell-
grove, (London: Oxford University Press, 1959)
Kalachakra Tantra/Condensed Kalachakra Tantra/Kalachakra,
King of Tantras, Issued From the Supreme Original Buddha
paramadibuddhoddhrtashrikalachakranamatantraraja
mchog gi dang po'i sangs rgyas las byung ba rgyud kyi rgyal
po dpal dus kyi 'khor lo
P4, vol. 1
Edición en Sánscrito. *Kalachakra-Tantra and Other Texts,*
Ed.Prof. Raghu Vira y Prof.Dr, Lokesh Chandra, Parte 1,
(New Delhi: International Academy of Indian Culture,
1966).
Kashyapa Chapter Sutra
kashyapaparivartasutra
'os srung gi le'u'i mdo
P760.43, vol. 24
Perfection of Wisdom Sutra in One Hundred Thousand Stanzas
shatasahasrikaprajñaparamita
shes rab kyi pha rol tu phyin pa stong phrag brgya pa
P730, vol. 12-18
Ver: *The Large Sutra on Perfect Wisdom* de E. Conze, (Berke-
ley: U. Cal., 1975).
Vajrapañjara Tantra
dakinivajrapañjaramahatantrarajakalpa
mkha"gro ma rdo rje gur zhes bya ba'i rgyud kyi rgyal po
chen po'i brtag pa
P11, vol. 6

2 Obras en Sánscrito y Tibetano

Abhayakaragupta ('jigs med 'byung gnas sbas pa)
   Ornament to the Subduer's Thought
   munimatalamkara
   thub pa'i dgongs rgyan
   P5294, vol. 101
Ba-so-cho-gyi-gyel-tsen (ba so chos kyi rgyal mtshan, 1402-1473)
   The Lam rim chen mo of the incomparable Tsong-kha-pa, with the
   interlineal notes of Ba-so Chos-kyi-rgyal mtshan, Sde drug
   Mkhan-chen Ngag-dbang-rab-brtan, 'Jamd byangs bshad pa'i-
   rdo-rje, and Bra-sti Dge-bshes rin-chen-don grub
   New Delhi: Chos-'phel-legs-ldan, 1972
   Great Instructions on the View of the Middle Way
   dbu ma'i lta khrid chen mo
   Madhyamika Text Series, vol. 3.
   New Delhi: Lha-mkhar yons-'dzin Bstan-pa-rgyal-mtshan,
   1972 ff.
Bu-dön Rin-chen-drup (bu ston rin chen grub, 1290-1364)
   Collection of the Retention [Mantras] of the Tantra sets of secret
   Mantra
   gsang sngags rgyud sde bzhi'i gzungs 'bum
   Collected Works, vol. 16
   New Delhi: International Academy of Indian Culture, 1966
   Commentarial Explanation of the "Initiation Chapter" [of the Kala-
   chakra Tantra], Annotations to (Kulika Pundarika's) "Stainless
   Light"
   dbang gi le'u'grel bshad dri med'od kyi mchan
   Collected Works, Vol. 2
   Easily Understandable Annotations For the Condensed Glorious

450   *El Tantra de Kalachakra: Bibliografía y Obras Citadas*

Kalachakra Tantra, Great King of Tantras Arisen from the Supreme Original Buddha
mchog gi dang po'i sangs rgyas las phyungs ba rgyud kyi rgyal po
    chen po dpal dus kyi 'khor lo'i bsdus pa'i rgyud kyi go sla'i
    mchan
Collected Works, Vol. 1

Extensive Explanation of (Anandagarbha's) "Rite of Vajradhatu Mandala, Giving Rise To All Vajras": Wish- Granting Jewel
rdo rje dbyings kyi dkyil 'khor gyi cho ga rdo rje thams cad
    'byung ba zhes bya ba'i rgya cher bshad pa yid bzhin gyi nor
    bu
Collected works, Vol. 11

Mandala Rite of the Glorious Kalachakra: Source of Good Qualities
dpal dus kyi 'khor lo'i dkyil chog yon tan kun 'byung
Collected works, Vol. 5

Means of Achievement of the Supramundane Victor, the Glorious Kalachakra: Fruit Cluster of the Wish-Granting [Tree]
dpal dus kyi 'khor lo'i sgrub thabs dpag bsam snye ma
Collected Works, Vol. 5

Chandrakirti (zla ba grags pa)
Supplement to (Nagarjuna's) "Treatise on the Middle Way"
madhyamakavatara
dbu ma la 'jug pa
P5261, vol. 98; P5262, vol. 98
También *Madhyamakavatara par Candrakirti*. Publiée par
    Louis de la Valle Poussin, (Osnabrück: Biblio Verlag,
    1970)
Traducción francesa de Louis de la Vallée Poussin VI.165 en
    Museon 8 (1907), pp. 249-317; *Muséon* 11 (1910), pp.271-
    358; y *Muséon* 12 (1911), pp. 235-328.
Traducción inglesa de los cinco primeros capítulos por
Jeffrey Hopkins en *Compassion in Tibetan Buddhism,* (London:
    Rider and Co., 1980)
Traducción inglesa del sexto capítulo por Stephen Batchelor en
    Echoes of Voidness de Geshe Rabten, (London: Wisdom,
    1983), pp.47-92

Chö-gyi-gyel-tsen, Jay-dzun (rje btsun chos kyi rgyal mtshan, 1469-
    1546)
Biography of the Omniscient Kay-drup Composed by Jay-dzun Chö-gyi-gyel-tsen

mkhas grub thams cad mkhyen pa'i gsang ba'i rnam thar rje
btsun chos kyi rgyal mtshan gyis mdzad pa
The Collected Works of the Lord Mkhas-grub rje dge-legs-
dpal-bzan-po, Vol. a
New Delhi: Mongolian Lama Guru Deva, 1980
Dak-tsang-shay-rap-rin-chen (stag tshang lo tsa ba shes rab rin chen,
nacido en 1405)
The General neaning of Kalachakra; Ocean of the Teaching
dus 'khor spyi don bstan pa'i rgya mtsho
New Delhi: Trayang and Jamyang Samten, 1973
Dharmakirti (chos kyi grags pa)
Commentary on (Dignaga's) "Compendium of Valid Cognition"
pramanavarttikakarika
tshad ma rnam 'grel gyi tshig le'ur byas pa
P5709, vol. 130
También: Sarnath, India: Pleasure of Elegant Sayings Press, 1974.
Vol. 17
Edición en Sánscrito: *Pramanavarttika of Acharya Dharmakirtti,
ed. Swami Dwarikadas Shastri, (Varanasi: Bauddha Bharati,
1968)*
Gel-sang-gya-tso, Seventh Dalai Lama (bskal bzang rgya mtsho, 1708-57)
*Explanation of the Mandala rite of the Glorious Guhyasamaja, Aks-
hobhyavajra, Ilumination Brilliantly Clarifying the Principles of
the Meaning of Initiation, Sacred Word of Vajrasattva*
dpal gsang ba 'dus pa mi bskyod rdo rje'i dkyil 'khor gyi cho ga'i
rnam par bshad pa dbang don de nyid yang gsal snang ba rdo
rje sems dpa'i zhal lung
New Delhi: Tanzin Kunga, 1972
*Means of Achievement of the Complete Mandala of Exalted Body,
Speech, and Mind of the Supramundane Victor, the Glorious
Kalachakra: the Sacred Word of Scholars and Adepts*
bcom ldan 'das dus kyi 'khor lo'i sku gsung thugs yongs su rdzogs
pa'i dkyil 'khor gyi sgrub thabs mkhas grub zhal lung
La undécima obra en un volumen con el mismo título, 477-
532
Sin fecha de publicación
*Means of Achievement of the Mandala of Exalted Mind of the Glo-
rious Kalachakra: Good Vase of All Feats*
dpal dus kyi 'khor lo'i thugs dkyil 'khor gyi sgrub dngos grub kun
gyi bum bzang

452 *El Tantra de Kalachakra: Bibliografía y Obras Citadas*

La quinta obra en un volumen titulado: *dpal bcom ldan 'das dus kyi 'khor lo'i sku gsung thugs yongs su rdzogs pa'i dkyil 'khor gyi sgrub thabs mkhas grub zhal lung,* 159-257
Sin fecha de publicación

Gön-chok-den-bay-drön-may, Gung-tang (gung thang dkon mchog bstan pa'i sgron me, 1762-1823)
Practice in the Manner Of The Very Condensed Clear Realization Of The Supreme Superior, The Ocean Of Conquerors (Jinasamudra)
phags mchog rgyal ba rgya mtsho'i mngon rtogs shin tu bsdus pa'i tshul du nyams su len pa
Collected Works Of Gun-than dkon-mchog bstan-pa'i sgron-me, vol. 7
Ngawang Gelek Demo, 1975

Gyel-tsap-dar-ma-rin-chen (rgyal tshab dar ma rin chen, 1364-1432)
How to Practice the Two Stages of the Path of the Glorious Kalachakra: Quick Entry to the Path of Great Bliss
dpal dus kyi 'khor lo'i lam rim pa gnyis ji ltar nyams su len pa'i tshul bde ba chen po'i lam du myur du 'jug pa
Collected works, volumen 1
Sin fecha de publicación

Jam-yang-shay-ba ('jam dbyangs bzhad pa, 1648-1721)
Great Exposition of the Middle Way/ Analysis of (Chandrakirti's) "Supplement to (Nagarjuna's) Treatise on the Middle Way", Treasury of Scripture and Reasoning, Thoroughly Illuminating the Profound Meaning [of Emptiness], Entrance for the Fortunate
dbu ma chen mo/ dbu ma 'jug pa'i mtha' dpyod lung rigs gter mdzod zab don kun gsal skal bzang 'jug ngogs
Buxaduor: Gomang, 1967

Jang-gya (lcang skya, 1717-86)
Presentation of Tenets/Clear Exposition of the Presentations of Tenets, Beautiful Ornament for the Meru of the Subduer's Teaching
grub mtha'i rnam bzhag/grub pa'i mtha'i rnam par bzhag pa gsal bar bshad pa thub bstan lhun po'i mdzes rgyan
Varanasi: Pleasure of Elegant Sayings Printing Press, 1970
El capítulo Sautántrica traducido por Anne Klein en *Mind and Liberation. The Sautantrika Tenet System in Tibet: Perception, Naming, Positive and Negative Phenomena, Impermanence and the Two Truths in the Context of Buddhist Religious Insight as Presented in Ge-luk Literary and Oral Traditions,*

(Ann Arbor: University Microfilms, 1981)
El capítulo Sautántrica traducido por Donald López en *The Sva-tantrika-Madhyamika School of Mahayana Buddhism,* (Ann Arbor: University Microfilms, 1982)

Kang-sar-gyap-gön. Ver Lo-sang-tsul-trim-den bay-gyel-tsen.

Kay-drup-ge-lek-bel-sang (mkhas grub dge legs dpal bzang, 1385-1438)
Mandala Rite of the Glorious Kalachakra: Illumination of the Thought
dpal dus kyi 'khor lo'i dkyil chog dgongs pa rab gsal
The Collected Works of the Lord Mkhas-grub-rje dge-legs-dpal-bzan-po, vol. 5
New Delhi: Mongolian Lama Gurudeva, 1980
También la sexta obra se encuentra en un volumen titulado: *dpal bcom ldan 'das dus kyi 'khor lo'i sku gsung thugs yongs su rdzogs pa'i dkyil 'khor gyi sgrub thabs mkhas grub zhal lung,* 259-383
Sin fecha de publicación
Se encuentra también en: *The Collected Rites of the Kalachakra By Mkhas-grub Rje Dge-legs-dpal-bzan* (Título entre paréntesis): *dpal dus kyi 'khor lo'i cho ga mkhas grub zhal lun,* New Delhi: Guru Deva, 1979
Means of Achievement of the Complete [Mandala of] Exalted Body, Speech, and Mind of the Glorious Kalachakra: Sacred Word of the White Lotus
dus kyi 'khor lo'i sku gsung thugs yongs su rdzogs pa'i sgrub thabs padma'i dkar po'i zhal lung)
The Collected Works of the Lord Mkhas-grub rje dge-legs-dpal-bzan-po, vol. 6
La tercera obra también aparece en un volumen titulado: *dpal bcom ldan 'das dus kyi 'khor lo'i sku gsung thugs yongs su sdzogs pa'i dkyil 'khor gyi sgrub thabs mkhas grub zhal lung,* 13-157
Sin fecha de publicación
Stages of the Series of Offerings of the Glorious Kalachakra
dpal dus kyi 'khor lo'i mchod phreng gi rim pa
La novena obra aparece en un volumen titulado: *dpal bcom ldan 'das dus kyi 'khor lo'i sku gsung thugs yongs su rdzogs pa'i dkyil 'khor gyi sgrub thabs mkhas grub zhal lung,* 431-457
Sin fecha de publicación

454 *El Tantra de Kalachakra: Bibliografía y Obras Citadas*

Lo-drö, monje Budista (shakya btsun pa blo gros)
  *Prayer Wishes of the Glorious Kalachakra Together With An
  Expression of Auspiciousness*
  dpal dus kyi 'khor lo'i smon lam shis brjod dang bcas pa
  La décimotercera obra aparece en un volumen titulado: *dpal bcom
  ldan ds dus kyi 'khor lo'i sku gsung thugs yongs su rdzogs pa'i
  dkyil 'khor gyi sgrub thabs mkhas grub zhal lung,* 553-567
  Sin fecha de publicación

Lo-sang-chö-gyi-gyel-tsen, Primer Pan-chen Lama (blo bzang chos kyi
  rgyal mtshan, 1567?-1662)
  Six Session Yoga
  (Sin título)
  Collected Works of Blo-bzan-chos-kyi-rgyal-mtshan, the First
  Pan-chen Bla-ma of Bkra-sis-lhun-po, vol. 1, 707.2-803.1
  New Delhi: gurudeva, 1973
  *Wish-Granting Jewel, Essence of (Kay-drup's) "Illumination of
  the Principles: Extensive Explanation of (Kulika Pundarika's)
  Extensive Commentary On The Condensed Kalachakra Tan-
  tra, Derived From The Root Tantra Of The Supramundane
  Victor, The Glorious Kalachakra, The King of All Tantras, The
  Stainless Light".*
  rgyud thams cad kyi rgyal po bcom ldan 'das dpal dus kyi
  'khor lo'i rtsa ba'i rgyud las phyung ba bsdus pa'i rgyud kyi
  rgyas 'grel dri ma med pa'i'od kyi rgya cher bshad pa de kho
  na nyid snang bar byed pa'i snying po bsdus pa yid bzhin gyi
  nor bu
  Collected Works of Blo-bzan-chos-kyi-rgyal-mtshan, el Primer
  Pan-chen Lama of Bkra-sis-lhun-po, vol. 3
  New Delhi: Gurudeva, 1973

Lo-sang-tsul-trim-den-bay-gyel-tsen, Dre-wo Kang-sar Gyap-gön (blo
  bzang tshul khrims bstan pa'irgyal mtshan ntre bo khang gsar skyabs
  mgon, finales del siglo 19, principios del 20)
  *Explanation Of The Initiations Of The Supramundane Victor, The
  Glorious Kalachakra: Garland Of Rubies*
  bcom ldan 'das dus kyi 'khor lo'i dbang gi bshad pa padma ra ga'i
  phreng ba
  The Collected Works of Tre-bo Khan-gsar bLo-bzan-tshul-
  khrims-bstan-pa'i-rgyal-mtshan, vol. 3, 369-488
  New Delhi: T.G. Dhongthog Rinpoche, 1975
  Initiation Rite of Kalachakra, Stated in an Easy Way

dus 'khor dbang chog nag 'gros su bkod pa

La undécima obra aparece en un volumen titulado; *dpal bcom ldan 'das dus kyi 'khor lo'i sku gsung thugs yongs su rdzogs pa'i dkyil 'khor gyi sgrub thabs mkhas grub zhal lung,* 477-532

Sin fecha de publicación

También The Collected Works of Tre-bo Khan-gsar bLobzan-tshul-khrims-bstan-pa'i-rgyal-mtshan

New Delhi: T. G. Dhongthog Rinpoche, 1975, 313-368

Maitreya (byams pa)

Ornament for Clear Realization

abhisamayalamkara

mngon par rtogs pa'i rgyan

P5184, Vol. 88

Texto en Sánscrito: Th. Scherbatsky y E. Obermiller, ed. *Abhisamayalamkara-Prajñaparamita-Updesa-Sastra,* Bibliotheca Buddhica XXIII, (Osnabrück: Biblio Verlag, 1970)

Traducción inglesa de: Edward Conze, *Abhisamayalamkara,* Serie Orientale Roma (Rome: Is.M.E.O., 1954)

Ornament for the Great Vehicle Sutras

mahayanasutralamkara

theg pa chen po'i mdo sde rgyan gyi tshig le'ur byas pa

P5521, Vol. 108

Texto en Sánscrito: S. Bagchi, ed., *Mahayana-Sutralamkara of Asanga,* Buddhist Sanskrit Texts, No.13. (Darbhanga: Mithila Institute, 1970)

Mi-pam-gya-tso (mi pham rgya mtsho, 1846-1912)

Clarifying the Meaning of the Words of the Glorious Kalachakra Tantra, Illumination of the Vajra Sun

dpal dus kyi 'khor lo'i rgyud kyi tshig don rab tu gsal byed rdo rje nyi ma'i snang ba

Gangtok: Sonam Topgay Kazi, 1971

Nagarjuna (klu sgrub)

Precious Garland of Advice for the King

Rajaparikatharatnavali

rgyal po la gtam bya ba rin po che'i phreng ba

P5658, vol. 129

Sánscrito, Tibetano y Chino en: Michael Hahn, *Nagarjuna's Ratnavali, Vol.1, The Basic Texts (Sanskrit, tibetan and Chinese),* (Bonn: Indica et Tibetica Verlag, 1982)

456   El Tantra de Kalachakra: Bibliografía y Obras Citadas

Traducción inglesa de Jeffrey Hopkins en: Nagarjuna y el Séptimo
Dalai Lama, *The Precious Garland and the Song of the Four
Mindfulnesses*, (New York: Harper and Row, 1975)
*Treatise on the Middle Way/Fundamental Treatise on the Middle
Way, Called "Wisdom"*
madhyamakashastra/prajñanamamulamadhyamakakarika
dbu ma rtsa ba'i tshig le'ur byas pa shes rab ces bya ba
P5225, vol. 95
Texto Sánscrito: Louis de la Vallée Poussin, ed., *Mulamadhyama-
kakarikas (Madhyamikasutras) de Nagarjuna avec la Prasan-
napada Commentaire de Candrakirti*, Bibliotheca Buddhica
IV (Osnabrück: Biblio Verlag, 1970)
Traducción inglesa: F.J. Streng, *Emptiness* (Nashville y New
York: Abingdon, 1967); K. Inada, *Nagarjuna, A Translation of
his Mulamadhyamakakarika with an Introductory Essay* (Tok-
yo: The Hokuseido press, 1970); etc.
Nga-wang-bel-den (ngag dbang dpal ldan, 1797-?)
*Illumination of the Texts of Tantra, Presentation of the Grounds and
Paths of the Four Great Secret Tantra Sets*
gsang chen rgyud sde bzhi'i sa lam gyi rnam bzhag rgyud
gzhung gsal byed
Edición rgyud smad par khang, no otra información.
Nga-wang-lo-sang-gya-tso, Quinto Dalai Lama (ngag dbang blo bzang
rgya mtsho, 1617-1682)
*Instruction on the Stages of the Path to Enlightenment, Sacred Word
of Manjushri*
byang chub lam gyi rim pa'i khrid yig 'jam pa'i dbyangs kyi zhal
lung
Thimpu: kun-bzang-stobs-rgyal, 1976
Pundarika, Kulika (rigs ldan pad ma dkar po)
Great Commentary on the "Kalachakra Tantra", the Stainless Light
vimalaprabhanamamulatantranusarinidvadashasaha-srika-laghuka-
lachakratantrarajatika
bsdus pa'i rgyud kyi rgyal po dus kyi 'khor lo'i 'grel bshad rtsa
ba'i rgyuud kyi rjes su 'jug pa stong phrag bcu gnyis pa dri ma
med pa'i 'od ces bya ba
P2064, vol. 46
Shantideva (zhi ba lha)
Engaging in the Bodhisattva Deeds
bodhi[sattva]caryavatara

byang chub sems dpa'i spyod pa la 'jug pa
P5272, Vol. 99
Textos en Sánscrito y en Tibetano: Vidhushekara Bhattacharya,
Bodhicaryavatara,
Bibliotheca Indica, Vol. 280 (Calcutta: The Asiatic Society, 1960)
Traducción inglesa: Stephen Batchelor, *A Guide to the Bodhisatt-*
va's Way of Life, (Dharamsala: Library of Tibetan Works and
Archives, 1979); también de Marion Matics, *Entering the Path*
of Enlightenment, (New York: Macmillan Co, 1970); comenta-
rios contemporáneos de Geshe Kelsang Gyatso, *Meaningful to*
Behold, (London: Tharpa Publications, 1990)
Tok-may-sang-bo (rgyal sras thogs med bzang po, 1245-1369)
The Thirty-Seven Practices
lag len so bdun ma
Dharamsala: Tibetan Cultural Printing Press, sin fecha.
Vasubandhu (dbyig gnyen)
Treasury of Knowledge
abhidharmakoshakarika
chos mngon pa'i mdzod kyi tshig le'ur byas pa
P5590, Vol.115
Texto Sánscrito: P. Pradhan, ed., *Abhidharmakosabhasyam of*
Vasubandhu, (Patna: Jayaswal Research Institute, 1975)
Traducción francesa de: Louis de la Vallée Poussin, *L'Abhidhar-*
makosa de Vasubandhu, 6 vols., (Bruxelles; Institut Belge des
Hautes Études Chinoises, 1971)

3. Otras Obras

Avedon, John F. *In Exile From the Land of Snows.* New York: Knopf, 1984

Bernbaum, Edwin. *The Way to Shambala.* New York: Anchor Books, 1980

Berzin, Alexander, trad. y edic., *The Mahamudra Eliminating the Darkness of Ignorance Supplemented by Asvaghosa's Fifty Stanzas Of Guru Devotion.* Dharamsala: Library of Tibetan Works and Archives, 1978

Bhattacharyya, Benoytosh. Ed. *Nispannayogavali of Mahapandita Abhayakaragupta.* Baroda: Oriental Institute, 1972

Bleeker, Dr. C. J. *Initiation.* Leiden: E. J. Brill, 1965

Eliade, Mircea. *Rites And Symbols Of Initiation, The Mysteries of Birth and Rebirth.* New York: Harper and Row, 1965

Fujita, Hiroki. *The World of Tibetan Buddhism.* Japan: Gyosei Ltd.[1984]

Gyatso, Tenzin, Fourteenth Dalai Lama. *My Land and My People.* New York: McGraw-Hill, 1962; rpt. New York: Potala Corporation, 1977

Gyatso, Tenzin, Fourteenth Dalai Lama. *The Buddhism of Tibet and The Key to the Middle Way.* London: George Allen and Unwin, 1975

Guiatso, Tensin, Décimocuarto Dalai Lama. *Un Acercamiento a la Mente Lúcida.* Novelda (Alicante) 1987-94

Hoffmann, Helmut. *The Religions of Tibet.* London; George Allen and Unwin, 1961

Hopkins, Jeffrey. "A Session of Meditating on Emptiness". *The Middle Way,* vol. 59, No. 1, May 1984

Hopkins, Jeffrey. *Meditation on Emptiness.* London: Wisdom Publications, 1983

Hopkins, Jeffrey. "Reason as the prime Principle in Tsong kha pa's Delineating Deity Yoga As the Demarcation Between Sutra and Tantra'

Journal of the International Association of Buddhist Studies, vol. 7 No. 2, 1984, pp. 95-115

Hopkins, Jeffrey. *The Tantric Distinction.* London: Wisdom Publications, 1984

Lati Rinpoche, Denma Lochö Rinpoche, Leah Zahler, Jeffrey Hopkins. *Meditative States in Tibetan Buddhism.* London: Wisdom Publications, 1983

Lati Rinpoche y Hopkins, Jeffrey. *Death, Intermediate State and Rebirth in Tibetan Buddhism.* London: Rider and Co., 1979

Lessing, Ferdinand D., y Wayman, Alex. *Mkhas Grub Rje's Fundamentals of the Buddhist Tantras.* The Hague: Mouton, 1968

Nagarjuna y Kaysang, Gyatso. *Precious Garland and the Song of the Four Mindfulnesses.* London: George Allen and Unwin, 1975

Rabten, Geshe. *The Life and Teachings of Geshe Rabten.* Trans. y ed. por Alan Wallace. London: George Allen and Unwin, 1982

Renou, Louis. *The Nature of Hinduism.* New York; Walker and Company, 1962

Roerich, George N. *The Blue Annals.* Delhi: Motilal Banarsidass, rpt. 1979

Sangpo, Khetsun. *Tantric Practice in Nyingma.* London: Rider, 1982

bSod nams rgya mtsho. *Tibetan Mandalas, the Ngor Collection,* Tokyo: Kodansha, 1983

Sopa, Geshe Lhundup, y Hopkins, Jeffrey. *Practice and Theory of Tibetan Buddhism.* London: Rider and Co., 1976

Tsong-ka-pa. *Tantra in Tibet.* London: George Allen and Unwin, 1977

Tsong-ka-pa. *The Yoga of Tibet.* London: George Allen and Unwin, 1981

Tucci, Giuseppe. *Tibetan Painted Scrolls.* Roma: La Libreria Dello Stato, 1949

Turner, Victor. *The Forest Of Symbols.* New York: Cornell University Press, 1967

Wangdu, Sonam. *The Discovery of the 14th. Dalai Lama.* Trans. Bhikku Thupten Kalsang Rinpoche, Ngodup Poljor, y John Blofeld. Bangkok: Klett Thai Publications, 1975

Wangyal, Geshe. *The Door of Liberation.* New York: Lotsawa, 1978

Notas

1 *Notas a la Introducción*

1. Este capítulo es una adaptación de un artículo que se publicó con ocasión del Segundo Encuentro de Teología Budista-Cristiano en Vancouver, Columbia Británica, en Marzo de 1985 como respuesta al artículo que escribió el profesor David Tracy de la Universidad de Chicago.

2. Mis fuentes son principalmente, pero no sólo, textos y enseñanzas orales de la orden Guelugpa del Budismo tibetano. Dicha orden la fundó el sabio y yogui Tsongkapa (1357-1419) de la región extremoriental del Tíbet. Llegó a tener gran influencia en toda una región que se extendía desde las áreas del Kalmuk Mongol cerca de donde el río Volga desemboca en el Mar Caspio (en Europa), en la actualidad las Mongolias Exterior e Interior y la República Buriat de Siberia, así como por muchas partes de Tíbet y de Ladakh. Tsongkapa estableció un sistema educativo con grandes universidades eventualmente en tres áreas de Tíbet, pero primero en Lhasa, la capital, que era como Roma en la Iglesia Católica; llegaban jóvenes de todas las regiones citadas anteriormente a Lhasa para estudiar, normalmente (hasta la invasión comunista) y volvían a su tierra natal cuando acababan sus estudios.

   Para más lecturas sobre los temas de este capítulo, ver mi obra *The Tantric Distinction*, (Londres: Wisdom Publications, 1984) y *Meditation on Emptiness*, (Londres: Wisdom Publications, 1983).

3. *theg dman, hinayana*

4. Las cuatro escuelas son en Tibetano y en Sánscrito:
   Escuela de la Gran Exposición *(byebrag smra ba, vaibhashika)*
   Escuela del Sutra *(mdo sde pa, sautantrika)*
   Escuela de Sólo Mente *(semstsampa, chittamatra)*
   Escuela del Camino Medio *(dbu ma pa, madhyamika)*

5. I.18ab. El Sánscrito es:
   chittotpadah pararthaya samyaksambodhikamata
   Ver Th. Stcherbatsky y E. Obermiller, ed. *Abhisamayalamkara-Praj-*

ñaparamita-Upadesa-Sastra, Biblioteca Búdica XXIII (Osnabrück: Biblio Verlag, 1970), pág. 4.

6. Más técnicamente definido en el contexto de la obra de Chandrakirti *Supplement to (Nagarjuna's) "Treatise on the Middle Way" (dbu mala 'jug pa, ma dhyamakavarata)*, una intención altruista de alcanzar la Iluminación es:

una conciencia mental principal, que toma conocimiento del bien de los demás y de (la propia) gran Iluminación que, tomando el aspecto de quererlos alcanzar se induce por un entendimiento no dualista y gran compasión.

En Tibetano:

dmigs pa gzhan don dang byang chub chen po la dmigs nas ched du bya ba sems can thams cad kyi don du mam pa de thob par 'dod pa ngo bo gnyis med kyi blo dang snying rje chen pos drangs pa'i yid kyi mam shes

Ver Jam-yang-shay-ba, *Great Exposition of the Middle Way/Analysis of (Chandrakirti's) "Supplement to (Nagarjuna's) 'Treatise on the Middle Way'", Treasury of Scripture and Reasoning, Thoroughly Illuminating the Profound Meaning [of Emptiness], Entrance for the Fortunate (dbu ma chen mo/dbu ma 'jug pa'i mtha' dpyod lung rigs gter mdzod zab don kun gsal skal bzang 'jug ngogs)*, (Buxaduor: Gomang, 1967, (32b.6.)

7. *chos sku, dharmakaya* y *gzugs sku, rupakaya*.

8. Capítulo II

sems kyi rang bzhin'od gsal te //
dri ma rnams ni blo bur ba//.

(Varanasi: Pleasure of Elegant Sayings, 1974), Vol.17, 63.11. El Sánscrito es: prabhasvaramidam chittam prakrtyagantatro malah.

Ver Swami Dwarikadas Shastri, *Pramanavarttika de Acharya Dharmakirti* Varanasi: Baudha Barati, 1968), Vol.3, 73.1.

9. Ver la exposición del Dalai Lama sobre esto, p. 271-4.

10. *rang bzhin gyis grub pa, svabhavasiddhi*.

11. *gsal zhing rig pa*.

12. La fuente de esta lista es Kensur Yeshi Thubten, antiguo abad del Colegio Lo-se-ling de la Universidad Monástica Dre-bung, actualmente reestablecida en Mundgod, Estado de Karnataka, Sur de la India. Los contenidos de la lista son conocimientos comunes entre los estudiosos de la tradición Guelugpa.

13. Ver la explicación que da de esto el Dalai Lama en *The Buddhism of Tibet and the Key to the Middle Way*, (Londres: George Allen and Urwin, 1975), p. 80-82.

14. La primera parte de este capítulo, hasta la sección sobre la diferencia entre los cuatro grupos de Tantra está adaptada de la primera parte de mi artículo "Reason as the Prime Principle in Tsong-kha-pa's Deline-

ating Deity Yoga As the Demarcation Between Sutra and Tantra",
Journal of the International Association of Buddhist Studies, vol. 7,
n°. 2, 1984, p. 95-115. Para mayor detalle sobre la distinción entre
Sutra y Tantra, ver Tsongkapa, *Tantra in Tibet* (Londres: George
Allen and Unwin, 1977) y Jeffrey Hopkins, *The Tantric Distinction*
(Londres; Wisdom Publications, 1984). Ya que la presentación sigue
muy de cerca la argumentación de Tsongkapa al respecto y la introducción del Dalai Lama al *Tantra in Tibet,* se dan referencias de las
páginas detalladas en las notas. (Las variedades de deletreos en el
nombre de Tsongkapa se deben a los diferentes sistemas utilizados
por los diferentes editores".

15. *bya ba kriya; spyod pa, charya; rnal'byor, yoga; rnal'byor bla med,
    annutarayoga.*
16. *nyan thos, shravaka.*
17. *rang rgyal, pratyekabuddha.*
18. Introducción del Dalai Lama al *Tantra in Tibet,* p. 20-1.
19. La traducción de *arhan* como "destructor de enemigos" es, de acuer-
    do con la traducción tibetana, como *dgra bcom pa*; para la etimología
    y justificación de la traducción, ver mi *Meditation on Emptiness.n.
    553.*
20. Introducción al *Tantra in Tibet* del Dalai Lama, p. 43 Tsongkapa
    habla también de estos dos significados de "vehículo", pero la linea
    fue involuntariamente borrada del *Tantra in Tibet.* El principio del
    último párrafo de la p. 106 debería leerse: "en relación a "vehículo",
    hay un vehículo del efecto que es hacia el que uno está procediendo y
    un vehículo causal que es por el que uno está procediendo. Debido al
    proceder [se le llama] vehículo. Con respecto a..."
21. *dbu ma thal' gyur pa, prasangika-madhyamika.*
22. Introducción al *Tantra in Tibet* del Dalai Lama, p. 57
23. Introducción al *Tantra in Tibet* del Dalai Lama, p. 38-41, y la propia
    exposición de Tsongkapa, p. 98-99
24. Tsongkapa trata de este punto con cierto detalle en su comentario
    (dgong pa rab gsal) del *Supplement to [Nagarjuna] "Treatise on the
    Middle Way" (madhyamikavatara)* de Chandrakirti, los cinco prime-
    ros capítulos de los traducidos en *Compassion in Tibetan Buddhism*)
    Londres: Rider and Co., 1980), p. 174-175. (Como apoyo a mi traduc-
    ción del *madhyamikavatara* como *Supplement to the "Treatise on the
    Middle Way",* ver mi *Meditation on Emptiness,* p. 462-469 y 866-
    869) Tsongkapa dice: (p. 175)

> Para establecer que ni el más mínimo de los fenómenos existe ver-
> daderamente, los seguidores del Mahayana usan ilimitados razo-
> namientos diferentes como se plantean en el *Treatise on the Midd-
> le Way.* Por ello sus mentes se amplían grandemente respecto a la
> talidad. Los seguidores del Hinayana sólo utilizan un razonamien-

Notas a la introducción 465

to breve para establecer la talidad por la cognición válida, y como no establecen la vacuidad de la manera que lo hacen los seguidores del Mahayana, no tienen una mente que se amplía con respeto a la talidad... esta diferencia surge porque los Oyentes y los Realizadores Solitarios ansían el abandonar sólo las aflicciones (las obstrucciones a la liberación), y el conocimiento de una mera reducción del significado es suficiente para ello. Los seguidores del Mahayana intentan abandonar las obstrucciones a la omnisciencia, y para ello es necesario una mente muy amplificada de sabiduría abierta a la talidad.

25. Introducción del *Tantra in Tibet* del Dalai Lama, p. 55
26. *'khor ba, samsara*
27. *byang chub kyi sems, bodhichitta*
28. *Tantra in Tibet*, p. 98-99
29. *phar phinky theg pa, paramitayana* y *snags kyi thegs pa, mantrayana.* El término "Tantrayana" tiene mucha popularidad en Occidente, pero no parece haber sido popular en Tíbet. Allí el término preferido es Guhyamantrayana *(gsan sngags kyi theg pa).*
30. *rlung, prana.* Este es uno de los muchos puntos en que Jam-yang-shay-ba *('jam dbyangs bzhad pa,* 1648-1721) hace defensa de la posición según la cual la Budeidad del Sutra y del Tantra son la misma. Ver su *Great Exposition of "Tenets" (grub mtha'chen mo)* (Mussoorie: Da Lama, 1962), ca. 44b.6-47a.8.
31. *sngags bla med, anutarayogamantra*
32. Ver la obra de Lati Rinpoche y Jeffrey Hopkins, *Death, Intermediate State and Rebirth in Tibetan Buddhism* (Londres: Rider and Co., 1979), p. 69-73
33. Introducción al *Tantra in Tibet* del Dalai Lama, p. 55, y la propia exposición de Tsongkapa, p. 139-142
34. Introducción al *Tantra in Tibet* del Dalai Lama, p. 55-57, y la propia exposición de Tsongkapa, p. 110.
35. Introducción al *Tantra in Tibet* del Dalai Lama, p. 57-58.
36. Introducción al *Tantra in Tibet* del Dalai Lama, p. 58 y la propia Exposición de Tsongkapa, p. 100-101.
37. *lha'i rnal'byor, *devatayoga*
38. Introducción del *Tantra in Tibet* del Dalai Lama, p. 61-65, y la propia exposición de Tsongkapa, p. 115-116
39. La fuente es aquí Jam-bel-shen-pen Rin-po-che, abad del Colegio Tántrico del Bajo Lhasa cuando se trasladó éste al Sur de India; es habitualmente la cabeza de la orden Guelugpa y reside en Jang-dzay College en Gan-den en Mundgod, Karnataka.
40. Introducción al *Tantra in Tibet* del Dalai Lama, p. 60-62, y la propia exposición de Tsongkapa, p. 115.
41. Ver las declaraciones que sobre esto hace el erudito Mongol Nga-

wang-bel-den *(ngag dbang dpal ldan)* exposición de esto en la obra de Tsongkapa *Yoga in Tibet* (Londres: George Allen and Unwin, 1981), p. 211-212.

42. Introducción al *Tantra in Tibet* del Dalai Lama, p. 62-63.

43. Introducción al *Tantra in Tibet* del Dalai Lama, p. 22-23 y la propia exposición de Tsongkapa, p. 107-108.

44. Esta sección está basada en la propia exposición de Tsongkapa en *Tantra in Tibet*, p. 156-164, la introducción del Dalai Lama y mi suplemento, p. 201-209.

45. (Nueva Delhi: Tanzin Kunga, 1972), 17.2-18.2.

46. Ver *Tantra in Tibet*, p. 156-157.

47. (Sarnath: Pleasure of Elegant Sayings Press, 1970), 529.18-530.8.

48. Para una visión detallada de esta postura, ver *Tantra in Tibet*, p. 203-206.

49. (Edición rgyud smad par khang, sin más datos), 7b.4ff. Este pasaje se cita en mi breve explicación de este punto ver Tsongkapa, *The Yoga of Tibet*, p. 211.

50. Ver la sección sobre el Tantra de la Acción en *The Yoga of Tibet* de Tsongkapa.

51. *Tantra in Tibet*, p. 163.

52. Ediciones Dharma, Novelda (Alicante) 1991.

53. Estas citas se encuentran en el texto de la práctica, con breves comentarios en notas; ver p. 407-408. Las citas son del V.253cd, V.258cd, y V.260.

53a Dharamsala: Tibetan Culture Printing Press, sin fecha.

54. Este capítulo está adaptado de un artículo que apareció primero en *The Middle Way*, Vol. 59, N.º 1, Mayo 1984, como *"A Session of Meditating on Emptiness"*. El nombre completo del autor del texto original es Nga-wang-lo-sang-gya-tso *(ngag dbang rgya mtsho*, 1617-1682), V Dalai Lama, y su título completo es *Instruction on the Stages of the Path to Enlightenment, Sacred Word of Manjushri, (byang chub lam gyi rim pa'i khrid yig 'jam pa'i dbyangs kyi zhal lung)*, (Thimpu: kun-bzan-stobs-rgyal, 1976), 182.5-210.6. Para la traducción inglesa del capítulo sobre la perfección de la sabiduría, ver J.Hopkins, *"Practice on Emptiness"*, (Dharamsala: Library of Tibetan Works and Archives, 1974). Para comentarios más extensos sobre la falta de autoexistencia de las personas, ver mi *Meditation on Emptiness*, p. 43-51 y 175-196.

55. *ngo bo gcig la ldog pa tha dad.*

56. *Clear Exposition of the Presentations of Tenets, Beautiful Ornament for the Meru of the Subduer's Teachings (grub pa'i mtha'i rnam par bzhag pa gsal bar bshad pa thub bstan lhun po'i mdxes rgyam).* (Benarés: Pleasure of Elegant Sayings Printing Press, 1970), 435.20-436.5.

57. Para un relato de su vida y muestra de sus enseñanzas ver *The Life and Teachings of Geshe Rabten,* trad. y ed. por Alan Wallace, (Londres: George Allen and Unwin, 1982).

58. La fuente es aquí Geshe Thubten Gyatso de Go-Mang College de la Universidad Monástica de Dre-bung, que habitualmente reside en el Tibetan Buddhist Learning Center en Washington, New Jersey. Según otra versión el *Tantra de Kalachakra* se compuso un año antes de su muerte, pero la primera versión parece ser más reconocida.

59. George N. Roerich, *The Blue Annals* (Delhi: Motilal Banarsidass, rpt.1979), p. 754 n.1. Dhanyakataka es identificado también como a tres días de viaje por el mar desde Bengala en la India Oriental; ver *The World of Tibetan Buddhism* (Japón: Gyosei Ltd., (1984)), p.96.

60. Tibetano: *zla ba bzang po.* Que en Sánscrito es Sochandra y no Chandrabhadra está claro en el propio Tantra, ver el *Kalacakra Tantra and Other Texts,* Vol.1 editado por el Prof. Dr. Raghu Vira y prof. Dr. Lockesh Chandra. (New Delhi: Academia Internacional de Cultura India, 1966),I.l.c. Sánscrito p. 332; Tibetano p. 53.4.

61. G.Tucci, *Tibetan Painted Scrolls,* (Roma: La Librería Dello Stato, 1949), p. 212. Para un recuento interesante y valioso de las leyendas de Shambala, ver Edwin Bernbaum, *The Way to Shambala* (Nueva York: Anchor Books, 1980).

62. Helmut Hoffmann, *The Religions of Tibet* (Londres: George Allen and Unwin, 1961), p. 125.

63. Idem. p. 126.

64. Para una enumeración de las estrofas de cada uno de los cinco capítulos, ver la obra del Professor Lokesh Chandra, introducción al *Kalacakra Tantra and Other Texts,* volumen 1, editado por el Prof. Dr. Raghu Vira y el prof. Dr.Lokesh Chandra. p. 18.

65. *The Blue Annals,* p. 753.

66. Introducción de Lokesh Chandra al *Kalacakra Tantra And Other Texts,* volumen 1, p. 7. De acuerdo con Roerich, el nombre es *Cheluka, The Blue Annals,* p. 755.

67. Ver *The Blue Annals,* p. 754-755

68. Helmut Hoffman, *The Religions of Tibet,* p. 126-127; ver su cita de Padma-gar-bo *(padma dkar po).* Lokesh Chandra repite en su introducción al *Kalacakra Tantra And Other Texts,* Vol.1, pp.7-8; Lokesh Chandra sostiene el punto de vista de que el propio Chilupa volvió a introducir el Tantra en India.

69. Helmut Hoffmann, *The Religions of Tibet,* p. 127-128.

70. Idem.

71. Idem.

72. Helmut Hoffmann, *Religions of Tibet,* p. 120 y 126-128. Hoffmann descarta la afirmación del historiador tibetano Sum-ba-ken-bo *(sum pamkhan po)* de que quizás fuera Pindo Acharya la persona que vol-

vió a introducir *El Tantra de Kalachakra* en India ya que fue estudiante de Atisha que ya estaba iniciado en el Tantra y por lo tanto resulta imposible.

73. Helmut Hoffmann. *The Religions of Tibet,* p. 126; introducción de Lokesh Chandra al *Kalacakra Tantra And Other Texts,* Vol. 1, p. 7.
74. Introducción de Lokesh Chandra al *Kalacakra Tantra And Other Texts,* Vol. 1, p. 6.
75. *The Blue Annals,* p. 755-765, presenta el desarrollo de la tradición de Kalachakra en India y su desarrollo en Tíbet según historias de los cuatro linajes.
76. Introducción de Lokesh Chandra al *Kalacakra Tantra And Other Texts,* Vol. 1, p. 8-10.
77. Helmut Hoffmann, *The Religions of Tibet,* p. 126; Introducción de Lokesh Chandra al *Kalacakra Tantra And Other Texts,* Vol. 1, p. 7; Roerich da 1027 en *The Blue Annals,* p. 754.
78. Helmut Hoffmann, *The Religions of Tibet,* p. 128.
79. Este párrrafo y el siguiente provienen de Helmut Hoffmann, *The Religions of Tibet,* p. 129-130.
80. *The Blue Annals,* p. 755.
81. Para una lista ver la introducción de Lokesh Chandra al *Kalacakra Tantra And Other Texts,* Vol. 1, p. 11-12.
82. Para una lista ver en la introducción de Lokesh Chandra al *Kalacakra Tantra And Other Texts,* Vol. 1, p. 13-14.
83. Para una lista ver en la introducción de Lokesh Chandra al *Kalacakra Tantra And Others Texts,* Vol. 1, p. 14.
84. En el volumen ka de sus obras completas.
85. Disponibles en reciente edición, (Nueva Delhi: Guru Deva, 1973).
86. Ver la introducción de Lokesh Chandra al *Kalacakra Tantra And Other Texts,* Vol. 1, p. 16, que nos hace referencia a su *Materials for a History of Tibetan Literature,* p. 556-559.
87. Helmut Hoffmann, *The Religions of Tibet,* p. 125-126
88. La fuente del resto de este párrafo y del siguiente es Gueshe Thubten Gyatso; él continúa la interpretación del cálculo astrológico de Kalachakra de Puk-ba-hlun-drup-gya-tso *(phug palhun grub rgya mtsho),* en la cual la muerte del Buda Shakiamuni se sitúa aproximadamente en el 880 a.C. en lugar del 483 a.C. más o menos como se hace en la tradición budista del Sur. G. Tucci en *Tibetan Painted Scrolls,* p. 599, y la introducción al *Kalacakra Tantra And Other Texts,* Vol. 1, p. 6, hablan erróneamente de la guerra como si ya hubiera ocurrido.
89. La discusión etimológica precedente se ha extraído de la obra del Séptimo Dalai Lama Gel-sang-gya-tso (bskal bzang rgya mtsho, 1708-1757), *Explanation of the Mandalda Rite of the Glorious Guhyasamaja, Akshobyavajra, Illumination Brilliantly Clarifying the Principles of the Meaning of Initiation Sacred Word of Vajrasattva*

(dpal gsanba 'dus pa mi bskyod rdo rje'i dkyil'khor gyi cho ga'i rnam par bshad pa dbang don de nyid yang gsal snang bardo rje sems dpa'i zhal lung), (Nueva Delhi: Tanzin Kunga, 1972), 70.1-73.2. El Séptimo Dalai Lama cita como su fuente la obra de Bu-dön: *Method of Initiation of the Glorious Kalachakra (dpal dus kyi'khor lo'i dbang gi lhnag thabs).*

Mi fuente para la siguiente enumeración de las iniciaciones es Gyel-tsap-dar-ma-rin-chen *(rgyal tshab dar ma rin chen,* 1364-1432), *How to Practice the two Stages of the Path of the Glorious Kalachakra: Quick Entry to the Path of Great Bliss (dpal dus kyi'khor lo'i lam rim pa gnyis ji ltar nyams su len pa'i tshul bde ba chen poí lam du myur du 'jug pa).* Obras completas, vol.1, (sin fecha de publicación), 4a.3-4a.6

90. p.64

90a. La clasificación de las facultades de acción y sus actividades no es tradicional al Budismo sino a Samkhya. En el sistema de Kalachakra hay bastante cantidad de autoconciencia prestada de la terminología de sistemas no-budistas. Este préstamo de Samkhya no requiere rein-terpretaciones para encajar en el Budismo, pero el uso de la termino-logía del yoga de las seis ramas, que se encuentra en el yoga clásico, para los niveles del estadio de consumación está totalmente reempla-zado en el sistema de Kalachakra con significados budistas exclusiva-mente. Observen también que las diosas que rodean Kalachakra y Vishvamata en el mandala del gran gozo son llamadas Shaktis *(nus ma),* término que no se utiliza por lo demás, a mi conocer, en el Tan-tra budista. El tomar terminología prestada de otros sitemas fue quizás un esfuerzo para habituar a los no-budistas a la tradición budista.

91. Este párrafo proviene de la obra de Bu-dön; *Extensive Explanation of (Anandagarbha's) "Rite of the Vajradhatu Mandala, Giving Rise To All Vajras". Wish-Granting Jewel (rdo rje dbyings kyi dkyil 'khor gyi cho ga rdo rje thams cad 'byung ba zhes bya ba'i rgya cher bshad pa yid bzhin gyi nor bu).* Obras Completas, (Nueva Delhi: Academia Internacional de Cultura India, 1966), Vol. 11, 190.5-191.2.

92. El diccionario Apte Sanskrit-English identifica la forma femenina de esta palabra, *shalabhañjika,* como cortesana y en este sentido, quizás, son éstas ayudantes de las diosas.

93. Estos son semi-dioses; se les llama "semi-humanos" probablemente porque se parecen tanto a los humanos que uno puede preguntarse si no son humanos. La etimología literal de su nombre *(mi'am ci)* es "¿humano o qué?"

94. Para el recuento estoy siguiendo la descripción que da el Dalai Lama en la pág. 254. Una descripción hecha bajo la supervisión del Council of Religious Affairs of H. H. the Dalai Lama en Hiroki Fujita, *The World of Tibetan Buddhism,* (Japón: Gyosei Ltd., (1984), p. 96, da

setecientas dos deidades. En bSod nams rgya mtsho, *Tibetan Manda-las, Colección Ngor* (Tokio: Kodansha, 1983), p. 236, se dice que el mandala tiene 634 deidades. Depende mucho de como se hace el recuento, es decir, cuántas consortes se cuentan, etc...

95. Tibetano, *rnam pa thams cad pa*

96. La siguiente descripción se toma de la obra del Séptimo Dalai Lama: *Means of Achievement of the Complete Mandala of Exalted Body, Speech and Mind of the Supramundane Victor, the Glorious Kalacha-kra: the Sacred Word of Scholars and Adepts (bcom ldan das dus kyi'khor lo'i sku gsung thugs yongs su rdzongs pa'i dkyil'khor gyi sgrub thabs mkhas grub zhal lung),* (n.d., en el mismo volumen que *Mandala Rite* de Kay-drup), 86.1-87.7

97. La pintura de Kalachakra del calendario del 1984 del Tibetan Medical Center en Dharamsala muestra tres flechas, pero la pintura en el libreto de Madison y de Barcelona muestran una sola. La palabra en tibetano es *me'i mda* que, literalmente, significa "flecha ardiente"; el *Tibetan Dictionary* de Gueshe Chosdag identifica esto como *phyag mda'* que yo presumo es, simplemente, el término honorífico de "flecha" y no "flecha de mano", ya que como se verá, Kalachakra está también sujetando un arco. El término puede significar que la flecha tiene la capacidad del fuego.

98. Idem. 87.7-88.2

99. Se toma la descripción de *Means of Achievement* del Séptimo Dalai Lama, 88.2-89.4

100. Ver N.º 56 de la traducción.

101. Más que las dieciseis deidades que se enumeran aquí, en *The World of Tibetan Buddhism* (Japón: Gyosei Ltd., 1984), en este mandala se dan un total de catorce deidades. Se cuentan sólo ocho Shaktis, siendo reemplazadas las dos restantes por las consortes de las deidades en las coronas de Kalachakra y Vishvamata. Sin embargo, no se mencionan consortes para ellos en este punto en la obra del Séptimo Dalai Lama *Means of Achievement* y el maestro de ritual del Dalai Lama informaba que aquí se imaginaba a Vajrasatva en meditación como un ciervo.

102. Se toma la información de *Means of Achievement* del Séptimo Dalai Lama, 90.2-91.7

103. Idem. 91.7-93.6

104. *Means of Achievement* del Séptimo Dalai Lama (93.4) sólo da cuatro puntos: cuchillo curvo y vajra en las manos derechas y cráneo y campana en las manos izquierdas. Esto choca con lo que dice *Initiation Rite of Kalachakra Stated in Easy Way* de Lo-sang-tsul-trim-den-bay-gyel-tsen, que estoy siguiendo aquí; ver p. 314 de la traducción

105. La descripción se toma de *Means of Achievement* del Séptimo Dalai Lama, 93.6-95.2

106. En el sistema astrológico de Kalachakra un año tiene solo 360 días;

cada cuatro años hay un mes de más que recupera los días que faltan. Se pueden encontrar breves descripciones de las deidades de los mandalas del cuerpo y de la palabra en Benoytosh Bhattacharia, ed. *Nispannayogavati de Mahapandita Abhayakaragupta*, (Baroda: Oriental Institute, 1972), p. 78-86

107. Descripción tomada de la obra de Lati Rimpoche y Jeffrey Hopkins, *Death, Intermediate State and Rebirth in Tibetan Buddhism*, p. 59-61. Para discusiones muy interesantes con relación al renacimiento, ver Mircea Eliade *Rites and Symbols of Initiation. The Mysteries of Birth and Rebirth*, (Nueva York: Harper y Row, 1965). En su introducción (xiii-xiv), Eliade dice:

> La muerte iniciática provee el estado limpio sobre el que se inscriben sucesivas revelaciones cuyo fin es la formación de un nuevo hombre... Esa nueva vida se concibe como una verdadera existencia humana, ya que está abierta a los valores del espíritu...
>
> Todos los ritos de renacimiento o resurrección, y los símbolos que implican, indican que el novicio ha logrado otro modo de existir, inaccesible a quien no ha experimentado las pruebas iniciáticas, los que no han probado la muerte...
>
> La muerte iniciática es necesaria para comenzar la vida espiritual, su función debe entenderse en relación con lo que prepara: nacer a una manera más alta de existir.

Aquí, también, la disolución de toda apariencia ordinaria a la manera de una imitación que muere es necesaria para renacimientos en nuevos principios. Dice Eliade (xiv) sobre el nuevo renacimiento:

> El nuevo nacimiento iniciático no es natural, aunque se describe a veces en símbolos de obstetricia. Ese nacimiento requiere ritos instaurados por Seres Sobrenaturales; es por tanto un trabajo divino, creado por el poder y voluntad de esos Seres; no pertenece a lo natural (en el sentido moderno, secularizado del término), sino a lo sagrado histórico. El segundo, el nacimiento iniciático no es la repetición del primero, nacimiento biológico. El logro del modo de existir del iniciado requiere conocer realidades que no forman parte de lo natural sino de la biografía de los Seres Sobrenaturales, es decir, la historia sagrada preservada en los mitos.

Aquí en el budismo del Gran Vehículo, sin embargo, el conocimiento requerido es el estado *natural* de las cosas sin la distorsión de la ignorancia y de las demás emociones aflictivas. Así, a mi me parece que el nacimiento iniciático repite el nacimiento biológico, pero dentro del conocimiento del modo de existir de los fenómenos, formándose así el ser que sobreviene no de un conocimiento distorsionado de la naturaleza, sino de un conocimiento de la naturaleza de las cosas no distorsionado. Por tanto, no es una mera repetición sino unidad dentro del nuevo conocimiento de las naturalezas últimas y convencionales de los fenómenos mentales y físicos. El conocimiento de tal realidad no es parte de la vida ordinaria, y el nuevo modo de ser, conocido como yoga de la deidad, por supuesto, no requiere pasar a un nuevo modo sagrado de manifestación, sino que las realidades conocidas por la iniciación son fundamentales en la vida ordinaria, aunque desconocidas.

La iniciación de Kalachakra cumple "el paso del estado profano al trascendental", como dice Eliade (p. 104) en su capítulo titulado *Patterns of Initiation in Higher Religions.* En su forma más alta, cumple también el paso de la distorsión profana al estado más *ordinario,* la mente fundamental innata, mente de luz clara, latente naturalmente en toda experiencia, pero que necesita manifestarse. En este sentido, lo sagrado o vida divina es la propia esencia de lo profano, hecho profano sólo por distorsión.

108. De manera similar, el término "compasión" *(snying rje, karuna)* se utiliza a veces en el Tantra del Yoga Más Elevado de manera adicional al referirse a "gozo", pero no elimina su otro significado de desear que todos los seres sean libres del sufrimiento y de las causas del sufrimiento.

Etimológicamente *karuna* es "parando el gozo" *(bde gog)* añadiendo un anusvara *(m)* a la primera letra *k,* formando *kam,* que significa "gozo" *(bde ba)* y tomando *runa* (no se encuentra en el Apte Dictionary) como significando "parando" *(gog pa).* Respecto a la compasión, común tanto al Vehículo de la Perfección como al Vehículo del Tantra, que uno no puede soportar que otros seres conscientes estén atormentados por el sufrimiento, detiene la propia comodidad y felicidad (gozo). Respecto al significado no común de *karuna* en el Tantra del Yoga Más Elevado y en el sistema de Kalachakra, el gran gozo inmutable implica la detención del gozo de emisión. Así, tanto la compasión como el gozo son, por así decirlo, casos del "deteniendo el gozo". Para un breve comentario de esto, ver de Lo-sang-chö-gyi-gyel-tsen: *Wish-Granting Jewel, Essence of [Kay-drup's]"Illumination of the Principles; Extensive Explanation of (Kulika Pundarika's)" Extensive Commentary on the Condensed Kalachakra Tantra, Derived From the Root Tantra of the Supramundane Victor, The Glorious Kalachakra, The King of All Tantras, The Stainless Light (rgyud thams cad kyi rgyal po bcom ldam das dpal dus kyi 'khor lo'i rtsa ba'i rgyud las phyung ba bsdus pa'i rgyud kyi rgyas 'grel dri ma med pa'i 'od kyi rgya cher bshad pa de kho na nyid snang bar byed pa'i snying po bsdug pa yid bzhin gyi nor bu)* Collected Works of Blo-bzan-chos-kyi-rgyal-mtshan, el Primer Panchen Lama de Bkra-sis-lhun-po, (New Delhi: Gurudeva, 1973), Vol.3, 35.5-36.1 Ver también las puntualizaciones del Dalai Lama sobre esta etimología en su introducción a *Tantra in Tibet* (pág.48):

"En otro sentido, la sílaba *man* en "mantra" significa "conocimiento de la talidad" y *tra* se etimologiza como *traya*, significando "compasión que protege a los transmigradores". Esta explicación es sostenida por las cuatro clases de Tantras, pero desde el punto de vista específico del Tantra del Yoga Más Elevado, la compasión que protege a los transmigradores puede ser considerada la sabiduría del gran gozo. Esta interpretación se ofrece en términos de una etimología contextual de la palabra sánscrita *karuna*, compasión, como "que detiene el placer". Cuando alguien genera compasión –la imposibilidad de soportar el sufrimiento de los seres conscientes y no reaccionar para eliminarlo, temporalmente– se detienen el placer, la calma y la laxitud. Y así en el Yoga Más Elevado, la palabra compasión *(karuna)* denota el detener el placer de la emisión de la esencia vital y hace referencia a la sabiduría del gran gozo *(mahasuka)*. Es el mantra de significado definitivo y la deidad de significado definitivo.
(Yo he corregido la traducción de la tercera frase antes mencionada).

En adición a esta conexión entre compasión y gozo, como Guy M. Newland de la Universidad de Virginia señaló en un coloquio, de acuerdo con las explicaciones Guelugpa, aquellos Bodisatvas que poseen más compasión son más capaces de experimentar el gran gozo del Tantra del Yoga Más Elevado.

Consideremos también el término "el camino que posee la esencia de vacuidad y compasión" *(stong nyid snying rje snying po can gyi lam)* (ver algo parecido en la obra de Nagarjuna *Precious Garland*, estrofa 396) que es interpretado en cuatro sentidos. Se interpreta de manera común al Vehículo de la Perfección, como el camino de la realización de la vacuidad de existencia inherente y de la compasión que es el deseo de liberar a todos los seres del sufrimiento y de sus causas: estos dos aspectos se afectan uno al otro, pero no se presentan en la misma conciencia. Se interpreta en cierto modo común a los tres Tantras menores como el yoga de la deidad en el que el agente de determinación de la conciencia determina la ausencia de existencia inherente y el agente de apariencia aparece altruistamente como un cuerpo divino: con lo cual ambos agentes, el de la sabiduría y el método, están presentes en una conciencia. Se interpreta de manera común en todos los Tantras del Yoga Más Elevado, como la sabiduría sublime del gozo y la vacuidad indiferenciables, una fusión de conciencia de gozo y sabiduría, que comprende la ausencia de existencia inherente. En una interpretación exclusiva del sistema de Kalachakra, se interpreta como la entidad indiferenciable de forma vacía (forma vacía de, es decir, sin partículas materiales) y gozo supremo inmutable. Desde el punto de vista del sistema de Kalachakra, las cuatro interpretaciones son aceptables; y no es que sólo porque el término tenga un significado exclusivo para el sistema del *Tantra de Kalachakra*, está limitado a este significado en el sistema de Kalachakra.

109. Ver Tsongkapa, *Yoga of Tibet.* p. 47 y 58-59

110. Para referencia a la naturaleza, aspecto y función de las ofrendas ver *Practice In The Manner Of The Very Condensed Clear Realization of the Supreme Superior The Ocean Of Conquerors (Jinasamudra) (phags mchog rgyal ba rgya mtsho'i mngon rtogs shin tu bsdus pa'i tshul du nyams su len pa)*, por Gung-tang-Gon-chok-den-bay-dron-may *(gung thang dkon mchog bstan pa'i sgon me*, 1762-1823) Collected Works of Gun-than dkom-mchog bstan pa'i sgrom-me, vol.7 (Ngawang Gelek Demo, 1975), 226.3, 228.4, mi traducción de ésta fue distribuida en la iniciación de Jinasamudra impartida por S.S. el Dalai Lama en Los Angeles en 1984.

111. Estas identificaciones son de Nga-wang-bel-den *(ngag dbang dpal ldan*, 1791-?) *Illumination of the Texts of Tantra, Presentation of the Ground and Paths of the Four Great Secret Tantra Sets (gsang chen rgyud sde bzhi'i sa lam gyi rnam bzhag rgyud gzhung gsal byed)*, (rgyud smad par khang, sin otra fecha), 79.2-79.3

111a. En la iniciación de la conducta, las potencias de los sentidos están emparejados no de acuerdo a sus respectivos objetos, sino de acuerdo con el linaje de las deidades que les representan, igual que las deidades del mismo linaje están con consorte. Del mismo modo, en la iniciación del nombre, las facultades de la acción están emparejadas no de acuerdo a sus respectivas actividades sino de acuerdo con el linaje de las deidades que les representan. Ver Lo-sang-tsul-trim-den-bay-gyel-tsen *(blo bzang tshul khrimsbstan pa'i rgyal mtshan*, finales del XIX y principios del XX) *Explanation of the Initiations of the Supramundane Victor, the Glorious Kalachakra; Garland of Rubies (bcom edan'das dus kyi'khor lo'i dbang gi bshad pa padma ra ga'i phreng ba)*. The Colllected Works of Tre-bo-Khan-gsar blo-zan-tshul-khrims-bstan-pa'i-rgyal-mtshan, (New Delhi: T.G. Dhongthog Rimpoche, 1975), Vol.3.447, 5-447.6 Lo-sang-tsul-trim-den-bay-gyel-tsen, conocido también como Drewo Kang-sar Gyop-gön *(tre bo Khang gsar skyabs mgon)*, es el autor de *Initiation Rite* utilizado como suplemento de *Mandala Rite* de Kay-drup.

111b. Las descripciones de las correspondencias y funciones de las iniciaciones internas han sido tomadas de Lo-sang-tsul-trim-den-bay-gyel-tsen's *Explanation*, Collected Works. Vol. 3, 422.5-422.6, 436.5, 446.4, 460.4, y 479.4

112. Ver, por ejemplo, Louis Renou, *The Nature of Hinduism*, (New York: Walter and Co., 1962), págs. 97-98 Renou dice que el dar nombre sucede el décimo día, el cortar el pelo, a los tres años, la tonsura al cuarto; perforar las orejas, algún tiempo después. Si estas fueran las mismas aquí, la séptima no sería cronológica, aunque la lista de las

siete sí lo parezca, con el lavado del recién nacido primero y el que se le enseñe a leer y otras actividades del linaje de la familia.

113. Para un interesante análisis de la naturaleza transitoria o liminar de la iniciación, ver Victor Turner *The Forest of Symbols* (New York: Corner University Press, 1967), págs. 97-98. Turner, entre otros puntos, habla del potencial de estos estados intertransitorios (pág. 97):

> Tal vez la liminaridad pueda ser considerada como la negación a todas las aseveraciones estructurales positivas, pero en cierto sentido la fuente de todas ellas, y, más que eso, como un reino de pura posibilidad donde pueden surgir nuevas configuraciones de ideas y relaciones.

Como hemos visto, en la iniciación de Kalachakra, los discípulos ofrecen todo lo de valor al Lama/Kalachakra, luego disuelven todo en vacuidad, incluyéndose a si mismos, a partir de lo cual ellos reaparecen como un ser nuevo y dinámico, altruistamente dirigido, fundamentado válidamente. El período liminar de la desaparición en vacuidad es realmente un período de "posibilidad pura" dipuesto para "configuraciones nuevas de ideas y relaciones". La disolución en la vacuidad evidencia un principio subrayado por Turner (págs. 98-99):

> Una nueva característica estructuralmente negativa de seres transitorios es la de que ellos no tienen nada. No tienen status, propiedades, insignias, vestidos laicos, rango, categoría real, nada que les distinga estructuralmente de sus compañeros.

La situación es, por esta razón, una mezcla de extrema pobreza y de riqueza de potencial. Turner encuentra que tal ambigüedad y paradoja (pág. 67) son integrantes del estado transitorio del iniciado. Añadiré que, teóricamente, la situación es paradójica sólo desde un punto de vista ordinario que no comprende el proceso de la apariencia desde la vacuidad y la necesidad de un nuevo estilo de purificación; aún más, desde el punto de vista de alguien que experimenta el proceso (con no importa cuánto adiestramiento teórico) debe haber fases de confrontar la molesta "paradoja" de que la ganancia puede venir sólamente desde la pérdida. Aunque es fácil explicar que todo debe ser abandonado en una desaparición en vacuidad para reaparecer en forma pura, el proceso de realmente hacerlo, para un principiante debe acarrear una difícil sensación de pérdida. Ver la descripción del Quinto Dalai Lama de esta sensación de pérdida en un principiante, en el capítulo 4, de la introducción, págs. 54-55.

También para el exámen de muchos aspectos de la iniciación, ver Dr. C. J. Blaker, *Initiation*, (Leiden: E. J. Brill, 1965).

114. Esta sección sobre las cuatro gotas está sacada de Nga-wang bel-den, *Illumination of the Texts of Tantra, Presentation of the Grounds and Paths of the Four Great Secret Tantra Sets*, 80.1-81.4

114a. Las identificaciones de las entidades de las siete iniciaciones están tomadas de Lo-sang-tsul-trim-den-bay-gyel-tsen *Explanation,* 428.6, 431.4, 440.4, 443.6, 452.1, 457.1 y 465.1

114b. Lo-sang-tsul-trim-den-bay-gyel-tsen, *Explanation,* 479.4

115. El texto se encuentra en las Obras Completas del Señor Mkhas-grub rje dge-legs dpal-bzan-po (New Delhi: Mongolian Lama Gurudeva, 1980), Vol.5, págs.795-937. Para la traducción yo he utilizado primero otra edición que se encuentra en las págs. 259-383 en un volumen en cuya portada aparece el título de una de las obras que se encuentran en su interior: *dpal bcom ldan das dus kyi 'khor lo'i sku gsung thugs yongs su rdzog pa'i dkyil 'khor gyi sgrub thabs mkhas grub zhal lung,* esta es la obra de Kay-drup *Means of Achievement of the Complete Mandala of Exalted Body, Speech and Mind of the Supramundane Victor, the Glorious Kalachakra: Sacred Words of Scholars and Adepts,* encontrado en págs.13-156 del volumen. Sin fecha de publicación. Los números de las páginas, del principio al fin hacen referencia a esta última edición. También he utilizado una edición manuscrita (sin fecha de publicación) que se imprimió en India en una imprenta de mimeografías. Yo hago referencia a ella como "edición manuscrita".

116. Este texto se encuentra en el mismo volumen que el segundo texto descrito en la nota precedente, págs. 477-532. También se encuentra en The Collected Works of Tre-bo Khan-gsar blozan-tsul-khrims-bstan pa'i-rgyal-mtshan (New Delhi: T. G. Dhong-thog Rinpoche, 1975), págs. 313-368. La introducción a sus Obras Completas cuenta que él estaba entre los candidatos a ser seleccionados como Décimotercer Dalai Lama y habla de las dos siguientes reencarnaciones; se dice que la última ha permanecido en el Tíbet y se supone que en 1974 tenía 20 años.

117. Es evidente que Kay-drup sigue el texto del gran maestro Sakya, Budön Rin-chen-drup *(bu ston rin chen grub), Mandala Rite of the Glorious Kalachakra: Source of Good Qualities (dpal dus kyu'khor lo'i dkyil chog yon tan kun 'byung)* encontrado en sus Obras Completas, (New Delhi: International Academy of Indian Culture, 1966), Vol.5, págs. 169-260. Por eso la numeración de las páginas de las partes traducidas aquí hacen referencia tanto a Kay-drup ("Kay") como a Budön ("Bu")

118. Obras Completas de Blo-bzan-chos-kyi-rgyal-mtshan, el Primer Panchen Lama de Bkra-sis-lhun-po, (New Delhi: Gurudeva, 1973), Vol. 1, 707.2-803.1

119. 15.4-16.6

120. El material biográfico de estos dos párrafos está tomado de la introducción de Ferdinand D. Lessing y Alex Wayman, *Mkhas Grub Rje's Fundamentals of the Buddhist Tantras,* (The Hague: Mouton, 1968), págs.11-12, y de G. Tucci, *Tibetan Painted Scrolls,* (Roma: La Libre-

ria Dello Stato, 1949), págs. 120-122 y 410-417. Kay-drup ("Erudito-Adepto") es llamado también Kay-drup-tam-jay-kyen-ba ("el omnisciente Kay-drup" *mkhas grub thams cad mkhyen pa)* y Kay-drup-ma-way-nyi-ma ("Kay-drup Sol de los que Proponen" *mkhas grub smra ba'i nyi ma).*

121. Ba-so-cho-gyi-gyel-tsen hizo una serie de anotaciones a la obra Tsongkapa, *Great Exposition of the Stages of the Path (lam rim chen mo)* y una importante obra de instrucciones prácticas acerca de la visión de la vacuidad. Para el primero, ver *The Lam rim chen mo of the Incomparable Tsong-ka-pa, with the interlineal notes of Ba-so Chos-kyi-gryal-mtshan, Sdedrug Mkhan-chen Ngag-dbang-rob-brtan, "Jam-dbyangs-bshad-pa'i-rdo-rje and Bra-sti Dge-bshes Rin-chen-don-grub,* (New Delhi: Chos-phel-legs-ldan, 1972). Para el segundo, ver su *Great Instructions on the View of the Middle Way (dbu ma'i lta krid chen mo)* en Madhyamika Text Series, Vol. 3. Algunos dicen que su quinta reencarnación escribió el anterior texto.

122. Gueshe Thupten Gyatso del Tibetan Buddhist Learning Center in Washington, New Jersey, a petición mía, excribió una breve biografía de Kay-drup y posteriormente la amplió en dos conferencias. El relato siguiente es una combinación de sus escritos y conferencias. Para la *Secret Biography,* ver la *Biography of the Omniscient Kay-drup Composed by Jay-dzun Chö-gyi-gyel-tsen (mkhas grub thams cad mkhyen pa'i gsang ba'i rnam than rje btsun chos kyi rgyal mtshan gyis mdzad pa),* The Collected Works of the Lord Mkhas-grub rje dge-legs-dpal-bzan-po, Vol.a, 421-493. El autor manifiesta que basa su trabajo en la *Secret Bigraphy* de Kay-drup escrita por Chö-den-rap-jor, de quien él dice (423.6) que obtuvo la mayor parte del material del propio Kay-drup y quien le proporcionó material adicional por medio de su clarividencia. En las Obras Completas aparece otra biografía de Kay-drup por Day-lek *(bde-legs), Biography of the Omniscient Kay-drup: Captivating the Wise (mkhas grub thams cad mkhyen pa'i rnam thar mkhas pa'i yid phrog),* Vol.ka, 5-31

123. Esta anterior reencarnación es mencionada posteriormente en *Secret Biography* por Jay-dzun Chö-gyi-gyel-tsen (430.4) como dada en una lista de las vidas anteriores de Kay-drup en la obra de Day-lek, *Biography of the Omniscient Kay-drup: Captivating the Wise.* En el último texto (7.4-8.1) se da una lista más larga: Subhuti, Manjushrikirti, Bhavaviveka, Abhayakaragupta, el Traductor Gö Kuk-ba-hlay-dzay *(gos khung pa lhas btsas)* (no el autor de *Blue Annals).* Sakya Pandita Gun-ga-gyal-tsen *(Kundga' rgyal mtshan)* y Yung-dön-dor-jay-bel-wa *(g.yung ston rdo rje dpal ba)* que era un seguidor de la Orden Ñigara-ma y predecesor inmediato de Kay-drup. De acuerdo con esta lista, Kay-drup está al final de una serie de nombres que incluye a un discípulo de Buda Shakiamuni, un compilador del *Tantra de Kala-*

chakra que fue famoso como una encarnación de Vajrapani, el fundador de una importante escuela de filosofía budista, erudito importante, traductor notable, gran estudioso y gran seguidor de otra Orden del budismo tibetano. Estas mismas personas se dan también como anteriores reencarnaciones de Kay-drup en una lista de catorce encarnaciones que termina con el cuarto Panchen Lama; en esta, el origen de los Panchen Lamas se remonta a Kay-drup, que a su vez se remonta a los ya citados. Ver G. Tucci, *Tibetan Painted Scrolls,* págs. 412-413.

Perdido en las últimas listas, pero en una lista mucho más corta que aparece en *Secret Biography* de Jay-dzun Chö-gyi-gyel-tsen, aparece Rik-bay Ku chunk El Más Grande *(rig pa'i khu phyung che ba)* que sería el eslabón de Chandrakirti y Nagaryuna.

124. P5294, Vol. 101
125. La *Secret Biography* de Jay-dzun Chö-gyi-gyel-tsen (425.3) dice también que en un cierto momento Nagaryuna visitó a Rik-bay-chuk el Más Grande, y le dijo que debería confiar en Manjushri y que él mismo renacería en una tierra remota (Tíbet); y que en ese tiempo en su entorno Rik-bay-ku-chuk (como Kay-drup) sería el principal. Aryadeva, Shantideva y Budapalita también le hablaron de la intención de Manjushri de renacer en la misma tierra. Como *Secret Biography* concluye, tales relatos muestran implícitamente que Manjushri, Nagaryuna y Tsongkapa son el mismo contínuo mental.
126. De acuerdo con la obra de Day-lek, *Biography of the Omniscient Kay-drup: Captivating the Wise (7.6),* Kay-drup es la última encarnación de Sakya Pandita Gun-ga-gyel-tsen. Así su defensa lleva a justificar sus propios primeros escritos.
127. Los tres principales discípulos de Tsongkapa fueron Gyel-tsóp, Kay-drup y Dul-wa-dzin-ba *('dul ba'dzin pa)* consultar *Secret Biography* de Jay-dzun Chö-gyi-gyel-tsen, 430.1
128. 430.5 y 469.6. En 496.6 señala que otros tuvieron visiones diferentes de la partida de Kay-drup.
129. *My Land and My People,* publicado primero por Mc. Graw and Hill en 1962 y reeditado por Potala Corporation en 1977.
130. John F.Avedon en *In Exile from the Land of Snows* (New York: Knopf, 1984), ofrece una descripción particularmente vívida y conmovedora del período subsiguiente a la invasión China.
131. *rje btsun 'jam dpal ngag dbang blo bzang ye shes bstan 'dzin rgya mtsho srid gsum dbang gyur mtshung pa med pa'i sde dpal bzang po.*
132. Traducido por Bhikku Thupten Kalsang Rinpoche, Ngodup Poljor, y John Blofeld (Bangkok: Klett Thai Publications, 1975).

2 Notas al Comentario

1. El Sánscrito es:
   pitakatrayam dvayam va samgrahatah
   Ver S. Bagchi, ed., *Mahayana-Sutralamkara of Asanga,* Buddhist
   Sanskrit Texts, N.° 13 (Darbhanga: Mithila Institute, 1970), pág. 55
2. Para un exámen de las cualificaciones, consultar la obra de Bu-dön
   *Mandala Rite of the Glorious Kalachakra: Source of Good Qualities
   (dpal dus kyi 'khor lo'i dkyil chog yon tan kun byung),* Collected
   Works (New Delhi: International Academy of Indian Culture, 1966),
   Vol. 5, 184, 3ff.
3. Commentary on (Dignaga's) *"Compendium of Valid Cognition",*
   Chapter II, *brtse ldan sdug bsngal gzhom pa'i phyir//thabs rnam la ni
   mngon sbyor ndzad//thabs byung de rgyu lkog gyur pa//de'chad pa ni
   dka' ba yin//,* (Varanasi: Pleasure of Elegant Sayings, 1974), Vol.17,
   p. 54.14. El texto Sánscrito es:
   dayavan dukhahanarthamupayeshvabhiyujyate
   parokshopeyataddhetostadakhyanam hi dushkaram
   Ver Swami Dwarikadas Shastri, *Pramanavarttika of Acharya Dharmakirtti,* (Varanasi: Bauddha Bharati, 1968), Vol. 3, 50.3
4. Cada discípulo debe imaginarse a sí mismo o a sí misma como el discípulo principal a quien el Lama habla específicamente.
5. I.18ab. El Sánscrito es:
   chittopadah pararthaya samyaksambodhikamata
   Ver Th.Stcherbatsky y E.Obermiller, ed. *Abhisamayalamkara-Prajñaparamita-Updesa-Sastra.* Bibliotheca Budhica XXIII, (Osnabrück:
   Biblio Verlag, 1970), pág.4.
6. En la obra de Kay-drup *Mandala Rite of the Glorious Kalachakra:
   Illumination of the Thought (dpal dus kyi 'khor lo'i dkyil chog dgongs
   pa rab gsal),* sin fecha, 296.5 se lee *mnyam nyid pa* en lugar de
   mnyam med pa de acuerdo con Bu-dön, Vol. 5, 185.4.
7. Bu-dön (volumen 5, 185.4) dice *dpa' bo rnams kyis* en vez de *mchog
   rhans kyis* en la obra de Kay-drup, *Mandala Rite,* (296.5)
8. En *Mandala Rite* de Kay-drup (296.7) se lee *zhib tu* en vez de *zhig tu*

480   *El Tantra de Kalachakra: Notas*

de acuerdo con la edición manuscrita (42b.4), la última con señales de haber sido corregida en el último momento.

9. En *Mandala Rite* de Kay-drup (298.1) se lee *sngags kyi* en vez de *sngags kyis.*

10. En *Mandala Rite* de Kay-drup (298.1) aparece una *hum* breve como aparece en la edición manuscrita. (44a.4).

11. También escrito como *udumbara* o *udumbara.* El Diccionario Sarat Chandra Das, Tibetano-Inglés lo identifica como un fabuloso loto de inmenso tamaño.

12. El "mandala" aquí es un tablero cuadrado dividido en cuadrantes. El linaje y la acción apropiada vienen determinadas por la dirección en la que cae el palito. Jam-bel-shen-pen rin-bo-chay identificó de manera no definitiva los cinco productos de la vaca como la orina, heces, leche, yogourt y mantequilla de una vaca de color naranja que come sólo hierba, no proporcionada por humanos, durante un período de siete días y sin que la orina y las heces hayan tocado el suelo. Se dice que tienen extraordinarias cualidades medicinales.

13. Estas dos estrofas se toman de *Condensed Kalachakra Tantra,* Capítulo II,12-13. Ver *Kalachakra Tantra and Other Texts,* Vol.1 editado por el Prof. Dr. Raghu Vira y el prof. Dr. Lokesh Chandra (New Delhi: International Academy of Indian Culture, 1966) 101.9-102.5. El Sánscrito desde la página 340, es:

> garbhe garbhasthaduhkham prasavanasamaye balabhavo'pi duhk-
> ham
> kaumare yauvane stridhanavibhavahatam kleshaduhkham mahad-
> yat
> vrddhatve mrtyudukham punarapi bhayadam shadgatau rauravad-
> yam
> duhkhad grhnati duhkham sakalajagadidam mohitam mayaya cha
> samsaro manushtvam kvachiditi hi bhaveddharma-buddhih kada-
> chit
> tasmadbuddha 'nurago bhavati shubhavashadadiyane bravrttih
> tasmachchivavajrayane kvachidakhilamatirvartate bhavanayam
> tasmadbuddhatvamishtam paramasukhapade ha pravesho 'tikash-
> tam

En la primera linea, la variante que aparece *balabhave* está más de acuerdo con la traducción tibetana.

La obra de Bu-dön *Easily Understandable Annotations for the Condensed Glorious Kalachakra Tantra, Great King of Tantras Arisen from the Supreme Original Buddha (mchog gi dang po'i sangs rgyas las phyungs ba rgyud kyi rgyal po chen po dpal dus kyi 'khor lo'i bsdus pa'i rgyud kyi go sla'i mchan),* Vol.1, Collected Works, 51.2, no presenta ninguna anotación para estas estrofas. Ver de Bu-dön, *Commentarial Explanation of the "Initiation Chapter" [of the*

Kalachakra Tantra], Annotations to (Kulika Pundarika's) "Stainless Light" (dbang gi le'u 'grel bstrad dri med 'od kyi mchan), Vol. 2, Collected Works 14.2-15.5.

14. En *Mandala Rite (299.5)* de Kay-drup se lee "woman" *(bud med),* que ha sido traducido como "cónyuge" y que se aplica tanto a hombres como a mujeres.
15. El Dalai Lama señala que la cosmología del *Tantra de Kalachakra* difiere de la obra de Vasubandhu, *Treasury of Knowledge (chos mngon pa'i mdzod, abhidharmakosha).* En el sistema último, el de los Aullidos es el cuarto de los ocho infiernos calientes; para una descripción detallada ver Lati Rinpoche, Denma Löcho Rinpoche, Leah Zahler, Jeffrey Hopkins, *Meditative States in Tibetan Buddhism,* (Londres: Wisdom Publications, 1983),p. 27, y Khatsun Sangpo, *Tantric Practice in Nyingma,* (Londres: Rider, 1982), pág. 66.
16. Ver n.11
17. En *Mandala Rite* de Kay-drup (300.4) se lee *de ring* en vez de *di'ing;* también en la edición manuscrita (46b.4) se lee *de ring* en vez de *di ring.*
18. En *Mandala Rite* de Kay-drup (300.7) se lee *ma rang* en vez de *ma'ang* de acuerdo con la edición manuscrita (47a.3)
19. Se da aquí un ofrecimiento de mandala corto como un ejemplo del tipo de ofrecimiento y el rito dondequiera que se indique.
20. Se dice que Shakiamuni "había mostrado el modo de llegar a la Iluminación" para indicar que él se había iluminado eones antes y que hizo esa demostración por amor a sus seguidores.
21. Para mayor información sobre este punto ver la obra del Dalai Lama, *Un Acercamiento a la Mente Lúcida,* (Ed.Dharma 1987), capítulo último.
22. En este momento, Kay-drup señala que el texto de las siete iniciaciones está escrito para que un practicante realice la autoiniciación en el mandala, pero que se han añadido las instrucciones para utilizar el texto para conferir la iniciación. Kay-drup en *Mandala Rite*, dice:
"Aquí entrar en el mandala y los ritos de las siete iniciaciones se tratan principalmente en relación a la autoiniciación, pero serán indicadas específicamente las actividades extraordinarias implicadas en conferir la iniciación a los discípulos. No obstante, ésta ha sido compuesta para ayudar a aquellos de menor inteligencia interesados en llevar a cabo la autoiniciación [en el mandala] para restaurar por sí mismos los votos, etc., sin conferir iniciación a los discípulos. Dado que no se necesitan iniciaciones más elevadas para la autoiniciación, serán expresadas en la forma de ritos para conferir la iniciación a los discípulos.
Las iniciaciones más elevadas no fueron incluidas en la ceremonia de Madison y no se han traducido aquí.

482 El Tantra de Kalachakra: Notas

23. *Mandala Rite* de Kay-drup (318.5) sólo hace referencia a este material y no lo repite. Se añade aquí únicamente por conveniencia y para darlo completo.
24. Ver n.12
25. El *Mandala Rite* de Kay-drup (319.4) sólo hace referencia a este material y no lo repite. Lo añadido aquí procede del rito de potenciación. El propio texto sigue con los veinticinco modos de conducta
26. III.22-23. El Sánscrito es:
    yatha grhitam sugatairbodhichittam puratanaih
    te bodhisattvashikshayamanupurvya yatha sthitah
    tadvadutpadayamyesha bodhichittam jagaddhite
    tadvadeva cha tah shikshah shikshishyami yathakramam
    Ver, ed. Vidhushekara Battacharya, *Bodhicaryavatara,* Bibliotheca Indica, Vol.280, (Calcuta: The Asiatic Society, 1960), pág. 36
27. Ver el capítulo primero de este libro
28. La estrofa sobre las promesas es de *Condensed Kalachakra Tantra,* Capítulo III, 86. Ver *Kalachakra Tantra and Others Texts,* Vol. 1, editado por el Prof. Dr. Raghu Vira y el Prof. Dr. Lokesh Chandra, 167.1-4. El Sánscrito de la página 351 es:
    vajram ghantam cha mudram gurumapi shirasa dharayamishtavaj-
    re
    danam dasayami ratne jinavarasamayam palayamyatra chakre
    pujam khange karomi sphutajalajakule samvaram palayami
    sattvanam mokshahetorjinajanakakule bodhi-mut-padayami
    Easily Understandable Annotations For the Condensed Glorious Kalachakra Tantra, de Bu-dön, Vol. 1, Obras Completas, 108.1, no presenta ninguna anotación para esta estrofa. Ver de Bu-dön *Commentarial Explanation of the "Initiation Chapter" [of the Kalachakra Tantra] Annotations to [Kulika Pundarika's] "Stainless Light",* Vol. 2, Obras Escogidas 378.2ff
29. Las dos estrofas sobre los veinticinco modos de conducta proceden de *Condensed Kalachakra Tantra,* Capítulo III, 93-94. Ver *Kalacakra Tantra and Other Texts,* Vol. 1, 169.1-5. El Sánscrito de la página 352, es:
    himsasatyam parastri tyajsva paradhanam madyapanam tathaiva
    samsare vajrapashah svakushalanidhanam papametani pancha
    yo yatkale babhuva tridashanaragurustasya namna pradeya
    eshajna vishvabharturbhavabhayamathani palaniya tvayapi
    dyutam savadyabhojyam kuvachanapathanam bhuta-daityen-
    drañdharmam
    gobalastrinaranam tridashanaraguroh pancha hatyam na kuryat
    droham mitraprabhunam tridashanaraguroh samghavishvasanam
    cha
    ashaktistvindriyanamiti bhuvanapate pancha-vimshad-vratani

En el último verso, la variante que aparece *pateh* está más de acuerdo con la traducción tibetana.

De Bu-dön *Easily Understandable Annotations For the Condensed Glorious Kalachakra Tantra*, Vol.1, Obras Completas, 109.6, sin anotaciones para dichas estrofas. El texto entre corchetes está tomado del comentario de Bu-dön sobre esto en su *Commentarial Explanation of the Initiation Chapter [of the Kalachakra Tantra], Annotations to (Kulika Pundarika's) "Stainless Light"*, Vol.2, Obras Escogidas, 385.1-386.5

30. De Kay-drup *Mandala Rite* (319.4) lee "women" *(bud med)* pero ha sido corregido para aplicarlo a hombres y mujeres. También en la edición naranja (319.4) y en la edición manuscrita (69b.4) lee *gzhar gyi* por *gzhan gyis*.

31. *Sdig pa (papa)* se ha traducido como "acción nociva" en lugar de "pecado" para evitar las connotaciones de un pecado contra un Dios creador que, inevitablemente, se asocia en la mayoría de nuestras culturas con pecado.

32. De acuerdo con la obra de Bu-dön *Commentarial Explanation of the "Initiation Chapter" [of the Kalachakra Tantra], Annotations to (Kulika Pundarika's) "Stainless Light"*, Vol. 2, Obras Completas 386.3, la última se refiere a destruir imágenes religiosas, estupas, etc.

33. Aquí, de acuerdo con Bu-dön, (ver nota anterior) este término hace referencia a los Budas.

34. VIII.131 El Sánscrito es:
    na nama sadhyam buddhatvam samsaro 'pi kutah sukham
    svasukhasyanyaduhkhena parivartamakurvatah
    Ver Vidhushekara Bhattacharya, ed. *Bodhicaryavatara*, Bibliotheca Indica Vol.208, (Calcuta: The Asiatic Society, 1960), p.170

35. En la obra de Kay-drup *Mandala Rite* (320.5) se lee *kham* por *pam* de acuerdo con la edición manuscrita (71a.5)

36. Estrofa 24. Ver *The Mahamudra Eliminating the Darkness of Ignorance Supplemented by Ashvagosha's Fifty Stanzas of Guru Devotion* traducida y editada por A. Berzin (Dharamsala: Library of Tibetan Works and Archives, 1978), p.175

37. Como dice la estrofa 377 de *Precious Garland (rin chen 'pheng ba, ratnavali)* de Nagaryuna:
    Reglas generales y sus excepciones
    Son muy subrayadas en todos los tratados
    Ver de Nagaryuna y Kaysang Gyatso *Precious Garland and the Song of the Four Mindfulness*, (Londres: George Allen and Unwin, 1975), p.73.

38. Kay-drup, *Mandala Rite* (323.6): Señala que la descripción de Vajravega está omitida. El material de aquí; "...una piel de tigre" ha sido añadido de la obra del Séptimo Dalai Lama *Means of Achievement of*

the Complete Mandala of Exalted Body, Speech and Mind of the
Supramundane Victor, the Glorious Kalachakra: the Sacred Word of
Scholars and Adepts (bcom ldan 'das dus kyi 'khor lo'i sku gsung
thugs yongs su rdzigs pa'i dkyil 'khor gyi sgrub thabs mkhas grub
zhal lung), [en el mismo volumen, Mandala rite de Kay-drup], 71.2-
71.7. En todo el rito se han expuesto descripciones abreviadas en este
sentido.

39. En *Mandala Rite* (323.7) de Kay-drup leer *lte bar* por *lta bar* de
acuerdo con la edición manuscrita (75a.2).

40. Se ha omitido un breve pasaje (324.7-325.1) que indica una contradicción interna en la interpretación de alguien. Se lee; "*bebs pa.i tshe
slob ma 'od dpag med du bskyed pa 'gog pa dang/ phebs pa la 'dri
pa'i tshe/ mgon po rdo rje chos chen po// snang ba mtha' yas bde ba
che// zhes bos nas 'dri bar 'dod pa ni khas blangs dngos su 'gal ba'o.*
Esto parece decir, "Negar que en el momento del descenso el discípulo es generado como Amitaba y luego afirmar que en el momento de
cuestionar la venida (de la deidad) se invoca (a la deidad con), "Oh,
Gran Protector Vajra Dharma/Amitayus del Gran Gozo; constituye un
caso de explícitas afirmaciones contradictorias". Amitaba y Amitayus
son la misma deidad.

41. *Mandala Rite* de Bu-dön, (Vol. 5, 213.1) identifica las primeras tres
sílabas como método y las tres últimas como sabiduría. Los colores
dados entre corchetes son sugerencias.

42. En *Mandala Rite* de Kay-drup (325.7) se lee *bcings* por *bcangs* de
acuerdo con la edición manuscrita (77a.6).

43. Como identificado por el Dalai Lama para la iniciación de Jinasamudra *(rgyal ba rgya mtsho)* en Los Angeles en 1984, el mandala simbolizado por esto es la sabiduría sublime de gozo y vacuidad no duales.

44. La traducción de estos tres detalles es incierta.

45. "Gozo" se indica con el término *ye shes*, que en otros contextos significa sabiduría sublime pero aquí, refiriéndose a un estado ordinario,
significa el gozo o placer común del orgasmo, descrito como el derre-
tirse del constituyente esencial.

46. Se ha añadido aquí y a lo largo del texto cuando era menester un ofrecimiento del mandala-representativo corto como ilustración del tipo
de ofrecimiento que se hace.

47. Se indica el mandala (327.7) sólo con sus tres primeras sílabas; suplementado por *Initiation Rite of Kalachakra, Stated in an Easy Way* (
dus'khor dhang chog nag 'gros su bkod pa), 490.3 de Lo-sang-tsul-
trim-den-bay-gyel-tse. Tal suplemento se ha hecho a lo largo de todo
el ritual.

48. El *Mandala Rite* (328.4) dice sólo, "Haced ofrecimientos con *gandh-
ham,* etc." El resto de la lista de ofrecimientos ha sido añadido del
mismo texto (271.7), que curiosamente tiene ambas terminaciones la

e y la *am* en los siete objetos; la traducción es según lo que dijo el Dalai Lama durante el ritual de Madison, donde se incluye *akshate* en lugar de *akshatam*. El Dalai Lama identificó *lasye* como parte inferior de la vestimenta; el diccionario Apte da "danza" por *lasyam* pero danza aparece más tarde como *nrtye*. El Dalai Lama identificó *akshate* como fruto; la identificación del Apte como cualquier tipo de semilla es cercano a su significado. El Dalai Lama identificó *kame* como objetos del tacto *(reg bya)*, la identificción del Apte es objetos de deseo.

49. El *Mandala Rite* (328.7) dice "el propio" *(rang gi)* ya que esta parte del rito que trata de las siete iniciaciones está escrita sobre todo para quien hace autoiniciación en el mandala.

50. El *Mandala Rite* (329.1) abrevia la descripción con una ilusión como lo hace con todos los otros. El material se ha añadido de las descripciones respectivas en *Initiation Rite of Kalachakra, Stated in an Easy Way, 492.1* de Lo-sang-tsul-trim-den-bay-gyel-tsen. Las descripciones de las otras deidades a lo largo del ritual en las siete iniciaciones que quedan se aumentan de manera similar con las secciones respectivas de *Initiation Rite* de Lo-sang-tsul-tri-den-bay-gyel-tsen.

51. De manera que el *Mandala Rite* de Kay-drub pueda ser abreviado en ulteriores iniciaciones, da (330.4) lo que debe sustituirse en cada una. En lugar de hacer una simple lista de ellas aquí se da el rito completo en cada iniciación ulterior al tiempo apropiado.

52. Para un análisis extenso por el Dalai Lama sobre cómo todas las escuelas tibetanas llegaron al mismo pensamiento básico, ver el final del capítulo de *Un Acercamiento a la Mente Lúcida* (Ed. Dharma 1987).

53. El *Mandala Rite* de Kay-Drub (332.2) da el principio del mantra como *"om a im"*, etc. Lo-sang-tsul-trim-den-bay-gyel-tsen en su *Initiation Rite* (4996.2) da una versión completa de *om am i ra um lm* con medias lunas bajo el punto de los *anusvaras*. El *Mandala Rite* da las sílabas semillas de Los Que Han Ido Más Allá Así individualmente como *a i r u l* y de manera colectiva en el mantra final (333.2) como *om a i r u l pañcha-tathagata-parishudda svaha*. Así queda claro que las sílabas semillas de los cinco Que Han Ido Más Allá Así masculinos son *a i r u l*, como las sílabas semillas de las Que Han Ido Más Allá Así son las vocales largas correspondientes, *a i r u l*. Queda la cuestión de porqué se añade el *anusvara* a este mantra, sobre todo cuando no se le añade al mantra final.

54 Lo que va desde esta frase hasta el mantra sin incluirlo se añade aquí y en las iniciaciones que quedan desde la iniciación del agua, para adaptarse a la manera en que el Dalai Lama dirige el rito y el formato que da Lo-sang-tsul-trim-den-bay-gyel-tsen en sus *Initiations*.

55. Dice el Tantra, "Habiéndose conferido la iniciación con agua también

de la caracola religiosa, susurra el mantra anterior a la iniciación del agua". El material al que se refiere se añade aquí y en las restantes iniciaciones a partir del punto correspondiente de la iniciación del agua.

56. El diccionario Apte identifica *siddharasa (grub pa'i ro)* como mercurio.

57. En ambos textos (335.6 y 503.3) se lee *dar dpyongs skye ba'i gnas lngar gtugs*; el significado de *skye ba'i* es poco claro y por eso ha sido omitido en la traducción.

58. Según Jam-bel-shen-pen- Rinpoche, el sol y la luna internos se purifican al limpiarse los constituyentes rojo y blanco en los canales derecho e izquierdo, y también quedan limpios el sol y la luna externos en el sentido de que el sol y la luna ya no son capaces de generar sufrimiento.

59. El texto sólo dice "uno mismo" *rang,* que el Dalai Lama corrigió como "las potencias sensoriales de los discípulos y sus objetos" a lo largo del rito.

60. En el *Mandala Rite* de Kay-drub (339.5) y en *Initiation Rite* de Lo-sang-tsul-trim-den-bay-gyel-tsen (511.6) se lee simplemente "uno mismo" *rang,* que el Dalai Lama corrigió a lo largo del rito como "Las facultades de Acción de los discípulos y sus actividades".

61. En el *Mandala Rite* de Kay-drub (341,2) se lee *bton* en lugar de *bten* según el *Initiation Rite* de Lo-sang-tsul-trim-den-bay-gyel-tsen.

62. En *Mandala Rite* (342.3) y en el *Initiation Rite* viene simplemente "uno mismo", que el Dalai Lama corrigió a lo largo del rito como "la conciencia prístina de los discípulos y el constituyente de la conciencia prístina"

63. El Dalai Lama añadió esta estrofa en la iniciación de Madison. Lo-sang-tsul-trim-den-bay-gyal-tsen dice en su *Explanation (466.3)* que hay que trasladar hasta aquí esta estrofa que aparece tras las de dar la campana; el texto entre paréntesis en la traducción proviene de su comentario.

64. En *Mandala Rite* (344.5 se lee *khyod kyi* en lugar de *khyod kyis* conforme al *Initiation Rite* (520.4).

65. "Aspecto que aprehende" es un término que hace referencia a la propia conciencia. La propia sabiduría de gozo y vacuidad indiferenciables aparece como cuerpo divino. La conciencia es la base de emanación de la deidad.

66. Resumiendo, en esta parte, el punto de Kay-drub es el siguiente:

> La entidad de iniciación del maestro en este punto en este *Tantra de Kalachakra* no es la sabiduría sublime del gozo *generado en dependencia de meditar en abrazar a la consorte* ya que en esto consiste la meditación del vaso entre las más altas iniciaciones. Sino más bien, la iniciación del Maestro Vajra es en este punto la

apariencia de la conciencia de sabiduría de gozo y vacuidad como cuerpo divino. En este contexto "gran sello" es ese cuerpo divino. Por tanto, el identificar la iniciación del maestro vajra en este punto como conciencia de gozo generada al abrazar a la consorte es un error e implica falacias como lo indica Kay-drub.

El pasaje del *Tantra de Kalachakra* (III 97-a) que se cita, se encuentra en *Kalachakra-Tantra And Other Texts*, volumen 1 170.2. El Sánscrito desde la página 352 es

....nijapatinajña pradeya samatra.

La obra de Bu-don *Easily Understandable Annotations For the Condensed Glorious Kalachakra Tantra,* volumen 1, Obras Completas, 110.5, no tiene anotaciones. Mirar en *Commentarial Explanation of the "Initiatio Chapter" (of the Kalachakra Tantra), Annotations to (Kulika Pandarika's) "Stainless Light"*, volumen 2, Obras Completas. 393, 4ff. de Bu-don.

67. El citado pasaje (III.97b) se encuentra en *Kalacakra Tantra And Other Texts*, volumen 1, 170.3. En Sánscrito, desde la p, 352 es :

vajram gantham pradaya pravarakarunaya
deshayechchuddhadharmam

En *Easily Understandable Annotations For The Condensed Glorious Kalachakra Tantra*, de Bu-don, volumen 1, Obras Completas, 110.5, no hay anotaciones. Ver *Commenterial Explanations of the Initiation Chapter" [of the Kalachakra Tantra] Annotations to (Kulika Pandarika`s) "Stainless Light"*, volumen 2, Obras Completas, 393 7 ff

68 Este pasaje sobre los compromisos es de *Condensed Kalachakra Tantra* (III.97c-98); ver *Kalacakra Tantra and Other Texts*, volumen 1, 170,3, El Sánscrito, desde la p. 352 es

kuryat pranatipatam khalu kulishakule 'satyavakyam cha khanga
ratne haryam parasvam varakamalakule'pyeva harya parastri
madyam dipashaha buddhah susakalavishaya sevani yashcha chakre
dombyadyah karttikayam susakalavanita navamanyah khapadme
deyah sattvarthahetoh sadhanatanuriyam na tvaya rakshaniya.
buddhatvam nanyatha vai bhavati kushalatanantakalpair jinoktam

La obra de Bu-don *Easily Understandable Annotatioon For The Condensed Glorious Kalachakra Tantra,* volumen 1, Obras Completas, 110.6-111.1, no tiene anotaciones. Ver *Commentarial Explanations of The "Initiation Chapter" [of the Kalachakra Tantra], Annotations to (Kulika Pandarika's)" Stainless Light"*, volumen 2, Obras Completas, 395.3ff. de Bu-don.

69. Kay-drup está criticando a alguien que por malinterpretar la instrucción (enseñanza) de *Condensed Kalachakra Tantra* (III.99) a la persona que dirige el ritual como lo que debe ser explicado a lo largo del ritual. Ver *Kalacakra Tantra and Other Texts,* volumen 1, 170.6-

170.9. El Sánscrito de la p. 352 es:
toyam taradidevyo mukuta iha jinah shaktayo virapatto
vajram ghantarkachandrau vratamapi vishayanama-maitryadiyo-
gah
ajnasambodhilakshmirbhavabhayamathani kalachakranuviddha
ete saptabhishekah kalushamalahara mandale sampradeyah.
Traducido como :
El agua son las diosas, Tara, etc.; las coronas los Conquistadores;
las heroicas cintas de seda son las Shaktis;
Vajra y campana son el sol y la luna; la conducta es el yoga del
amor, etc., (por) el nombre ("tal y tal Vajra", purificando)
objetos (y potencias sensoriales);
El permiso es (para enseñar) la gloriosa Iluminación, que destruye
los terrores de la existencia cíclica, conocimiento de Kalachakra.
Estas siete iniciaciones deben ser totalmente conferidas en un
mandala.
El *Easily understandable Annotations For the Condendsed Glorious
Kalachakra Tantra*, de Bu-don volumen 1, Obras Completas 111.1-3.
no tiene anotaciones. El material entre paréntesis en la traducción proviene de la obra de Bu-don *Commentarial explanation of the "Initiation Chapter" [of the Kalachakra Tantra], Annotations to (Kulika
Pandarika`s) "Stainless Light"*, volumen 2, Obras Completas, 398.2-
399.3.

70 Las súplicas, mantras para conferir la iniciación, y el mantra para asumir el orgullo de ser la deidad se abrevian en este texto; así, Kay-drub
remite al lector a su *Means of Achievement of the Complete Exalted
Body, Speech, and Mind of Kalachakra; the Sacred Word of the White
Lotus (dus kyi 'khor lo'i sku gsung thugs yongs su rdzogs pa'i sgrub
thabs padma dkar po`i zhal lung)*, donde se presentan en su totalidad;
ver el volumen cha de sus Obras Completas, (New Delhi: Guru Deva,
1981), 32.2-33.5. Lo-sang-tsul-trim-den-bay-gyel-tsen pone todo esto
en su *Initiation Rite of Kalachakra, Stated in an Easy Way*, que este
traductor ha usado para completar el *Mandala Rite* de Kay-drup.

71. Esta sección es específica para el lugar y tiempo concretos de la iniciación. Más abajo se da la de la iniciación de Madison, Wisconsin,
en 1981.

72. Estas estrofas son de *Kalachakra Tantra*, III.100d-103; ver *Kalacakra Tantra and Other Texts*, volumen 1, 171.2-171.9. El Sánscrito
desde p. 352 es:
mulapattim kadachidvrajati shathavashannarakam duhkameti
mulapayrttervishuddhibhavati hi guninah saptaseka sthitasa
kumbhe guhye kadachidvrataniyamavashaduttare nasti shuddhih
muapattim gato yo vishati punadiram mandalam siddhihetor

ajnam labdhva hi bhuyo vrajati ganakule jyeshthanama laghuvam
mulapattih sutanam bhavati shashadhara shriguroshchitta-khedat
tasyajnanam ghane ´nya bhavati khalu tatha bratrkopa trtiya
maitrityagachchaturthi bhavati punarishubodhi-chittapranashat
shashthisiddhantaninda giripari cha nare ´yachite guhyadanat
skandhakleshadahih syat punarapi navami shuddhadharme´ruchir-
ya
mayamaitri cha namadirahitasukhade kalpana dik cha rudra
shuddhe sattve pradoshadravirapi samaye labdhake tyagato´nya
sarvastrinam jugupsa khalu bhavati manurvajrayane sthitanam.

La Obra de Bu-don *Easily Understandable Annotations For the Condensed Glorious Kalachakra Tantra,* volumen 1, Obras Completas,
11.4-112.2, no tiene anotaciones. Ver *Commentarial Explanation of
the "Initiation Chapter"[of the Kalachakra Tantra], Annotations to
(Kulika Pandarika´s) "Stainless Light",* de Bu-don, volumen 2, Obras
Completas, 400,2-405.4.

73. El material entre paréntesis es de *Commentarial Explanation of the
"Initiation Chapter" [of the Kalachakra Tantra], Annotations to
(Kulika Pandarika´s) "Stainless Light",* de Bu-don, volumen 2, Obras
Completas, 400.4.

74. El Dalai Lama señaló que en la obra de Kay.drup *Mandala Rite*
(394.4) *ri bong* (conejo) indica el singular y así "primero", que
(349.5) *mda* (flecha) indica "cinco"; que (349.5) *ri bo* (montaña) indica "siete"; que (349.5) *klu* (serpiente) indica "ocho"; que (349.6)
phyogs (dirección) indica "diez"; que (349.5) *drag po* (el feroz) indica
"once"; que (349.6) *nyi ma* (sol) indica "doce"; y que (349.6) *ma nur*
(nombre de una droga mineral) indica "catorce". En el *Mandala Rite*
de Kay-drp (349.6) se lee *ma nur´gyur te* en lugar de *ma ´gyur te*
según el *Kalacakra Tantra And Other Texts,* volumen 1,171.9. En
éste se dice *nges par ma nur ´gyur te* en lugar de *ces par ma nur´gyur
te.*

75. La traducción del *Mandala Rite* de Kay-drup termina aquí (349.7). Lo
restante es del *Initiation Rite* (525.3-4) de Lo-sang-tsul-trim-den-bay-
gyel-tsen.

76. Esta estrofa es similar a la de Shantideva en *Engaging in the Bodhisattva Deeds,* III.25. Aquí el segundo verso dice "Mi estar vivo es
también fructífero", mientras que la lectura usual de Shantideva es
"He logrado una buena existencia humana". Para ver el Sánscrito del
último, ver nota 19 del texto de la primera práctica.

77. Esto concluye la iniciación ritual como se encuentra en *Initiation Rite
of Kalachakra Stated in an Easy Way* de Lo-sang-tsul-trim-den-bay-
gyel-tsen. Las dos secciones restantes no se encuentran en los textos
rituales sino que son adiciones del Dalai Lama en la Iniciación de
Madison.

Detalles del mandala de Kalachakra de un tangka
expuesto en Thekchen Choeling,
residencia de Su Santidad el Dalai Lama,
Dharamsala, India.

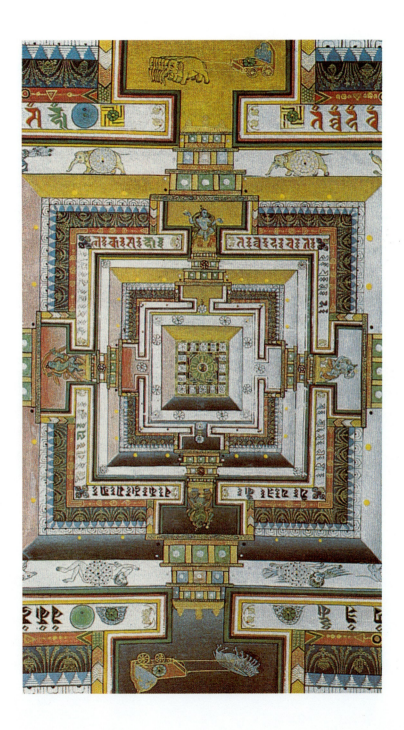

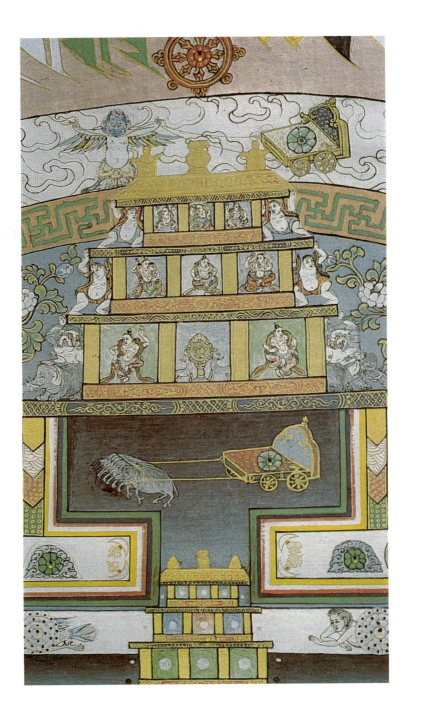

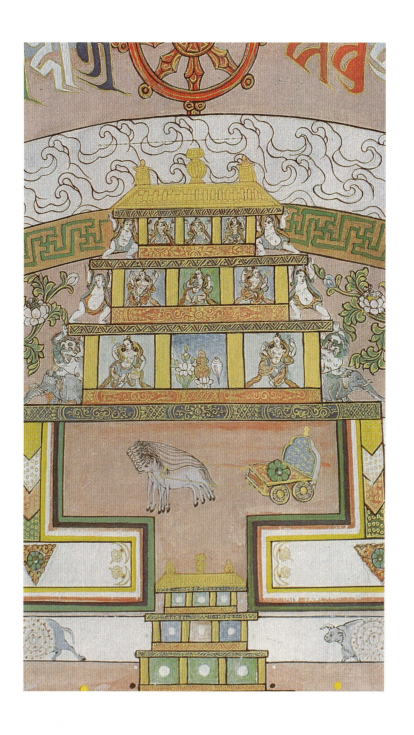

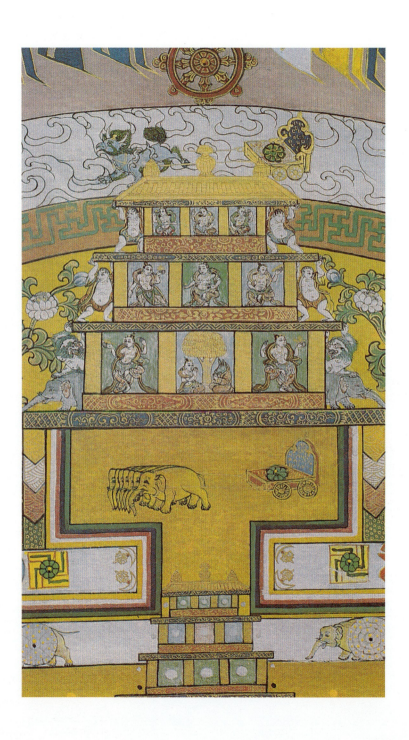

Kalachakra, la Deidad.

Fotografías de la 10 a la 15.
El Dalai Lama en varios momentos de la ceremonia de deshacer el mandala de arena
durante la iniciación de Kalachakra, celebrada en Barcelona en 1994.
Fotos: Ediciones Dharma.

Acerca de los Autores

El Dalai Lama. Nació en Amdo, Tíbet en 1935 y a la edad de dos años y medio fue reconocido como la décimocuarta encarnación en el linaje de los Dalai Lamas. Reverenciado como la encarnación verdadera de la compasión fue ordenado como monje en Lhasa a la edad de cinco años. Diez años después, durante los días turbulentos de la lucha contra la invasión china, asumió la responsabilidad del liderazgo espiritual y temporal de su pueblo.

Desde su exilió en 1959, Tensin Guiatso, el Décimocuarto Dalai Lama dirige su gobierno en el exilio desde Dharamsala (India). Reconocido como uno de los más grandes maestros vivos del Budismo, ha viajado por los cinco continentes no sólo para enseñar los aspectos de la filosofía budista y de la práctica, sino también para trabajar incansablemente por la paz mundial. En 1989 se le concedió el Premio Nobel de la Paz en reconocimiento a todos sus esfuerzos.

Jeffrey Hopkins. Nació en 1940 y se graduó "magna cum laude" por la Universidad de Harvard en 1964. Después de cinco años de estudios en el Monasterio Lamaista Budista de América en New Jersey y otros cinco en el programa de Estudios Budistas de la Universidad de Wisconsin se graduó en 1973 y comenzó a enseñar en la Universidad de Virginia creando allí un programa en Estudios Budistas para graduados, de extraordinario éxito . En la actualidad sigue enseñando como profesor en el Departamento de Estudios Religiosos y es director del Centro de Estudios Surasiáticos.

Como traductor del Dalai Lama, el Profesor Hopkins le ha acompañado en sus visitas a U.S.A., Canada, Sureste de Asia, Australia, Reino Unido y Suiza. También ha colaborado con Su Santidad en muchos libros. Es autor de dieciséis obras, entre las que se cuentan *Meditation on Emptiness y The Tantric Distinction*.

EDICIONES DHARMA

es una editorial sin fines lucrativos dedicada a la publicación de textos sobre budismo, que faciliten el desarrollo equilibrado y armonioso del ser humano.

Entre nuestros títulos recomendamos:

EL DALAI LAMA, LA POLÍTICA DE LA BONDAD
Editado por Sidney Piburn

LA ENERGÍA DE LA SABIDURÍA
Lama Yeshe y Lama Zopa

TRANSFORMAR PROBLEMAS EN FELICIDAD
Lama Zopa Rimpoché

EL ARTE DE DOMAR EL TIGRE
Dharma Arya Akong Rimpoché

COMPASIÓN INTRÉPIDA
Dilgo Khyentse Rimpoché

EL SOL, MI CORAZÓN
Thich Nath Hanh

TARA, LA ENERGÍA FEMENINA QUE LIBERA
Lama Thubten Yeshe

APRENDIENDO DE LOS LAMAS
Kathleen McDonald

COMO TRANSFORMAR EL PENSAMIENTO
Gueshe Jampa Tegchok

CORAZÓN ABIERTO, MENTE LÚCIDA
Thubten Chodron

Si desea recibir información sobre nuestro fondo editorial o sobre nuestras publicaciones futuras puede solicitarla a:

EDICIONES DHARMA
Apdo, 218
03660 Novelda (Alicante)

EDICIONES DHARMA pertenece a la
Fundación para Preservar la Tradición Mahayana